LEARN, REVISE & PRACTICE

# कम्प्यूटर जागरूकता

LEARN, REVISE & PRACTICE

# कम्प्यूटर जागरूकता

चैप्टरवाइज थ्योरी

प्रत्येक चैप्टर के साथ प्रश्न बैंक (MCQs)

चैप्टरवाइज Past Years' Exams Questions

कम्प्लीट प्रैक्टिस के लिए 5 प्रैक्टिस सेट्स

*लेखक*
श्वेता अग्रवाल

arihant
अरिहन्त पब्लिकेशन्स (इण्डिया) लिमिटेड

arihant

# अरिहन्त पब्लिकेशन्स (इण्डिया) लिमिटेड



**रजि. कार्यालय**

'रामछाया' 4577/15, अग्रवाल रोड, दरिया गंज, नई दिल्ली- 110002
**फोन:** 011-47630600, 43518550; **फैक्स:** 011-23280316

**मुख्य कार्यालय**

कालिन्दी, टी०पी० नगर, मेरठ (यूपी)– 250002
**फोन:** 0121-2401479, 2512970, 4004199; **फैक्स:** 0121-2401648

**शाखा कार्यालय**

आगरा, अहमदाबाद, बरेली, बंगलुरु, चेन्नई, दिल्ली, गुवाहाटी, हैदराबाद, जयपुर, झाँसी, कोलकाता, लखनऊ, नागपुर, मेरठ तथा पुणे

**ISBN** 978-93-13168-79-9

*Published By Arihant Publications (India) Ltd.*

'अरिहन्त' की पुस्तकों के बारे में अधिक जानकारी के लिए हमारी वेबसाइट **www.arihantbooks.com** पर लॉग इन करें या **info@arihantbooks.com** पर सम्पर्क करें।

/arihantpub /@arihantpub

# विषय-सूची

अध्याय

01

# कम्प्यूटर का परिचय

## INTRODUCTION TO COMPUTER

कम्प्यूटर एक स्वचालित इलेक्ट्रॉनिक डिवाइस है, जो डाटा इनपुट करता है और सॉफ्टवेयर या प्रोग्राम के अनुसार किसी परिणाम के लिए डाटा को प्रोसेस, स्टोर तथा डिस्प्ले करता है। 'कम्प्यूटर' शब्द की उत्पत्ति लैटिन भाषा के 'Computare' शब्द से हुई है, सामान्यत: जिसका अर्थ 'गणना करना' है, इसलिए इसे गणक यन्त्र भी कहा जाता है।

अत: 'कम्प्यूटर' से तात्पर्य एक ऐसे यन्त्र से है, जिसका उपयोग गणना, प्रक्रिया, यान्त्रिकी, अनुसन्धान, शोध आदि कार्यों में किया जाता है। कम्प्यूटर, हार्डवेयर और सॉफ्टवेयर का संयोजन है, जो डाटा (Data) को सूचना (Information) में परिवर्तित करता है।

## कम्प्यूटर की कार्य पद्धति

*कम्प्यूटर के द्वारा निम्न चार कार्य किए जा सकते हैं*

1. **इनपुट** (Input) कम्प्यूटर में डाटा या सूचना को भेजना, इनपुट कहलाता है। यह सेण्ट्रल प्रोसेसिंग यूनिट (Central Processing Unit-CPU) के लिए डाटा और निर्देश भेजता है।
2. **प्रोसेसिंग** (Processing) सेण्ट्रल प्रोसेसिंग यूनिट कम्प्यूटर के निर्देशों को एक्जिक्यूट करती है। यह कम्प्यूटर के द्वारा कैलकुलेशन, तुलनात्मक कार्य व निर्णयक कार्यों में सहायता करती है।
3. **आउटपुट** (Output) यह उपयोगकर्ता को संसाधित (Processed) डाटा उपलब्ध कराता है। यह कम्प्यूटर से प्राप्त होने वाले परिणामों को इनपुट निर्देशों के अनुसार यूजर के समक्ष प्रस्तुत करता है।
4. **स्टोरेज** (Storage) यह डाटा और प्रोग्राम को स्थायी रूप से स्टोर करता है। इसका प्रयोग प्रोग्राम क्रियान्वयन (Program Execution) के समय सूचनाएँ स्टोर करने के लिए किया जाता है और इसमें से कोई भी सूचना प्राप्त करना सम्भव होता है।

## कम्प्यूटर की विशेषताएँ

*कम्प्यूटर की मुख्य विशेषताएँ निम्न हैं*

1. **गति** (Speed) कम्प्यूटर एक सेकण्ड में लाखों गणनाएँ करता है। वर्तमान समय में कम्प्यूटर नैनो सेकण्ड या पीको सेकण्ड में भी गणनाएँ कर सकता है।
2. **त्रुटि रहित कार्य** (Accuracy) कम्प्यूटर कठिन-से- कठिन प्रश्न का बिना किसी त्रुटि (Error) के परिणाम प्रदर्शित करता है। गणना के दौरान अगर कोई त्रुटि पाई भी जाती है, तो वह प्रोग्राम या डाटा में मानवीय गलतियों के कारण होती है।
3. **स्टोरेज क्षमता** (Storage Capacity) कम्प्यूटर अपनी मैमोरी में सूचनाओं का विशाल भण्डार (Storage) संचित कर सकता है। इसमें आँकड़ों एवं प्रोग्रामों के स्टोरेज की क्षमता हार्ड डिस्क की क्षमता पर निर्भर करती है।

4. **बहुउद्देशीय** (Versatile) कम्प्यूटर की सहायता से विभिन्न प्रकार के कार्य सम्पन्न किए जा सकते हैं। आधुनिक कम्प्यूटरों में अलग-अलग प्रकार के कार्य एक साथ करने की क्षमता होती है।
5. **गोपनीयता** (Secrecy) पासवर्ड के प्रयोग द्वारा कम्प्यूटर के कार्य को गोपनीय बनाया जा सकता है।
6. **सक्षमता** (Diligence) एक मशीन होने के कारण कम्प्यूटर पर बाहरी वातावरण का कोई प्रभाव नहीं पड़ता। यह किसी भी कार्य को बिना रुके लाखों-करोड़ों बार कर सकता है।
7. **स्वचालित** (Automatic) कम्प्यूटर एक स्वचालित मशीन है, जिसमें गणना के दौरान मानव हस्तक्षेप की सम्भावना न के बराबर रहती है। कम्प्यूटर को कार्य करने के लिए निर्देश मनुष्य द्वारा ही दिए जाते हैं।
8. **विश्वसनीयता** (Reliability) कम्प्यूटर की याद रखने की शक्ति एवं शुद्धता बहुत उच्च कोटि की होती है, इसलिए इसमें या इससे जुड़ी सभी क्रियाएँ विश्वसनीय होती हैं।

### कम्प्यूटर से सम्बन्धित पद

1. **हार्डवेयर** (Hardware) यह कम्प्यूटर का वह भाग होता है, जिसे हम स्पर्श कर सकते हैं; *जैसे*—कीबोर्ड, माउस आदि।
2. **सॉफ्टवेयर** (Software) कम्प्यूटर को सुचारु रूप से चलाने के लिए सॉफ्टवेयर की आवश्यकता होती है; *जैसे*— वेब ब्राउजर, ऑपरेटिंग सिस्टम आदि।
3. **डाटा** (Data) यह तथ्यों और अव्यवस्थित आँकड़ों का समूह है। यह कम्प्यूटर में एक निश्चित स्थान पर स्टोर होता है, जिसे डाटा का स्थान कहते हैं। डाटा दो प्रकार का होता है— न्यूमैरिक तथा नॉन-न्यूमैरिक
4. **सूचना** (Information) जब डाटा को उपयोगी बनाने के लिए इसे संसाधित (व्यवस्थित), संगठित तथा संचरित किया जाता है, तो प्राप्त डाटा सूचना कहलाती है।
5. **निर्देश** (Instruction) यह यूजर द्वारा कम्प्यूटर लैंग्वेज में कम्प्यूटर को दी गई कमाण्ड्स हैं।
6. **प्रोग्राम** (Program) यह निर्देशों का समूह होता है, जो विशेष कार्य करने के लिए एक क्रम में कम्प्यूटर को दिए जाते हैं।

## कम्प्यूटर का इतिहास

आधुनिक कम्प्यूटरों को अस्तित्व में आए हुए मुश्किल से 50 वर्ष ही हुए हैं, लेकिन उनके विकास का इतिहास (History) बहुत पुराना है। *कम्प्यूटर का इतिहास निम्नलिखित सारणी में संक्षेप में बताया गया है*

| आविष्कार | आविष्कारक | विशेषताएँ | अनुप्रयोग |
|---|---|---|---|
| अबेकस **1602** | चीन | • यह सबसे पहला एवं सरल यन्त्र है।<br>• क्षैतिज (Horizontal) तारों में गोलाकार मोतियों के द्वारा गणना की जाती थी। | • जोड़ने व घटाने के लिए प्रयोग किया जाता था।<br>• वर्गमूल निकालने के लिए भी प्रयोग किया जाता था। |
| नेपियर्स बोन्स **1617** | जॉन नेपियर (स्कॉटलैण्ड) | • 10 आयताकार पट्टियों पर 0 से 9 तक के पहाड़े इस प्रकार लिखे होते हैं कि एक पट्टी के दहाई के अंक दूसरी पट्टी के इकाई के अंकों के पास आ जाते थे।<br>• गणना के लिए प्रयोग में आने वाली प्रौद्योगिकी को राबडोलोगिया (Rabdologia) कहते हैं। | • गुणा अत्यन्त शीघ्रतापूर्वक की जा सकती थी।<br>• गणनात्मक परिणाम को ग्राफिकल संरचना द्वारा दर्शाया जाता था। |
| पास्कलाइन **1642** | ब्लेज पास्कल (फ्रांस) | • यह प्रथम मैकेनिकल एडिंग मशीन है।<br>• यह मशीन ओडोमीटर एवं घड़ी के सिद्धान्त पर कार्य करती थी। | • संख्याओं को जोड़ने और घटाने के लिए प्रयोग किया जाता था। |
| जैकार्ड लूम **1804** | जोसेफ-मेरी जैकार्ड (फ्रांस) | • यह एक ऐसी बुनाई मशीन थी, जिसमें बुनाई के डिजाइन डालने के लिए छिद्र किए हुए कार्डों का उपयोग किया जाता था।<br>• यह प्रथम मैकेनिकल लूम था। | • इसका प्रयोग कपड़े बुनने के लिए किया जाता था। |
| एनालिटिकल इंजन **1837** | चार्ल्स बैबेज (कम्प्यूटर का जनक) (इंग्लैण्ड) | • यह प्रथम जनरल पर्पज कम्प्यूटर है।<br>• इस मशीन को आधुनिक कम्प्यूटरों का प्रारूप माना जाता है। यह एक मैकेनिकल मशीन है। | • इसका प्रयोग सभी गणितीय क्रियाओं को करने में किया जाता था। |
| टैबुलेटिंग मशीन **1890** | हर्मन होलेरिथ (अमेरिका) | • इसमें संख्या पढ़ने का कार्य छिद्र किए हुए कार्डों द्वारा किया जाता था।<br>• एक समय में एक ही कार्ड को पढ़ा जाता था। | • इसका प्रयोग 1890 ई. की जनगणना में किया गया था। |

| आविष्कार | आविष्कारक | विशेषताएँ | अनुप्रयोग |
|---|---|---|---|
| मार्क-1 **1944** | हावर्ड आइकन (अमेरिका) | • यह विश्व का प्रथम पूर्ण स्वचालित विद्युत यान्त्रिक (Electro mechanical) गणना यन्त्र था।<br>• इसमें इण्टरलॉकिंग, पैनल के छोटे गिलास, काउण्टर, स्विच और नियन्त्रण सर्किट होते थे। | • इसका प्रयोग गणनाएँ करने में किया जाता था। |
| एनिएक **1946** | जे पी एकर्ट और जॉन मौचली (अमेरिका) | • यह बीस एक्युमूलेटर्स का एक संयोजन है।<br>• यह पहला डिजिटल कम्प्यूटर था। | • इसका प्रयोग प्राइवेट फर्मों, इंजीनियर्स रिसर्च एसोसिएशन और IBM में किया गया था। |
| एडसैक **1949** | जॉन वॉन न्यूमैन (अमेरिका) | • यह पहला प्रोग्राम संगृहीत डिजिटल कम्प्यूटर था। | • यह वर्गों के पहाड़ों की भी गणना कर सकता था। |
| यूनिवैक **1951** | जे प्रेस्पर एकर्ट और जॉन डब्ल्यू मौचली (अमेरिका) | • यह सांख्यिकी और शाब्दिक दोनों प्रकार के डाटा को संसाधित करता था।<br>• यह मैग्नेटिक टेप का प्रयोग इनपुट और आउटपुट के लिए करता था। | • इसका प्रयोग वाणिज्यिक कार्य के लिए किया जाता था। |
| IBM-650 **1953** | IBM कम्पनी | • इनपुट/आउटपुट यूनिट एल्फाबेटीकली तथा स्पेशल करैक्टर को दो अंकीय डेसीमल कोड में परिवर्तित करता है। | • पेरोल प्रोसेसिंग<br>• मार्किट रिसर्च एनालिसिस |

# कम्प्यूटर की पीढ़ियाँ

आधुनिक कम्प्यूटरों के इतिहास को तकनीकी विकास के अनुसार कई भागों में बाँटा जाता हैं, जिन्हें कम्प्यूटर की पीढ़ियाँ (Generations of Computer) कहा जाता है। *ये पीढ़ियाँ निम्न हैं*

| पीढ़ी | स्विचिंग डिवाइस | स्टोरेज डिवाइस/गति | ऑपरेटिंग सिस्टम/भाषा | विशेषताएँ | उपयोग |
|---|---|---|---|---|---|
| **प्रथम** (1940-56) | वैक्यूम ट्यूब | मैग्नेटिक ड्रम (मिली सेकण्ड) | बैच ऑपरेटिंग सिस्टम (मशीनी भाषा (बाइनरी नम्बर 0's और 1's)) | • सीमित मुख्य स्टोरेज क्षमता<br>• मन्द गति से इनपुट-आउटपुट | • मुख्यतया वैज्ञानिक और सामान्य व्यापार सिस्टम; *जैसे*—ENIAC, UNIVAC, MARK-1 आदि। |
| **द्वितीय** (1956-63) | ट्रांजिस्टर (सेमीकण्डक्टर से बने) | मैग्नेटिक कोर टेक्नोलॉजी (माइक्रो सेकण्ड) | मल्टीटास्किंग, टाइम शेयरिंग (असेम्बली भाषा, उच्च स्तरीय भाषा) | • ट्रांजिस्टर का उपयोग आरम्भ<br>• आकार और ताप में कमी<br>• तीव्र और विश्वसनीय | • व्यापक व्यावसायिक प्रयोग<br>• इंजीनियरिंग डिजाइन<br>• इनवेण्टरी फाइल का अपडेशन |
| **तृतीय** (1964-71) | इण्टिग्रेटेड सर्किट (IC) (सिलिकॉन से बने) | मैग्नेटिक कोर (नैनो सेकण्ड) | रियल टाइम/ टाइम शेयरिंग (फोरट्रॉन, कोबोल आदि) | • चुम्बकीय कोर और सॉलिड स्टेट का मुख्य स्टोरेज के रूप में उपयोग<br>• रिमोट प्रोसेसिंग<br>• इनपुट-आउटपुट को नियन्त्रित करने के लिए सॉफ्टवेयर उपलब्ध | • डाटाबेस मैनेजमेण्ट सिस्टम, ऑनलाइन सिस्टम, रिजर्वेशन सिस्टम आदि, *जैसे* IBM System/360, NCR 395, B6500 आदि। |
| **चतुर्थ** (1971-वर्तमान) | बड़े पैमाने पर इण्टिग्रेटेड सर्किट/ माइक्रो प्रोसेसर्स | सेमीकण्डक्टर मैमोरी, विंचेस्टर डिस्क (पीको सेकण्ड) | टाइम शेयरिंग नेटवर्क्स (फोरट्रॉन 77, पास्कल, ADA, कोबोल-74) | • मिनी कम्प्यूटर के उपयोग में वृद्धि<br>• भिन्न-भिन्न हार्डवेयर निर्माता के यन्त्रों के बीच एक अनुकूलता, जिससे उपभोक्ता किसी एक विक्रेता से बंधा न रहे। | • इलेक्ट्रॉनिक फण्ड ट्रांसफर, व्यावसायिक उत्पादन और व्यक्तिगत उपयोग; *जैसे*— IBM, PC-XT, एप्पल II, इण्टेल 4004 चिप। |
| **पंचम** (वर्तमान-आगे तक) | सबसे बड़े पैमाने पर इण्टिग्रेटेड सर्किट | ऑप्टिकल डिस्क (—) | नॉलेज इन्फॉर्मेशन प्रोसेसिंग सिस्टम | • इन्फॉर्मेशन मैनेजमेण्ट नेचुरल लैंग्वेज, प्रोसेसिंग स्पीच करैक्टर, इमेज रिकॉग्निशन, कृत्रिम बुद्धि | • आर्टिफिशियल इण्टेलिजेंस (AI); *जैसे*—रोबोटिक्स |

### इन्हें भी जानें

- **सिद्धार्थ** भारत में निर्मित पहला कम्प्यूटर था।
- आधुनिक कम्प्यूटर का जनक **एलन ट्यूरिंग** को कहा जाता है।
- पहला कम्प्यूटर **आर्किटेक्चर** जॉन वॉन न्यूमैन द्वारा वर्ष **1948** में प्रस्तुत किया गया।
- ट्रांजिस्टर Bell Laboratory द्वारा विकसित किया गया है।
- वर्ष 1958 में जैक सेण्ट क्लैर किल्बी और रॉबर्ट नॉयस ने पहली IC चिप का आविष्कार किया था।
- एडवैक मूर स्कूल ऑफ इंजीनियरिंग USA में निर्मित पहला इलेक्ट्रॉनिक कम्प्यूटर था।
- **आर्टिफिशियल इण्टेलीजेंस** मानवीय गुणों के अनुरुप सोचने, समझने एवं तर्क करने की क्षमता के विकास को, कम्प्यूटर में आर्टिफिशियल इण्टेलीजेंस कहते है। कम्प्यूटर विज्ञान में, आर्टिफिशियल इण्टेलीजेंस अनुसन्धान को ''बुद्धिमान एजेंटों'' के अध्ययन के रूप में परिभाषित किया गया है।
- रोबोटिक्स इंजीनियरिंग और विज्ञान की एक शाखा है। रोबोटिक्स, रोबोट के डिजाइन, निर्माण, संचालन और उपयोग के साथ-साथ उनके नियन्त्रण के लिए कम्प्यूटर सिस्टम, संवेदनशील प्रक्रिया और सूचना प्रसंस्करण से सम्बन्धित है।

## कम्प्यूटर का वर्गीकरण

कम्प्यूटरों को उनकी रूपरेखा, कामकाज, उद्देश्यों तथा प्रयोजनों इत्यादि के आधारों पर विभिन्न वर्गों में विभाजित किया जा सकता है, *जिनका संक्षिप्त विवरण निम्नवत् है*

**कम्प्यूटर का वर्गीकरण**

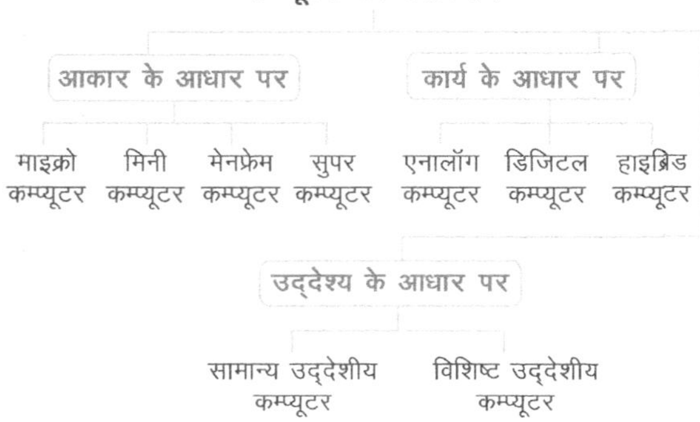


## आकार के आधार पर

*आकार के आधार पर कम्प्यूटर चार प्रकार के होते हैं, जिनका संक्षिप्त विवरण निम्नवत् हैं*

1. **माइक्रो कम्प्यूटर** (Microcomputer) ये कम्प्यूटर आकार में इतने छोटे होते थे कि इन्हें डेस्क (Desk) पर सरलतापूर्वक रखा जा सकता था। इन्हें कम्प्यूटर ऑन ए चिप कहा जाता है। आधुनिक युग में माइक्रो कम्प्यूटर फोन के आकार, पुस्तक के आकार तथा घड़ी के आकार में भी उपलब्ध हैं। इन कम्प्यूटरों का उपयोग मुख्यतया व्यवसाय तथा चिकित्सा के क्षेत्र में किया जाता है; *जैसे*— IMAC, IBM, PS/2, APPLE MAC इत्यादि।

*माइक्रो कम्प्यूटर निम्न प्रकार के होते हैं*

(i) **डेस्कटॉप कम्प्यूटर** (Desktop Computer) यह एक छोटे माइक्रोप्रोसेसर पर आधारित कम्प्यूटर है। इसे पर्सनल कम्प्यूटर भी कहा जाता है तथा यह सबसे ज्यादा उपयोग होने वाला रूप (Form) है। इस तथ्य के बावजूद कि PCs को छोटा करके आज लैपटॉप और पामटॉप का आकार दे दिया है, फिर भी अधिकांश घरों और व्यापारिक स्थानों पर आपको डेस्कटॉप ही मिलेंगे, क्योंकि ये सस्ते, टिकाऊ और ज्यादा चलने वाले होते हैं।

(ii) **लैपटॉप** (Laptop) विगत कुछ वर्षों में हुए तकनीकी विकास ने माइक्रो कम्प्यूटरों का आकार इतना सूक्ष्म कर दिया है कि उन्हें सरलतापूर्वक इधर-उधर ले जाया जा सकता है, ऐसे पोर्टेबल कम्प्यूटरों को लैपटॉप कहा जाता है। लैपटॉप को कभी-कभी नोटबुक (Notebook) भी कहा जाता है।

(iii) **पामटॉप** (Palmtop) यह लैपटॉप की तरह पोर्टेबल पर्सनल कम्प्यूटर है। यह लैपटॉप से भी हल्का और छोटा होता है। यह हैण्डहेल्ड ऑपरेटिंग सिस्टम का उपयोग करता है।

(iv) **टैबलेट कम्प्यूटर** (Tablet Computer) टैबलेट और लैपटॉप एक तरह से समान हैं, परन्तु टैबलेट PC नोटबुक कम्प्यूटर से ज्यादा सुविधाजनक है। ये दोनों ही पोर्टेबल हैं, परन्तु प्रयुक्त सॉफ्टवेयर, स्क्रीन आदि की विभिन्नता से दोनों में अन्तर है। टैबलेट PC की स्क्रीन पर आप बिना कीबोर्ड की सहायता से लिख सकते हैं, परन्तु नोटबुक पर नहीं।

(v) **पर्सनल डिजिटल असिस्टेण्ट** (Personal Digital Assistant-PDA) यह भी एक पोर्टेबल कम्प्यूटर ही है, लेकिन यह सभी कार्य नहीं कर सकता। मुख्यत: इसका उपयोग छोटे आँकड़ों और सूचनाओं; *जैसे*— फोन नम्बर, ई-मेल, पता आदि के स्टोरेज में किया जाता है।

(vi) **वर्कस्टेशन कम्प्यूटर** (Workstation Computer) यह अभियान्त्रिकी, तकनीकी और ग्राफिक्स के कार्यों के साथ-साथ कम्प्यूटर के एकल व्यक्ति के साथ पारस्परिक व्यवहार में भी प्रयोग होता है। यह सामान्य पर्सनल कम्प्यूटर से कुछ भिन्न है।

(vii) **एम्बेडेड कम्प्यूटर** (Embedded Computer) एम्बेडेड कम्प्यूटर एक विशिष्ट प्रक्रिया के लिए तैयार एक माइक्रोकण्ट्रोलर या माइक्रोप्रोसेसर आधारित प्रणाली है। आजकल एम्बेडेड कम्प्यूटर विभिन्न अनुप्रयोगों में उपयोग किया जाता है। एम्बेडेड कम्प्यूटर बड़े सिस्टम का हिस्सा हो सकता है, लेकिन यह अपने प्रोसेसर पर निर्भर करता है। सेलफोन, कैमरे, ऑटोमेटिव सिस्टम, डिजिटल घड़ी इत्यादि एम्बेडेड कम्प्यूटर के कुछ सामान्य उदाहरण हैं।

***नोट क्वाण्टम कम्प्यूटर*** *यह कम्प्यूटर रिचर्ड फिमॉन द्वारा विकसित हुआ था, जो गणना करने के लिए क्वाण्टम मैकेनिकल प्रतिभास का प्रयोग करता है। यह सबसे तेजी से कम्प्यूटर की कॉपी करने वाला मस्तिष्क का काम करता है।*

2. **मिनी कम्प्यूटर** (Minicomputer) मध्यम आकार के इन कम्प्यूटरों की कार्यक्षमता तथा कीमत दोनों ही माइक्रो कम्प्यूटर की तुलना में अधिक होती हैं। इस प्रकार के कम्प्यूटरों पर एक या एक से अधिक व्यक्ति एक समय में एक से अधिक कार्य कर सकते हैं। इनका उपयोग प्राय: छोटी या मध्यम स्तर की कम्पनियाँ करती हैं। मिनी कम्प्यूटर की गति 10 से 30 MIPS (Million Instructions Per Second) होती है; *जैसे*— HP 9000, RISC 6000, BULL HN-DPX2 और AS 400 आदि।

***नोट नैनोकम्प्यूटर*** *यह कम्प्यूटर माइक्रो कम्प्यूटर से छोटा होता है। नैनो ट्यूब्स, जिनका व्यास 1 नैनो मीटर ($1 \times 10^{-9}$ मी) भी हो सकता है, के प्रयोग से अत्यन्त छोटे व विशाल क्षमता वाले कम्प्यूटर के विकास की परिकल्पना की गई है।*

3. **मेनफ्रेम कम्प्यूटर** (Mainframe Computer) ये कम्प्यूटर आकार, कार्यक्षमता और कीमत में मिनी तथा माइक्रो कम्प्यूटर से अधिक बड़े होते हैं। अधिकतर कम्पनियों में मेनफ्रेम कम्प्यूटरों का उपयोग भुगतानों का ब्यौरा रखने, कर्मचारियों का भुगतान करने, उपभोक्ताओं द्वारा खरीदी गई वस्तुओं का ब्यौरा रखने इत्यादि कार्यों में किया जाता है; *जैसे*— CRAY-1, CDS-CYBER, IBM 4381, ICL 39, UNIVAC-1110 आदि।

4. **सुपर कम्प्यूटर** (Super Computer) ये कम्प्यूटर सर्वाधिक गति, संग्रह क्षमता एवं उच्च विस्तार वाले होते हैं। इनका आकार एक सामान्य कमरे के बराबर होता है। विश्व का प्रथम सुपर कम्प्यूटर 'क्रे रिसर्च कम्पनी' द्वारा वर्ष 1976 में विकसित क्रे-1 (Cray-1) था। भारत के पास भी एक सुपर कम्प्यूटर है, जिसका नाम परम (PARAM) है। इसका विकास C-DAC ने किया था। इसका विकसित रूप 'PARAM YUVA II' भी तैयार कर लिया गया है। सुपर कम्प्यूटर का मुख्य उपयोग मौसम की भविष्यवाणी करने, एनिमेशन तथा चलचित्र का निर्माण करने, अन्तरिक्ष यात्रा के लिए अन्तरिक्ष यात्रियों को अन्तरिक्ष में भेजने, बड़े वैज्ञानिक और शोध प्रयोगशालाओं में शोध व खोज करने इत्यादि कार्यों में किया जाता है; *जैसे*— PARAM, PARAM-YUVA-II, CRAY-1, CRAY-2, NEC-500 आदि।

### प्रत्युष कम्प्यूटर

भारत का सबसे तेज तथा पहला मल्टी-प्लेटफॉर्म सुपर कम्प्यूटर 'प्रत्युष (Pratyush)' का IITM पुणे में अनावरण (Unveiled) किया गया था। विश्व में सबसे तेज चौथा सुपर कम्प्यूटर प्रत्युष का प्रयोग मौसम तथा जलवायु की भविष्यवाणी और उससे जुड़ी सेवाएँ उपलब्ध कराने के लिए किया जाता है। प्रत्युष सुपर कम्प्यूटर की high-performance कम्प्यूटिंग क्षमता 6.8 PF (Petaflops) है, सुपर कम्प्यूटर दो संस्थानों के लिए है

1. पहला सुपर कम्प्यूटर भारतीय उष्णप्रदेशीय मौसम विज्ञान संस्थान (IITM) पुणे में स्थापित किया गया, जिसकी निष्पादन क्षमता 4 PF है।
2. दूसरा 2.8 PF क्षमता वाला सुपर कम्प्यूटर NCMRWF नोएडा में स्थापित किया गया है।

## कार्य के आधार पर

*कार्य के आधार पर कम्प्यूटर तीन प्रकार के होते हैं, जिनका संक्षिप्त विवरण निम्नवत् है*

1. **एनालॉग कम्प्यूटर** (Analog Computer) इन कम्प्यूटरों का प्रयोग भौतिक मात्राओं; *जैसे*— दाब, तापमान, लम्बाई, पारा इत्यादि को मापकर उनके परिणाम को अंकों में प्रस्तुत करने के लिए किया जाता है क्योंकि ये कम्प्यूटर मात्राओं को अंकों में प्रस्तुत करते हैं, इसलिए इनका उपयोग विज्ञान और इंजीनियरिंग क्षेत्रों में अधिक किया जाता है; *जैसे*— स्पीडोमीटर, भूकम्प-सूचक यन्त्र आदि।
2. **डिजिटल कम्प्यूटर** (Digital Computer) डिजिटल कम्प्यूटर का उपयोग अंकों की गणना करने के लिए किया जाता है। आधुनिक युग में प्रयुक्त अधिकतर कम्प्यूटर डिजिटल कम्प्यूटर की श्रेणी में ही आते हैं। ये इनपुट किए गए डाटा और प्रोग्राम्स को 0 और 1 में परिवर्तित करके इन्हें इलेक्ट्रॉनिक रूप में प्रस्तुत करते हैं। डिजिटल कम्प्यूटर का उपयोग व्यापार में, घर के बजट में तथा एनिमेशन के क्षेत्र में विस्तृत रूप से किया जाता है; *जैसे*— डेस्कटॉप कम्प्यूटर, लैपटॉप आदि।

3. **हाइब्रिड कम्प्यूटर** (Hybrid Computer) हाइब्रिड कम्प्यूटर उन कम्प्यूटरों को कहा जाता है, जिनमें एनालॉग तथा डिजिटल दोनों ही कम्प्यूटरों के गुण सम्मिलित हों अर्थात् एनालॉग तथा डिजिटल के मिश्रित रूप को हाइब्रिड कम्प्यूटर कहा जाता है। इसके द्वारा भौतिक मात्राओं को अंकों में परिवर्तित करके उसे डिजिटल रूप में ले आते हैं। चिकित्सा के क्षेत्र में इसका सर्वाधिक उपयोग होता है; जैसे— ECG और DIALYSIS मशीन।

## उद्देश्य के आधार पर

*उद्देश्य के आधार पर कम्प्यूटर दो प्रकार के होते हैं, जिनका संक्षिप्त विवरण निम्नवत् है*

(i) **सामान्य उद्देशीय कम्प्यूटर** (General Purpose Computer) सामान्य उद्देश्यों की पूर्ति के लिए इन कम्प्यूटरों का प्रयोग किया जाता है। इनके द्वारा दस्तावेज तैयार करने, उन्हें छापने, डाटाबेस बनाने तथा शब्द प्रक्रिया द्वारा पत्र तैयार करने इत्यादि सामान्य कार्य किए जाते हैं।

(ii) **विशिष्ट उद्देशीय कम्प्यूटर** (Special Purpose Computer) विशिष्ट उद्देश्यों की पूर्ति के लिए इन कम्प्यूटरों का प्रयोग किया जाता है। इनका उपयोग अन्तरिक्ष विज्ञान, मौसम विज्ञान, उपग्रह संचालन, यातायात नियन्त्रण, कृषि-विज्ञान, इंजीनियरिंग, भौतिक तथा रासायनिक विज्ञान में शोध, उपग्रह संचालन इत्यादि क्षेत्रों में विशिष्ट उद्देश्यों के लिए किया जाता है। इसमें प्रयोग किए गए CPU की क्षमता अधिक तीव्र होती है, जिस कारण विशिष्ट उद्देश्यों की पूर्ति होती है।

# कम्प्यूटर के अनुप्रयोग

आधुनिक युग में शायद ही कोई ऐसा क्षेत्र हो, जहाँ कम्प्यूटर का प्रयोग न होता हो।

*कुछ मुख्य क्षेत्रों में कम्प्यूटर के अनुप्रयोग* (Applications of Computer) *निम्नलिखित हैं*

1. **शिक्षा** (Education) इण्टरनेट के माध्यम से हम किसी भी विषय की जानकारी कुछ ही क्षणों में प्राप्त कर सकते हैं। मल्टीमीडिया के विकास और इण्टरनेट की सुलभता ने कम्प्यूटर को विद्यार्थियों के लिए अत्यन्त उपयोगी बना दिया है।
2. **बैंक** (Bank) बैंकिंग क्षेत्र में तो कम्प्यूटर के अनुप्रयोग ने क्रान्ति ही ला दी है। आज बैंकों के अधिकांश समयसाध्य कार्य; *जैसे*— ऑनलाइन बैंकिंग, एटीएम द्वारा पैसे निकालना, चेक का भुगतान, रुपया गिनना इत्यादि, कम्प्यूटर के द्वारा ही सम्भव हैं।
3. **संचार** (Communication) कम्प्यूटर के प्रयोग ने संचार के क्षेत्र में इण्टरनेट के प्रयोग को सम्भव बनाया है। आधुनिक संचार व्यवस्था की तो कम्प्यूटर के अभाव में कल्पना भी नहीं की जा सकती। टेलीफोन और इण्टरनेट ने संचार क्रान्ति को जन्म दिया है। तन्तु प्रकाशिकी संचरण (Fiberoptics communication) में भी कम्प्यूटर का प्रयोग किया जाता है।
4. **स्वास्थ्य** (Health) चिकित्सा के क्षेत्र में कम्प्यूटर का अनुप्रयोग विभिन्न शारीरिक रोगों का पता लगाने के लिए किया जाता है। रोगों का विश्लेषण तथा निदान भी कम्प्यूटर द्वारा सम्भव है। आधुनिक युग में एक्स-रे, सीटी स्कैन, अल्ट्रासाउण्ड इत्यादि विभिन्न जाँचों में कम्प्यूटर का प्रयोग विस्तृत रूप से हो रहा है।
5. **वायुयान तथा रेलवे आरक्षण** (Air-lines and Railway Reservation) एक स्थान-से-दूसरे स्थान पर वायुयान तथा रेल द्वारा जाने के लिए आरक्षण कम्प्यूटर द्वारा ही किए जाते हैं तथा कम्प्यूटर द्वारा ही हम घर बैठे निर्धारित समय की भी जानकारी प्राप्त कर सकते हैं।
6. **मनोरंजन** (Entertainment) मनोरंजन के क्षेत्र में कम्प्यूटर का उपयोग प्रायः सिनेमा, टेलीविजन कार्यक्रमों, वीडियो गेम इत्यादि रूपों में किया जाता है। मल्टीमीडिया के प्रयोग ने तो कम्प्यूटर को बहुआयामी बना दिया है।
7. **प्रशासन** (Administration) प्रत्येक संस्थान में अपना एक आन्तरिक प्रशासन होता है और प्रशासनिक कार्य कम्प्यूटरों से ही किए जाते हैं।
8. **सुरक्षा** (Security) कम्प्यूटर के बिना हमारी सुरक्षा व्यवस्था बिल्कुल कमजोर हो जाएगी। एयरक्राफ्ट को ट्रैक करने, हवाई हमले आदि में कम्प्यूटर का इस्तेमाल किया जाता है।
9. **वाणिज्य** (Commerce) दुकान, बैंक, बीमा तथा क्रेडिट कम्पनी आदि में कम्प्यूटर का अधिकतम उपयोग करते हैं। कम्प्यूटर के बिना काम करना वित्तीय (Financial) दुनिया के लिए असम्भव हो गया है।
10. **विज्ञान और इंजीनियरिंग** (Science and Engineering) कम्प्यूटर का उपयोग कठिन गणितीय और वैज्ञानिक गणनाओं को करने में किया जाता है। इसके अतिरिक्त, कम्प्यूटर कई तरह के रिकॉर्ड का संग्रहण करने, अकाउण्ट्स, पुस्तकालय में किताबों या पत्रिकाओं को सहेजने में भी सहायता करता है।
11. **उद्योग** (Industry) बहुत सारे औद्योगिक संस्थान; *जैसे*— स्टील केमिकल तथा तेल कम्पनी आदि कम्प्यूटर पर निर्भर हैं। संयन्त्र प्रक्रियाओं के वास्तविक नियन्त्रण के लिए भी कम्प्यूटर का उपयोग किया जाता है।

# प्रश्न बैंक

**1.** कम्प्यूटर में भेजे जाने वाले डाटा को कहते हैं
(1) प्रोसेस (2) आउटपुट
(3) इनपुट (4) एल्गोरिथ्म

**2.** कम्प्यूटर के चार मुख्य कार्य हैं
(1) इनपुट, प्रोसेसिंग, आउटपुट और स्टोरेज
(2) लर्निंग, थिंकिंग, आउटपुट और इण्टेलिजेंस
(3) डाटा, इन्फॉर्मेशन, बिट्स और बाइट्स
(4) हार्डवेयर, सॉफ्टवेयर, मॉडलिंग और ऑपरेशंस

**3.** .......... कम्प्यूटर द्वारा प्रोड्यूस किया गया परिणाम है। **(Allahabad PO 2010)**
(1) डाटा (2) मैमोरी (3) आउटपुट
(4) इनपुट (5) ये सभी

**4.** कम्प्यूटर निम्नलिखित में से कौन-सा कार्य नहीं करता है? **(IBPS Clerk 2011)**
(1) प्रोसेसिंग (2) कण्ट्रोलिंग
(3) अण्डरस्टैण्डिंग (4) इनप्यूटिंग
(5) आउटपुटिंग

**5.** किसी बाहरी स्रोत से आती है और कम्प्यूटर सॉफ्टवेयर में फीड की जाती है, उस सूचना को .......... कहते हैं। **(IBPS Clerk 2011)**
(1) आउटपुट (2) इनपुट
(3) थ्रूपुट (4) रिपोर्ट
(5) इनमें से कोई नहीं

**6.** सूचना तैयार करने के लिए डाटा का प्रयोग कहलाता है **(RBI Grade B 2013)**
(1) फीडबैक (2) प्रोग्रामिंग
(3) प्रोसेसिंग (4) एनालिसिस
(5) इनमें से कोई नहीं

**7.** आउटपुट है **(IBPS PO 2015)**
(1) जो प्रोसेसर यूजर से प्राप्त की जाती है
(2) जो प्रोसेसर यूजर को प्रदान की जाती है
(3) जो यूजर द्वारा प्रोसेसर को प्रदान की जाती है
(4) उपरोक्त सभी
(5) उपरोक्त में से कोई नहीं

**8.** निम्न में से कौन-सी कम्प्यूटर की विशेषता है?
(1) तीव्र गति (2) त्रुटि रहित कार्य
(3) गोपनीयता (4) ये सभी

**9.** कम्प्यूटर में डाटा किसे कहा जाता है?
(1) संख्या को
(2) चिन्ह को
(3) दी गई सूचनाओं को
(4) चिन्ह व संख्यात्मक सूचना को

**10.** ....... कच्चे तथ्य (रॉ फैक्ट्स) बताता है, जबकि ........ से डाटा अर्थपूर्ण बन जाता है। **(Union Bank of India Clerk 2010)**
(1) सूचना, रिपोर्टिंग (2) डाटा, सूचना
(3) सूचना, बिट्स (4) रिकॉर्ड, बाइट्स
(5) बिट्स, बाइट्स

**11.** कम्प्यूटर चलाने के लिए उपयोग किया जाने वाला डाटा या सूचना कहलाती है। **(SBI Clerk 2012)**
(1) हार्डवेयर (2) पेरिफेरल
(3) CPU (4) ये सभी
(5) इनमें से कोई नहीं

**12.** कम्प्यूटर में सूचना को इनपुट करते हैं, तो निम्न में से क्या बनता है? **(IBPS PO 2015)**
(1) डाटा (2) आइडियाज (3) ऑब्जेक्ट्स
(4) फैक्ट्स (5) ये सभी

**13.** नॉन-न्यूमैरिक डाटा का उदाहरण निम्न में से है **(IBPS PO 2015)**
(1) कर्मचारी का नाम (2) टेस्ट स्कोर
(3) बैंक अकाउण्ट नम्बर (4) ये सभी

**14.** निम्नलिखित चक्रों में से इनपुट, प्रोसेसिंग, आउटपुट और स्टोरेज के रूप में इसके घटक शामिल हैं **(IBPS Clerk Mains 2017)**
(1) प्रोसेसिंग (2) आउटपुट (3) डाटा
(4) स्टोरेज (5) इनपुट

**15.** कम्प्यूटर में सूचना किसे कहा जाता है?
(1) डाटा को (2) संख्याओं को
(3) चिन्ह को (4) प्रोसेस्ड डाटा को

**16.** .......... वह डाटा है, जिसे एक अर्थपूर्ण फैशन में व्यवस्थित और प्रस्तुत किया गया है। **(IBPS Clerk Mains 2017)**
(1) प्रोसेस (2) सॉफ्टवेयर (3) स्टोरेज
(4) इन्फॉर्मेशन (5) डाटा

**17.** डाटा को प्रोसेस करने के लिए आवश्यक चरणों और कार्यों, जैसाकि प्रश्नों के जवाब या किसी आइकन पर क्लिक करना, कहा जाता है **(IBPS Clerk Mains 2017)**
(1) इन्स्ट्रक्शन (2) ऑपरेटिंग सिस्टम
(3) एप्लिकेशन सॉफ्टवेयर (4) सिस्टम यूनिट
(5) हार्डवेयर यूनिट

**18.** प्रथम गणना करने वाला यन्त्र है
(1) डिफरेन्स इंजन (2) पास्कल
(3) कैलकुलेटर (4) अबेकस

**19.** अबेकस का आविष्कार किस देश में हुआ?
(1) भारत (2) चीन
(3) अमेरिका (4) यूनान

**20.** पहली मैकेनिकल एडिंग मशीन, जिसमें जोड़ था
(1) पास्कलाइन (2) जैकार्ड
(3) ओरटीड (4) टूस्लाइट

**21.** उस फ्रांसीसी का क्या नाम था, जिसने वस्त्र बनाने वाली मशीन के डिजाइन से पंच कार्ड मशीन बनाई?
(1) जोसेफ जैकार्ड (2) जोस मार्क
(3) स्टीलिन (4) हेनरी

**22.** चार्ल्स बैबेज द्वारा निर्मित एनालिटिकल इंजन है
(1) इलेक्ट्रॉनिक (2) इलेक्ट्रिकल
(3) मैकेनिकल (4) टेक्निकल

**23.** किसने पहला यान्त्रिक कम्प्यूटर बनाया, जो भविष्य के कम्प्यूटर के लिए प्रतिकृति सिद्ध हुआ? **(SSC CGL 2017)**
(1) आर्किमिडिज (2) जॉन हैरिसन
(3) मार्क (4) चार्ल्स बैबेज

**24.** ENIAC का पूरा नाम है
(1) Electronic Numerical Integrator And Calculator
(2) Electronic National Implementation Associated Company
(3) Electric Number Integrator for Automatic Code
(4) Enlarge Numeral Integrator Automatic

**25.** एडसैक (EDSAC) का आविष्कार किसने किया था?
(1) हावर्ड आइकन (2) जॉन वॉन न्यूमैन
(3) मौरिस विल्कस (4) हर्मन होलेरिथ

**26.** सर्वप्रथम इलेक्ट्रॉनिक कम्प्यूटर, ENIAC किसने डिजाइन किया था?
(1) वॉन न्यूमैन
(2) जोसेफ एम जैकार्ड
(3) जे प्रेस्पर एकर्ट और जॉन मौचली
(4) '1' और '2' दोनों

**27.** प्रथम पीढ़ी के कम्प्यूटर्स में ............ का उपयोग करके प्रोग्रामिंग की जाती थी।
(1) असेम्बली लैंग्वेज (2) मशीन लैंग्वेज
(3) सोर्स कोड (4) ऑब्जेक्ट कोड

**28.** कम्प्यूटर की पहली पीढ़ी में कौन-सी डिवाइस प्रयोग होती थी? **(SBI Clerk 2012)**
(1) इण्टिग्रेटेड सर्किट (2) प्रोसेसर
(3) माइक्रोप्रोसेसर (4) वैक्यूम ट्यूब
(5) ये सभी

**29.** तृतीय पीढ़ी के कम्प्यूटर किसके द्वारा बनाए गए? **(SBI PO 2014)**
(1) बायोचिप्स (2) ट्रांजिस्टर्स
(3) इण्टिग्रेटेड चिप्स (4) वैक्यूम ट्यूब्स
(5) इनमें से कोई नहीं

**30.** तृतीय पीढ़ी के कम्प्यूटरों में प्रयोग होने वाली भाषा है
(1) सी (2) कोबोल
(3) जावा (4) पास्कल

**31.** स्विचों के हजारों ............ से चिप्स बनती हैं। **(IBPS Clerk 2014)**
(1) इलेक्ट्रॉन्स (2) चार्जेज
(3) ट्राजिस्टर्स (4) एचेज
(5) ये सभी

**32.** IC बना है **(SBI Clerk 2015)**
(1) ट्रांजिस्टर से (2) माइक्रोप्रोसेसर से
(3) वैक्यूम ट्यूब से (4) '1' और '2' दोनों
(5) इनमें से कोई नहीं

**33.** कम्प्यूटर की आईसी (IC) चिप्स के उत्पादन के लिए निम्न में से किसकी आवश्यकता होती है?
(1) क्रोमियम (2) ताँबा
(3) प्लेटिनम (4) सिलिकॉन

**34.** इण्टिग्रेटेड सर्किट चिप का विकास किसने किया है?
(1) सी वी रमन (2) रॉबर्ट नायक
(3) जे एस किल्बी (4) चार्ल्स बैबेज

**35.** इलेक्ट्रॉनिक्स में IC का पूर्ण रूप है **(SSC CGL 2016)**
(1) इण्टर्नल सर्किट
(2) इण्डिपेंडेण्ट सर्किट
(3) इण्टिग्रेटेड सर्किट
(4) इन-बिल्ट सर्किट

**36.** इण्टिग्रेटेड चिप्स या आईसी का उपयोग कम्प्यूटर की किस पीढ़ी में शुरू किया गया? **(IBPS PO 2016)**
(1) पहली पीढ़ी (2) दूसरी पीढ़ी
(3) तीसरी पीढ़ी (4) चौथी पीढ़ी
(5) पाँचवीं पीढ़ी

**37.** चौथी पीढ़ी में आने वाले पर्सनल कम्प्यूटर्स में होती/होते हैं **(SBI PO 2014)**
(1) इन्फॉर्मेशन (2) डाटा
(3) वैक्यूम ट्यूब (4) ट्रांजिस्टर्स
(5) माइक्रोप्रोसेसर्स

**38.** माइक्रो कम्प्यूटर की शुरुआत किस पीढ़ी से हुई?
(1) प्रथम पीढ़ी (2) द्वितीय पीढ़ी
(3) तृतीय पीढ़ी (4) चतुर्थ पीढ़ी

**39.** पाँचवीं पीढ़ी के कम्प्यूटर की विशेषता है
(1) कृत्रिम बुद्धि (2) माइक्रोप्रोसेसर
(3) बहुत कम कीमत (4) घर-घर में उपयोग

**40.** ……… आधुनिक कम्प्यूटर के जनक हैं।
(1) एलन ट्यूरिंग (2) वॉन न्यूमैन
(3) डेनिस रिचेल (4) ब्लेज पास्कल

**41.** कम्प्यूटर की बुनियादी संरचना का विकास ……… ने किया था।
(1) जॉन वॉन न्यूमैन (2) चार्ल्स बैबेज
(3) ब्लेज पास्कल (4) गार्डन मूरे

**42.** भारत में निर्मित प्रथम कम्प्यूटर का नाम है
(1) आर्यभट्ट (2) सिद्धार्थ
(3) बुद्ध (4) अशोक

**43.** पर्सनल कम्प्यूटर किस श्रेणी के कम्प्यूटर्स से सम्बन्धित है?
(1) मिनी (2) मेनफ्रेम
(3) सुपर (4) माइक्रो

**44.** एक पर्सनल कम्प्यूटर को ……… की सभी कम्प्यूटिंग जरूरतों को पूरा करने के लिए डिजाइन किया गया है। **(IBPS PO 2015)**
(1) किसी व्यक्ति (2) किसी डिपार्टमेण्ट
(3) कम्पनी (4) शहर
(5) इनमें से कोई नहीं

**45.** निम्न में से कौन-सा एक छोटा माइक्रोप्रोसेसर आधारित कम्प्यूटर है, जो एक समय में एक व्यक्ति द्वारा प्रयोग में लाया जाता है? **(SBI PO 2014)**
(1) नोटबुक (2) सुपर कम्प्यूटर
(3) मिनी कम्प्यूटर (4) लैपटॉप
(5) पर्सनल कम्प्यूटर

**46.** माइक्रो कम्प्यूटर को ……… भी कहते हैं।
(1) कम्प्यूटर ऑन हील
(2) कम्प्यूटर ऑन ए चिप
(3) कम्प्यूटर ऑन ए शिप
(4) उपरोक्त सभी
(5) उपरोक्त में से कोई नहीं

**47.** ऐसे कम्प्यूटर, जो पॉर्टेबल होते हैं और यात्रा करने वाले प्रयोक्ताओं के लिए सुविधाजनक होते हैं **(SBI Clerk 2012)**
(1) सुपर कम्प्यूटर (2) लैपटॉप
(3) मिनी कम्प्यूटर (4) फाइल सर्वर्स
(5) इनमें से कोई नहीं

**48.** निम्न में से किसे पोर्टेबल कम्प्यूटर माना जा सकता है? **(SBI Clerk 2012)**
(1) मिनी कम्प्यूटर (2) मेनफ्रेम कम्प्यूटर
(3) PDA (4) वर्कस्टेशन
(5) इनमें से कोई नहीं

**49.** कौन-सा डिवाइस/उपकरण हैण्डहेल्ड ऑपरेटिंग प्रणाली का इस्तेमाल करता है?
(1) PDA (2) लैपटॉप
(3) मेनफ्रेम (4) व्यक्तिगत कम्प्यूटर
(5) इनमें से कोई नहीं

**50.** IBM PS/2 कब विकसित हुआ था?
(1) वर्ष 1980 में (2) वर्ष् 1987 में
(3) वर्ष 1979 में (4) वर्ष 1971 में

**51.** निम्न में से किस प्रकार का कम्प्यूटर डिजिटल घड़ी में पाया जाता है? **(IBPS PO 2015)**
(1) मेनफ्रेम कम्प्यूटर (2) एम्बेडेड कम्प्यूटर
(3) सुपर कम्प्यूटर (4) नोटबुक कम्प्यूटर
(5) मिनी कम्प्यूटर

**52.** क्लाइण्ट सर्वर सिस्टम में किस प्रकार के कम्प्यूटर क्लाइण्ट कम्प्यूटर होते हैं? **(RBI Grade B 2012)**
(1) मेनफ्रेम (2) मिनी कम्प्यूटर
(3) माइक्रो कम्प्यूटर (4) PDA
(5) लैपटॉप

**53.** सबसे पहला मिनी कम्प्यूटर है
(1) PDP-8 (2) ENIAC
(3) UNISAC (4) EDVAC

**54.** निम्नलिखित में से कौन-सा कम्प्यूटर बड़ा तथा महँगा होता है व हजारों यूजर्स के डाटा को एक साथ प्रोसेस किया जा सकता है? **(IBPS PO 2015)**
(1) हैण्डहेल्ड कम्प्यूटर (2) मेनफ्रेम कम्प्यूटर
(3) पर्सनल कम्प्यूटर (4) टैबलेट कम्प्यूटर
(5) लैपटॉप

**55.** विश्व के सबसे पहले सुपर कम्प्यूटर का निर्माण हुआ था
(1) वर्ष 1942 (2) वर्ष 1976
(3) वर्ष 1980 (4) वर्ष 1978

**56.** सुपर कम्प्यूटर **(SBI Clerk 2012)**
(1) मेनफ्रेम कम्प्यूटरों से आकार और प्रोसेसिंग क्षमता में छोटे होते हैं
(2) अधिकांश घरों में सामान्य हैं
(3) में हजारों माइक्रोप्रोसेसर होते हैं
(4) लैपटॉप के ही आकार के होते हैं
(5) उपरोक्त में से कोई नहीं

**57.** निम्नलिखित में से कौन-सा सबसे बड़ा, सबसे तेज और सबसे महँगा कम्प्यूटर है? **(IBPS Clerk 2011)**
(1) पर्सनल कम्प्यूटर (2) सुपर कम्प्यूटर
(3) लैपटॉप (4) नोटबुक
(5) PDA

**58.** मेनफ्रेम या सुपर कम्प्यूटर को एक्सेस करने के लिए प्रयोक्ता प्राय: ………… का इस्तेमाल करते हैं। **(Allahabad PO 2010)**
(1) टर्मिनल (2) नोड (3) डेस्कटॉप
(4) हैण्डहेल्ड (5) इनमें से कोई नहीं

**59.** मौसम पूर्वानुमान में निम्नलिखित में से कौन-सा कम्प्यूटर उपयोग किया जाता है?
(1) सुपर कम्प्यूटर (2) मेनफ्रेम कम्प्यूटर
(3) मिनी कम्प्यूटर (4) माइक्रो कम्प्यूटर
(5) इनमें से कोई नहीं

**60.** भारत में विकसित 'परम' सुपर कम्प्यूटर का विकास किस संस्था ने किया है?
(1) BARC (2) IIT, कानपुर
(3) IIT, दिल्ली (4) C-DAC

**61.** निम्न में से कौन सुमेलित नहीं है? **(IBPS Clerk 2011)**
(1) माइक्रो कम्प्यूटर (2) मिनी कम्प्यूटर
(3) सुपर कम्प्यूटर (4) नोटबुक कम्प्यूटर
(5) डिजिटल कम्प्यूटर

**62.** वे कम्प्यूटर, जो भौतिक मात्राओं को मापकर उनके परिणाम अंकों में व्यक्त करते हैं, कहलाते हैं
(1) डिजिटल कम्प्यूटर (2) हाइब्रिड कम्प्यूटर
(3) एनालॉग कम्प्यूटर (4) मेनफ्रेम कम्प्यूटर

**63.** आजकल इस्तेमाल हो रहे कम्प्यूटर किस श्रेणी के हैं?
(1) डिजिटल (2) मैकेनिकल
(3) एनालॉग (4) मैनुअल

**64.** डिजिटल कम्प्यूटर की कार्य पद्धति का सिद्धान्त है
(1) गणना एवं तर्क (2) मापन
(3) ऑपरेटिंग (4) सॉफ्टवेयर

**65.** एनालॉग और डिजिटल कम्प्यूटर्स की विशेषताओं के संयुक्त रूप को ………… कहते हैं।
(1) हाइब्रिड कम्प्यूटर (2) डिजिटल कम्प्यूटर
(3) एनालॉग कम्प्यूटर (4) सुपर कम्प्यूटर

**66.** उद्देश्य के आधार पर कम्प्यूटर कितने प्रकार के होते हैं?
(1) पाँच (2) चार
(3) तीन (4) दो

**67.** सामान्य उद्देशीय कम्प्यूटर्स का प्रयोग किया जाता है
(1) दस्तावेज तैयार करने में
(2) डाटाबेस बनाने में
(3) '1' और '2' दोनों
(4) यातायात नियन्त्रण में

**68.** विशेषीकृत काम करने के लिए डिजाइन किए गए कम्प्यूटर कौन-से हैं? **(SBI Clerk 2012)**
(1) मेनफ्रेम कम्प्यूटर
(2) स्पेशल पर्पज कम्प्यूटर
(3) पोर्टेबल कम्प्यूटर
(4) सुपर कम्प्यूटर

**69.** निम्नलिखित में से कौन-सा सबसे तेज और सबसे छोटा कम्प्यूटर है, जो मस्तिष्क की तरह कार्य करता है? **(IBPS PO 2012)**
(1) सुपर कम्प्यूटर (2) क्वाण्टम कम्प्यूटर
(3) परम-10000 (4) IBM चिप्स
(5) इनमें से कोई नहीं

**70.** प्रत्युष सुपर कम्प्यूटर का प्रयोग निम्न में से किसके लिए किया जाता है?
(1) मौसम तथा जलवायु (2) ग्राफिक्स के कार्यों
(3) सेलफोन (4) चिकित्सा

**71.** विश्व में प्रत्युष सुपर कम्प्यूटर कौन-से स्थान पर है?
(1) तीसरे (2) दूसरे (3) चौथे (4) पहले

**72.** पुणे में स्थापित प्रत्युष सुपर कम्प्यूटर की क्षमता कितनी होती है?
(1) 6.8 PF (2) 4 PF
(3) 2.8 PF (4) 5 PF

**73.** .......... अत्यधिक सूक्ष्म स्तर पर डिवाइसों का निर्माण करने हेतु नैनो स्ट्रक्चर्स के प्रयोग पर विचार करता है।
**(IBPS Clerk Mains 2017)**
(1) नैनो टेक्नोलॉजी
(2) माइक्रो टेक्नोलॉजी
(3) कम्प्यूटर फोरेंसिक्स
(4) आर्टिफिशियल इण्टेलिजेंस
(5) वेरी स्मॉल स्केल टेक्नोलॉजी

**74.** ...... ऐसा विज्ञान है, जो मानव बुद्धि के समान बुद्धि का प्रदर्शन करने वाली मशीन बनाने का प्रयास करता है।
(1) नैनो सायन्स (2) नैनो टेक्नोलॉजी
(3) सिम्युलेशन (4) आर्टिफिशियल इण्टेलिजेंस (AI)

**75.** निम्न में से कौन-से क्षेत्र में आर्टिफिशियल इण्टेलिजेंस का प्रयोग होता है?
(1) Heavy Industries and Space
(2) Finance
(3) Weather Forecasting
(4) उपरोक्त सभी

**76.** कम्प्यूटर की वह विशेषता, जिसमें सोचने, समझने तथा तर्क करने की क्षमता होती है, कहलाती है
(1) मशीन इण्टेलिजेंस
(2) मानव इण्टेलिजेंस
(3) आर्टिफिशियल इण्टेलिजेंस
(4) वर्चुअल इण्टेलिजेंस

**77.** निम्नलिखित में से कौन रोबोट के डिजाइन, निर्माण, संचालन और उपयोग के साथ कार्य करता है?
(1) रोबोटिक्स
(2) आर्टिफिशियल इण्टेलिजेंस
(3) नैनो कम्प्यूटर
(4) क्वाण्टम कम्प्यूटर

# उत्तरमाला

| | | | | | | | | | |
|---|---|---|---|---|---|---|---|---|---|
| 1. *(3)* | 2. *(1)* | 3. *(3)* | 4. *(3)* | 5. *(2)* | 6. *(3)* | 7. *(2)* | 8. *(4)* | 9. *(4)* | 10. *(2)* |
| 11. *(5)* | 12. *(1)* | 13. *(1)* | 14. *(3)* | 15. *(4)* | 16. *(4)* | 17. *(1)* | 18. *(4)* | 19. *(2)* | 20. *(1)* |
| 21. *(1)* | 22. *(3)* | 23. *(4)* | 24. *(1)* | 25. *(2)* | 26. *(3)* | 27. *(2)* | 28. *(4)* | 29. *(3)* | 30. *(2)* |
| 31. *(3)* | 32. *(1)* | 33. *(4)* | 34. *(3)* | 35. *(3)* | 36. *(3)* | 37. *(5)* | 38. *(4)* | 39. *(1)* | 40. *(1)* |
| 41. *(1)* | 42. *(2)* | 43. *(4)* | 44. *(1)* | 45. *(5)* | 46. *(2)* | 47. *(2)* | 48. *(3)* | 49. *(1)* | 50. *(2)* |
| 51. *(2)* | 52. *(2)* | 53. *(1)* | 54. *(2)* | 55. *(2)* | 56. *(3)* | 57. *(2)* | 58. *(2)* | 59. *(1)* | 60. *(4)* |
| 61. *(5)* | 62. *(3)* | 63. *(1)* | 64. *(1)* | 65. *(1)* | 66. *(4)* | 67. *(3)* | 68. *(2)* | 69. *(2)* | 70. *(1)* |
| 71. *(3)* | 72. *(2)* | 73. *(1)* | 74. *(4)* | 75. *(4)* | 76. *(3)* | 77. *(1)* | | | |

अध्याय

02

# कम्प्यूटर आर्किटेक्चर

## COMPUTER ARCHITECTURE

कम्प्यूटर के विभिन्न अवयव एवं उनके मध्य सम्बन्ध को कम्प्यूटर की संरचना (Architecture) कहते हैं। कम्प्यूटर की संरचना किसी कम्प्यूटर सिस्टम की कार्यप्रणाली पर आधारित होती है। लगभग सभी कम्प्यूटरों की संरचना एक ही तरह की होती है। कम्प्यूटर की संरचना प्रोग्रामर की दृष्टि से कम्प्यूटर सिस्टम के फंक्शनल व्यवहार के साथ समझौता करती है। यह सिस्टम की लॉजिकल संरचना को भी परिभाषित करती है। पहला कम्प्यूटर आर्किटेक्चर वर्ष 1970 में प्रस्तावित किया गया था। कम्प्यूटर की संरचना सफल कम्प्यूटर सिस्टम के निर्माण के लिए आधार है।

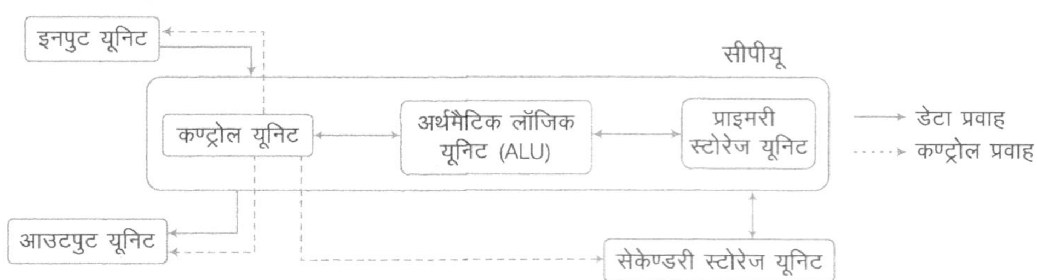


**कम्प्यूटर आर्किटेक्चर**

## कम्प्यूटर के अवयव

*कम्प्यूटर के प्रमुख अवयव (Components) निम्नलिखित हैं*

1. इनपुट यूनिट (Input Unit)
2. आउटपुट यूनिट (output unit)
3. सेण्ट्रल प्रोसेसिंग यूनिट (Central Processing Unit-CPU)
4. मैमोरी यूनिट (Memory Unit)

### 1. इनपुट यूनिट

इनपुट यूनिट (Input unit) वे हार्डवेयर होते हैं, जो डाटा को कम्प्यूटर में भेजते हैं। बिना इनपुट यूनिट के कम्प्यूटर TV की तरह दिखने वाली एक ऐसी डिस्प्ले यूनिट हो जाती है, जिससे उपयोगकर्ता कोई कार्य नहीं कर सकता; *जैसे*— कीबोर्ड, माउस आदि।

*इनपुट यूनिट द्वारा निम्न कार्य किए जाते हैं*

- यह उपयोगकर्ता द्वारा दिए गए निर्देशों (Instructions) तथा डाटा को पढ़ता या स्वीकार करती है।
- यह निर्देशों और डाटा को कम्प्यूटर द्वारा स्वीकार किए जाने वाले रूप अर्थात् बाइनरी कोड (Binary code) में बदलती है।
- यह बदले हुए रूप में इन निर्देशों और डाटा को आगे की प्रोसेसिंग के लिए कम्प्यूटर को भेज देती है।

## 2. आउटपुट यूनिट

डाटा तथा निर्देशों को परिणाम के रूप में प्रदर्शित करने के लिए जिन यूनिट्स का उपयोग किया जाता है, उन्हें आउटपुट यूनिट (Output unit) कहते हैं; *जैसे—* प्रिण्टर, मॉनीटर आदि।

*आउटपुट यूनिट द्वारा निम्न कार्य किए जाते हैं*

- यह कम्प्यूटर द्वारा दिए गए परिणामों को स्वीकार करती है, जो बाइनरी कोड के रूप में होते हैं, जिन्हें हमारे लिए समझना कठिन होता है।
- यह उन कोड के रूप में दिए गए परिणामों को हमारे द्वारा पढ़ने या समझने योग्य रूप में बदल देती है।
- यह बदले हुए रूप में परिणामों को हमारे समक्ष प्रस्तुत करती है।

**नोट** *सिस्टम यूनिट कम्प्यूटर का मुख्य भाग है जिसमें प्राइमरी उपकरण होते हैं, जो जटिल गणना के लिए परिणाम उत्पन्न करते हैं। इसमें मदरबोर्ड, सीपीयू और अन्य घटक शामिल हैं।*

## 3. सेण्ट्रल प्रोसेसिंग यूनिट

CPU ही प्रोसेसिंग यूनिट और कम्प्यूटर का वह भाग होता है, जिसमें अर्थमैटिक और लॉजिकल ऑपरेशन्स (Arithmetic and Logical Operations) निष्पादित होते हैं तथा निर्देश डिकोड और एक्जिक्यूट किए जाते हैं। CPU कम्प्यूटर के सम्पूर्ण ऑपरेशन्स को नियन्त्रित करता है। CPU को कम्प्यूटर का मस्तिष्क कहा जाता है। माइक्रो कम्प्यूटर के CPU को माइक्रोप्रोसेसर भी कहा जाता है। यह कम्प्यूटर के बाहरी व आन्तरिक डिवाइसों को कण्ट्रोल करता है।

*CPU द्वारा निम्न कार्य किए जाते हैं*

- यह निर्देशों तथा डाटा को मुख्य मैमोरी (Main memory) से रजिस्टर्स में स्थानान्तरित (Transfer) करता है।
- निर्देशों का क्रमिक रूप से क्रियान्वयन (Execution) करता है।
- आवश्यकता पड़ने पर आउटपुट डाटा को रजिस्टर्स से मुख्य मैमोरी में स्थानान्तरित करता है।

*CPU के प्रमुख अवयव निम्नलिखित हैं*

### अर्थमैटिक लॉजिक यूनिट

CPU के लिए सभी प्रकार की अंकगणितीय क्रियाएँ (जोड़ना, घटाना, गुणा करना तथा भाग देना) और तुलनाएँ (दो संख्याओं में यह बताना कि कौन-सी छोटी या बड़ी है अथवा दोनों बराबर हैं), अर्थमैटिक लॉजिक यूनिट (ALU) यूनिट में की जाती हैं। यह यूनिट कई ऐसे इलेक्ट्रॉनिक परिपथों (Circuits) से बनी होती है, जिनमें एक ओर से कोई दो संख्याएँ भेजने पर दूसरी ओर से उनका योग, अन्तर, गुणनफल या भागफल प्राप्त हो जाता है।

इसमें सारी क्रियाएँ बाइनरी पद्धति (Binary system) में की जाती हैं। प्राप्त होने वाली संख्याओं तथा क्रियाओं के परिणामों को अस्थायी रूप से स्टोर करने या रखने के लिए इसमें कई विशेष बाइटें होती हैं, जिन्हें रजिस्टर (Register) कहा जाता है।

**रजिस्टर्स**

*यह एक ऐसा उपकरण या साधन है, जिसमें डाटा स्टोर किया जाता है। रजिस्टर (Register) बहुत तीव्र गति वाली अस्थायी स्टोरेज युक्ति है।*

*मैमोरी की हाइरारकी (Memory Hierarchy) में रजिस्टरों का स्थान सबसे ऊँचा होता है और ये CPU के डाटा का उपयोग करने के लिए सबसे तीव्र मार्ग देते हैं। किसी प्रोग्राम के क्रियान्वयन (Execution) को सबसे तीव्र गतिशीलता प्रदान करने के लिए रजिस्टरों का व्यापक प्रयोग किया जाता है।*

### कण्ट्रोल यूनिट

इस भाग का कार्य सबसे ज्यादा महत्त्वपूर्ण होता है। यह कम्प्यूटर के सभी भागों के कार्यों पर नज़र रखती है और उनमें परस्पर तालमेल बैठाने के लिए उचित आदेश भेजती है। कण्ट्रोल यूनिट (Control Unit, CU) का सबसे प्रमुख और पहला कार्य यह है कि हम जिस प्रोग्राम का एक्जीक्यूशन कराना चाहते हैं, यह उसे मैमोरी में से क्रमशः पढ़कर उसका विश्लेषण (Analysis) करती है और उसका एक्जीक्यूशन कराती है। किसी आदेश का एक्जीक्यूशन सुनिश्चित करने के लिए यह कम्प्यूटर के दूसरे सभी भागों को उचित निर्देश तथा सिग्नल जारी करती है। किसी डिजिटल कम्प्यूटर की कण्ट्रोल यूनिट को क्लॉक कहा जाता है।

### माइक्रोप्रोसेसर

यह एक सेमीकण्डक्टर (Semiconductor) इण्टिग्रेटेड सर्किट पर बनाई गई प्रोग्राम करने योग्य (Programmable) डिजिटल इलेक्ट्रॉनिक युक्ति है, जो किसी सेण्ट्रल प्रोसेसिंग यूनिट के सभी कार्य करती है। यह कम्प्यूटर का मस्तिष्क होता है। यह केवल मशीनी भाषा ही समझता है।

- इण्टेल का पहला माइक्रोप्रोसेसर 4004 था, जो वैज्ञानिक टेड हॉफ और इंजीनियर फरेडेरिको ने वर्ष 1971 में विकसित किया, जिसमें CPU के सभी अवयव एक चिप पर लगाए गए।
- कुछ महत्त्वपूर्ण माइक्रोप्रोसेसरों के नाम हैं– इण्टेल (Intel), इण्टेल कोर i7 (Intel core i7), डूएल कोर (Dual core) तथा पेण्टियम IV (Pentium IV) आदि।
- प्रोसेसर की गति मिलियन ऑफ साइकिल प्रति सेकण्ड या मेगाहर्ट्ज में मापी जाती है।

## 4. मैमोरी यूनिट

मैमोरी कम्प्यूटर का वह भाग है, जो डाटा तथा निर्देशों को संगृहीत करता है। कम्प्यूटर की मैमोरी आधुनिक कम्प्यूटरों के मूल कार्यों से एक सूचना स्टोरेज (Information storage) की सुविधा प्रदान करती है। यह कम्प्यूटर के CPU का एक भाग होती है और उससे मिलकर सम्पूर्ण कम्प्यूटर बनाती है।

इसके पास दो प्रकार की मैमोरी होती है— प्राइमरी मैमोरी व सेकेण्डरी मैमोरी। प्राइमरी मैमोरी CPU से सीधे जुड़ी होती है और उसमें स्टोर डाटा को लगातार पढ़ती रहती है और उनका एक्जीक्यूशन कराती है। सेकेण्डरी मैमोरी CPU से बाहर होती है और इसमें डाटा स्टोर करने की क्षमता प्राइमरी मैमोरी से अधिक होती है।

## मदरबोर्ड

मदरबोर्ड (Motherboard) किसी जटिल इलेक्ट्रॉनिक सिस्टम, *जैसे*— आधुनिक कम्प्यूटर का केन्द्रीय या मुख्य सर्किट बोर्ड होता है। इसे मुख्यबोर्ड (Mainboard), बेसबोर्ड (Baseboard), सिस्टम बोर्ड (System board) या लॉजिक बोर्ड (Logic board) भी कहा जाता है। मदरबोर्ड पर चिप के कनेक्टिंग प्वॉइण्ट्स को **सॉकेट्स** (Sockets) कहते हैं।

किसी मदरबोर्ड का मुख्य उद्देश्य सिस्टम के विभिन्न अवयवों को आपस में जोड़ने के लिए आवश्यक इलेक्ट्रॉनिक और लॉजिकल कनेक्शन उपलब्ध कराना होता है। एक सामान्य डेस्कटॉप कम्प्यूटर मदरबोर्ड में माइक्रोप्रोसेसर, मुख्य मैमोरी और अन्य अनिवार्य अवयव लगाकर बनाया जाता है।

इनके अतिरिक्त अन्य बहुत से अवयव; *जैसे*— बाह्य स्टोरेज उपकरण, वीडियो कण्ट्रोलर, साउण्ड कण्ट्रोलर, बाहरी इनपुट/आउटपुट उपकरण (Equipment) आदि मदरबोर्ड के साथ किसी कनेक्टर या केबल के माध्यम से जोड़े जाते हैं।

## मदरबोर्ड पर कम्पोनेण्ट

*मदरबोर्ड पर विभिन्न कम्पोनेण्ट निम्न प्रकार हैं*

- एक्सपेंशन स्लॉट
- फैन (Fan)
- PCI स्लॉट
- प्रोसेसर चिप
- CMOS बैट्री
- SMPS
- BIOS

### इन्हें भी जानें

- **बफर** यह एक अस्थायी स्टोरेज है, जहाँ रजिस्टर निष्पादन के लिए डेटा को hold रखता है।
- **ऐक्युमूलेटर** यह CPU में एक ऐसा रजिस्टर होता है, जिसमें अर्थमैटिक तथा लॉजिकल परिणाम स्टोर किए जाते हैं।
- **डीएमए** (DMA) (डायरेक्ट मैमोरी एक्सेस) यह एक ऐसी विधि है, जिसके द्वारा डेटा को कम्प्यूटर की मैमोरी से इनपुट/आउटपुट डिवाइस का प्रयोग करके सीधे ट्रांसफर किया जाता है। इससे मैमोरी के ऑपरेशन की गति बढ़ जाती है।

## इकाइयों का इण्टरकनेक्शन

CPU डाटा, निर्देश तथा सूचना को कम्प्यूटर के विभिन्न अवयवों तथा डिवाइसेज (Devices) को भेजता है। इस आवागमन के लिए विभिन्न बसें प्रयोग की जाती हैं। कम्प्यूटर में अनेक बसें होती हैं, जो विभिन्न कार्यों के लिए प्रयुक्त होती हैं। दूसरे शब्दों में, एक बस कुछ ऐसे तारों या कनेक्शनों (Connections) का संग्रह होती है, जिनसे होकर सिग्नल एक उपकरण से दूसरे उपकरण तक भेजे जाते हैं। वास्तव में, बस एक सम्प्रेषण माध्यम (Transmission medium) है।

*किसी कम्प्यूटर में अनेक बसें होती हैं, जिन्हें दो भागों में बाँटा जा सकता है*

1. **आन्तरिक बस** (Internal Bus) यह मदरबोर्ड के आन्तरिक अवयवों को जोड़ती है; *जैसे*— CPU एवं सिस्टम मैमोरी। इसे सिस्टम बस भी कहते हैं; जैसे— कण्ट्रोल बस, एड्रेस बस आदि।

   *आन्तरिक बस निम्न बसों को सम्मिलित करती है*

   (i) मैमोरी तथा इनपुट/आउटपुट डिवाइसेज को दिए जाने वाले विभिन्न निर्देश कण्ट्रोल बस द्वारा ले जाए जाते हैं।

   (ii) इनपुट/आउटपुट डिवाइसेज या मैमोरी के एड्रेस एड्रेस बस द्वारा ले जाए जाते हैं। डाटा को स्थानान्तरित करने वाली बस को डाटा बस कहते हैं।

2. **बाह्य बस** (External Bus) यह विभिन्न बाहरी अवयवों को जोड़ती है; *जैसे*— पेरीफेरल्स, पोर्ट्स, एक्सपेंशन स्लॉट्स आदि।

## इन्स्ट्रक्शन साइकिल

कण्ट्रोल यूनिट को कम्प्यूटर का नाड़ी तन्त्र (Vascular system) भी कहते हैं। सभी आदेश कण्ट्रोल यूनिट से गुजरते हैं। यहाँ पर जो प्रोसेसिंग होती है, उसे इन्स्ट्रक्शन साइकिल कहते हैं।

**इन्स्ट्रक्शन साइकिल**

*पूरी इन्स्ट्रक्शन साइकिल में निम्न चार चरण होते हैं*

1. **फैचिंग** (Fetching) इस चरण में मैमोरी से निर्देश को फैच करके रजिस्टर में लाते हैं।
2. **डिकोडिंग** (Decoding) दिए गए निर्देश को डिकोड करते है अर्थात् दिए गए निर्देश की व्याख्या करते हैं।
3. **निष्पादन** (Execution) निर्देश का निष्पादन करना।
4. **स्टोरेज** (Storage) निर्देश को स्टोर करना।

   दिए गए चरणों में से, चरण 1 और 2 सभी निर्देशों के लिए एकसमान होते हैं तथा फैच चक्र (Fetch cycle) कहलाते हैं और चरण 3 व 4 सभी निर्देशों के लिए अलग-अलग होते हैं तथा निष्पादन चक्र (Execute cycle) कहलाते हैं।

## इन्स्ट्रक्शन फॉर्मेट

कम्प्यूटर द्वारा निर्देशों को केवल 0 व 1 के रूपों में समझा जाता है, जिसे मशीनी भाषा कहते हैं। एक कम्प्यूटर प्रोग्राम निर्देशों का एक समूह है, जो किसी कार्य को पूरा करने के लिए आवश्यक स्टेप्स को विस्तारपूर्वक बताता है।

किसी भी प्रोसेसर को कार्य करने के लिए दो प्रकार के इनपुट की आवश्यकता होती है— डाटा (Data) तथा निर्देश (Instruction)। डाटा तथ्यों और अव्यवस्थित आँकड़ों का समूह है तथा निर्देश कम्प्यूटर को बताते हैं कि किसी विशेष कार्य को करने के लिए कौन-सी क्रिया की जानी चाहिए।

किसी भी निर्देश को दो भागों में बाँटा जा सकता हैं— ऑपरेशन (Operation or Op-code) तथा ऑपरेण्ड (Operand)। ऑपरेशन वे क्रिया होती हैं, जिन्हें परफॉर्म किया जाता है तथा ऑपरेण्ड वे होते हैं, जिन पर ऑपरेशन किया जाता है।

### इन्हें भी जानें

- **मशीन साइकिल** (Machine Cycle) एक ऐसा समय होता है, जो दो ऑपरेण्ड्स को रजिस्टर से लाकर उन पर अर्थमैटिक लॉजिकल यूनिट (ALU) ऑपरेशन करके प्राप्त परिणाम को वापस रजिस्टर में स्टोर करने के लिए प्रयोग होता है।
- **इन्स्ट्रक्शन कोड** बिट्स का एक ऐसा समूह होता है, जो कम्प्यूटर को किसी विशेष कार्य को करने को कहता है।
- एक युक्ति द्वारा डाटा एवं निर्देशों को लोकेट करने और उसे CPU तक पहुँचाने में लिए गए समय को एक **प्रोसेसिंग चक्र** कहते हैं।
- UPS (अनइण्ट्रप्टिबल पावर सप्लाई) ऐसा यन्त्र है, जो कम्प्यूटर के साथ जुड़ा होता है और विद्युत पावर जाने के बाद भी कुछ समय के लिए कम्प्यूटर को विद्युत प्रदान करता है।

# प्रश्न बैंक

**1.** कम्प्यूटर के विभिन्न अवयव एवं उनके मध्य सम्बन्ध को कम्प्यूटर की ………… कहते हैं।
(1) संरचना (2) हार्डवेयर
(3) इनपुट (4) आउटपुट

**2.** ………… यूनिट मनुष्य द्वारा समझे जाने वाले डाटा और प्रोग्रामों को ऐसे रूप में बदल देती है, जिसे कम्प्यूटर प्रोसेस कर सकता है। **(SBI PO 2013)**
(1) प्रिंटिग (2) आउटपुट
(3) सॉलिड स्टेट (4) इनपुट
(5) स्कैनर

**3.** निम्न में से क्या कम्प्यूटर सिस्टम के कार्य करने के लिए सर्वाधिक जरूरी अवयव है?
(1) इनपुट इकाई (2) आउटपुट इकाई
(3) स्टोरेज सिस्टम (4) मॉनीटर

**4.** निम्न में से इनपुट, आउटपुट तथा प्रोसेसिंग डिवाइस साथ मिलकर क्या निरूपित करते हैं? **(IBPS Clerk 2015)**
(1) मोबाइल डिवाइस (2) सर्किट बोर्ड
(3) कम्प्यूटर सिस्टम (4) इन्फॉर्मेशन प्रोसेसिंग साइकिल
(5) कम्प्यूटर प्रोसेसिंग यूनिट

**5.** निम्नलिखित में से कम्प्यूटर का मुख्य भाग कौन-सा है?
(1) सिस्टम यूनिट (2) की-बोर्ड
(3) माउस (4) मॉनीटर

**6.** निम्न में से कौन-सा धातु या प्लास्टिक का Case है, जो कम्प्यूटर के सभी भौतिक भागों को रखता है? **(IBPS Clerk Mains 2017)**
(1) सिस्टम यूनिट (2) सीपीयू
(3) मेनफ्रेम (4) प्लेटफॉर्म
(5) मॉडम

**7.** कम्पोनेण्ट, जो डाटा को प्रोसेस करता है, निम्न में से किसमें स्थित है? **(IBPS Clerk Mains 2017)**
(1) इनपुट डिवाइस (2) आउटपुट डिवाइस
(3) सिस्टम यूनिट (4) स्टोरेज कम्पोनेण्ट
(5) स्टोरेज डिवाइस

**8.** किसी कम्प्यूटर के CPU के भाग हैं
(1) इनपुट, आउटपुट और प्रोसेसिंग
(2) कण्ट्रोल यूनिट, प्राइमरी स्टोरेज व सेकेण्डरी स्टोरेज
(3) कण्ट्रोल यूनिट, अर्थमैटिक लॉजिक यूनिट, प्राइमरी स्टोरेज
(4) कण्ट्रोल यूनिट, प्राइमरी स्टोरेज

**9.** CPU का संक्षिप्त रूप है
(1) कम्प्यूटर प्रोसेसिंग यूनिट
(2) कम्प्यूटर प्रोटेक्शन यूनिट
(3) सेण्ट्रल प्रोसेसिंग यूनिट
(4) सेण्ट्रल प्रोसेसिंग अपलोड

**10.** इनपुट का आउटपुट में रूपान्तरण किया जाता है
(1) पेरिफेरल्स द्वारा (2) सीपीयू द्वारा
(3) रैम द्वारा (4) मैमोरी द्वारा

**11.** डाटा और प्रोग्राम, कम्प्यूटर में कहाँ स्टोर होते हैं?
(1) माउस (2) कीबोर्ड (3) प्रिण्टर (4) CPU

**12.** निम्न में से CPU का कौन-सा कार्य है?
(1) डिलीट करना (2) प्रोसेसिंग करना
(3) करप्ट करना (4) एडिट करना

**13.** ……… जिसे कम्प्यूटर का 'ब्रेन' भी कहते हैं, डाटा प्रोसेसिंग करती है। **(RBI Grade B 2014)**
(1) मदरबोर्ड
(2) मैमोरी
(3) रैम
(4) सेण्ट्रल प्रोसेसिंग यूनिट
(5) इनमें से कोई नहीं

**14.** कम्प्यूटर में प्रयोग होने वाली CPU चिप ……… से बनी होती है।
(1) कॉपर (2) आयरन
(3) गोल्ड (4) सिलिकॉन

**15.** कम्प्यूटर की कौन-सी यूनिट मैमोरी तथा अर्थमैटिक लॉजिकल यूनिट के मध्य संचार में मदद करती है?
(1) CMU (2) CCU
(3) UPS (4) CPU

**16.** प्रोसेसर में एक कण्ट्रोल यूनिट और एक ……… शामिल होती है। **(IBPS PO 2016)**
(1) कण्ट्रोल यूनिट
(2) रैम
(3) अर्थमैटिक लॉजिक यूनिट
(4) रोम
(5) सीपीयू

**17.** ALU के मुख्य फंक्शन का कार्य है **(IBPS PO 2013)**
(1) अर्थमैटिक और लॉजिकल ऑपरेटर्स को प्रदर्शित करना
(2) भविष्य में प्रयोग करने के लिए डाटा तथा सूचनाओं को स्टोर करना
(3) कम्प्यूटर आउटपुट कण्ट्रोल करना
(4) मॉनीटर तथा सभी कम्प्यूटर एक्टीविटीज
(5) कम्प्यूटर इनपुट कण्ट्रोल करना

**18.** कम्प्यूटर का कौन-सा भाग कैलकुलेटिंग एवं कम्परिंग के लिए इस्तेमाल होता है? **(IBPS Clerk 2013)**
(1) ALU (2) कण्ट्रोल यूनिट
(3) डिस्क यूनिट (4) मॉडर्न
(5) इनमें से कोई नहीं

**19.** कौन-सी यूनिट संयोजन डिजिटल इलेक्ट्रॉनिक सर्किट है, जो इण्टीजर बाइनरी संख्याओं पर अर्थमैटिक तथा बिटवाइज (Bitwise) ऑपरेशन को करती है? **(IBPS RRB PO Mains 2017)**
(1) BOU (2) AEU
(3) CPU (4) ALU
(5) CPU

**20.** निम्न में से कौन डाटा स्थान को धारण करने का एक छोटा सेट है, जो कम्प्यूटर प्रोसेसर का एक हिस्सा है और निर्देश, स्टोरेज एड्रेस या किसी भी प्रकार का डाटा रख सकता है?
(1) रजिस्टर (2) WAN
(3) बस (4) एड्रेस

**21.** निम्न में से कौन CPU को डाटा उपयोग करने के लिए सबसे तीव्र मार्ग प्रदान करता है?
(1) मदरबोर्ड (2) रजिस्टर
(3) सर्किट (4) माइक्रोप्रोसेसर

**22.** मैमोरी की हाइरारकी में सबसे ऊँचा स्थान किसका होता है?
(1) प्राथमिक मैमोरी (2) रजिस्टर
(3) द्वितीयक मैमोरी (4) CPU

**23.** निम्न में से कौन-सा पद किसी भी कम्प्यूटर के कम्पोनेण्ट को दर्शाता है, जिसकी किसी विशेष कार्य को सम्पन्न करने में आवश्यकता होती है? **(IBPS Clerk 2015)**
(1) बूटस्ट्रैप (2) कर्नेल
(3) रिसोर्स (4) सोर्स कोड
(5) मदरबोर्ड

**24.** CPU का वह भाग, जो अन्य सभी कम्प्यूटर कम्पोनेण्ट्स की गतिविधियों को कोऑर्डिनेट करता है, क्या कहलाता है?
(1) मदरबोर्ड
(2) कोऑर्डिनेशन बोर्ड
(3) कण्ट्रोल यूनिट
(4) अर्थमैटिक लॉजिक यूनिट

**25.** मशीन साइकिल को कौन नियन्त्रित करता है?
(1) कण्ट्रोल यूनिट (2) मैमोरी यूनिट
(3) लॉजिक यूनिट (4) अर्थमैटिक यूनिट

**26.** दूसरी इकाइयों को नियन्त्रित करने के लिए कण्ट्रोल यूनिट उत्पन्न करती है
(1) कण्ट्रोल सिग्नल्स (2) टाइमिंग सिग्नल्स
(3) ट्रांसफर सिग्नल्स (4) कमाण्ड सिग्नल्स

**27.** किसी डिजिटल कम्प्यूटर की कण्ट्रोल यूनिट क्या को कहते हैं
(1) क्लॉक (2) नर्व सेण्टर
(3) '1' और '2' दोनों (4) IC

**28.** निम्न में से कौन-सा कण्ट्रोल यूनिट का एक कार्य नहीं है? **(RBI Grade B 2012)**
(1) निर्देशों को पढ़ना
(2) निर्देशों की व्याख्या करना
(3) निर्देशों को अमल में लाना
(4) ऑपरेशंस को निर्देशित करना
(5) उपरोक्त सभी

**29.** निम्नलिखित में से क्या एक कम्प्यूटर प्रणाली में एक महत्त्वपूर्ण सिर्किटरी है, जो प्रोसेसर के संचालन का निर्देशन करता है? **(IBPS Mains 2016)**
(1) मैमोरी (2) एड्रेस बस
(3) अर्थमैटिक लॉजिक यूनिट (4) कण्ट्रोल यूनिट
(5) माइक्रोप्रोसेसर

**30.** निम्न में से किस डिवाइस में सीपीयू और मैमोरी स्थित हैं? **(IBPS Clerk Mains 2017)**
(1) रोम प्रोग्राम (2) सिस्टम बोर्ड
(3) अर्थमैटिक लॉजिक यूनिट
(4) कण्ट्रोल यूनिट
(5) रैम प्रोग्राम

**31.** माइक्रोप्रोसेसर लाखों ......... से बना होता है।
(1) रजिस्टर (2) ट्रांजिस्टर
(3) माइक्रोचिप (4) प्रोग्राम काउण्टर

**32.** कम्प्यूटर का माइक्रोप्रोसेसर ....। **(SBI Clerk 2011)**
(1) केवल मशीन की भाषा समझता है
(2) मशीन की भाषा नहीं समझता है
(3) मशीन की और उच्चस्तरीय भाषा समझता है
(4) केवल उच्चस्तरीय भाषा समझता है
(5) उपरोक्त सभी

**33.** माइक्रोप्रोसेसर की खोज हुई थी
(1) वर्ष 1970 (2) वर्ष 1969
(3) वर्ष 1975 (4) वर्ष 1980

**34.** सेण्ट्रल प्रोसेसिंग यूनिट के सभी कार्य कौन करता है?
(1) माइक्रोप्रोसेसर (2) ALU
(3) CU (4) मदरबोर्ड

**35.** माइक्रोप्रोसेसर को .......... भी कहते हैं।
(1) चिप (2) IC (3) रूल (4) ट्रांजिस्टर

**36.** निम्न में से कौन-सा पहला माइक्रोप्रोसेर था? **(SSC CGl 2017)**
(1) Intel 4004 (2) 8080
(3) 4008 (4) 8081

**37.** कम्प्यूटर द्वारा निष्पादित बेसिक फंक्शन है
(1) डाटा प्रोसेसिंग (2) डाटा स्टोरेज
(3) डाटा मूवमेण्ट (4) ये सभी

**38.** सिस्टम यूनिट के मेन सर्किट बोर्ड को कहते हैं।
(1) कम्प्यूटर प्रोग्राम (2) कण्ट्रोल यूनिट
(3) मदरबोर्ड (4) रैम

**39.** निम्न में से कौन-सा मदरबोर्ड का नाम नहीं हैं?
(1) सिस्टम बोर्ड (2) मेन बोर्ड
(3) कम्प्यूटर बोर्ड (4) लॉजिक बोर्ड

**40.** मदरबोर्ड पर, चिप के लिए उपस्थित कनेक्शन प्वॉइण्ट्स को कहते हैं।
(1) स्लॉट्स (2) सॉकेट्स
(3) पोर्ट्स (4) लाइन्स

**41.** कम्प्यूटर के भागों को जोड़ने वाला मुख्य सर्किट बोर्ड कौन-सा होता है? **(SBI PO 2015)**
(1) मदरबोर्ड (2) फादर बोर्ड
(3) मैच बोर्ड (4) हार्ड ड्राइव
(5) ट्रांजिस्टर

**42.** कम्प्यूटर के मदरबोर्ड पर एक्सपेंशन स्लॉट का क्या कार्य है?
(1) इण्टरनल कार्ड जोड़ने के लिए
(2) स्पेस बनाने के लिए
(3) मदरबोर्ड को नियन्त्रित करने के लिए
(4) उपरोक्त सभी

**43.** ..... अस्थायी स्टोरेज है, जो इनपुट/आउटपुट ऑपरेशन के लिए CPU से जुड़ा होता है।
(1) चिप (2) बफर
(3) रजिस्टर (4) कोर

**44.** एक प्रोसेसर की गति किसमें मापी जाती है? **(RBI Grade B 2012)**
(1) मेगाबाइट या गीगाबाइट (2) मिली सेकण्ड
(3) मेगाहर्ट्ज या गीगाहर्ट्ज
(4) नैनो सेकण्ड
(5) गीगाहर्ट्ज

**45.** डी एम ए का पूर्ण रूप है
(1) डायरेक्ट मैमोरी एक्सचेन्ज
(2) डायरेक्ट मैमोरी एक्सेस
(3) डायरेक्ट मैमोरी एक्सेस
(4) इनमें से कोई नहीं

**46.** पढ़ना/लिखना निम्न में से किस लाइन से सम्बन्धित है?
(1) डाटा बस (2) कण्ट्रोल बस
(3) एड्रेस बस (4) CPU बस

**47.** डाटा को स्थानान्तरित करने वाली बस को क्या कहते हैं?
(1) डाटा बस (2) कण्ट्रोल बस
(3) आन्तरिक बस (4) एड्रेस बस

**48.** कम्प्यूटर तन्त्र में 'बस' से क्या अभिप्राय है?
(1) समानान्तर धारापथ
(2) अंकगणितीय तर्क इकाई
(3) सांख्यिक सहसंस्करण
(4) एडेप्टर कार्ड

**49.** CPU तथा पेरिफेरल के मध्य की कम्युनिकेशन लाइन को कहते हैं
(1) बस (2) लाइन
(3) मीडिया (4) ये सभी

**50.** इन्स्ट्रक्शन साइकिल के चरण 1 और 2 क्या कहलाते हैं?
(1) निष्पादन चक्र (2) ऑपरेशन
(3) फैच चक्र (4) प्रोसेसिंग

**51.** इन्स्ट्रक्शन साइकिल में होने वाली घटनाओं के क्रम में पहला साइकिल कौन-सा है? **(IBPS Clerk 2011)**
(1) स्टोर साइकिल (2) डाटा मूवमेण्ट
(3) एक्जीक्यूट साइकिल (4) डिकोड साइकिल
(5) फैच साइकिल

**52.** मशीन में कमाण्ड को कैरी (Carry) करने की विधि को क्या कहते हैं? **(LIC AAO 2013)**
(1) एक्जीक्यूटिंग (2) शिड्यूलिंग
(3) प्रोसेसिंग (4) '1' और '2' दोनों
(5) ये सभी

**53.** ......... आदेशों को पूरा करने की प्रक्रिया है।
(1) फैचिंग (2) एक्जीक्यूटिंग
(3) स्टोरिंग (4) डिकोडिंग

**54.** इन्स्ट्रक्शन का समूह, जो कम्प्यूटर को निर्देशित करता है, कहलाता है
(1) हार्डवेयर (2) लॉजिक यूनिट
(3) प्रोग्राम (4) CPU

**55.** मशीनी/असेम्बली भाषा में प्रयुक्त इन्स्ट्रक्शन कोड, CPU के किस बेसिक ऑपरेशन को उल्लेखित करता है?
(1) मशीन कोड (2) इन्स्ट्रक्शन कोड
(3) ऑपकोड (4) उपरोक्त सभी

**56.** बिट्स का एक समूह, जो कम्प्यूटर को किसी विशेष कार्य करने के लिए कहता है, कहलाता है
(1) इन्स्ट्रक्शन कोड (2) माइक्रो ऑपरेशन
(3) एक्युमूलेटर (4) रजिस्टर

**57.** एक युक्ति द्वारा डाटा एवं निर्देशों को लोकेट करने तथा उसे CPU तक पहुँचाने में लिए गए समय को कहते हैं
(1) एक प्रोसेसिंग चक्र
(2) CPU स्पीड
(3) क्लॉक स्पीड
(4) एक्सेस समय

**58.** संक्षिप्ताक्षर 'UPS' का पूर्ण रूप क्या है? **(IBPS Clerk 2014)**
(1) अनइण्ट्रप्टिबल पॉवर सप्लाई
(2) अनइण्ट्रप्टिबल पावर सप्लाइज
(3) अनइण्ट्रप्टिबल पावरफुल सप्लाई
(4) अनइण्ट्रप्टिबल पावरफुल सप्लाइज
(5) अनइण्ट्रप्टिबल पावर स्टोरेज

**59.** एक डिवाइस, जो न केवल उग्र संरक्षण (Surge protection) प्रदान करती है, बल्कि बिजली आउटेज के दौरान कम्प्यूटर को बैटरी बैकअप पावर के साथ तैयार करती है **(IBPS RRB PO Mains 2017)**
(1) बैटरी स्ट्रीप (2) CPU
(3) Surge स्ट्रीप (4) USB
(5) UPS

**60.** निम्न में कौन कम्प्यूटर का अभिन्न अंग नहीं है? **(SBI Clerk 2012)**
(1) CPU (2) माउस
(3) मॉनीटर (4) स्कैनर
(5) UPS

## उत्तरमाला

| | | | | | | | | | |
|---|---|---|---|---|---|---|---|---|---|
| 1. *(1)* | 2. *(4)* | 3. *(1)* | 4. *(3)* | 5. *(1)* | 6. *(1)* | 7. *(3)* | 8. *(3)* | 9. *(3)* | 10. *(2)* |
| 11. *(4)* | 12. *(2)* | 13. *(4)* | 14. *(4)* | 15. *(4)* | 16. *(3)* | 17. *(1)* | 18. *(1)* | 19. *(4)* | 20. *(1)* |
| 21. *(2)* | 22. *(2)* | 23. *(3)* | 24. *(3)* | 25. *(1)* | 26. *(1)* | 27. *(1)* | 28. *(2)* | 29. *(4)* | 30. *(4)* |
| 31. *(2)* | 32. *(1)* | 33. *(2)* | 34. *(1)* | 35. *(1)* | 36. *(1)* | 37. *(4)* | 38. *(3)* | 39. *(3)* | 40. *(2)* |
| 41. *(1)* | 42. *(1)* | 43. *(2)* | 44. *(3)* | 45. *(2)* | 46. *(2)* | 47. *(1)* | 48. *(1)* | 49. *(1)* | 50. *(3)* |
| 51. *(5)* | 52. *(1)* | 53. *(4)* | 54. *(3)* | 55. *(3)* | 56. *(1)* | 57. *(1)* | 58. *(1)* | 59. *(5)* | 60. *(5)* |

अध्याय

03

# कम्प्यूटर हार्डवेयर

## COMPUTER HARDWARE

कम्प्यूटर के वे सभी भाग जिन्हें हम देख सकते हैं तथा स्पर्श कर सकते हैं उन्हें हार्डवेयर कहा जाता है। यान्त्रिक (Mechanical) इलेक्ट्रॉनिक भाग कम्प्यूटर हार्डवेयर के नाम से ही जाने जाते हैं। आधुनिक कम्प्यूटर के हार्डवेयर इनपुट डिवाइस, आउटपुट डिवाइस, मैमोरी से मिलकर बने हैं।

## इनपुट डिवाइस

वे डिवाइस, जिनका प्रयोग उपयोगकर्ता के द्वारा कम्प्यूटर को डाटा और निर्देश प्रदान करने के लिए किया जाता है, इनपुट डिवाइस कहलाती हैं। इनपुट डिवाइस (Input device) उपयोगकर्ता से इनपुट लेने के बाद इसे मशीनी भाषा (Machine language) में परिवर्तित करती हैं और इस परिवर्तित मशीनी भाषा को सीपीयू के पास भेज देती हैं।

*कुछ प्रमुख इनपुट डिवाइसे निम्न हैं*

## कीबोर्ड

यह एक प्रकार की मुख्य इनपुट डिवाइस है। कीबोर्ड (Keyboard) का प्रयोग कम्प्यूटर को अक्षर और अंकीय रूप में डाटा और सूचना देने के लिए करते हैं। कीबोर्ड एक सामान्य टाइपराइटर की तरह दिखता है, किन्तु इसमें टाइपराइटर की अपेक्षा कुछ ज्यादा कुंजियाँ (Keys) होती हैं।

यह कण्ट्रोलर और कीबोर्ड, बफर (storage) से सम्पर्क करता है। कीबोर्ड कण्ट्रोलर, दबाई गई कुंजी के कोड को कीबोर्ड बफर में स्टोर करता है और बफर में स्टोर कोड सीपीयू के पास भेजा जाता है। सीपीयू इस कोड को प्रोसेस करने के बाद इसे आउटपुट डिवाइस पर प्रदर्शित करता है। कुछ विभिन्न प्रकार के कीबोर्ड *जैसे* QWERTY, DVORAK और AZERTY मुख्य रूप से प्रयोग किए जाते हैं।

QWERTY की-बोर्ड में कुल 104 कुंजियाँ होती हैं।

**कीबोर्ड**

## कीबोर्ड में कुंजियों के प्रकार

*कीबोर्ड में निम्न प्रकार की कुंजियाँ होती हैं*

(a) **अक्षरांकीय कुंजियाँ** (Alphanumeric Keys) इसके अन्तर्गत अक्षर कुंजियाँ (A,B,...,Z) और अंकीय कुंजियाँ (0, 1, 2, ..., 9) आती हैं।

(b) **अंकीय कुंजियाँ** (Numeric Keys) ये कुंजियाँ कीबोर्ड पर दाएँ ओर होती हैं। ये कुंजियाँ अंकों (0, 1, 2,...,9) और गणितीय ऑपरेटरों (Mathematical operators) से मिलकर बनी होती हैं।

(c) **फंक्शन कुंजियाँ** (Function Keys) इन्हें प्रोग्रामेबल कुंजियाँ भी कहते हैं। इनके द्वारा कम्प्यूटर से कुछ विशिष्ट कार्य करवाने के लिए निर्देश दिया जाता है। ये कुंजियाँ अक्षरांकीय कुंजियों के ऊपर (F1, F2, ..., F12) से प्रदर्शित की जाती हैं।

(d) **कर्सर कण्ट्रोल कुंजियाँ** (Cursor Control Keys) इसके अन्तर्गत चार तीर के निशान वाली कुंजियाँ आती हैं जो चार दिशाओं (दाएँ, बाएँ, ऊपर, नीचे) को दर्शाती हैं। ये कुंजियाँ अक्षरांकीय कुंजियों और अंकीय कुंजियों के मध्य व्यवस्थित होती हैं। इनका प्रयोग कर्सर को ऊपर, नीचे, दाएँ या बाएँ ले जाने के लिए करते हैं।

इन चारों कुंजियों के अतिरिक्त चार कुंजियाँ और होती हैं, जिनका प्रयोग कर्सर को कण्ट्रोल करने के लिए करते हैं।

*ये कुंजियाँ निम्न हैं*

- **होम** (Home) इसका प्रयोग लाइन के प्रारम्भ में या डॉक्यूमेण्ट के प्रारम्भ में कर्सर को वापस भेजने के लिए करते हैं।
- **एण्ड** (End) इसका प्रयोग कर्सर को लाइन के अन्त में भेजने के लिए करते हैं।
- **पेज अप** (Page Up) जब इस कुंजी को दबाया जाता है तो पेज का व्यू (View) एक पेज ऊपर हो जाता है और कर्सर पिछले पेज पर चला जाता है।
- **पेज डाउन** (Page Down) जब यह कुंजी दबाई जाती है तो पेज का व्यू एक पेज नीचे हो जाता है और कर्सर अगले पेज पर चला जाता है।

(e) **अन्य कुंजियाँ** (Other Keys) *कीबोर्ड की कुछ अन्य कुंजियाँ निम्नलिखित हैं*

- **कण्ट्रोल कुंजी** (Control Key) यह कुंजी, अन्य कुंजियों के साथ मिलकर किसी विशेष कार्य को करने के लिए प्रयोग की जाती है।
- **एण्टर कुंजी** (Enter Key) इसे कीबोर्ड की मुख्य कुंजी भी कहते हैं। इसका प्रयोग उपयोगकर्ता द्वारा टाइप किए गए निर्देश को कम्प्यूटर को भेजने के लिए किया जाता है। एण्टर कुंजी टाइप करने के बाद निर्देश कम्प्यूटर के पास जाता है और निर्देश के अनुसार कम्प्यूटर आगे का कार्य करता है।

  एण्टर कुंजी ओके बटन (OK button) press करने का एक वैकल्पिक (Alternative) तरीका है।
- **शिफ्ट कुंजी** (Shift Key) कीबोर्ड में कुछ कुंजी ऐसी होती हैं जिनमें ऊपर-नीचे दो संकेत प्रिण्ट होते हैं। उनमें से ऊपर के संकेत को टाइप करने के लिए उसे शिफ्ट कुंजी के साथ दबाते हैं। इसे संयोजन कुंजी (Combination key) भी कहते है।
- **एस्केप कुंजी** (Escape Key) इसका प्रयोग किसी भी कार्य को समाप्त करने या बीच में रोकने के लिए करते हैं। यदि Ctrl कुंजी दबाए हुए, Escape कुंजी दबाते हैं तो यह स्टार्ट मेन्यू को खोलता है।
- **बैकस्पेस कुंजी** (Backspace Key) इसका प्रयोग डाटा को दाएँ से बाएँ की ओर डिलीट करने के लिए किया जाता है।
- **डिलीट कुंजी** (Delete Key) इस कुंजी का प्रयोग कम्प्यूटर की मैमोरी से सूचना और स्क्रीन से अक्षर को डिलीट करने के लिए करते हैं।
- **कैप्स लॉक कुंजी** (Caps Lock Key) इसका प्रयोग वर्णमाला (Alphabet) को बड़े अक्षरों (Capital letters) में टाइप करने के लिए करते हैं। जब यह कुंजी सक्रिय (Enable) होती है तो डाटा बड़े अक्षर में टाइप होता है। यदि यह कुंजी निष्क्रिय (Disable) होती है तो डाटा छोटे अक्षर में टाइप होता है।
- **स्पेसबार कुंजी** (Spacebar Key) इसका प्रयोग दो शब्दों या अक्षरों के बीच स्पेस बनाने या बढ़ाने के लिए किया जाता है। यह कीबोर्ड की सबसे बड़ी कुंजी होती है।
- **नम लॉक कुंजी** (Num Lock Key) इसका उपयोग सांख्यिकी कीपैड (Numeric keypad) को सक्रिय या निष्क्रिय करने के लिए किया जाता है। यदि यह कुंजी सक्रिय होती है तो अंक टाइप होता है और यदि यह कुंजी निष्क्रिय होती है तो अंक टाइप नहीं होता है।

**नोट** *कैप्स लॉक (Caps Lock) और नम लॉक (Num Lock) को टोगल कुंजियाँ (Toggle keys) भी कहते हैं इसका उपयोग फंक्शन को ऑन या ऑफ या दो कार्यों के बीच स्विच करने के लिए किया जाता है।*
*शिफ्ट, कण्ट्रोल तथा आल्ट कुंजियाँ, मॉडिफायर कुंजियाँ कहलाती हैं।*

- **विण्डोज कुंजी** (Windows Key) इसका प्रयोग Start मेन्यू को खोलने के लिए करते हैं।
- **टैब कुंजी** (Tab Key) इसका प्रयोग कर्सर को एक बार में पाँच स्थान आगे ले जाने के लिए किया जाता है। कर्सर को पुन: पाँच स्थान वापस लाने के लिए टैब कुंजी को शिफ्ट कुंजी के साथ दबाया जाता है।

## प्वॉइण्टिंग डिवाइस

इसका प्रयोग मॉनीटर के स्क्रीन पर कर्सर या प्वॉइण्टर को एक स्थान-से-दूसरे स्थान पर ले जाने के लिए किया जाता है। कुछ मुख्य रूप से प्रयोग में आने वाली प्वॉइंण्टिंग डिवाइसें, *जैसे* माउस, ट्रैकबॉल, जॉयस्टिक, लाइट पेन और टच स्क्रीन आदि हैं।

*इनमें से प्रमुख डिवाइसों का विवरण निम्न प्रकार है*

### माउस

यह एक प्रकार की प्वॉइण्टिग डिवाइस है। इसका प्रयोग कर्सर (टेक्स्ट में आपकी पोजिशन दर्शाने वाला ब्लिंकिंग प्वॉइण्ट) या प्वॉइण्टर को एक स्थान से दूसरे स्थान पर ले जाने के लिए करते हैं। इसके अतिरिक्त माउस (Mouse) का प्रयोग कम्प्यूटर में ग्राफिक्स (Graphics) की सहायता से कम्प्यूटर को निर्देश देने के लिए करते हैं। माउस का आविष्कार मानक अनुसन्धान केन्द्र में डगलस एंजेलबर्ट (Douglas Engelbert) द्वारा 1963 में किया गया था।

इसमें सामान्यत: दो बटन बाँया और दायाँ होते हैं। दोनों बटनों के बीच में एक स्क्रॉल व्हील (Wheel) होता है जिसका प्रयोग किसी फाइल में ऊपर या नीचे के पेज पर कर्सर को ले जाने के लिए करते हैं। *माउस सामान्यत: तीन प्रकार के होते हैं*

(a) वायरलेस माउस (Wireless mouse)
(b) मैकेनिकल माउस (Mechanical mouse)
(c) ऑप्टिकल माउस (Optical mouse)

*माउस के प्रमुख चार कार्य हैं*

- **क्लिक** या **बायाँ क्लिक** (Click or Left Click) यह स्क्रीन पर किसी एक ऑब्जेक्ट को चुनता है।
- **डबल क्लिक** (Double Click) इसका प्रयोग एक डॉक्यूमेन्ट या प्रोग्राम को खोलने के लिए करते हैं।
- **दायाँ क्लिक** (Right Click) इसका प्रयोग किसी चुने हुए ऑब्जेक्ट के गुण को एक्सेस (Access) करने के लिए करते हैं।
- **ड्रैग और ड्रॉप** (Drag and Drop) इसका प्रयोग किसी ऑब्जेक्ट को स्क्रीन पर एक स्थान से दूसरे स्थान पर ले जाने के लिए करते हैं

### ट्रैकबॉल

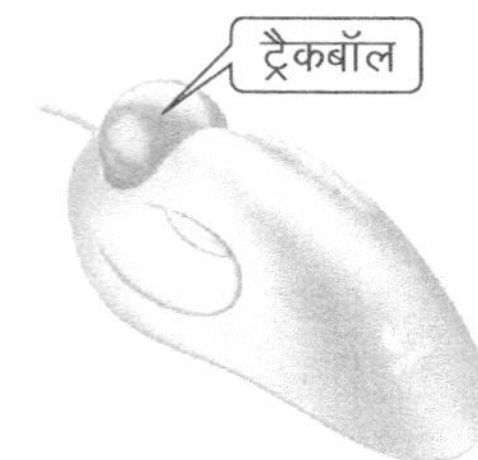


यह एक प्रकार की प्वॉइण्टिग डिवाइस है जिसे माउस की तरह प्रयोग किया जाता है। इसमें एक बॉल ऊपरी सतह पर होती है। इसका प्रयोग कर्सर के मूवमेन्ट (Movement) को कण्ट्रोल करने के लिए किया जाता है।

ट्रैकबॉल (Trackball) का प्रयोग CAD/CAM, कम्प्यूटरीकृत वर्कस्टेशनों; *जैसे*– एयर-ट्रेफिक कण्ट्रोल रूम (Airtraffic control room), रडार कण्ट्रोल्स (Radar Controls) में तथा जहाज अथवा सबमेरिन पर सोनार तन्त्र (Sonar System) में किया जाता है।

### जॉयस्टिक

**जॉयस्टिक**

यह एक प्रकार की प्वॉइण्टिग डिवाइस होती है, जो सभी दिशाओं में मूव करती है और कर्सर के मूवमेण्ट को कण्ट्रोल करती है। जॉयस्टिक (Joystick) का प्रयोग फ्लाइट सिम्युलेटर (Flight simulator), कम्प्यूटर गेमिंग, आदि में किया जाता है। इसमें एक हैण्डल (Handle) लगा होता है जिसकी सहायता से कर्सर के मूवमेण्ट को कण्ट्रोल करते हैं। जॉयस्टिक सभी दिशाओं में (360°) मूवमेण्ट को अनुमति देता है।

### लाइट पेन

यह एक हाथ से चलाने वाली इलेक्ट्रोऑप्टिकल प्वॉइण्टिग डिवाइस है जिसका प्रयोग ड्रॉइंग्स (Drawings) ग्राफिक्स बनाने के लिए और मेन्यू चुनाव के लिए करते हैं। पेन में छोटे ट्यूब (Small tube) के अन्दर एक फोटोसेल (Photocell) होता है। यह पेन स्क्रीन के पास जाकर प्रकाश को सेन्स (Sense) करता है तथा उसके बाद पल्स उत्पन्न करता है। इसका प्रयोग मुख्य रूप से पर्सनल डिजिटल असिस्टेण्ट (Personal Digital Assistant-PDA) में करते हैं।

### टच स्क्रीन

यह एक प्रकार की इनपुट डिवाइस है जो उपयोगकर्ता से तब इनपुट लेता है जब उपयोगकर्ता अपनी अंगुलियों को कम्प्यूटर स्क्रीन पर रखता है। टच स्क्रीन (Touch screen) का प्रयोग सामान्यत: एटीएम (ATM), एयरलाइन आरक्षण (Airline reservation), बैंक, सुपर मार्केट, मोबाइल में किया जाता है।

## डिजिटाइजर्स और ग्राफिक टैबलेट्स

ग्राफिक टैबलेट (Graphic tablet) के पास एक विशेष कमाण्ड होती है जो ड्रॉइंग, फोटो आदि को डिजिटल सिग्नल्स में परिवर्तित करती है। यह कलाकार (Artist) को इलेक्ट्रॉनिक पेन की सहायता से इमेज और ग्राफिक इमेज बनाने की अनुमति प्रदान करता है।

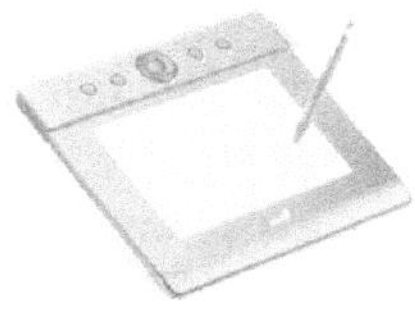

ग्राफिक टेबलेट

## बारकोड रीडर

यह एक इनपुट डिवाइस होती है जिसका प्रयोग किसी प्रोडक्ट पर प्रिण्ट हुए बारकोड (यूनिवर्सल प्रोडक्ट कोड) को पढ़ने के लिए किया जाता है। बारकोड रीडर में एक लाइट सेन्सिटिव डिटेक्टर होता है जो बारकोड इमेज को दोनों ओर से पहचानता है। एक बार ये कोड पहचानने के बाद इसे सांख्यिकी कोड (Numeric code) में परिवर्तित करता है। बारकोड रीडर का प्रयोग सुपर मार्केट में किया जाता है, जहाँ पर बारकोड रीडर के द्वारा आसानी से किसी प्रोडक्ट का मूल्य पढ़ा जाता है।

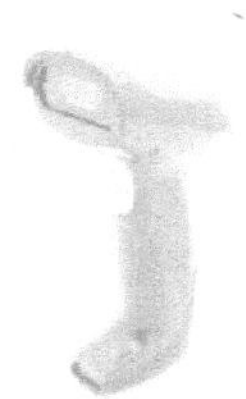

बारकोड रीडर

बारकोड

## ऑप्टिकल मार्क रिकॉग्निशन

यह एक प्रकार की इनपुट डिवाइस है, जिसका प्रयोग किसी कागज पर बनाए गए चिन्हों को पहचानने के लिए किया जाता है।

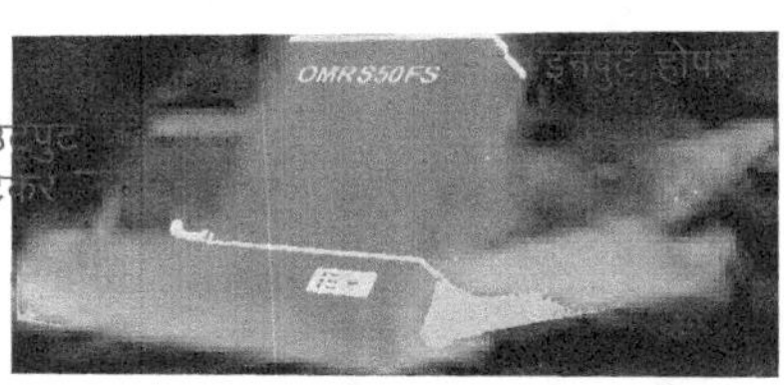

ऑप्टिकल मार्क रिकॉग्निशन

यह कागज पर प्रकाश की किरण छोड़ता है और प्रकाश की किरण जिस चिन्ह पर पड़ती है उस चिन्ह को OMR रीड (Read) करके कम्प्यूटर को इनपुट देता है।

OMR (Optical Mark Recognition) की सहायता से किसी वस्तुनिष्ठ प्रकार (Objective type) की प्रयोगात्मक परीक्षा की उत्तर पुस्तिका की जाँच की जाती है। इसकी सहायता से हजारों प्रश्नों का उत्तर बहुत ही कम समय में आसानी से जाँचा जा सकता है।

## ऑप्टिकल करैक्टर रीडर

यह ओएमआर (OMR) का ही विकसित रूप है। यह केवल साधारण चिन्हों को ही नहीं, बल्कि प्रिण्ट किए गए या हाथ से साफ-साफ लिखे गए अक्षरों को भी पढ़ लेता है।

यह प्रकाश स्रोत की सहायता से करैक्टर की शेप को पहचान लेता है। इस तकनीक को ऑप्टिकल करैक्टर रीडर (Optical Character Reader-OCR) कहा जाता है। इसका उपयोग पुराने डॉक्यूमेण्ट को पढ़ने में किया जाता है।

इसका प्रयोग कई अनुप्रयोगों, *जैसे* टेलीफोन, इलेक्ट्रीसिटी बिल, बीमा प्रीमियम आदि को पढ़ने में किया जाता है।

OCR टेक्नोलॉजी का विकास अधिक शुद्धता से अक्षरों को पहचानने के लिए किया गया है। इसलिए इसे इण्टेलिजेन्ट करैक्टर रिकॉग्निशन (Intelligent Character Recognition-ICR) भी कहते हैं।

## मैग्नेटिक इंक करैक्टर रिकॉग्निशन

यह सूचनाओं का मैट्रिक्स के रूप में उनके आकार का परीक्षण करता है, उसके बाद उसे रीड करता है और रीड करने के बाद सूचनाओं को कम्प्यूटर में भेजता है। सूचनाओं में करैक्टर एक विशेष इंक से प्रिण्ट होते हैं जिसमें आयरन कण (Iron particles) होते हैं और उन कणों को मैग्नेटाइज (Magnetise) किया जा सकता है। इस प्रकार की स्याही को चुम्बकीय स्याही कहते हैं।

इसका प्रयोग बैंकों में चेक में नीचे छपे मैग्नेटिक इनकोडिंग संख्याओं को पहचानने और प्रोसेस करने के लिए किया जाता है।

## स्मार्ट कार्ड रीडर

यह एक इनपुट डिवाइस है जिसका प्रयोग किसी स्मार्ट कार्ड के माइक्रोप्रोसेसर को एक्सेस (Access) करने के लिए किया जाता है। *स्मार्ट कार्ड दो प्रकार के होते हैं*

(i) मैमोरी कार्ड

(ii) माइक्रोप्रोसेसर कार्ड

मैमोरी कार्ड (Memory card) में नॉन-वॉलेटाइल मैमोरी स्टोरेज कम्पोनेण्ट होता है जो डाटा को स्टोर करता है। माइक्रोप्रोसेसर कार्ड (Microprocessor card) में वॉलेटाइल मैमोरी और माइक्रोप्रोसेसर कम्पोनेण्ट्स दोनों होते हैं। कार्ड सामान्यत: प्लास्टिक से बना होता है। स्मार्ट कार्ड का प्रयोग बड़ी कम्पनियों और संगठनों में सुरक्षा के उद्देश्य से किया जाता है।

## बायोमैट्रिक सेन्सर

यह एक प्रकार की इनपुट डिवाइस है जिसका प्रयोग किसी व्यक्ति की अंगुलियों के निशान को पहचानने के लिए करते हैं।

इसका प्रयोग किसी संगठन में कर्मचारियों या संस्थान में विद्यार्थियों की उपस्थिति दर्ज करने के लिए किया जाता है। बायोमैट्रिक (Biometric) बहुत शुद्धतापूर्वक एवं दक्षतापूर्वक कार्य करता है, इसलिए इसका प्रयोग सुरक्षा के उद्देश्य से ज्यादा होता है।

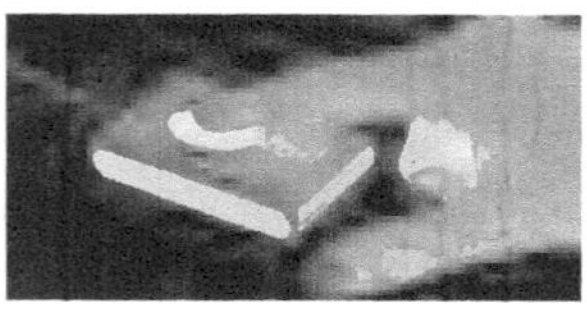

**बायोमैट्रिक सेन्सर**

## स्कैनर

इसका प्रयोग पेपर पर लिखे हुए डाटा या प्रिण्ट हुए इमेज (Image) को डिजिटल रूप में परिवर्तित करने के लिए करते हैं। यह एक ऑप्टिकल इनपुट डिवाइस है, जो इमेज को इलेक्ट्रॉनिक रूप में बदलने के लिए प्रकाश को इनपुट की तरह प्रयोग करता है और फिर इमेज को डिजिटल रूप में बदलने के बाद कम्प्यूटर में भेजता है। स्कैनर (Scanner) का प्रयोग किसी डॉक्यूमेण्ट को उसके वास्तविक रूप में स्टोर करने के लिए किया जा सकता है जिससे उसमें आसानी से कुछ बदलाव किया जा सके।

स्कैनर ग्रे स्केल (Gray Scale) और कलर मोड (Color mode) दोनों में इमेज को स्टोर करता है।

*स्कैनर निम्न प्रकार के होते हैं*

(i) **हैण्डहेल्ड स्कैनर** (Handheld Scanner) ये आकार में काफी छोटे और हल्के होते हैं, जिन्हें आसानी से हाथ में रखकर भी डॉक्यूमेन्ट को स्कैन किया जा सकता है। यदि किसी डॉक्यूमेन्ट को स्कैन करना हो तो डॉक्यूमेन्ट के अलग-अलग भागों को स्कैन करना पड़ता है।

(ii) **फ्लैटबेड स्कैनर** (Flatbed Scanner) ये काफी बड़े और महँगे स्कैनर होते हैं तथा काफी उच्च गुणवत्ता के इमेज उत्पन्न करते हैं। इसमें एक समतल पटल (Flat surface) होता है जिस पर डॉक्यूमेन्ट को रखकर स्कैन किया जाता है। यह बिल्कुल उसी तरह कार्य करता है जिस तरह फोटोकॉपी मशीन पर पेज रखकर फोटोकॉपी करते हैं। यह एक बार में पूरा एक पेज स्कैन करता है।

(iii) **ड्रम स्कैनर** (Drum Scanner) ये मध्यम आकार के स्कैनर होते हैं। इनमें एक घूमने वाला ड्रम होता है। पेपर या शीट को स्कैनर में इनपुट देते हैं और स्कैनर में लगा ड्रम पूरे पेज पर घूमता है, जिससे पूरा पेज स्कैन हो जाता है। यह बिल्कुल फैक्स मशीन की तरह कार्य करता है।

## माइक्रोफोन

यह एक प्रकार की इनपुट डिवाइस है, जिससे माइक्रोफोन (Microphone) आवाज को प्राप्त करता है तथा उसे कम्प्यूटर के फॉर्मेट (Format) में परिवर्तित करता है, जिसे डिजिटाइज्ड साउण्ड या डिजिटल ऑडियो भी कहते हैं।

माइक्रोफोन में आवाज को डिजिटल रूप में परिवर्तित करने के लिए साउण्ड कार्ड का प्रयोग किया जाता है। आजकल माइक्रोफोन का प्रयोग स्पीच रिकॉग्निशन सॉफ्टवेयर (Speech Recognition Software) के साथ भी किया जाता है अर्थात् इसकी सहायता से हमें कम्प्यूटर में टाइप करने की जरूरत नहीं पड़ती, बल्कि जो बोला जाता है वो डॉक्यूमेन्ट में प्रिण्ट हो जाता है।

## वेबकैम या वेबकैमरा

वेबकैम एक प्रकार की वीडियो कैप्चरिंग (Video capturing) डिवाइस है। यह एक डिजिटल कैमरा है जिसे कम्प्यूटर के साथ जोड़ा जाता है। इसका प्रयोग वीडियो कॉन्फ्रेन्सिंग और ऑनलाइन चैटिंग (Chatting) आदि कार्यों के लिए किया जाता है।

यदि दो लोगों के कम्प्यूटर में वेबकैमरा लगा है और कम्प्यूटर इण्टरनेट से जुड़ा हुआ है तो हम आसानी से एक-दूसरे को देखकर बातचीत कर सकते हैं।

**कम्प्यूटर पर लगा हुआ वेबकैमरा**

**वेबकैमरा**

## PC कार्ड

PC कार्ड को पहले PCMCIA कार्ड कहा जाता था, यह एक क्रेडिट कार्ड साइज मैमोरी या I/O डिवाइस है, जो एक पर्सनल कम्प्यूटर में, आमतौर पर नोटबुक या लैपटॉप कम्प्यूटर में प्रस्तुत होता है। सम्भवत: पी सी कार्ड का सामान्य उपयोग नोटबुक कम्प्यूटरों के लिए दूर संचार मॉडेम है।

# आउटपुट डिवाइस

इन डिवाइस का प्रयोग कम्प्यूटर से प्राप्त परिणाम को देखने अथवा प्राप्त करने के लिए किया जाता है। आउटपुट डिवाइस (Output device), आउटपुट को हार्ड कॉपी अथवा सॉफ्ट कॉपी के रूप में प्रस्तुत करते हैं। सॉफ्ट कॉपी वह आउटपुट होता है, जो उपयोगकर्ता को कम्प्यूटर के मॉनीटर पर दिखाई देता है अथवा स्पीकर में सुनाई देता है। जबकि हार्ड कॉपी वह आउटपुट होता है जो उपयोगकर्ता को पेपर पर प्राप्त होता है।

*कुछ प्रमुख आउटपुट डिवाइस निम्न हैं*

## मॉनीटर

मॉनीटर को विजुअल डिस्प्ले यूनिट (Visual Display Unit-VDU) भी कहते हैं। मॉनीटर कम्प्यूटर से प्राप्त परिणाम को सॉफ्ट कॉपी के रूप में दिखाता है। मॉनीटर की रिफ्रेश दर हर्ट्ज (Hertz) में मापी जाती है।

मॉनीटर दो प्रकार के होते हैं; मोनोक्रोम डिस्प्ले मॉनीटर और कलर डिस्प्ले मॉनीटर।

मोनोक्रोम डिस्प्ले मॉनीटर टेक्स्ट को डिस्प्ले करने के लिए एक ही रंग का प्रयोग करता है और कलर डिस्प्ले मॉनीटर एक समय में 256 रंगों को दिखा सकता है। मॉनीटर पर इमेज छोटे-छोटे बिन्दुओं (Dots) से मिलकर बनता है और इन बिन्दुओं को पिक्सल (Pixel) के नाम से भी जाना जाता है।

*किसी इमेज की स्पष्टता (Clarity) तीन तथ्यों पर निर्भर करती है*

(i) **स्क्रीन का रेजोल्यूशन** (Resolution of Screen) किसी मॉनीटर का रेजोल्यूशन उसके क्षैतिज (Horizontal) और ऊर्ध्वाधर (Vertical) पिक्सल्स की संख्या के गुणनफल के बराबर होता है। किसी मॉनीटर की रेजोल्यूशन जितनी अधिक होगी, उसके पिक्सल उतने ही नजदीक होंगे और इमेज उतना ही स्पष्ट होगा।

(ii) **डॉट पिच** (Dot Pitch) दो कलर्ड पिक्सल के विकर्णों के बीच की दूरी को डॉट पिच कहते हैं। यदि किसी मॉनीटर की डॉट पिच कम-से-कम हो तो उसका रेजोल्यूशन उतना ही अधिक होगा तथा उस मॉनीटर में इमेज अधिक स्पष्ट होगा।

(iii) **रिफ्रेश रेट** (Refresh Rate) एक सेकेण्ड में कम्प्यूटर का मॉनीटर जितनी बार रिफ्रेश होता है, वह संख्या उसकी रिफ्रेश रेट कहलाती है। ज्यादा-से-ज्यादा रिफ्रेश करने पर स्क्रीन पर इमेज ज्यादा अच्छे और स्पष्ट दिखाई देते हैं।

*कुछ प्रमुख प्रयोग में आने वाले मॉनीटर निम्न हैं*

### CRT

- CRT (Cathode Ray Tube) एक आयताकार बॉक्स की तरह दिखने वाला मॉनीटर होता है। इसे डेस्कटॉप कम्प्यूटर के साथ आउटपुट देखने के लिए प्रयोग करते हैं।
- इसमें एक इलेक्ट्रॉन गन (Electron gun) होती है। इलेक्ट्रॉन गन एनालॉग डाटा को इलेक्ट्रॉन्स में परिवर्तित करता है तथा इलेक्ट्रॉन ऊर्ध्वाधर तथा क्षैतिज प्लेट्स के बीच में होते हुए फॉस्फोरस स्क्रीन पर टकराती है।
- इलेक्ट्रॉन स्क्रीन पर जिस जगह टकराती है उस जगह का फॉस्फोरस चमकने लगता है और चित्र दिखाई देने लगता है।

### LCD

- यह एक प्रकार की अधिक प्रयोग में आने वाली आउटपुट डिवाइस है। यह CRT की अपेक्षा काफी हल्का किन्तु महँगा आउटपुट डिवाइस है। इसका प्रयोग लैपटॉप, नोटबुक, पर्सनल कम्प्यूटर, डिजिटल घड़ियों आदि में किया जाता है।
- LCD (Liquid Crystal Display) में दो प्लेट्स होती हैं। इन प्लेटों के बीच में एक विशेष प्रकार का द्रव (Liquid) भरा जाता है।
- जब प्लेट्स के पीछे से प्रकाश निकलता है तो प्लेट्स के अन्दर के द्रव एलाइन (Align) होकर चमकते हैं, जिससे चित्र दिखाई देने लगता है।

### LED

- LED (Liquid/Light Emitting Diode) एक प्रकार की इलेक्ट्रॉनिक आउटपुट डिवाइस है जिसका प्रयोग कम्प्यूटर से प्राप्त आउटपुट को देखने के लिए करते हैं।
- यह आजकल घरों में टेलीविजन की तरह प्रयोग किया जाता है। इसके अन्दर छोटे-छोटे LEDs लगे होते हैं। जब विद्युत धारा इन LEDs से गुजरती है तो ये LEDs चमकने लगते हैं और चित्र LED के स्क्रीन पर दिखाई देने लगता है।

### 3D मॉनीटर

- यह एक आउटपुट डिवाइस है जिसका प्रयोग आउटपुट को तीन डायमेन्शन (Three Dimension-3D) में देखने के लिए करते हैं।

- यह दो डायमेन्शन (Two Dimension-2D) मॉनीटर की अपेक्षा ज्यादा स्पष्ट और साफ चित्र दिखाता है। यदि चित्र को 3D मॉनीटर में देखते हैं तो ऐसा प्रतीत होता है कि यह चित्र बिल्कुल वास्तविक चित्र है।

### TFT

- TFT (Thin Film Transistor) और एक्टिव मैट्रिक्स (Active Matrix) LCD एक प्रकार की आउटपुट डिवाइस है। TFT में एक पिक्सल को कण्ट्रोल करने के लिए एक से चार ट्रांजिस्टर लगे होते हैं।
- ये ट्रांजिस्टर पैसिव मैट्रिक्स की अपेक्षा स्क्रीन को काफी तेज, चमकीला, ज्यादा कलरफुल बनाते हैं।
- इस आउटपुट डिवाइस की मुख्य बात यह है कि हम इसमें बने चित्र को विभिन्न कोणों (Angles) से भी देख सकते हैं। जबकि अन्य मॉनीटर में विभिन्न कोणों से चित्र देखने पर चित्र स्पष्ट दिखाई नहीं देते हैं।

## प्रिण्टर्स

यह एक प्रकार का आउटपुट डिवाइस है। जिसका प्रयोग कम्प्यूटर से प्राप्त डाटा और सूचना को किसी कागज पर प्रिण्ट करने के लिए करते हैं। यह ब्लैक और व्हाइट (Black and White) के साथ-साथ कलर डॉक्यूमेण्ट को भी प्रिण्ट कर सकता है।

किसी प्रिण्टर की गति करैक्टर प्रति सेकेण्ड (Character Per Second-CPS) में, लाइन प्रति मिनट (Line Per Minute-LPM) में और पेजेज प्रति मिनट (Pages Per Minute-PPM) में मापी जाती है।

किसी प्रिण्टर की क्वालिटी डॉट्स प्रति इंच (Dots Per Inch-DPI) में मापी जाती है अर्थात् पेपर पर एक इंच में जितने ज्यादा-से-ज्यादा बिन्दु होंगे, प्रिंण्टिंग उतनी ही अच्छी होगी।

*प्रिण्टर दो प्रकार के होते हैं*

## इम्पैक्ट प्रिण्टर

- यह टाइपराइटर की तरह कार्य करता है। इसमें अक्षर प्रिण्ट करने के लिए छोटे-छोटे पिन या हैमर्स होते हैं। इन पिनों पर अक्षर बने होते हैं।
- ये पिन स्याही से लगे हुए रिबन (Ribbon) और उसके बाद पेपर पर प्रहार करते हैं, जिससे अक्षर पेपर पर प्रिण्ट हो जाते हैं।
- इम्पैक्ट प्रिण्टर (Impact Printer) एक बार में एक करैक्टर या एक लाइन प्रिण्ट कर सकता है। इस प्रकार के प्रिण्टर ज्यादा अच्छी क्वालिटी की प्रिण्टिंग नहीं करते हैं।

*इम्पैक्ट प्रिण्टर चार प्रकार के होते हैं*

(a) **डॉट मैट्रिक्स प्रिण्टर** (Dot Matrix Printer)
इस प्रिण्टर में पिनों की एक रॉ होती है जो कागज के ऊपरी सिरे पर रिबन पर प्रहार करते हैं तो डॉट्स (Dots) का एक समूह एक मैट्रिक के रूप में कागज पर पड़ता है, जिससे अक्षर या चित्र प्रिण्ट हो जाते हैं। इस प्रकार के प्रिण्टर को पिन प्रिण्टर भी कहते हैं।

डॉट मैट्रिक्स प्रिण्टर एक बार में एक ही करैक्टर प्रिण्ट करता है। ये काफी धीमी गति से प्रिण्ट करते हैं तथा ज्यादा आवाज करते हैं, जिससे इसे कम्प्यूटर के साथ कम प्रयोग करते हैं।

(b) **डेजी व्हील प्रिण्टर** (Daisy Wheel Printer) इन प्रिण्टर्स में करैक्टर की प्रिण्टिंग टाइपराइटर की तरह होती है। यह डॉट मैट्रिक्स प्रिण्टर की अपेक्षा अधिक रेजोल्यूशन की प्रिण्टिंग करता है तथा इसका आउटपुट, डॉट मैट्रिक्स प्रिण्टर की अपेक्षा ज्यादा विश्वसनीय (Reliable) होता है।

(c) **लाइन प्रिण्टर** (Line Printer) इस प्रकार के प्रिण्टर के द्वारा एक बार में पूरी एक लाइन प्रिण्ट होती है। ये प्रिण्टर कागज पर दबाव डालकर एक बार में पूरी एक लाइन प्रिण्ट करते हैं, इसीलिए इन्हें लाइन प्रिण्टर कहते हैं। इनकी प्रिण्टिंग की क्वालिटी ज्यादा अच्छी नहीं होती है, लेकिन प्रिण्टिंग की गति काफी तेज होती है।

(d) **ड्रम प्रिण्टर** (Drum Printer) ये एक प्रकार के लाइन प्रिण्टर होते हैं, जिसमें एक बेलनाकार ड्रम (Cylindrical Drum) लगातार घूमता रहता है। इस ड्रम में अक्षर उभरे हुए होते हैं। ड्रम और कागज के बीच में एक स्याही से लगी हुई रिबन होती है। जिस स्थान पर अक्षर प्रिण्ट करना होता है, उस स्थान पर हैमर कागज के साथ-साथ रिबन पर प्रहार करता है। रिबन पर प्रहार होने से रिबन ड्रम में लगे अक्षर पर दबाव डालता है, जिससे अक्षर कागज पर प्रिण्ट हो जाता है।

## नॉन-इम्पैक्ट प्रिण्टर

यह कागज पर दबाव नहीं डालते, बल्कि अक्षर या चित्र प्रिण्ट करने के लिए स्याही की फुहार कागज पर छोड़ते हैं।
नॉन-इम्पैक्ट प्रिण्टर (Non-Impact Printer) प्रिण्टिंग में इलेक्ट्रोस्टैटिक केमिकल और इंकजेट तकनीकी का प्रयोग करते हैं। इसके द्वारा उच्च क्वालिटी के ग्राफिक्स और अक्षरों को प्रिण्ट किया जाता है। ये प्रिण्टर इम्पैक्ट प्रिण्टर की तुलना में महँगे होते हैं, किन्तु इनकी प्रिण्टिंग इम्पैक्ट प्रिण्टर की अपेक्षा ज्यादा अच्छी होती है।

*नॉन-इम्पैक्ट प्रिण्टर निम्न प्रकार के होते हैं*

(a) **इंकजेट प्रिण्टर** (Inkjet Printer) इन प्रिण्टर में कागज पर स्याही की फुहार द्वारा छोटे-छोटे बिन्दु डालकर प्रिण्टिंग की जाती है। इनकी प्रिण्टिंग की गति 1 से 4 पेज प्रति मिनट

होती है। इनकी प्रिण्टिग की गुणवत्ता भी अच्छी होती है। ये विभिन्न प्रकार के रंगों द्वारा अक्षर और चित्र प्रिण्ट कर सकते हैं। इन प्रिण्टरों में प्रिण्टिंग के लिए A4 आकार के पेपर का प्रयोग करते हैं। इंकजेट प्रिण्टर को प्राय: समानान्तर पोर्ट (Parallel port) के माध्यम से कम्प्यूटर से जोड़ा जाता है।

(b) **थर्मल प्रिण्टर** (Thermal Printer) यह पेपर पर अक्षर प्रिण्ट करने के लिए ऊष्मा का प्रयोग करता है। ऊष्मा के द्वारा स्याही को पिघलाकर कागज पर छोड़ते हैं, जिससे अक्षर या चित्र प्रिण्ट होते हैं। फैक्स मशीन भी एक प्रकार का थर्मल प्रिण्टर है। यह अन्य प्रिण्टर की अपेक्षा धीमा और महँगा होता है और इसमें प्रयोग करने के लिए एक विशेष प्रकार के पेपर की जरूरत पड़ती है, जो केमिकली ट्रिटेड पेपर (Chemically treated paper) होता है।

(c) **लेजर प्रिण्टर** (Laser Printer) इस प्रिण्टर के द्वारा उच्च गुणवत्ता (High quality) के अक्षर और चित्र प्रिण्ट किए जाते हैं। ये विभिन्न प्रकार के और विभिन्न स्टाइल के अक्षर को प्रिण्ट कर सकते हैं।

इसमें कम्प्यूटर से भेजा गया डाटा लेजर किरणों की सहायता से इसके ड्रम पर चार्ज उत्पन्न कर देता है। इसमें एक टोनर होता है जो चार्ज के कारण ड्रम पर चिपक जाता है। जब यह ड्रम घूमता है और इसके नीचे से कागज निकलता है, तो टोनर कागज पर अक्षरों या चित्रों का निर्माण करता है।

(d) **इलेक्ट्रो मैग्नेटिक प्रिण्टर** (Electro Magnetic Printer) इलेक्ट्रो मैग्नेटिक प्रिण्टर या इलेक्ट्रो फोटोग्राफिक प्रिण्टर बहुत तेज गति से प्रिण्टिंग करते हैं। ये प्रिण्टर्स, पेज प्रिण्टर (जो एक बार में पूरा पेज प्रिण्ट करते हों) की श्रेणी में आते हैं। इसका विकास पेपर कॉपियर तकनीक के माध्यम से किया गया था।

(e) **इलेक्ट्रो स्टैटिक प्रिण्टर** (Electro Static Printer) इस प्रिण्टर का प्रयोग सामान्यत: बड़े फॉर्मेट की प्रिण्टिग के लिए किया जाता है। इसका प्रयोग ज्यादातर बड़े प्रिण्टिंग प्रेस में किया जाता है, क्योंकि इनकी गति काफी तेज होती है तथा प्रिण्ट करने में खर्च कम आता है।

## प्लॉटर

यह एक आउटपुट डिवाइस है, जिसका प्रयोग बड़ी ड्राइंग या चित्र जैसे कि कन्स्ट्रक्शन प्लान्स (Construction Plans), मैकेनिकल वस्तुओं की ब्लूप्रिण्ट, AUTOCAD, CAD/CAM आदि के लिए करते हैं। इसमें ड्रॉइंग बनाने के लिए पेन, पेन्सिल, मार्कर आदि राइटिंग टूल का प्रयोग होता है। यह प्रिण्टर की तरह होता है।

*प्लॉटर दो प्रकार के होते हैं*

(i) **फ्लैट बैड प्लॉटर** (Flat Bed Plotter) ये प्लॉटर साइज में छोटे होते हैं तथा इसे आसानी से मेज पर रखकर प्रिण्टिग की जा सकती है। इसमें जो पेपर प्रयोग होता है, उनका आकार (Size) सीमित होता है।

(ii) **ड्रम प्लॉटर** (Drum Plotter) ये साइज में काफी बड़े होते हैं तथा इसमें प्रयुक्त पेपर की लम्बाई असीमित होती है। इसमें पेपर का एक रोल (Roll) प्रयोग किया जाता है।

## स्पीकर

- यह एक प्रकार की आउटपुट डिवाइस है जो कम्प्यूटर से प्राप्त आउटपुट को आवाज के रूप में सुनाती है। यह कम्प्यूटर से डाटा विद्युत धारा (Electric Current) के रूप में प्राप्त करता है।
- इसे सीपीयू (CPU) से जोड़ने के लिए साउण्ड कार्ड की जरूरत पड़ती है जो साउण्ड उत्पन्न करता है।
- इसका प्रयोग गाने सुनने में, बातचीत आदि में करते हैं। स्पीकर (Speaker) कम्प्यूटर में आन्तरिक या बाह्य रूप से जुड़ा होता है।

## हेड फोन्स

- यह एक प्रकार की आउटपुट डिवाइस है। जिसमें लाउड स्पीकर का एक जोड़ा होता है
- इसकी आवाज सिर्फ इसे पहनने वाला व्यक्ति ही सुन सकता है। किसी-किसी हेड फोन (Head phones) के साथ माइक भी लगा होता है, जिससे सुनने के साथ-साथ बात भी की जा सकती है।
- इस उपकरण का प्रयोग प्राय: टेलीफोन ऑपरेटरों, कॉल सेण्टर ऑपरेटरों, कमेण्टेटरों आदि द्वारा किया जाता है। इसे स्टेरियो फोन्स, हेड सेट या कैन्स के नाम से भी जाना जाता है।

## प्रोजेक्टर

- यह एक प्रकार का आउटपुट डिवाइस है जिसका प्रयोग कम्प्यूटर से प्राप्त सूचना या डाटा को एक बड़ी स्क्रीन पर देखने के लिए करते हैं।
- इसकी सहायता से एक समय में बहुत सारे लोग एक समूह में बैठकर कोई परिणाम देख सकते हैं। इसका प्रयोग क्लास रूम ट्रेनिंग या एक बड़े कॉन्फ्रेन्स हॉल जिसमें ज्यादा संख्या में दर्शक हों, जैसी जगहों पर किया जाता है। यह एक प्रकार का अस्थायी आउटपुट डिवाइस है।

  प्रोजेक्टर मुख्यत: दो प्रकार के होते हैं- LCD प्रोजेक्टर तथा DLP प्रोजेक्टर।

### इनपुट/आउटपुट डिवाइसें

- कुछ डिवाइसें ऐसी होती है जो एक ही डिवाइस के माध्यम से इनपुट देते हैं और आउटपुट भी दिखाते या प्राप्त करते हैं। ये डिवाइसें निम्न प्रकार हैं जैसे-मॉडम, नेटवर्क कार्ड्स, टच स्क्रीन, हैडसेट, ऑडियो कार्ड्स/साउण्ड कार्ड्स।
- Facsimile (फैक्स) (इसके पास डॉक्यूमेण्ट को स्कैन करने के लिए स्कैनर तथा प्रिण्ट करने के लिए प्रिण्टर होता है)

## इनपुट/आउटपुट पोर्ट

कम्प्यूटर से बाह्य रूप से जुड़े हुए इनपुट/आउटपुट डिवाइस पेरिफेरल (Peripheral) डिवाइस कहलाते हैं।

पेरिफेरल डिवाइसेज को कम्प्यूटर से जोड़ने के लिए जिस माध्यम का प्रयोग होता है, उन्हें इनपुट/आउटपुट पोर्ट कहते हैं। यह एक बाह्य (External) इण्टरफेस होता है, जिसमें इनपुट/आउटपुट डिवाइस, *जैसे* प्रिण्टर, मॉडम, जॉयस्टिक आदि को कम्प्यूटर से जोड़ते हैं।

*इनपुट/आउटपुट पोर्ट निम्न प्रकार के होते हैं*

**पैरेलल पोर्ट** यह एक माध्यम होता है जिसमें आठ या उससे अधिक तारों (Wires) को जोड़ सकते हैं। इसमें आठों तारों से एक साथ डाटा ट्रांसफर होता है।

इसी कारण इसकी डाटा स्थानान्तरण (Transmission) की गति अधिक तेज होती है। इसका प्रयोग कम्प्यूटर से प्रिण्टर को जोड़ने के लिए किया जाता है।

**सीरियल पोर्ट** इसमें एक बार में एक ही बिट द्वारा डाटा भेजा जा सकता है। इसके द्वारा अधिक धीमी गति से डाटा स्थानान्तरण होता है। इसका प्रयोग मॉडम (Modem), प्लॉटर, बारकोड रीडर आदि को कम्प्यूटर से जोड़ने के लिए करते हैं। इस पोर्ट को **कम्यूनिकेशन पोर्ट** अथवा **कॉम** (COM) भी कहा जाता है।

**यूनिवर्सल सीरियल बस** यह सर्वाधिक प्रयोग में आने वाला बाह्य पोर्ट है जो लगभग सभी कम्प्यूटरों में लगा होता है। सामान्यत: दो से चार USB (Universal Serial Bus) पोर्ट कम्प्यूटर में लगे होते हैं।

USB में प्लग और प्ले (Plug and Play) फीचर होते हैं जो किसी कम्प्यूटर को बन्द किए बिना ही डिवाइसों को हटाने या जोड़ने में सहायक होता है। एक सिंगल USB पोर्ट में 127 डिवाइस को जोड़ा (Connect) जा सकता है।

**फायरवायर** इसका प्रयोग ऑडियो, वीडियो या मल्टीमीडिया डिवाइस जैसे की वीडियो कैमरा आदि को जोड़ने के लिए किया जाता है। यह एक महँगी तकनीक है जिसका प्रयोग बड़ी मात्रा में डाटा ट्रांसफर करने के लिए करते हैं।

हार्ड डिस्क ड्राइव और नई DVD ड्राइव को फायरवायर के द्वारा कम्प्यूटर से कनेक्ट किया जाता है। इसके द्वारा 400 MB/सेकेण्ड की दर से डाटा स्थानान्तरित किया जा सकता है।

### इन्हें भी जानें

- कम्प्यूटर को चलाने के लिए आवश्यक युक्तियों को **स्टैण्डर्ड युक्तियाँ** कहा जाता है, *जैसे*– कीबोर्ड, फ्लॉपी ड्राइव, हार्ड डिस्क आदि।
- डम्ब टर्मिनल (Dumb Terminal) साधारणत: एक आउटपुट डिवाइस होती है जो सीपीयू से डाटा ग्रहण करती है।
- MPEG को सामान्य तौर पर एमपी3 (MP3) के नाम से जाना जाता है जो ऑडियो फाइलों का एक्सटेंशन होता है।
- MIDI (म्यूजिकल इन्स्ट्रूमेण्ट डिजिटल इण्टरफेस) पोर्ट का प्रयोग संगीत उपकरणों को साउण्ड कार्डों से जोड़ने के लिए किया जाता है।

# प्रश्न बैंक

**1.** निम्नलिखित में से कौन-सा हार्डवेयर नहीं है? **(SSC FCI 2012)**
(1) प्रोसेसर चिप (2) प्रिण्टर
(3) माउस (4) जावा

**2.** हार्डवेयर के अन्तर्गत आती है **(IBPS PO 2013)**
(1) सभी डिवाइस जिनका प्रयोग कम्प्यूटर में डाटा इनपुट कराने के लिए किया जाता है
(2) निर्देशों का समूह, जो कम्प्यूटर को रन (Run) करते हैं
(3) कम्प्यूटर और इससे जुड़ी सभी डिवाइसे जिनका प्रयोग डाटा इनपुट और आउटपुट के लिए किया जाता है
(4) CPU, मैमोरी तथा स्टोरेज से जुड़ी सभी डिवाइसे, जो प्रोसेसिंग इन्फॉर्मेशन में शामिल होती है
(5) उपरोक्त में से कोई नहीं

**3.** ………… डिवाइस एक हार्डवेयर उपकरण है जिसके द्वारा किसी कम्प्यूटर में डाटा तथा सूचनाएँ प्रविष्ट कराई जाती है **(SBI PO 2014)**
(1) इण्टरएक्शन (2) इनपुट
(3) कम्यूनिकेशन्स (4) आउटपुट
(5) टर्मिनल

**4.** ……… डिवाइस मनुष्य द्वारा समझे जाने वाले डाटा और प्रोग्रामों को ऐसे रूप में बदल देती है जिसे कम्प्यूटर प्रोसेस कर सकता है। **(SBI PO 2013)**
(1) प्रिण्टिंग (2) आउटपुट
(3) सॉलिड स्टेट (4) मॉनिटर
(5) इनपुट

**5.** कम्प्यूटर सिस्टम में ……… के माध्यम से टेक्स्ट और न्यूमैरिकल डाटा को प्रवेश करने की पद्धति सर्वाधिक सामान्य पद्धति है।
(1) कीबोर्ड (2) स्कैनर
(3) प्रिण्टर (4) प्लॉटर

**6.** आमतौर पर उपलब्ध अधिकांश कम्प्यूटरों/लैपटॉपों का कीबोर्ड ……… के नाम से लोकप्रिय है।
(1) QWERTY (2) QOLTY
(3) ALTER (4) UCLIF

**7.** QWERTY कीबोर्ड में कुल कितनी कुंजियाँ होती हैं?
(1) 108 (2) 105 (3) 104 (4) 106

**8.** निम्न में से कौन-सा कम्प्यूटर या टर्मिनल कीबोर्ड पर प्रोग्राम किया जा सकता है, जिससे ऑपरेटिंग सिस्टम कमाण्ड इण्टरप्रेटर या एप्लीकेशन प्रोग्राम को कुछ विशिष्ट कार्य करने के लिए प्रेरित किया जा सके? **(IBPS RRB PO Mains 2018, SSC CGL 2017)**
(1) फंक्शन कुंजियाँ (2) कैप्स लॉक कुंजी
(3) एस्केप (4) नम्बर कुंजी
(5) बैकस्पेस

**9.** निम्न में से कौन-सी कुंजी कर्सर के बाईं ओर के करैक्टर्स को डिलीट करने के लिए प्रयोग की जाती है? **(SBI PO 2014)**
(1) ऑल्ट (2) शिफ्ट (3) Esc (4) डिलीट
(5) बैकस्पेस

**10.** ………… कुंजी और………… कुंजी को दूसरी कुंजियों के साथ मिलकर शॉर्टकट या विशेष कार्य के लिए प्रयोग किया जा सकता है। **(RBI Grade B 2013)**
(1) कण्ट्रोल, ऑल्ट (2) फंक्शन, टॉगल
(3) डिलीट, इन्सर्ट (4) कैप्स लॉक, नम लॉक
(5) इनमें से कोई नहीं

**11.** निम्नलिखित में से कॉम्बीनेशन-कुंजी किसे कहते हैं?
(1) ऑल्ट-कुंजी (2) शिफ्ट-कुंजी
(3) एण्टर-कुंजी (4) पेज अप-कुंजी

**12.** निम्न में से 'टोगल-कुंजी' किसको कहते हैं?
(1) एण्टर-कुंजी (2) नम लॉक-कुंजी
(3) कैप्स लॉक-कुंजी (4) शिफ्ट-कुंजी
(5) 2 और 3 दोनों

**13.** एण्टर कुंजी किस बटन को दबाने का एक वैकल्पिक तरीका है?
(1) OK बटन (2) Cancel बटन
(3) Yes बटन (4) No बटन

**14.** Shift, Control, Alt निम्न में से किस श्रेणी के उदाहरण हैं? **(IBPS RRB PO Mains 2017)**
(1) मॉडिफायर कुंजी (2) प्राइमरी कुंजी
(3) फंक्शन कुंजी (4) आल्टरनेट कुंजी
(5) कैंडिडेट कुंजी

**15.** कीबोर्ड में, बाएँ, दाएँ, अप, डाउन कुंजियाँ निम्नलिखित में से किस फंक्शन की सुविधा देती है? **(IBPS RRB PO Mains 2017)**
(1) डाटा या मॉडिफिकेशन को डिलीट करने
(2) डॉक्यूमेण्ट को देखने के लिए पेज स्क्रॉल करना
(3) Start मेन्यू को शुरू करना
(4) Search तथा Help की शुरुआत
(5) रैम या प्रोसेस एक्जीक्यूशन को नियन्त्रित करना

**16.** कम्प्यूटर का माउस किस प्रकार की डिवाइस है? **(IBPS Clerk 2013)**
(1) स्टोरेज (2) आउटपुट
(3) इनपुट (4) इनपुट/आउटपुट
(5) सॉफ्टवेयर

**17.** माउस का आविष्कार किसने किया था?
(1) IBM
(2) Oracle
(3) डगलस एंजेलबर्ट
(4) Sun Microsystem

**18.** टेक्स्ट में आपकी पोजिशन दर्शाने वाले ब्लिंकिंग प्वॉइण्ट को ······· कहते हैं।
(1) ब्लिंकर (2) कर्सर
(3) कॉजर (4) प्वॉइण्टर

**19.** इनमें से कौन-सी प्वॉइण्टिंग और ड्रॉप डिवाइस है? **(IBPS PO 2012)**
(1) माउस (2) स्कैनर
(3) प्रिण्टर (4) CD-ROM
(5) कीबोर्ड

**20.** कौन-सा मध्य बटन कहलाता है जिसे दबाकर माउस के तीसरे बटन के रूप में इस्तेमाल किया जाता है? **(IBPS RRB PO Mains 2017)**
(1) दायाँ बटन (2) स्क्रॉल व्हील
(3) टच बार (4) लाइट बार
(5) बायाँ बटन

**21.** जब आप माउस के बाएँ बटन को जल्दी-जल्दी दो बार दबाते हैं और छोड़ते हैं तब आप ········· करते हैं।
(1) प्राइमरी-क्लिकिंग (2) प्वॉइण्टिंग
(3) डबल-क्लिकिंग (4) सेकेण्डरी-क्लिकिंग

**22.** ट्रैकबॉल ········· का एक उदाहरण है। **(IBPS Clerk 2011)**
(1) प्रोग्रामिंग डिवाइस (2) प्वॉइण्टिंग डिवाइस
(3) आउटपुट डिवाइस (4) सॉफ्टवेयर डिवाइस
(5) प्रिण्टिंग डिवाइस

**23.** ट्रैकबॉल का प्रयोग किया जाता है
(1) गेमिंग में
(2) CAM वर्कस्टेशन में
(3) आउटपुट में
(4) स्टोरिंग में

**24.** जॉयस्टिक का प्राथमिक तौर पर प्रयोग ········· के लिए होता है। **(SBI PO 2013)**
(1) स्क्रीन पर ध्वनि नियन्त्रण
(2) कम्प्यूटर गेमिंग (3) टेक्स्ट एण्टर
(4) पिक्चर बनाने (5) टेक्स्ट प्रिण्ट करने

**25.** 'पीडीए' नामक हैण्डहेल्ड कम्प्यूटर का अर्थ है **(IBPS Clerk 2014)**
(1) पर्सनलाइज्ड डिजिटल एसोसिएट
(2) पर्सनलाइज्ड डिजिटल असिस्टेन्स
(3) पर्सनल डिजिटल असिस्टेण्ट
(4) प्लाण्ट डिजिटल एसोसिएट
(5) प्रैक्टिकल डिजिटलाइज्ड एसोसिएट

**26.** निम्नलिखित में से कौन-सी प्वॉइण्टिंग डिवाइस नहीं है?
(1) माउस (2) ट्रैकबॉल
(3) बारकोड रीडर (4) टच स्क्रीन
(5) लाइट पेन

**27.** अधिकांश प्रोडक्ट्स पर बने प्रिण्टेड लाइनों के पैटर्न को क्या कहते हैं?
(1) मूल्य (2) OCR
(3) स्कैनर्स (4) बार कोड्स

**28.** एक ऑप्टिकल इनपुट डिवाइस जो पेपर मीडिया पर पेन्सिल के अंकों की व्याख्या करता है। **(IBPS RRB PO Mains 2017)**
(1) OMR (2) पन्च कार्ड रीडर
(3) ऑप्टिकल स्कैनर (4) मैग्नेटिक टेप
(5) स्टाइल्स

**29.** किस इनपुट डिवाइस की सहायता से किसी वस्तुनिष्ठ प्रकार की प्रयोगात्मक परीक्षा की उत्तर पुस्तिका की जाँच की जाती है?
(1) OMR (2) OCR
(3) MICR (4) बारकोड रीडर

**30.** OCR को कहते हैं
(1) Optical Character Recognition
(2) Optical Character Region
(3) Optical Mark Reader
(4) (1) और (2) दोनों

**31.** OCR प्रकाश स्रोत की सहायता से करैक्टर की ·········· को पहचानता है।

(1) साइज (2) शेप
(3) कलर (4) यूज्ड लिंक

**32.** MICR में, C निम्न में से किसके लिए उपयुक्त है? **(IBPS Clerk 2015)**

(1) कोड (2) कलर
(3) करैक्टर (4) कम्प्यूटर
(5) साइज

**33.** बैंकों में चेकों को पढ़ने के लिए निम्न में से कौन-सी विधि का प्रयोग होता है

(1) OCR (2) MCR (3) MICR (4) OMR

**34.** स्मार्ट कार्ड क्या है?

(1) स्पेशल पर्पज कार्ड है
(2) माइक्रोप्रोसेसर कार्ड है
(3) प्रोसेसिंग यूनिट में डाटा स्टोरिंग मैमोरी होती है
(4) सॉफ्टवेयर हैण्डलिंग के लिए प्रोसेसिंग यूनिट है

**35.** निम्नलिखित में से किस समूह में केवल इनपुट डिवाइस है? **(SBI Clerk 2011)**

(1) माउस, की-बोर्ड, मॉनीटर
(2) माउस, की-बोर्ड, प्रिण्टर
(3) माउस, की-बोर्ड, प्लॉटर
(4) माउस, की-बोर्ड, स्कैनर
(5) उपरोक्त में से कोई नहीं

**36.** ········ ग्रे स्केल और कलर मोड दोनों में चित्र को स्टोर करता है।

(1) प्लॉटर (2) टच पेन
(3) स्कैनर (4) OCR

**37.** निम्नलिखित में कौन-सी मोबाइल कम्प्यूटिंग डिवाइस नहीं हैं? **(IBPS Clerk 2014)**

(1) नोटबुक कम्प्यूटर
(2) डिजिटल स्कैनर
(3) नोटबुक कम्प्यूटर एवं पीडीए
(4) पर्सनल डिजिटल असिस्टेण्ट
(5) सेल्युलर फोन

**38.** ·········· का प्रयोग हाथ से लिखी सामग्रियों या मुद्रित सामग्रियों को पढ़कर डिजिटल छवि बनाने में किया जाता है। **(RBI Grade B 2012)**

(1) प्रिण्टर (2) लेजर बीम
(3) स्कैनर (4) टचपैड
(5) उपरोक्त में से कोई नहीं

**39.** यह इमेज (ड्राइंग या फोटो) को कैप्चर करने का एक माध्यम है ताकि उसे कम्प्यूटर पर स्टोर किया जा सके **(RBI Grade B 2013)**

(1) मॉडम (2) सॉफ्टवेयर
(3) स्कैनर (4) कीबोर्ड
(5) माउस

**40.** आवाज को डिजिटल रूप में परिवर्तित करने के लिए किसका प्रयोग किया जाता है।

(1) बारकोड रीडर (2) माइक्रोफोन
(3) वेब कैम (4) स्कैनर

**41.** वीडियो कॉन्फ्रेसिंग में कौन-सी इनपुट डिवाइस का प्रयोग किया जाता है?

(1) वैबकैम (2) माइक्रोफोन
(3) स्कैनर (4) माउस

**42.** आउटपुट डिवाइस का इस्तेमाल कर सकते हैं **(IBPS RRB PO Mains 2017)**

(1) डाटा देखने या प्रिण्ट (2) डाटा मॉडिफाई
(3) डाटा स्टोर (4) डाटा दोहराने
(5) डाटा एण्टर

**43.** कम्प्यूटर मॉनिटर किस प्रकार की डिवाइस है? **(IBPS Clerk 2013)**

(1) सॉफ्टवेयर (2) प्रोसेसिंग
(3) इनपुट (4) स्टोरेज
(5) आउटपुट

**44.** सॉफ्ट कॉपी किससे रिलेटिड है **(IBPS Clerk 2013)**

(1) प्रिण्टिड आउटपुट से (2) डिजिटीलाइजिंग से
(3) म्यूजिक स्टैण्ड्स से (4) स्क्रीन आउटपुट से
(5) इनमें से कोई नहीं

**45.** मॉनीटर की रिफ्रेश रेट ·········· में मापी जाती है।

(1) हर्ट्ज (2) मेगाहर्ट्ज
(3) किलोहर्ट्ज (4) गीगाहर्ट्ज

**46.** ·············· मॉनीटर एल्फा न्यूमैरिक अक्षरों के साथ-साथ ग्राफ्स एवं डायग्राम्स को भी प्रदर्शित कर सकते हैं।

(1) कम्प्यूटर आउटपुट माइक्रो फिल्म
(2) प्लॉटर (3) लेजर प्रिण्टर
(4) ग्राफिक डिस्प्ले यूनिट

**47.** कम्प्यूटर स्क्रीन में एक इमेज की सबसे छोटी इकाई कौन-सी है? **(IBPS RRB PO Mains 2017 IBPS OP, 16)**

(1) यूनिट (2) पिक्सल (3) ऐरे (4) रेजोल्यूशन
(5) क्लिप

**48.** स्क्रीन पर डिस्प्ले किए गए पिक्सल्स की संख्या को स्क्रीन .......... कहते हैं।
(1) रेजोल्यूशन (2) कलर डेप्थ
(3) रिफ्रेश रेट (4) व्यूइंग साइज

**49.** CRT .......... आकार में होता है। **(SBI PO 2011)**
(1) वृत्ताकार (2) आयताकार
(3) दीर्घवृत्ताकार (4) कोनिकल
(5) इनमें से कोई नहीं

**50.** इसमें कम्प्यूटर का कौन-सा अनिवार्य भाग नहीं है?
(1) मॉनीटर (2) स्कैनर
(3) रैम (4) माउस

**51.** स्थायी आउटपुट प्राप्त करने हेतु ....... का सर्वाधिक उपयोग होता है।
(1) प्रिण्टर (2) लाइट पेन
(3) स्कैनर (4) कीबोर्ड

**52.** DPI दर्शाता है
(1) डॉट प्रति इंच (2) डिजिटल प्रति यूनिट
(3) डॉट्स पिक्सल इंक (4) डॉट प्रति इंक

**53.** इम्पैक्ट प्रिण्टर में प्रिण्टिंग के लिए प्रयोग होता है-
(1) रिबन (2) गैस
(3) बिन्दु (4) पिक्सल

**54.** निम्न में से पिन प्रिण्टर कौन-सा है?
(1) डेजी व्हील (2) लाइन प्रिण्टर
(3) ड्रम प्रिण्टर (4) डॉट मैट्रिक्स

**55.** .......... प्रिण्टर एक समय में एक से अधिक करैक्टर प्रिण्ट नहीं कर सकता है। **(SSC CHSL 2013)**
(1) लाइन (2) डेजी व्हील
(3) लेजर (4) डॉट मैट्रिक

**56.** डॉट मैट्रिक्स प्रिण्टर की स्पीड होती है-
(1) 45 से 300 अक्षर पर सेकण्ड
(2) 30 से 200 अक्षर पर सेकण्ड
(3) 20 से 50 अक्षर पर सेकण्ड
(4) उपरोक्त सभी

**57.** डॉट मैट्रिक्स प्रिण्टर द्वारा छपाई किसके माध्यम से की जाती हैं?
(1) बिन्दुओं (2) रेखाओं (3) अक्षरों (4) ये सभी

**58.** ड्रम प्रिण्टर ............ प्रकार के प्रिण्टर का एक उदाहरण है।
(1) लाइन (2) करैक्टर (3) सीरियल (4) लेजर

**59.** इलेक्ट्रोस्टैटिक कैमिकल्स और इंकजेट टेक्नोलॉजी का प्रयोग किसमें होता है?
(1) डॉट मैट्रिक्स प्रिण्टर में
(2) लाइन प्रिण्टर में
(3) इम्पैक्ट प्रिण्टर में
(4) नॉन-इम्पैक्ट प्रिण्टर में

**60.** निम्न में से कौन-सा पेज प्रिण्टर है?
(1) डॉट मैट्रिक्स प्रिण्टर (2) लाइन प्रिण्टर
(3) लेजर प्रिण्टर (4) ड्रम प्रिण्टर

**61.** निम्नलिखित में से कौन-सी एक आउटपुट डिवाइस है? **(IBPS Clerk 2014)**
(1) माउस (2) स्कैनर
(3) वेबकैम (4) प्लॉटर
(5) कीबोर्ड

**62.** किसी सूचना को एक कम्प्यूटर से पेपर पर चित्र रूप में परिवर्तित करने के लिए किस आउटपुट डिवाइस का प्रयोग किया जाता है? **(IBPS Clerk 2014)**
(1) टच पैनल (2) कार्ड पंच
(3) माउस (4) प्लॉटर
(5) मॉनीटर

**63.** स्पीकर को सीपीयू से जोड़ने के लिए किस डिवाइस का प्रयोग करते हैं?
(1) साउण्ड ड्राइवर (2) साउण्ड कनेक्टर
(3) साउण्ड कार्ड (4) स्पीकर पोर्ट

**64.** निम्नलिखित में अस्थायी आउटपुट डिस्प्ले कौन-सा है?
(1) प्रोजेक्टर (2) प्रिण्टर
(3) स्कैनर (4) वीडियो कैमरा
(5) इनमें से कोई नहीं

**65.** फैक्स मशीन निम्न में से किसका उदाहरण होता है?
(1) इनपुट (2) आउटपुट
(3) इनपुट-आउटपुट (4) इनमें से कोई नहीं

**66.** पेरिफेरल इक्विपमेण्ट का एक उदाहरण है। **(SBI Associate 2012)**
(1) प्रिण्टर (2) CPU
(3) स्प्रेडशीट (4) माइक्रो कम्प्यूटर
(5) ALU

**67.** CPU से कम्प्यूटर के पेरीफेरल डिवाइसो को ...... के द्वारा डाटा ट्रांसफर किया जाता है।
(1) इण्टरफेस (2) बफर मैमोरी
(3) मॉडम्स (4) I/O पोर्ट्स

**68.** किस इनपुट/आउटपुट पोर्ट को कम्यूनिकेशन पोर्ट भी कहा जाता है?
(1) फायरवायर (2) पैरेलल पोर्ट
(3) USB (4) सीरियल पोर्ट

**69.** पैरेलल पोर्ट अधिकतर किसके द्वारा प्रयोग किया जाता है?
(1) प्रिण्टर (2) मॉनीटर
(3) माउस (4) बाह्य स्टोरेज डिवाइस

**70.** किस पोर्ट से एक समय में 8 बिट एक-साथ ट्रान्समिट हो जाते हैं? **(IBPS Clerk 2014)**
(1) डेडिकेटेड पोर्ट (2) पैरलल पोर्ट
(3) पैरलल स्लॉट (4) यू एस वी पोर्ट
(5) इनमें से कोई नहीं

**71.** USB का प्रयोग किसलिए होता है? **(SSC MTS 2013)**
(1) स्टोरेज डिवाइस (2) प्रोसेसर
(3) पोर्ट टाइप (4) सीरियल बस स्टैण्डर्ड

**72.** निम्नलिखित में से कौन-से USB के गुण हैं? **(IBPS Clerk Mains 2017)**
(1) प्लेटफॉर्म इण्डिपेण्डेण्ट
(2) प्लेटफॉर्म डिपेण्डेण्ट
(3) सोर्स डिपेण्डेण्ट
(4) सॉफ्टवेयर डिपेण्डेण्ट
(5) सॉफ्टवेयर इण्डिपेन्डेण्ट

**73.** कम्प्यूटर को बन्द किए बिना ही डिवाइसों को हटाना या विस्थापित करना क्या कहलाता है? **(RBI Grade B 2012)**
(1) हॉट स्वैपिंग (2) प्लग-एन-प्ले
(3) बे-स्वैप (4) USB स्वैपिंग
(5) इनमें से कोई नहीं

**74.** हार्ड डिस्क ड्राइव और नई DVD ड्राइव को जोड़ने के लिए कौन-सी डिवाइस का प्रयोग करते हैं?
(1) सीरियल पोर्ट (2) पैरेलल पोर्ट
(3) यू एस बी (4) फायरवायर

**75.** MPEG को सामान्य: तौर पर किस नाम से जाना जाता है?
(1) MP3 (2) MP4
(3) JPEG (4) MIDI

**76.** ……… एक ऐसा प्लेयर है, जिससे ऑडियो व वीडियो CD को चलाया जाता है।
(1) MPEG (2) JPEG
(3) CDR (4) GIF

**77.** विशेष प्रकार के संगीत उपकरणों को साउण्ड कार्डों से कौन-सा पोर्ट जोड़ता है?
(1) BUS (2) CPU
(3) VSB (4) MIDI

## उत्तरमाला

| | | | | | | | | | |
|---|---|---|---|---|---|---|---|---|---|
| 1. (4) | 2. (3) | 3. (2) | 4. (5) | 5. (1) | 6. (1) | 7. (3) | 8. (1) | 9. (5) | 10. (1) |
| 11. (2) | 12. (5) | 13. (1) | 14. (1) | 15. (2) | 16. (3) | 17. (3) | 18. (2) | 19. (1) | 20. (2) |
| 21. (3) | 22. (2) | 23. (2) | 24. (2) | 25. (3) | 26. (3) | 27. (4) | 28. (1) | 29. (1) | 30. (1) |
| 31. (2) | 32. (3) | 33. (3) | 34. (2) | 35. (4) | 36. (3) | 37. (2) | 38. (3) | 39. (3) | 40. (2) |
| 41. (1) | 42. (1) | 43. (5) | 44. (4) | 45. (1) | 46. (4) | 47. (2) | 48. (1) | 49. (2) | 50. (2) |
| 51. (1) | 52. (1) | 53. (1) | 54. (4) | 55. (4) | 56. (2) | 57. (1) | 58. (1) | 59. (4) | 60. (3) |
| 61. (4) | 62. (4) | 63. (3) | 64. (1) | 65. (3) | 66. (1) | 67. (4) | 68. (4) | 69. (1) | 70. (2) |
| 71. (3) | 72. (1) | 73. (2) | 74. (4) | 75. (1) | 76. (1) | 77. (4) | | | |

अध्याय

04

# कम्प्यूटर मैमोरी

## COMPUTER MEMORY

कम्प्यूटर की मैमोरी किसी कम्प्यूटर के उन अवयवों, साधनों तथा रिकॉर्ड करने वाले माध्यमों को कहा जाता है जिनमें प्रोसेसिंग में उपयोग किए जाने वाले अंकीय डाटा (Digital data) को किसी समय तक रखा जाता है। कम्प्यूटर में मैमोरी का प्रयोग डाटा तथा प्रोग्राम को स्थायी या अस्थायी रूप से स्टोर करने के लिए किया जाता है, जिससे किसी समय आवश्यकतानुसार उनका उपयोग किया जा सके। मैमोरी की क्षमता मेगाबाइट में मापी जाती है।

वास्तव में, मैमोरी कम्प्यूटर का वह भाग है, जिसमें सभी डाटा और प्रोग्राम स्टोर किए जाते हैं। यदि यह भाग न हो, तो कम्प्यूटर को दिया जाने वाला कोई भी डाटा तुरन्त नष्ट हो जाएगा, इसलिए इस भाग का महत्त्व स्पष्ट है।

## मैमोरी अनुक्रम

वर्तमान कम्प्यूटर संरचना में स्टोरेज के व्यवस्थित अनुक्रम को मैमोरी अनुक्रम कहते हैं। कम्प्यूटर मैमोरी अनुक्रम का प्रयोग करता है, जो मैमोरी की क्षमता की तेज स्पीड व अधिक योग्यता के तरीके को संगठित करता है।

निम्न चित्र में मैमोरी अनुक्रम (Memory Hierarcy) को बढ़ती गति तथा घटते आकार के रूप में दर्शाया गया है।

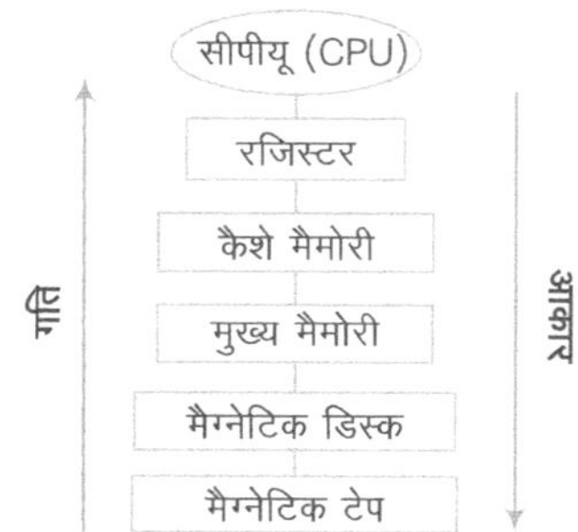


**मैमोरी अनुक्रम**

## मैमोरी के माप

*मैमोरी से सम्बन्धित कुछ माप निम्नलिखित हैं*

- **स्टोरेज कैपेसिटी** (Storage Capacity) यह मैमोरी के आकार को प्रदर्शित करती है। कम्प्यूटर की आन्तरिक मैमोरी को वर्ड (words) या बाइट में मापा जाता है।
- **एक्सेस मोड** (Access Mode) किसी भी मैमोरी की बहुत सारी लोकेशन होती हैं। इन मैमोरी लोकेशनों से इन्फॉर्मेशन को रैण्डमली (Randomly) सिक्वेन्शियली (Sequentially) तथा डायरेक्टली (Directly) एक्सेस किया जाता है।
- **एक्सेस टाइम** (Access Time ) यह ऐसा समय होता है, जो कम्प्यूटर के Read और Write ऑपरेशन्स को सम्पन्न करने के लिए प्रयोग किया जाता है।

## मैमोरी के प्रकार

*मैमोरी को दो भागों में बाँटा गया है*

1. प्राइमरी मैमोरी 2. सेकेण्डरी मैमोरी

### 1. प्राइमरी मैमोरी

इसे आन्तरिक मैमोरी भी कहा जाता है, क्योंकि यह कम्प्यूटर के सीपीयू का ही भाग होती है। प्राइमरी मैमोरी (Primary memory) में किसी समय चल रहे प्रोग्राम (या प्रोग्रामों) तथा उनके इनपुट डाटा और आउटपुट डाटा को कुछ समय के लिए स्टोर किया जाता है। इस मैमोरी का आकार सीमित होता है, परन्तु इसकी गति बहुत तेज होती है, जिससे जब भी किसी डाटा की जरूरत हो, इसमें से तुरन्त लिया जा सके।

*प्राइमरी मैमोरी को दो भागों में बाँटा जा सकता है*

#### (i) रैण्डम एक्सेस मैमोरी

यह मैमोरी एक चिप की तरह होती है, जो मैटल ऑक्साइड सेमीकण्डक्टर (MOS) से बनी होती है। रैम (RAM-Random Access Memory) में उपस्थित सभी सूचनाएँ अस्थायी होती हैं और जैसे ही कम्प्यूटर की विद्युत सप्लाई बन्द कर दी जाती है, वैसे ही समस्त सूचनाएँ नष्ट हो जाती हैं अर्थात् रैम एक वॉलेटाइल (Volatile) मैमोरी है। रैम का उपयोग डाटा को स्टोर करने तथा उसमें (मैमोरी में) उपस्थित डाटा को पढ़ने के लिए किया जाता है।

*रैम दो प्रकार की होती हैं*

(a) **डायनैमिक रैम** (Dynamic RAM) इसे डी रैम (DRAM) भी कहते हैं।

डी रैम चिप के स्टोरेज सेल परिपथों (Circuits) में एक ट्रांजिस्टर लगा होता है, जो ठीक उसी प्रकार कार्य करता है जिस प्रकार कोई ऑन/ऑफ स्विच कार्य करता है और इसमें एक कैपेसिटर (Capacitor) भी लगा होता है, जो एक विद्युत चार्ज को स्टोर कर सकता है।

(b) **स्टैटिक रैम** (Static RAM) इसे एस रैम (SRAM) भी कहते हैं। इसमें डाटा तब तक संचित रहता है जब तक विद्युत सप्लाई ऑन (ON) रहती है। स्टैटिक रैम में स्टोरेज सेल परिपथों में एक से अधिक ट्रांजिस्टर्स लगे होते हैं। इसमें कैपेसिटर नहीं लगा होता। स्टैटिक रैम अधिकतर (उसकी तेज गति के कारण) कैशे मैमोरी की तरह उपयोग किया जाता है। डायनैमिक रैम की तुलना में स्टैटिक रैम अधिक महँगी होती है।

#### (ii) रीड ओनली मैमोरी

इस मैमोरी में उपस्थित डाटा तथा निर्देश स्थायी होते हैं। जिस कारण इन्हें केवल पढ़ा जा सकता है, परन्तु इन्हें डाटा और निर्देशों में परिवर्तित करना सम्भव नहीं है। रोम (ROM, Read Only Memory) में उपस्थित स्थायी प्रोग्रामों को BIOS कहा जाता है। डाटा और निर्देशों के स्थायी होने के कारण कम्प्यूटर की विद्युत सप्लाई बन्द होने पर भी चिप में भरी सूचनाएँ संरक्षित रहती हैं अर्थात् रोम नॉन–वॉलेटाइल (Non-Volatile) मैमोरी है। रोम का उपयोग सभी प्रकार के इलेक्ट्रॉनिक उपकरणों; *जैसे*—कैलकुलेटर, वीडियो गेम, डिजिटल कैमरा आदि में किया जाता है।

*रोम निम्न प्रकार के होते हैं*

(a) **PROM** यह प्रोग्रामेबल रीड ओनली मैमोरी (Programmable Read Only Memory) का संक्षिप्त नाम है। यह एक ऐसी मैमोरी है, जिसमें एक प्रोग्राम की सहायता से सूचनाओं को स्थायी रूप से स्टोर किया जाता है।

जब इस मैमोरी में कोई सूचना स्टोर करनी होती है, तो एक उपकरण, जिसे पी रोम प्रोग्रामर (PROM Programmer) या बर्नर (Burner) कहा जाता है, की आवश्यकता होती है। रोम मैमोरी को भी केवल एक बार ही प्रोग्राम द्वारा भरा जा सकता है। रोम की तरह यह भी स्थायी होती है और बाद में इसे बदला नहीं जा सकता।

(b) **EPROM** यह इरेजेबल प्रोग्रामेबल रीड ओनली मैमोरी (Erasable Programmable Read Only Memory) का संक्षिप्त नाम है। यह एक ऐसी PROM मैमोरी है, जिसको फिर से प्रोग्राम किया जा सकता है।

ईपी रोम में भरी हुई सूचनाएँ भी स्थायी होती हैं, क्योंकि कम्प्यूटर को ऑफ कर देने के बाद भी वे नष्ट नहीं होतीं।

(c) **EEPROM** यह इलेक्ट्रिकली इरेजेबल प्रोग्रामेबल रीड ओनली मैमोरी (Electrically Erasable Programmable Read Only Memory) का संक्षिप्त नाम है। यह एक ऐसी EPROM है, जिसको फिर से प्रोग्राम करने के लिए सर्किट से हटाने और निर्माता को भेजने की आवश्यकता नहीं होती।

### कैशे मैमोरी

यह एक विशेष प्रकार की मैमोरी है, जो अत्यधिक तेज स्टैटिक रैम चिपों का उपयोग करती है और प्रोसेसर को किसी विशेष मैमोरी का उपयोग अत्यन्त तेजी से करने की सुविधा प्रदान करती है। सामान्यतः प्रोसेसर को रैम मैमोरी से कोई डाटा पढ़ने में 180 नैनो सेकण्ड का समय लग जाता है। कैशे मैमोरी (Cache Memory) से बार-बार आवश्यक डाटा केवल 45 नैनो सेकण्ड में प्राप्त किया जा सकता है।

### फ्लैश मैमोरी

यह एक प्रकार की सेमीकण्डक्टर आधारित नॉन-वॉलेटाइल अर्थात् विद्युत सप्लाई बन्द होने पर भी चिप में भरी सूचनाएँ संरक्षित रखती है तथा यह एक रीराइटेबल (पुनः लिखने योग्य) मैमोरी है।

### वर्चुअल मैमोरी

यह एक काल्पनिक मैमोरी क्षेत्र है। वर्चुअल मैमोरी सीपीयू के निर्देश अस्थायी रूप से स्टोर करती है। यह मेन मैमोरी की स्टोरेज क्षमता को बढ़ाती है, जिससे कम्प्यूटर की कार्यक्षमता (Effectiveness) बढ़ जाती है।

## 2. सेकेण्डरी मैमोरी

इस प्रकार की मैमोरी सीपीयू के बाहर होती है, इसीलिए इसे बाह्य (External) या ऑक्जीलरी (Auxiliary) मैमोरी भी कहा जाता है। कम्प्यूटर की मुख्य मैमोरी बहुत महँगी होने तथा बिजली बन्द कर देने पर उसमें रखी अधिकतर सूचनाएँ नष्ट हो जाने के कारण न तो हम उसे इच्छानुसार बढ़ा सकते हैं और न हम उसमें कोई सूचना स्थायी रूप से स्टोर कर सकते हैं, इसलिए हमें सहायक मैमोरी का उपयोग करना पड़ता है। इसमें एक ही कमी है कि इन माध्यमों में डाटा को लिखने (अर्थात् स्टोर करने) तथा पढ़ने (अर्थात् प्राप्त करने) में समय बहुत लगता है।

*कुछ मुख्य सेकेण्डरी मैमोरी डिवाइस निम्न हैं*

### मैग्नेटिक स्टोरेज

- हार्ड डिस्क ड्राइव
- फ्लॉपी डिस्क
- मैग्नेटिक टेप

### ऑप्टिकल स्टोरेज

- सीडी
- डीवीडी
- ब्लू-रे डिस्क

### सॉलिड स्टेट स्टोरेज

- पेन/फ्लैश ड्राइव
- मैमोरी कार्ड

### हार्ड डिस्क ड्राइव

इसे फिक्स्ड डिस्क भी कहा जाता है। इसकी गति 3600 चक्र प्रति मिनट होती है। ये कई आकारों और क्षमताओं में मिलती हैं, लेकिन इनकी बनावट तथा कार्यप्रणाली लगभग एक ही होती है।

**हार्ड डिस्क ड्राइव**

इसमें एक स्पिण्डल शामिल होता है, जो नॉन-चुम्बकीय फ्लैट सर्कुलर डिस्क को रखता है, जिसे प्लैटर्स कहा जाता है। प्रत्येक प्लैटर के लिए दो रीड/राइट हैड की आवश्यकता होती है, जो प्लैटर से सूचना को पढ़ने तथा लिखने के लिए उपयोग किए जाते हैं।

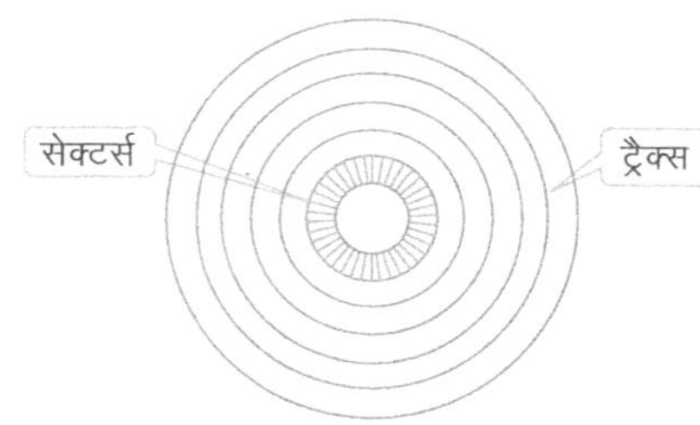


**ट्रैक्स और सेक्टर्स**

सूचना बैण्ड में रिकॉर्ड की जाती है। सूचना के प्रत्येक बैण्ड को ट्रैक कहा जाता है। प्रत्येक प्लैटर के पास समान नम्बर के ट्रैक्स होते हैं तथा ट्रैक स्थान, जो सभी प्लैटर्स को आर-पार काट देता है, सिलेण्डर कहलाता है। ट्रैक 0 सबसे भीतरी ट्रैक होता है। ट्रैक को पाई आकार वाले वर्गों में विभाजित किया जाता है, जिन्हें सेक्टर्स कहा जाता है।

## फ्लॉपी डिस्क

यह एक वृत्ताकार डिस्क होती है, जिसके दोनों ओर एक चुम्बकीय पदार्थ का लेप चढ़ा होता है। यह एक प्लास्टिक के चौकोर कवर में संरक्षित रहती है, जिसके भीतर फ्लॉपी की सफाई करने वाली मुलायम लाइनें होती हैं। फ्लॉपी डिस्क (Floppy disk) को डिस्कीटी (Diskette), फ्लॉपी या केवल डिस्क के नाम से भी जाना जाता है।

*यह तीन आकारों (Sizes) में उपलब्ध होती है*

(i) 8 इंच (ii) $5\frac{1}{4}$ इंच

(iii) $3\frac{1}{2}$ इंच

फ्लॉपी डिस्क पर कोई सूचना लिखने या उसे पढ़ने के लिए एक विशेष उपकरण की आवश्यकता होती है, जिसे फ्लॉपी डिस्क ड्राइव (Floppy Disk Drive या FDD) कहा जाता है।

## मैग्नेटिक टेप

ये पुरानी फाइलों का बैकअप लेने के बहुत सुरक्षित और सस्ते साधन माने जाते हैं। चुम्बकीय टेप काफी धीमा होता है, क्योंकि यह एक क्रमिक (Sequential) माध्यम है। इसका अर्थ यह है कि इसमें डाटा लिखने या पढ़ने का कार्य एक सिरे से दूसरे सिरे तक क्रमश: किया जाता है। हम बीच से लिखना/पढ़ना शुरू नहीं कर सकते।

चुम्बकीय टेप पर डाटा पढ़ने व लिखने का कार्य एक उपकरण के माध्यम से किया जाता है, जिसे **टेप ड्राइव** कहते हैं।

## कॉम्पैक्ट डिस्क

यह एक विशेष प्रकार की डिस्क होती है, जिस पर डाटा प्राय: एक बार ही लिखा जाता है और फिर उसे कितनी बार भी पढ़ सकते हैं। यह एक प्रकार की रीड ओनली मैमोरी ही है। इनमें प्राय: ऐसी सूचनाएँ स्टोर की जाती हैं, जो स्थायी प्रकृति की हों तथा जिनकी आवश्यकता बार-बार पड़ती हो; *जैसे*—टेलीफोन डायरेक्टरी, हवाई जहाजों की उड़ानों की समय-सारणी, पुस्तकालय की पुस्तकों की सूची (Catalogue), कानूनी सूचनाएँ, फिल्म आदि।

*सीडी को तीन भागों में विभाजित किया जाता है*

(a) सीडी-रोम (कॉम्पैक्ट डिस्क-रीड ओनली मैमोरी)

(b) सीडी-आर (कॉम्पैक्ट डिस्क-रिकॉर्डेबल)

(c) सीडी-आरडब्ल्यू (कॉम्पैक्ट डिस्क-रिराइटेबल)

## डिजिटर वीडियो डिस्क

आजकल सीडी का एक अन्य विकसित रूप भी प्रयोग में लाया जाता है, जिसे डीवीडी (DVD-Digital Video Disc) कहा जाता है। इसकी स्टोरेज क्षमता 2 गीगाबाइट या अधिक भी हो सकती है।

इस पर डाटा लिखने या उसे पढ़ने के लिए एक विशेष ड्राइव होती है, जिसे डीवीडी ड्राइव कहा जाता है। इसे डिजिटल वर्सेटाइल डिस्क के रूप में भी जाना जाता है। इसका मुख्य उपयोग वीडियो और डाटा का स्टोरेज करना है। DVD का आकार कॉम्पैक्ट डिस्क (CD) के समान ही होता है, लेकिन ये छह गुना अधिक तक डाटा स्टोर करती हैं।

*डीवीडी को तीन भागों में विभाजित किया जाता है*

(a) डीवीडी-रोम (डिजिटल वीडियो डिस्क-रीड ओनली मैमोरी)

(b) डीवीडी-आर (डिजिटल वीडियो डिस्क-रिकॉर्डेबल)

(c) डीवीडी-आरडब्ल्यू (डिजिटल वीडियो डिस्क-रिराइटेबल)

## ब्लू-रे डिस्क

यह एक ऑप्टिकल डिस्क स्टोरेज माध्यम है, जिसे मानक DVD प्रारूप का स्थान लेने के लिए बनाया गया है।

ब्लू-रे डिस्क (Blu-ray Disc-BD) का नाम इसे पढ़ने में प्रयुक्त नीली-बैंगनी (Blue-Violet) लेजर से लिया गया है। एक मानक डीवीडी में 650 नैनोमीटर लाल लेजर का प्रयोग किया जाता है, जबकि ब्लू-रे डिस्क कम तरंगदैर्ध्य का प्रयोग करती है। मुख्य रूप से इसका प्रयोग उच्च परिभाषा वाले वीडियो (High Definition Video), प्लेस्टेशन 3 (Playstation 3), वीडियो गेम्स स्टोर करने के लिए किया जाता है।

*ब्लू-रे डिस्क विभिन्न फॉर्मेट में उपलब्ध हैं*

(a) BD-ROM (केवल पढ़ने के लिए)

(b) BD-R (रिकॉर्डेबल)

(c) BD-RW (रिराइटेबल)

(d) BD-RE (रिराइटेबल)

## पेन/थंब/फ्लैश ड्राइव

इसे फ्लैश ड्राइव भी कहा जाता है। यह पेन के आकार की इलेक्ट्रॉनिक मैमोरी है, जिसे Plug and Play डिवाइस की तरह USB पोर्ट में लगाकर डेटा स्टोर करने के लिए प्रयोग किया जाता है। यह एक स्थायी या नॉन-वोलेटाइल सेकेण्डरी मैमोरी का उदाहरण है, जिसमें विद्युत सप्लाई ऑफ होने पर भी डाटा स्टोर रहता है। इसका आकार इतना छोटा होता है कि इसे एक स्थान से दूसरे स्थान पर आसानी से ले जाया जाता है। यह एक रीराइटेबल (Rewritable) मैमोरी है, क्योंकि इसमें पुराने डाटा को डिलीट करके नया डाटा स्टोर किया जा सकता है।

## मैमोरी कार्ड

यह एक चिप आकार में डाटा स्टोरेज डिवाइस है, जिसमें डाटा को स्टोर कर सकते हैं। ये सामान्यत: कई इलेक्ट्रॉनिक उपकरणों में उपयोग किए जाते हैं, जिनमें डिजिटल कैमरा, मोबाइल फोन, लैपटॉप कम्प्यूटर शामिल हैं। वे छोटे, पुन: रिकॉर्ड करने योग्य पोर्टेबल और बहुत हल्के होते हैं।

**सेकेण्डरी मैमोरी डिवाइसेज, उनके स्टोरेज के माध्यम एवं स्टोरेज क्षमता**

| डिवाइस | स्टोरेज माध्यम | क्षमता |
|---|---|---|
| फ्लॉपी डिस्क (5.25 इंच) | मैग्नेटिक | 1.2 MB |
| फ्लॉपी डिस्क (3.5 इंच) | मैग्नेटिक | 1.44 MB |
| फ्लॉपी डिस्क (8 इंच) | मैग्नेटिक | 80 KB to 242 KB |
| CD-ROM | ऑप्टिकल | 640 MB to 680 MB |
| DVD-ROM | ऑप्टिकल | 4.7 GB to 17 GB |
| पेन ड्राइव | सॉलिड स्टेट | 1 GB to 512 GB |
| मैग्नेटिक टेप | मैग्नेटिक | 60 MB to 1TB |

### इन्हें भी जानें

- सेकेण्डरी स्टोरेज मीडिया से हार्ड डिस्क में सॉफ्टवेयर प्रोग्रामों को कॉपी करने की प्रक्रिया **इन्स्टॉलेशन** कहलाती है।
- स्टोरेज डिवाइस का मुख्य फोल्डर रूट डायरेक्टरी कहलाता है।
- मैमोरी डिवाइस में फ्लिप-फ्लॉप का इस्तेमाल किया जाता है।

## मैमोरी की इकाइयाँ

| | | |
|---|---|---|
| 1 बिट | = | बाइनरी डिजिट (0 या 1) |
| 4 बिट्स | = | 1 निबल |
| 8 बिट्स | = | 1 बाइट |
| 1024 बाइट्स | = | 1 किलोबाइट (1 KB) |
| 1024 किलोबाइट | = | 1 मेगाबाइट (1 MB) |
| 1024 मेगाबाइट | = | 1 गीगाबाइट (1 GB) |
| 1024 गीगाबाइट | = | 1 टेराबाइट (1 TB) |
| 1024 टेराबाइट | = | 1 पेटाबाइट (1 PB) |
| 1024 पेटाबाइट | = | 1 एक्साबाइट (1 EB) |
| 1024 एक्साबाइट | = | 1 जेटाबाइट (1 ZB) |
| 1024 जेटाबाइट | = | 1 योटाबाइट (1 YB) |
| 1024 योटाबाइट | = | 1 ब्रोण्टोबाइट (Bronto Byte) |
| 1024 ब्रोण्टोबाइट | = | 1 जीओपबाइट (Geop Byte) |

**नोट** *बिट सबसे छोटी मैमोरी इकाई है। जीओपबाइट सबसे बड़ी मैमोरी इकाई है।*

# प्रश्न बैंक

**1.** मैमोरी किससे बनती है?
(1) तारों के समूह से
(2) सेलों (Cells) की अधिक मात्रा से
(3) परिपथों के समूह से
(4) उपरोक्त सभी

**2.** कम्प्यूटर डाटा इकट्ठा करते हैं, इसका अर्थ है कि वे उपयोगकर्ता को डाटा .......... करने देते हैं।
(1) प्रेजेण्ट (2) इनपुट (3) आउटपुट (4) स्टोर

**3.** जो डिवाइसेज इन्फॉर्मेशन स्टोर करती हैं और कम्प्यूटर कार्य करने के लिए जिनका प्रयोग करता है, उन्हें .......... कहते हैं। **(IBPS PO 2012)**
(1) इनपुट डिवाइसेज (2) आउटपुट डिवाइसेज
(3) सॉफ्टवेयर डिवाइसेज (4) स्टोरेज डिवाइसेज
(5) उपरोक्त में से कोई नहीं

**4.** किसी स्टोरेज मीडियम में स्टोर की जा सकने वाली डाटा की अधिकतम मात्रा को क्या कहते हैं? **(SBI Clerk 2011)**
(1) मैग्नेटिक स्टोरेज (2) ऑप्टिकल स्टोरेज
(3) सॉलिड-स्टेट स्टोरेज (4) स्टोरेज क्षमता
(5) इनमें से कोई नहीं

**5.** निम्न में से कौन-से घटकों के विषय में स्टोरेज और मैमोरी भिन्न है? **(Allahabad Bank PO 2011)**
(1) कीमत/मूल्य (2) विश्वसनीयता
(3) गति (4) ये सभी
(5) इनमें से कोई नहीं

**6.** मैमोरी (रैम या रोम) की मात्रा मापी जाती है **(SBI PO 2014)**
(1) बाइट्स में (2) बिट्स में
(3) मेगाबाइट में (4) मेगाबिट्स में

**7.** इण्टर्नल मैमोरी की प्रमुख विशेषता है
(1) सीमित क्षमता
(2) अस्थायी स्टोरेज
(3) फास्ट एक्सेस तथा हाई कोस्ट
(4) उपरोक्त सभी

**8.** CPU वर्तमान में जिन प्रोग्रामों और डाटा को प्रोसेस कर रहा होता है, उन्हें स्टोर करने के लिए किस कम्प्यूटर मैमोरी का प्रयोग किया जाता है? **(IBPS PO 2012)**
(1) मॉस मैमोरी (2) इण्टर्नल मैमोरी
(3) PROM (4) नॉन-वॉलेटाइल मैमोरी
(5) उपरोक्त में से कोई नहीं

**9.** जब प्रोसेसर सीपीयू का प्रयोग करता है, तब डाटा और प्रोग्राम कहाँ रखे जाते हैं? **(Union Bank of India Clerk 2011)**
(1) मेन मैमोरी (2) सेकेण्डरी मैमोरी
(3) डिस्क मैमोरी (4) प्रोग्राम मैमोरी
(5) इनमें से कोई नहीं

**10.** कम्प्यूटर की मेन मैमोरी का भाग कौन-सा है?
(1) CPU (2) RAM
(3) ROM (4) '2' और '3' दोनों
(5) इनमें से कोई नहीं

**11.** कम्प्यूटर की प्रमुख मैमोरी को ……… भी कहा जाता है। **(Allahabad PO 2011)**
(1) प्राथमिक/प्राइमरी स्टोरेज
(2) आन्तरिक मैमोरी
(3) प्राइमरी मैमोरी
(4) उपरोक्त सभी
(5) उपरोक्त में से कोई नहीं

**12.** RAM का पूर्ण रूप क्या है? **(SBI Clerk 2012)**
(1) Read Access Memory
(2) Read Anywhere Memory
(3) Random Anything Memory
(4) Random Access Module
(5) Random Access Memory

**13.** RAM निम्नलिखित में से किसका उदाहरण है? **(IBPS Clerk 2011)**
(1) नॉन-वॉलेटाइल मैमोरी
(2) कैशे मैमोरी
(3) वर्चुअल मैमोरी
(4) वॉलेटाइल मैमोरी
(5) इनमें से कोई नहीं

**14.** RAM में स्टोर की गई सूचना वॉलेटाइल मानी जाती है, जिसका अर्थ है कि वह ……… **(IBPS Clerk 2011)**
(1) वहाँ स्थायी रूप से स्टोर्ड है।
(2) स्थायी रूप से नहीं, केवल अस्थायी रूप से स्टोर है।
(3) जब बिजली बन्द की जाए, तो स्टोर की जाती है।
(4) CPU डिवाइस में स्थायी रूप से स्टोर की जाती है।
(5) उपरोक्त में से कोई नहीं

**15.** 'रैम' के बारे में निम्न में से कौन-सा कथन असत्य है? **(IBPS Clerk 2015)**
(1) रैम, हार्ड डिस्क स्टोरेज के समान होती है।
(2) रैम एक अस्थायी संग्रहण क्षेत्र है।
(3) रैम एक वॉलेटाइल मैमोरी है।
(4) रैम एक प्राथमिक मैमोरी है।
(5) दिए गए विकल्पों के अलावा कोई अन्य

**16.** प्राइमरी मैमोरी यूनिट किसका एक हिस्सा है?
(1) इनपुट डिवाइस (2) कण्ट्रोल यूनिट
(3) आउटपुट डिवाइस (4) सीपीयू

**17.** यदि प्रयोक्ता को CPU में तत्काल उपलब्ध सूचना की जरूरत हो यह ……… स्टोर की जानी चाहिए। **(IBPS Clerk 2011)**
(1) CPU में (2) RAM में
(3) सेकेण्डरी स्टोरेज में (4) CD में
(5) टेप पर

**18.** …… कम्प्यूटर की मैमोरी है, जहाँ सूचना अस्थायी रूप से संगृहीत होती है, जब इसे प्रोसेसर द्वारा एक्सेस या कार्य किया जाता है। **(IBPS RRB PO 2017)**
(1) लॉजिकल (2) सेकेण्डरी
(3) रोम (4) रैम
(5) क्रूड

**19.** कौन-सी मैमोरी टेम्परेरी मैमोरी की तरह प्रयोग की जाती है? **(IBPS RRB PO 2017)**
(1) नॉन-वॉलेटाइल मैमोरी (2) वॉलेटाइल मैमोरी
(3) हार्ड डिस्क मैमोरी (4) रीड ओनली मैमोरी
(5) फ्लैश डिस्क मैमोरी

**20.** DRAM का लाभ है **(SBI PO 2012)**
(1) यह SRAM से सस्ता है
(2) यह SRAM से अधिक स्टोर कर सकता है
(3) यह SRAM से तेज है
(4) SRAM की तुलना में इसमें डाटा अधिक आसानी से इरेज किया जा सकता है
(5) उपरोक्त में से कोई नहीं

**21.** निम्न में से किस मैमोरी चिप की गति अधिक तेज है? **(SBI Clerk 2012)**
(1) कोई निश्चितता नहीं है (2) DRAM
(3) SRAM
(4) DRAM बड़े चिप्स के लिए अधिक तेज है
(5) उपरोक्त में से कोई नहीं

**22.** बिजली बन्द कर दिए जाने के बाद जो स्टोरेज अपना डाटा रखती है, उसे ……… कहते हैं।
(1) वॉलेटाइल मैमोरी (2) नॉन-वॉलेटाइल मैमोरी
(3) सिक्वेन्शियल स्टोरेज (4) डायरेक्ट स्टोरेज

**23.** कम्प्यूटर में स्थित स्थायी मैमोरी को निम्न में से क्या कहते हैं? **(IBPS Clerk 2015)**
(1) RAM (2) ROM
(3) सीपीयू (4) सीडी-रोम
(5) इनमें से कोई नहीं

**24.** रीड ओनली मैमोरी (ROM) की कौन-सी विशेषता उसे उपयोगी बनाती है? **(Union Bank of India Clerk 2011)**
(1) ROM में जानकारी को आसानी से अपडेट किया जा सकता है
(2) ROM में डाटा को खतरा नहीं होता, बिजली न होने पर भी वह उसमें रहता है
(3) ROM विशाल सस्ता डाटा स्टोरेज उपलब्ध कराता है
(4) ROM चिपों की अलग-अलग ब्राण्ड के कम्प्यूटरों में आसानी से अदला-बदली की जा सकती है
(5) उपरोक्त में से कोई नहीं

**25.** ROM (Read Only Memory) में डाटा
(1) सिर्फ पढ़ा जाता है (2) Non-Volatile होता है
(3) सिर्फ लिखा जाता है (4) '1' और '3' दोनों

**26.** आपके कम्प्यूटर में बनी परमानेण्ट मैमोरी को क्या कहते हैं?
(1) RAM (2) ROM
(3) CPU (4) CD-ROM

**27.** जब आप पहले एक कम्प्यूटर को ऑन करते हैं, तब सीपीयू में संगृहीत निर्देशों को प्रयोग में लाने के लिए पहले से तैयार होता है **(IBPS Clerk 2015)**
(1) रैम (2) फ्लैश मैमोरी
(3) रोम (4) सीडी-रोम
(5) ALU

**28.** ROM में उपस्थित स्थायी प्रोग्रामों को कहा जाता है
(1) EPROM (2) PROM
(3) RAM (4) BIOS

**29.** जब इसमें बिजली बन्द हो जाती है, तो मैमोरी के कण्टेण्ट्स गुम (नष्ट) नहीं होंगे **(SSC CGL 2012)**
(1) रोम (2) EPROM
(3) EEPROM (4) ये सभी

**30.** 'EPROM' का क्या उपयोग है?
(1) रोम के सन्देश मिटाता है
(2) रोम के सन्देशों में परिवर्तन करता है
(3) रोम के सन्देशों को हटाना और पुन: नए बनाना
(4) रोम का प्रारूप बनाता है

**31.** कैश मैमोरी ……… के मध्य स्थित होती है। **(SBI Clerk 2012)**
(1) CPU तथा RAM (2) RAM तथा ROM
(3) CPU तथा हार्ड डिस्क
(4) उपरोक्त सभी
(5) इनमें से कोई नहीं

**32.** एक छोटे आकार की वॉलेटाइल मैमोरी है, जो प्रोसेसर के लिए उच्च गति का डाटा एक्सेस करती है। निम्नलिखित में से कौन एक बार इस्तेमाल किया जाने वाला डाटा रखने में उपयोग की गई मैमोरी का एक प्रकार है? **(IBPS RRB PO 2014)**
(1) माइक्रोप्रोसेसर (2) कैश
(3) रोम (4) ALU
(5) कण्ट्रोल

**33.** फ्लैश मैमोरी काडर्स को ……… समझा जाता है। इसका अर्थ है कि जब आप प्लेयर को बन्द करेंगे, तो आपका डाटा खत्म नहीं होगा। **(IBPS Clerk 2014)**
(1) टेम्पेररी (2) पेरीफेरल्स
(3) एक्सपेन्सिव (4) वॉलेटाइल
(5) नॉन-वॉलेटाइल

**34.** वह तकनीक, जो मेन मैमोरी के वास्तविक साइज को बढ़ा देती है, क्या कहलाती है **(IBPS Clerk 2013)**
(1) मल्टीटास्किंग (2) वर्चुअल स्टोरेज
(3) मल्टीप्रोसेसिंग (4) मल्टीप्रोग्रामिंग
(5) इनमें से कोई नहीं

**35.** निम्न में से किसमें भौतिक रूप से विद्यमान एड्रेस से अधिक मैमोरी एड्रेस होते हैं? **(SBI PO 2014)**
(1) वर्चुअल मैमोरी (2) सिस्टम सॉफ्टवेयर
(3) एप्लिकेशन्स सॉफ्टवेयर
(4) रैण्डम एक्सेस मैमोरी
(5) वर्टिकल मैमोरी

**36.** वर्चुअल मैमोरी से क्या तात्पर्य है?
(1) मैमोरी मैनेजमेन्ट टेक्निक, जिसमें प्रोग्राम को विभिन्न टुकडों मे विभाजित कर दिया जाता है
(2) मैमोरी टेक्निक, जिसमें प्रोग्रामों को हटा दिया जाता है
(3) मैमोरी टेक्निक जिसमें दो प्रोग्रामों को आपस में जोड़ दिया जाता है
(4) मैमोरी टेक्निक, जिसमें प्रोग्रामों को विस्थापित कर दिया जाता है

**37.** प्राइमरी मैमोरी की तुलना में सेकेण्डरी मैमोरी की गति होती है
(1) धीमी (2) एक जैसी
(3) तेज (4) बहुत तेज

**38.** RAM व सेकेण्डरी स्टोरेज डिवाइस प्राथमिक तौर पर किस की दृष्टि से भिन्न होती है? **(IBPS Clerk 2011)**
(1) उनमें पीरियड डाटा स्टोर किया जाता है
(2) RAM स्थायी है और सेकेण्डरी स्टोरेज अस्थायी
(3) RAM इनपुट स्वीकार करती है, सेकेण्डरी स्टोरेज डिवाइस नहीं
(4) जिस तरीके से उनमें डाटा स्टोर होता है
(5) उपरोक्त में से कोई नहीं

**39.** सेव करके कम्प्यूटर बन्द करने पर आपका डाटा यथावत् होगा **(SBI PO 2009, IBPS PO 2011)**
(1) RAM
(2) मदरबोर्ड
(3) सेकेण्डरी स्टोरेज डिवाइस
(4) प्राइमरी स्टोरेज डिवाइस

**40.** निम्नलिखित में से कौन-सा कथन सेकेण्डरी मैमोरी के बारे में सत्य है? **(IBPS Clerk 2015)**
(1) इसे सतत् विद्युत की आवश्यकता नहीं होती
(2) यह मैग्नेटिक मीडिया का प्रयोग नहीं करती
(3) यह चार मुख्य प्रकार की डिवाइसों से मिलकर बनी होती है
(4) यह बाद में प्राप्त किए गए डाटा को सेव नहीं करती है
(5) उपरोक्त में से कोई नहीं

**41.** सेकेण्डरी स्टोरेज डिवाइस केवल डाटा स्टोर कर सकती हैं, लेकिन वे प्रदर्शित नहीं कर सकतीं
(1) अर्थमैटिक ऑपरेशन (2) लॉजिक ऑपरेशन
(3) फैच ऑपरेशन (4) ये सभी

**42.** हार्ड डिस्क ड्राइव्स को ········ स्टोरेज माना जाता है।
(1) फ्लैश (2) नॉन-वॉलेटाइल
(3) टेम्पेररी (4) नॉन-परमानेण्ट

**43.** कम्प्यूटर किससे सीधे सम्पर्क करता है?
(1) हार्ड ड्राइव (2) डिस्क ड्राइव
(3) मॉडम (4) USB पोर्ट

**44.** कम्प्यूटर का कौन-सा भाग सूचना को स्टोर करने में सहायक होता है? **(IBPS Clerk 2011)**
(1) मॉनीटर (2) कीबोर्ड
(3) डिस्क ड्राइव (4) प्रिण्टर
(5) प्लॉटर

**45.** डिस्क को ट्रैकों और सेक्टरों में विभाजित करने की प्रक्रिया क्या है? **(Allahabad PO 2011, IBPS PO 2011, IBPS Clerk Mains 2017)**
(1) ट्रैकिंग (2) फॉर्मेटिंग (3) क्रैशिंग (4) एलॉटिंग
(5) डाइसिंग

**46.** हार्ड डिस्क में ट्रैक 0 का अर्थ क्या होता है?
(1) फॉर्मेटिंग द्वारा निर्धारित
(2) सबसे बाहरी ट्रैक
(3) सबसे भीतरी ट्रैक
(4) प्रत्येक कम्प्यूटर में पृथक् स्थान पर

**47.** निम्न में से कौन-सी स्टोरेज डिवाइस/उपकरण ऐसा है, जो कठिन स्थायी रूप से स्थापित मैग्नेटिक डिस्क का प्रयोग डाटा/जानकारी स्टोर करने हेतु करता है? **(Allahabad PO 2011)**
(1) फ्लॉपी डिस्केट (2) हार्ड डिस्क
(3) स्थायी/परमानेण्ट डिस्क
(4) ऑप्टिकल डिस्क
(5) इनमें से कोई नहीं

**48.** हार्ड ड्राइव को स्टोर करने के लिए ......... उपयोग किया जाता है। **(IBPS Clerk Mains 2017)**
(1) वॉलेटाइल डाटा (2) नॉन-वोलेटाइल डाटा
(3) स्थायी डाटा (4) अस्थायी डाटा
(5) इण्टरमीडिएट डाटा

**49.** हार्ड डिस्क (Hard Disk) की गति कितनी होती है?
(1) 600 चक्र प्रति मिनट (2) 1200 चक्र प्रति मिनट
(3) 2400 चक्र प्रति मिनट
(4) 3600 चक्र प्रति मिनट

**50.** कम्प्यूटर में डिस्क कहाँ इन्सर्ट की जाती है?
(1) मॉडम में (2) हार्ड ड्राइव में
(3) CPU में (4) डिस्क ड्राइव में

**51.** Hard Disk की क्षमता किसमें मापी जाती है?
(1) पेण्टियम में (2) Cyaix में
(3) Gigabyte (GB) में (4) AMB में

**52.** फ्लॉपी डिस्क पर डाटा को रिंग में रिकॉर्ड करना ………… कहलाता है। **(IBPS RRB PO 2017)**
(1) फ्लिप (2) रिंग
(3) राउण्डर्स (4) सेगमेण्ट्स
(5) इनमें से कोई नहीं

**53.** फ्लॉपी डिस्क किस प्रकार की मैमोरी है?
(1) इण्टर्नल (2) एक्सटर्नल
(3) वॉलेटाइल (4) '1' और '2' दोनों

**54.** पर्सनल कम्प्यूटर के लिए सबसे प्रचलित स्टोरेज डिवाइस कौन-सी है? **(SBI PO 2014)**
(1) फ्लॉपी डिस्क (2) USB पर्सनल कम्प्यूटर
(3) मेनफ्रेम (4) लैपटॉप
(5) उपरोक्त में से कोई नहीं

**55.** डिस्क के उस कण्टेण्ट को क्या कहते हैं, जो उसे बनाते समय रिकॉर्ड किया जाता है और जिसे प्रयोक्ता बदल या मिटा नहीं सकता है? **(RBI Grade B 2013)**
(1) केवल मैमोरी (2) केवल राइट
(3) केवल रीड (4) केवल रन
(5) इनमें से कोई नहीं

**56.** फ्लॉपी डिस्क में डाटा ……… नामक रिंग्स पर रिकॉर्ड किया जाता है।
(1) सेक्टर्स (2) रिंग्स
(3) ट्रैक्स (4) राउण्डर्स

**57.** मैग्नेटिक टेप किससे बना होता है?
(1) रबर (2) प्लास्टिक पॉलिएस्टर
(3) कागज (4) स्टील

**58.** ………… सबसे सामान्य प्रकार की स्टोरेज डिवाइस है। **(SBI PO 2009, IBPS PO 2011)**
(1) परसिस्टेण्ट (2) ऑप्टिकल
(3) मैग्नेटिक (4) फ्लैश
(5) इनमें से कोई नहीं

**59.** निम्नलिखित में से किसमें अधिकतम डाटा की मात्रा को स्टोरेज माध्यम में संगृहीत करके रखा जा सकता है? **(IBPS Clerk 2015)**
(1) ऑप्टिकल स्टोरेज (2) मैग्नेटिक स्टोरेज
(3) सॉलिड स्टेट स्टोरेज (4) स्टोरेज क्षमता
(5) उपरोक्त में से कोई नहीं

**60.** CD का शाब्दिक अर्थ क्या है?
(1) Central Disc (2) Common Disc
(3) Compact Disc (4) Control Disc

**61.** स्टोरेज मीडिया जैसे सीडी की सूचनाएँ ……… के प्रयोग से लिखती है और पढ़ती है। **(Allahabad Bank PO 2011)**
(1) रेड लाइट के लेजर (2) मैग्नेटिक डॉट
(3) मैग्नेटिक स्ट्रिप्स (4) ये सभी
(5) इनमें से कोई नहीं

**62.** CD-RW का पूरा रूप है ………। **(RBI Grade B 2012)**
(1) Compact Drum, Read, Write
(2) Compact Diskette, Read, Write
(3) Compact Disc, Read Only then Write
(4) Compact Diskette with Random Write Capability
(5) Compact Disc-Rewritable

**63.** रियूजेबल ऑप्टिकल स्टोरेज का टिपिकली एक्रोनिम ……… होगा। **(SBI PO 2009, IBPS PO 2011)**
(1) CD (2) CD-RW
(3) ROM (4) DVD
(5) इनमें से कोई नहीं

**64.** CD-RW डिस्क ……………। **(Punjab & Sind 2010, IBPS Clerk 2011)**
(1) का इण्टर्नल डिस्क की तुलना में तेज एक्सेस होता है
(2) ऑप्टिकल डिस्क के रूप में, इसलिए इसे एक ही बार राइट किया जा सकता है
(3) में फ्लॉपी डिस्क की तुलना में कम डाटा आता है
(4) को इरेज और रीराइट किया जा सकता है
(5) उपरोक्त में से कोई नहीं

**65.** कौन-से मीडिया में डाटा/जानकारी, उनमें उपयोगकर्ता द्वारा एक से ज्यादा बार स्टोर करने (लिखने) की क्षमता है? **(Allahabad Bank PO 2011)**
(1) सीडी-आर (CD-R) डिस्क
(2) सीडी-आरडब्ल्यू (CD-RW) डिस्क
(3) जिप डिस्क
(4) ऑप्टिकल डिस्क
(5) '2' और '3' दोनों

**66.** स्टोरेज मीडिया के रूप में निम्न में से क्या सीडी-रोम (CD-ROM) के फायदे हैं? **(Allahabad Bank PO 2011, IBPS PO 2011)**
(1) वृहत स्तर पर डाटा और जानकारी स्टोर करने का सीडी-रोम (CD-ROM) एक कम खर्चीला/इन्एक्सपेन्सिव तरीका है
(2) मैग्नेटिक डिस्क की तुलना में सीडी-रोम डिस्क डाटा और जानकारी जल्दी पुन: प्राप्त कर सकती है

(3) मैग्नेटिक मीडिया की अपेक्षा सीडी-रोम कम गलतियाँ करते हैं
(4) उपरोक्त सभी
(5) उपरोक्त में से कोई नहीं

**67.** ऑप्टिकली पढ़ी जाने वाली फ्लैट मेटालिक डिस्क जिसमें स्थायी रूप से बहुत-सी इन्फॉर्मेशन स्टोर की जाती है, उसे ......... कहते हैं।
(1) मॉनीटर (2) ALU
(3) CD-ROM (4) RAM

**68.** ऐसी कॉम्पैक्ट डिस्क को क्या कहते हैं, जो लगभग 650 से 800 एमबी का डाटा या 74 से 80 मिनट का म्यूजिक स्टोर कर सकती है? **(SBI PO 2015)**
(1) जिप डिस्क (2) सीडी-रोम
(3) वीडियो कार्ड (4) प्रेसिंग मशीन
(5) फ्लॉपी डिस्केट

**69.** एक CD-ROM और CD-RW में क्या अन्तर है? **(IBPS Clerk 2015)**
(1) दोनों समान हैं-केवल दो भिन्न पद हैं, जिनका प्रयोग विभिन्न निर्माताओं द्वारा किया जाता है।
(2) CD-ROM पर लिखा जा सकता है, CD-RW पर नहीं।
(3) दिए गए विकल्पों के अलावा कोई अन्य
(4) CD-ROM में CD-RW के मुकाबले अधिक जानकारी होती है।
(5) CD-RW पर लिखा जा सकता है और CD-ROM पर केवल पढ़ा जाता है।

**70.** डीवीडी (DVD) क्या है? **(SSC CPO CGL 2013)**
(1) डिजिटल वीडियो डिस्क
(2) डायनमिक वर्सेटाइल डिस्क
(3) डिजिटल वर्सेटाइल ड्राइव
(4) डायनमिक वीडियो डिस्क
(5) डायनमिक मैग्नेटिक डिस्क

**71.** निम्न में से कौन-सा स्टोरेज डिवाइस/उपकरण का उदाहरण है? **(Allahabad PO 2011)**
(1) चुम्बकीय/मैग्नेटिक डिस्क
(2) टेप्स (3) डीवीडीज (DVDs)
(4) ये सभी (5) इनमें से कोई नहीं

**72.** डीवीडी (DVD) ......... का उदाहरण है। **(Bank of Baroda 2011, IBPS PO 2011, SBI PO 2014)**
(1) हार्ड डिस्क (2) ऑप्टिकल डिस्क
(3) आउटपुट डिवाइस (4) सॉलिड स्टेट स्टोरेज डिवाइस
(5) उपरोक्त में से कोई नहीं

**73.** ब्लू-रे डिस्क का प्रयोग किसमें किया जाता है?
(1) प्लेस्टेशन 3 में (2) गेमिंग में
(3) इन्स्टॉलेशन में (4) अपडेटिंग में

**74.** पेन ड्राइव है
(1) एक स्थिर द्वितीय स्टोरेज यूनिट
(2) एक चुम्बकीय द्वितीय स्टोरेज यूनिट
(3) एक हटाई जाने वाली द्वितीय स्टोरेज यूनिट
(4) उपरोक्त सभी

**75.** 3.5 इंच वाली फ्लॉपी डिस्क की क्षमता है **(SBI Clerk 2012)**
(1) 1.40 MB (2) 1.44 GB
(3) 1.40 GB (4) 1.45 MB
(5) 1.44 MB

**76.** स्टोरेज डिवाइस निम्न में से कौन-सी नहीं है? **(SBI PO 2013, SBI PO 2014 )**
(1) CD (2) DVD
(3) फ्लॉपी डिस्क (4) प्रिण्टर
(5) हार्ड डिस्क

**77.** स्टोरेज डिवाइस का मुख्य फोल्डर क्या कहलाता है? **(RBI Grade B 2013)**
(1) प्लेटफॉर्म (2) इण्टरफेस
(3) रूट डायरेक्ट्री (4) डिवाइस ड्राइवर
(5) इनमें से कोई नहीं

**78.** सेकेण्डरी स्टोरेज मीडिया से हार्ड डिस्क में सॉफ्टवेयर प्रोग्रामों को कॉपी करने की प्रक्रिया को क्या कहते हैं? **(IBPS PO 2011, RBI Grade B 2012, RBI Grade B 2013)**
(1) कॉन्फिग्रेशन (2) डाउनलोड
(3) अपलोड (4) इन्स्टॉलेशन
(5) स्टोरेज

**79.** किसी मैमोरी डिवाइस में कौन-सा सर्किट इस्तेमाल किया जाता है?
(1) रेक्टिफायर (2) कम्परेटर
(3) फ्लिप-फ्लॉप (4) एम्पलिफायर

**80.** किसी स्टोरेज लोकेशन को आइडेण्टिफाइ करने के लिए प्रयुक्त नाम या नम्बर को ......... कहते हैं। **(IBPS Clerk 2011)**
(1) बाइट (2) रिकॉर्ड (3) एड्रेस (4) प्रोग्राम
(5) बिट

**81.** एक 'बिट' से अभिप्राय है **(SBI PO 2014)**
(1) संग्रहण का एक प्रकार
(2) एक किलोबाइट के बराबर मान

(3) एक मेगाबाइट के बराबर मान
(4) डिजिटल सूचना की सबसे छोटी इकाई
(5) एक पिक्सल के समान वस्तुएँ

**82.** निम्नलिखित में से कौन-सा सत्य है? **(RBI Grade B 2012)**
(1) बाइनरी नम्बर में बाइट एक सिंगल डिजिट होती है
(2) बिट डिजिटल नम्बर्स के एक समूह को रिप्रेजेण्ट करता है
(3) आठ डिजिट के बाइनरी नम्बर को बाइट कहते हैं
(4) आठ डिजिट के बाइनरी नम्बर को बिट कहते हैं
(5) उपरोक्त में से कोई नहीं

**83.** ………… का प्रयोग कम्प्यूटर मैमोरी तथा फ्लॉपी डिस्क, सीडी-रोम ड्राइव तथा हार्ड ड्राइव की संग्रहण क्षमता को मापने के लिए किया जाता है। **(SBI PO 2015)**
(1) बाइट्स (2) बिट्स
(3) ऑक्टल नम्बर्स (4) हेक्साडेसीमल नम्बर्स
(5) बाइनरी नम्बर्स

**84.** निम्नलिखित में से कौन-सी वैद्य मैमोरी यूनिट नहीं है? **(IBPS RRB PO 2017)**
(1) ILB (2) KB (3) YB (4) PB
(5) बाइट

**85.** निम्नलिखित में से क्या 4 बिट्स के समूह का एक ओर अन्य नाम है? **(IBPS Clerk 2015, IBPS PO 2016)**
(1) Nibble (2) Byte
(3) Kilo Byte (4) Mega Byte
(5) Peta Byte

**86.** कितने बिट्स एक बाइट के बराबर होता है? **(IBPS PO 2016)**
(1) 8 (2) 24 (3) 16 (4) 32 (5) 4

**87.** कम्प्यूटर संक्षिप्ताकार KB का सामान्यत: अर्थ होता है **(IBPS PO 2011, IBPS Clerk 2011)**
(1) कुंजी ब्लॉक (2) कर्नेल बूट
(3) किलोबाइट (4) किट बिट
(5) इनमें से कोई नहीं

**88.** सबसे बड़े से सबसे छोटे के क्रम में निम्नलिखित में से कौन-सा लिस्टेड (listed) है? **(IBPS Clerk 2011)**
(1) TB, MB, GB, KB (2) GB, TB, MB, KB
(3) TB, GB, KB, MB (4) TB, GB, MB, KB
(5) GB, MB, TB, KB

**89.** कितने मेगाबाइट से एक गीगाबाइट बनता है? **(IBPS Clerk 2011)**
(1) 1024 (2) 128 (3) 256 (4) 512 (5) 64

**90.** एक ………… लगभग एक मिलियन बाइट्स का होता है। **(SBI PO 2014)**
(1) गीगाबाइट (2) किलोबाइट
(3) मेगाबाइट (4) टेराबाइट
(5) इनमें से कोई नहीं

**91.** ……… लगभग एक बिलियन मैमोरी लोकेशन रिप्रेजेण्ट करते हैं **(RBI Grade B 2014)**
(1) किलोमीटर (2) बिट
(3) गीगाबाइट (4) मेगाबाइट
(5) इनमें से कोई नहीं

**92.** निम्नलिखित में से स्टोरेज की सबसे बड़ी यूनिट कौन-सी है? **(IBPS Clerk 2011)**
(1) GB (2) KB
(3) MB (4) TB
(5) इनमें से कोई नहीं

# उत्तरमाला

| | | | | | | | | | |
|---|---|---|---|---|---|---|---|---|---|
| 1. (2) | 2. (4) | 3. (4) | 4. (4) | 5. (4) | 6. (3) | 7. (4) | 8. (2) | 9. (1) | 10. (4) |
| 11. (4) | 12. (5) | 13. (4) | 14. (2) | 15. (1) | 16. (4) | 17. (2) | 18. (4) | 19. (2) | 20. (1) |
| 21. (3) | 22. (2) | 23. (2) | 24. (2) | 25. (1) | 26. (2) | 27. (3) | 28. (2) | 29. (4) | 30. (3) |
| 31. (1) | 32. (2) | 33. (5) | 34. (2) | 35. (1) | 36. (1) | 37. (1) | 38. (1) | 39. (3) | 40. (1) |
| 41. (4) | 42. (2) | 43. (1) | 44. (3) | 45. (2) | 46. (3) | 47. (2) | 48. (3) | 49. (4) | 50. (4) |
| 51. (3) | 52. (4) | 53. (2) | 54. (1) | 55. (3) | 56. (3) | 57. (2) | 58. (3) | 59. (2) | 60. (3) |
| 61. (1) | 62. (5) | 63. (2) | 64. (4) | 65. (2) | 66. (1) | 67. (3) | 68. (2) | 69. (5) | 70. (1) |
| 71. (4) | 72. (2) | 73. (1) | 74. (3) | 75. (5) | 76. (4) | 77. (3) | 78. (4) | 79. (3) | 80. (3) |
| 81. (4) | 82. (3) | 83. (1) | 84. (1) | 85. (1) | 86. (1) | 87. (3) | 88. (4) | 89. (1) | 90. (3) |
| 91. (3) | 92. (4) | | | | | | | | |

अध्याय

05

# डाटा निरूपण

## DATA REPRESENTATION

कम्प्यूटर, डाटा के निरूपण के लिए बाइनरी भाषा (0 तथा 1) का प्रयोग करता है। उपयोगकर्ता कम्प्यूटर को जो भी डाटा या निर्देश इनपुट के रूप में देता है या कम्प्यूटर से जो भी आउटपुट प्राप्त करता है, वह अक्षर, संख्या, संकेत, ध्वनि या वीडियो के रूप में होता है। इन सभी डाटा या निर्देशों को पहले बाइनरी भाषा में परिवर्तित करना होता है।

## संख्या पद्धति

संख्या पद्धति या संख्या प्रणाली (Number System) के अन्तर्गत विभिन्न प्रकार की संख्याओं का समूह होता है, जिसका प्रयोग कम्प्यूटर में किसी डाटा/निर्देश को व्यक्त करने के लिए करते हैं। कम्प्यूटर को डाटा या निर्देश अलग-अलग संख्या पद्धति में दिया जाता है और कम्प्यूटर अलग-अलग संख्या पद्धति में डाटा को निरूपित करता है, किन्तु आन्तरिक रूप से किसी कार्य को करने के लिए कम्प्यूटर बाइनरी भाषा का ही प्रयोग करता है।

## संख्या पद्धति के प्रकार

*कम्प्यूटर सिस्टम द्वारा प्रयोग की जाने वाली संख्या पद्धतियाँ मुख्यत: चार प्रकार की होती हैं*

### बाइनरी या द्वि-आधारी संख्या पद्धति

गॉटफ्राइड विल्हेल्म लीबनिज ने बाइनरी सिस्टम विकसित किया था।

इस संख्या पद्धति में केवल दो अंक होते हैं—0 (शून्य) और 1 (एक), जिस कारण इसका आधार 2 होता है, इसलिए इसे द्वि-आधारी या बाइनरी संख्या पद्धति (Binary Number System) कहा जाता है। बाइनरी पद्धति का स्थानीय मान (Positional value) संख्या के दाईं से बाईं दिशा में आधार $(Base)_2$ की घात की वृद्धि के रूप में होता है।

ये संख्याएँ द्वि-आधार के घातों में क्रमश: $2^0, 2^1, 2^2, 2^3, 2^4, 2^5$ आदि के रूप में लिखी जा सकती हैं। इसी प्रकार दशमलव बिन्दु (Decimal point) के दाईं ओर के स्थानीय मान 2 की घातों के रूप में ही घटते जाते हैं; *जैसे*—$2^{-1}, 2^{-2}, 2^{-3}$,..... आदि।

### दशमलव या दशमिक संख्या पद्धति

- दैनिक जीवन में प्रयुक्त होने वाली संख्या पद्धति को दशमिक या दशमलव संख्या पद्धति कहा जाता है। इस संख्या पद्धति में 0 से 9 अर्थात् दस संकेत मान (Symbol value) होते हैं। जिस कारण इस संख्या पद्धति का आधार 10 होता है।
- दशमलव पद्धति का स्थानीय मान (Positional value) संख्या के दाईं से बाईं दिशा में आधार (Base) 10 की घात की वृद्धि के क्रम के रूप में होता है।

- इसी तरह दशमलव बिन्दु (Decimal point) के दाईं ओर के स्थानीय मान 10 की घातों के रूप में ही घटते जाते हैं; *जैसे*—$10^{-1}$, $10^{-2}$, $10^{-3}$, $10^{-4}$,..... आदि।

## ऑक्टल या अष्ट-आधारी संख्या पद्धति

- इस पद्धति में 0 से 7 आठ अंकों का प्रयोग किया जाता है, जिस कारण इसका आधार 8 होता है। इन अंकों के मुख्य मान दशमलव संख्या पद्धति की तरह ही होते हैं।
- ऑक्टल (Octal) संख्या पद्धति इसलिए सुविधाजनक है, क्योंकि इसमें किसी भी बाइनरी संख्या को छोटे रूप में लिख सकते हैं।

| ऑक्टल (Octal) | बाइनरी (Binary) | ऑक्टल (Octal) | बाइनरी (Binary) |
|---|---|---|---|
| 0 | 000 | 4 | 100 |
| 1 | 001 | 5 | 101 |
| 2 | 010 | 6 | 110 |
| 3 | 011 | 7 | 111 |

- आधार 8 होने के कारण ऑक्टल संख्या पद्धति में अंकों के स्थानीय मान दाईं ओर से बाईं ओर क्रमश: आठ गुना होते जाते हैं अर्थात् $8^0, 8^1, 8^2, 8^3$,..... आदि तथा दशमलव बिन्दु के दाईं ओर क्रमश: $8^{-1}, 8^{-2}, 8^{-3}$,..... आदि होते हैं।

## हेक्साडेसीमल या षट्दशमिक संख्या पद्धति

- इस संख्या पद्धति में कुल सोलह [16] (0, 1, 2, 3, 4, 5, 6, 7, 8, 9, A, B, C, D, E, F) अंक होते हैं।
- इसके मुख्य मान क्रमश: 0 से 15 तक होते हैं, इसलिए हम अंकों 10, 11, 12, 13, 14 और 15 के स्थान पर क्रमश: A, B, C, D, E तथा F अक्षर लिखते हैं। इस प्रकार इस पद्धति में दस अंक तथा छ: वर्णों का प्रयोग किया जाता है; *जैसे* — $16^0, 16^1, 16^2, 16^3$,..... आदि।
- दशमलव बिन्दु (Decimal point) के बाद इसके स्थानीय मान 16 की घातों के रूप में घटते जाते हैं; *जैसे*— $16^{-1}, 16^{-2}$,..... आदि।

*पहली 16 संख्याओं को दशमलव, बाइनरी तथा हेक्साडेसीमल में निम्न प्रकार लिखा जाता है*

| दशमलव | बाइनरी | हेक्साडेसीमल |
|---|---|---|
| 0 | 0000 | 0 |
| 1 | 0001 | 1 |
| 2 | 0010 | 2 |
| 3 | 0011 | 3 |
| 4 | 0100 | 4 |
| 5 | 0101 | 5 |
| 6 | 0110 | 6 |
| 7 | 0111 | 7 |
| 8 | 1000 | 8 |
| 9 | 1001 | 9 |
| 10 | 1010 | A |
| 11 | 1011 | B |
| 12 | 1100 | C |
| 13 | 1101 | D |
| 14 | 1110 | E |
| 15 | 1111 | F |

# संख्या पद्धतियों का आपस में परिवर्तन

*विभिन्न संख्या पद्धतियों को आपस में परिवर्तित करना निम्न प्रकार से बताया गया है*

## दशमलव का बाइनरी में परिवर्तन

*दशमलव को बाइनरी में बदलने के लिए निम्न स्टेप्स का प्रयोग करें*

**स्टेप 1** दशमलव को बाइनरी संख्या में परिवर्तित करने के लिए बाइनरी संख्या के आधार 2 से दशमलव संख्या को भाग देते हैं।

**स्टेप 2** इससे जो शेषफल प्राप्त होता है, उसे दाईं ओर लिख लेते हैं तथा जो भागफल आता है, उसे फिर से 2 से भाग देते हैं। तत्पश्चात् यही क्रिया दोहराते हैं।

**स्टेप 3** यह प्रक्रिया तब तक चलती रहती है, जब तक कि भागफल शून्य न हो जाए।

**स्टेप 4** प्राप्त शेषफलों को नीचे से ऊपर के क्रम में लिखा जाता है। यही शेषफल दी गई दशमलव संख्या के तुल्य बाइनरी संख्या है।

**जैसे-** $(43)_{10} \rightarrow (?)_2$

| | | शेषफल |
|---|---|---|
| 2 | 43 | 1 → LSB |
| 2 | 21 | 1 |
| 2 | 10 | 0 |
| 2 | 5 | 1 |
| 2 | 2 | 0 |
| 2 | 1 | 1 → MSB |
| | 0 | |

$(43)_{10} \rightarrow (101011)_2$

## बाइनरी का दशमलव में परिवर्तन

*बाइनरी का दशमलव में परिवर्तन करने के लिए निम्न स्टेप्स का प्रयोग करें*

**स्टेप 1** सभी बाइनरी संख्या को 2 की घात से गुणा करते हैं।

**स्टेप 2** पूर्णांक (Integral) के लिए घात धनात्मक तथा भिन्नांक (Fractional) के लिए घात ऋणात्मक होगी।

**स्टेप 3** सभी गुणक संख्याओं को जोड़ दें।

**जैसे**— $(1101.10)_2 \rightarrow (?)_{10}$

$$(1101.10)_2 = 1\times2^3 + 1\times2^2 + 0\times2^1 + 1\times2^0 + 1\times2^{-1} + 0\times2^{-2}$$

$$= 8+4+0+1+0.5+0 = 13.5$$

$$(1101.10)_2 \rightarrow (13.5)_{10}$$

## बाइनरी का ऑक्टल में परिवर्तन

*बाइनरी का ऑक्टल में परिवर्तन करने के लिए निम्न स्टेप्स का प्रयोग करें*

**स्टेप 1** दी गई बाइनरी संख्या के दाईं ओर से तीन-तीन बिटों के समूह बनाते हैं।

**स्टेप 2** आवश्यकता पड़ने पर सबसे बाईं ओर या दशमलव बिन्दु के दाईं ओर तीन बिट का समूह पूरा करने के लिए शून्य अंक बढ़ाए जा सकते हैं।

**स्टेप 3** तत्पश्चात् प्रत्येक समूह के अनुसार ऑक्टल अंक का मान रखते हैं।

**जैसे**—$(1110111001.1000011)_2 = (?)_8$

तीन बिटों का समूह पूरा करने के लिए (001 का पहला 0) तीन बिटों का समूह पूरा करने के लिए (100 के अंतिम 00)

| 001 | 110 | 111 | 001 | . | 100 | 001 | 100 |
|---|---|---|---|---|---|---|---|
| 1 | 6 | 7 | 1 | | 4 | 1 | 4 |

$$\therefore (1110111001.1000011)_2 = (1671.414)_8$$

## ऑक्टल का बाइनरी में परिवर्तन

ऑक्टल का बाइनरी में परिवर्तन अत्यधिक सरल है। इसमें केवल प्रत्येक ऑक्टल अंक के स्थान पर उसके बराबर तीन बिटों का बाइनरी समूह लिख देते हैं।

**जैसे**— $(325.614)_8 = (?)_2$

$$\therefore (325.614)_8 = (\underline{011}\,\underline{010}\,\underline{101}.\underline{110}\,\underline{001}\,\underline{100})_2$$

या $(325.614)_8 = (11010101.1100011)_2$

## बाइनरी का हेक्साडेसीमल में परिवर्तन

*बाइनरी का हेक्साडेसीमल में परिवर्तन करने के लिए निम्न स्टेप्स का प्रयोग करें*

**स्टेप 1** दी गई बाइनरी संख्या के दाईं ओर से चार-चार बिटों के समूह बनाते हैं।

**स्टेप 2** आवश्यकता पड़ने पर सबसे बाईं ओर या दशमलव बिन्दु के दाईं ओर शून्य अंक बढ़ाए जा सकते हैं।

**स्टेप 3** तत्पश्चात् प्रत्येक समूह के अनुसार हेक्साडेसीमल का मान रखते हैं।

**जैसे**—$(110011011101.10110011)_2 = (?)_{16}$

| 1100 | 1101 | 1101 | . | 1011 | 0011 |
|---|---|---|---|---|---|
| 12=C | 13=D | 13=D | | 11=B | 3 |

$$\therefore (110011011101.10110011)_2 = (CDD.B3)_{16}$$

## हेक्साडेसीमल का बाइनरी में परिवर्तन

हेक्साडेसीमल का बाइनरी में परिवर्तन अत्यधिक सरल है। इसमें केवल प्रत्येक हेक्साडेसीमल के स्थान पर उसके बराबर चार बिटों का बाइनरी समूह लिख देते हैं।

**जैसे**—$(D7A)_{16} = (?)_2$

$$(D7A)_{16} = (\underline{1101}\,\underline{0111}\,\underline{1010})_2$$

या $(D7A)_{16} = (110101111010)_2$

## दशमलव का ऑक्टल में परिवर्तन

- दशमलव संख्या में पूर्णांक (Integer) को ऑक्टल में बदलने की विधि ठीक उसी प्रकार होती है, जिस प्रकार दशमलव संख्या को बाइनरी में बदलने की होती है।
- अन्तर केवल यही होता है कि जहाँ दशमलव संख्या को बाइनरी में बदलने के लिए 2 से बार-बार भाग देते हैं, वहीं ऑक्टल में बदलने के लिए 8 से बार-बार भाग देते हैं।

*दशमलव (भिन्नांक) को ऑक्टल में बदलने के लिए निम्नलिखित स्टेप्स का प्रयोग करना चाहिए*

**स्टेप 1** दशमलव बिन्दु वाली दशमलव संख्या को ऑक्टल संख्या में बदलने के लिए हम दशमलव संख्या को ऑक्टल के आधार 8 से गुणा करते हैं।

**स्टेप 2** प्राप्त पूर्णांक (1 या 0) को दाईं ओर लिखते हैं तथा भिन्नांक को फिर से 8 से भाग देते हैं। तत्पश्चात् यही क्रिया दोहराते हैं।

**स्टेप 3** यही प्रक्रिया तब तक चलती है, जब तक या तो भिन्नांक 0 रह जाता है या इच्छित स्थानों तक बिट भर जाते हैं।

**स्टेप 4** ये पूर्णांक दशमलव बिन्दु के पश्चात् ऊपर से नीचे के क्रम में लिखे जाते हैं।

**जैसे**—$(423.03125)_{10} = (?)_8$

423 → पूर्णांक (Integer)

0.03125 → भिन्नांक (Fraction)

*पूर्णांक भाग $(423)_{10}$ का ऑक्टल में परिवर्तन*

| | | |
|---|---|---|
| $423 \div 8 = 52$ | शेष | 7 |
| $52 \div 8 = 6$ | शेष | 4 |
| $6 \div 8 = 0$ | शेष | 6 |

शेषों को नीचे से ऊपर के क्रम में लिखने पर = 647

$(423)_{10} = (647)_8$ ...(i)

तथा भिन्नांक भाग $(0.03125)_{10}$ का ऑक्टल में परिवर्तन

| | | |
|---|---|---|
| $0.03125 \times 8 = 0.250$ | पूर्णांक | 0 |
| $0.250 \times 8 = 2.00$ | पूर्णांक | 2 |

$\therefore (0.03125)_{10} = (0.02)_8$ ...(ii)

समी (i) व (ii) को जोड़ने पर

$(423.03125)_{10} = (647.02)_8$

## ऑक्टल का दशमलव में परिवर्तन

*ऑक्टल को दशमलव में परिवर्तन करने के लिए निम्न स्टेप्स का प्रयोग करें*

**स्टेप 1** ऑक्टल संख्या के प्रत्येक अंक को 8 की घात से गुणा करें।

**स्टेप 2** ये घातें पूर्णांक भाग के लिए धनात्मक तथा भिन्नांक भाग के लिए ऋणात्मक होंगी।

**स्टेप 3** सभी गुणक अंकों को जोड़ दें।

**जैसे**—$(327.4)_8 \rightarrow (?)_{10}$

$$(327.4)_8 = 3\times8^2 + 2\times8^1 + 7\times8^0 + 4\times8^{-1}$$
$$= 3\times64 + 2\times8 + 7\times1 + \frac{4}{8}$$
$$= 192 + 16 + 7 + 0.5$$
$$= 215.5$$

$(327.4)_8 \rightarrow (215.5)_{10}$

## दशमलव का हेक्साडेसीमल में परिवर्तन

दशमलव संख्या में पूर्णांक (Integer) को हेक्साडेसीमल में बदलने की विधि ठीक उसी प्रकार होती है, जिस प्रकार दशमलव संख्या को बाइनरी में बदलने की होती है। अन्तर केवल यही होता है कि इसमें 2 की जगह 16 से बार-बार भाग देते हैं।

*दशमलव (भिन्नांक) को हेक्साडेसीमल में बदलने के लिए निम्नलिखित स्टेप्स का प्रयोग करना चाहिए*

**स्टेप 1** दशमलव बिन्दु वाली दशमलव संख्या को हेक्साडेसीमल संख्या में बदलने के लिए हम दशमलव संख्या को हेक्साडेसीमल के आधार 16 से गुणा करते हैं।

**स्टेप 2** प्राप्त पूर्णांक (1 या 0) को दाईं ओर लिखते हैं और भिन्नांक को फिर से 16 से भाग देते हैं। तत्पश्चात् यही क्रिया दोहराते हैं।

**स्टेप 3** यही प्रक्रिया तब तक चलती है, जब तक या तो भिन्नांक 0 रह जाता है या इच्छित स्थानों तक बिट भरे जाते हैं।

**स्टेप 4** ये पूर्णांक दशमलव बिन्दु के पश्चात् ऊपर से नीचे के क्रम में लिखे जाते हैं।

**जैसे**—दशमलव संख्या $(2863.225)_{10}$ को हेक्साडेसीमल में बदलना

2863 → पूर्णांक (Integer)

0.225 → भिन्नांक (Fraction)

पूर्णांक भाग $(2863)_{10}$ का हेक्साडेसीमल में परिवर्तन

| | | |
|---|---|---|
| $2863 \div 16 = 178$ | शेष | 15 = F |
| $178 \div 16 = 11$ | शेष | 2 |
| $11 \div 16 = 0$ | शेष | 11 = B |

$\therefore$ $(2863)_{10} = (B2F)_{16}$ ... (i)

तथा भिन्नांक भाग $(0.225)_{10}$ का हेक्साडेसीमल में परिवर्तन

| | | |
|---|---|---|
| $0.225 \times 16 = 3.6$ | पूर्णांक | 3 |
| $0.6 \times 16 = 9.6$ | पूर्णांक | 9 |

$\therefore$ $(0.225)_{10} = (0.39)_{16}$ ... (ii)

समी (i) व (ii) को जोड़ने पर

$(2863.225)_{10} = (B2F.39)_{16}$

## हेक्साडेसीमल का दशमलव में परिवर्तन

*हेक्साडेसीमल का दशमलव में परिवर्तन करने के लिए निम्न स्टेप्स का प्रयोग करें*

**स्टेप 1** हेक्साडेसीमल के प्रत्येक अंक को 16 की घात से गुणा करें।

**स्टेप 2** ये घातें पूर्णांक भाग के लिए धनात्मक तथा भिन्नांक भाग के लिए ऋणात्मक होंगी।

**स्टेप 3** सभी गुणक अंकों को जोड़ें।

**जैसे**—$(BC9.8)_{16} \rightarrow (?)_{10}$

$$(BC9.8)_{16} = B\times16^2 + C\times16^1 + 9\times16^0 + 8\times16^{-1}$$
$$= 11\times256 + 12\times16 + 9\times1 + \frac{8}{16}$$
$$= 2816 + 192 + 9 + 0.5 = 3017.5$$
$$(BC9.8)_{16} \rightarrow (3017.5)_{10}$$

## कम्प्यूटर कोड्स

कम्प्यूटर प्रत्येक प्रकार के करैक्टर जैसे अल्फाबेट संख्या या कोई चिन्ह स्टोर कर सकता है। इन सभी करैक्टरों के निरूपण (Representation) के लिए बाइनरी संख्या पद्धति पर आधारित एक विशेष प्रकार के कोड की आवश्यकता होती है, जिसे कम्प्यूटर कोड कहा जाता है। कम्प्यूटर कोड्स विभिन्न प्रकार के होते हैं,

*जिनमें से कुछ निम्नलिखित हैं*

## बाइनरी कोडेड डेसीमल

- BCD (Binary Coded Decimal) कोड में प्रत्येक अंक को प्रस्तुत करने के लिए चार बिट्स के समूह का प्रयोग करते हैं।
- इसका प्रयोग 0 से 9 तक की संख्या को चार बिट्स की बाइनरी संख्या में निरूपित करने के लिए करते हैं।
- BCD सिस्टम IBM कॉर्पोरेशन द्वारा विकसित किया गया था। BCD सिस्टम में किसी संख्या के आकार की कोई सीमा नहीं होती है अर्थात् संख्या चाहे कितनी ही बड़ी क्यों न हो, प्रत्येक अंक को चार बिट्स के समूह में कम्प्यूटर में प्रदर्शित करते हैं।

## अमेरिकन स्टैण्डर्ड कोड फॉर इन्फॉर्मेशन इण्टरचेंज (ASCII)

- इस कोड का प्रयोग किसी प्रोग्राम द्वारा डाटा को स्टोर करने तथा उसका प्रयोग करने के लिए किया जाता है।

*ASCII कोड दो प्रकार के होते हैं*

(i) **ASCII-7** यह एक 7 बिट स्टैण्डर्ड कोड है, जिसमें कुल $2^7 = 128$ (0-127) करैक्टर को निरूपित किया जा सकता है।

(ii) **ASCII-8** यह एक 8 बिट स्टैण्डर्ड कोड है। इसमें $2^8 = 256$ (0-255) प्रकार के करैक्टर को निरूपित किया जा सकता है। यह ASCII-7 का परिवर्तित प्रारूप है।

## एक्सटैण्डेड बाइनरी कोडेड डेसीमल इण्टरचेंज कोड (EBCDIC)

- यह एल्फाबेट और न्यूमैरिक करैक्टर के लिए एक बाइनरी कोड है, जिसे IBM ने बड़े ऑपरेटिंग सिस्टम के लिए विकसित किया है।
- EBCDIC में, करैक्टर 8 बिट्स के समूह से निरूपित होते हैं। इसका प्रयोग किसी भी प्रकार के कम्प्यूटर में सूचनाओं को स्टोर करने के लिए किया जाता है। इसमें $2^8 = 256$ प्रकार के करैक्टर को निरूपित किया जा सकता है।

## लॉजिक गेट्स

यह एक इलेक्ट्रॉनिक सर्किट है, जो आउटपुट सिग्नल प्रोड्यूस (Produce) करने के लिए एक या अधिक इनपुट सिग्नलों पर ऑपरेट होता है। लॉजिक गेट ऐसे डिजिटल परिपथ होते हैं,

जो आउटपुट तथा इनपुट सिग्नलों के बीच किसी लॉजिकल सम्बन्ध पर आधारित होते हैं। एक लॉजिक गेट में दो या दो से अधिक इनपुट हो सकते हैं, परन्तु आउटपुट एक ही होता है। लॉजिक गेट इनपुट पर बेसिक लॉजिक ऑपरेशन; जैसे—AND, OR, NOT प्रदर्शित करता है।

### लॉजिक गेट के प्रकार

*लॉजिक गेट के निम्न प्रकार है*

1. **NOT गेट** यह गेट बूलियन ऑपरेशन 'NOT' को सम्पादित करता है। इसे 'इन्वर्टर' (Inverter) के नाम से भी जाना जाता है। NOT गेट केवल एक इनपुट स्वीकार करता है तथा आउटपुट, इनपुट दिए गए सिग्नल का पूरक (Complement) होता है।

   अर्थात् यदि इस गेट को 1 बाइनरी मान का इनपुट कराया गया है, तो हमें आउटपुट में 0 मान का सिग्नल प्राप्त होगा।

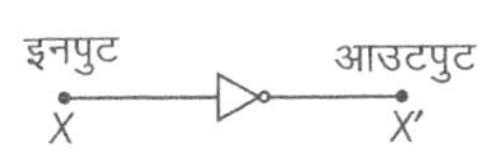


NOT गेट का चिन्ह

| इनपुट | आउटपुट |
|---|---|
| X | X' |
| 0 | 1 |
| 1 | 0 |

NOT गेट की ट्रुथ सारणी

2. **AND गेट** यह गेट बूलियन ऑपरेशन 'AND' (·) को सम्पादित करता है। यह एक से अधिक इनपुट ग्रहण करता है और उन सभी पर 'AND' ऑपरेशन करके मात्र एक आउटपुट मान देता है। इसका अर्थ बीजगणित के गुणा (Multiplication) से भी लगाया जा सकता है।

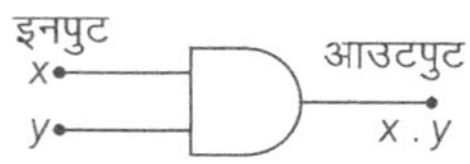


AND गेट का चिन्ह

X व Y दो इनपुट होने पर चार कॉम्बिनेशन बनते हैं, जो $2^n$ के बराबर हैं। यदि तीन इनपुट दें, तो आठ कॉम्बिनेशन बनते हैं। यहाँ पर $n$ इनपुट की संख्या है।

$$2^2 = 4, 2^3 = 8$$

| इनपुट | | आउटपुट |
|---|---|---|
| $x$ | $y$ | $x \cdot y$ |
| 0 | 0 | 0 |
| 0 | 1 | 0 |
| 1 | 0 | 0 |
| 1 | 1 | 1 |

**'AND' गेट की ट्रुथ सारणी**

3. **'OR' गेट** 'यह' गेट बूलियन ऑपरेशन 'OR' (+) को सम्पादित करता है। 'OR' गेट दो या अधिक इनपुट सिग्नलों को ग्रहण करता है और उन सभी पर OR ऑपरेशन करके एक आउटपुट मान प्रदान करता है।

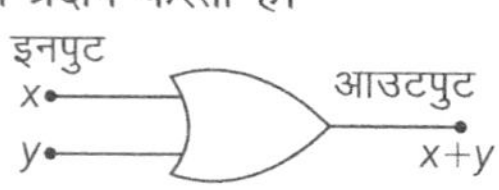


OR गेट का चिन्ह

एक 'OR' गेट के कितने भी इनपुट हो सकते हैं, किन्तु आउटपुट केवल एक ही होता है। 'OR' गेट से ऑपरेशन के पश्चात् प्राप्त होने वाले आउटपुट सिग्नल का मान '0' तभी होगा यदि गेट के प्रत्येक इनपुट का मान '0' हो। किसी एक भी इनपुट का मान '1' होने की स्थिति में आउटपुट सिग्नल का मान '1' होगा।

| इनपुट | | आउटपुट |
|---|---|---|
| $x$ | $y$ | $x + y$ |
| 0 | 0 | 0 |
| 0 | 1 | 1 |
| 1 | 0 | 1 |
| 1 | 1 | 1 |

**'OR' गेट की ट्रुथ सारणी**

4. **'NAND' गेट** 'यह' गेट 'NOT-AND' का संक्षिप्त रूप है। यदि हम एक 'AND' गेट से प्राप्त आउटपुट सिग्नल को 'NOT' गेट में इनपुट कराएँ, तो 'NOT' गेट से प्राप्त आउटपुट सिग्नल 'NAND' गेट से प्राप्त आउटपुट सिग्नल के मान के समान होगा। 'NAND' गेट 'AND' गेट का पूरक है।

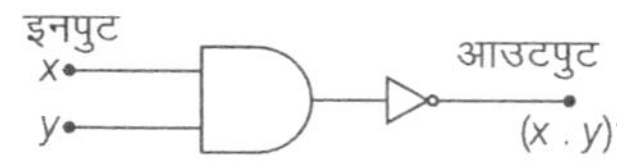


NAND गेट का चिन्ह

| इनपुट | | आउटपुट |
|---|---|---|
| $x$ | $y$ | $(x \cdot y)'$ |
| 0 | 0 | 1 |
| 0 | 1 | 1 |
| 1 | 0 | 1 |
| 1 | 1 | 0 |

**'NAND' गेट की ट्रुथ सारणी**

5. **NOR गेट** 'यह' गेट, 'OR' गेट का पूरक है। 'NOR', NOT-OR का संक्षिप्त रूप है। 'NOR' गेट के आउटपुट का मान एक 'OR' गेट के आउटपुट को एक 'NOT' गेट में इनपुट देने पर, 'NOT' गेट से प्राप्त आउटपुट के बराबर होता है।

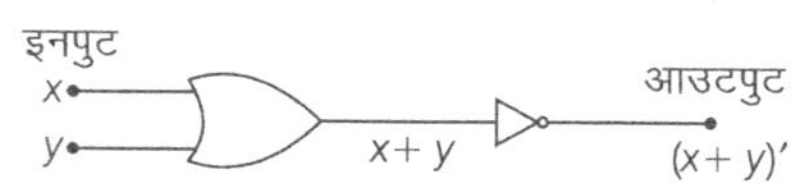


| इनपुट | | आउटपुट |
|---|---|---|
| $x$ | $y$ | $(x + y)'$ |
| 0 | 0 | 1 |
| 0 | 1 | 0 |
| 1 | 0 | 0 |
| 1 | 1 | 0 |

**'NOR' गेट की ट्रुथ सारणी**

6. **'XOR' गेट**

'XOR' गेट का पूरा नाम 'एक्सक्लूसिव OR' (Exclusive OR) गेट है। 'XOR' ⊕ सिम्बल को प्रदर्शित करता है। 'XOR' गेट के सभी इनपुट वैरिएबल का मान '0' या फिर '1' हो, तो ऐसी स्थिति में 'XOR' गेट का आउटपुट '0' होगा अन्यथा '1' होगा।

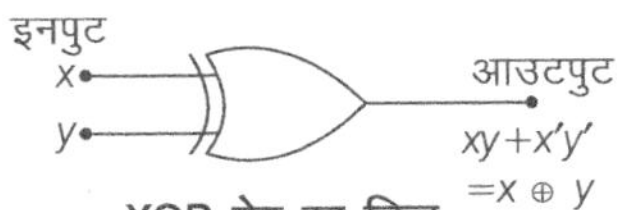


XOR गेट का चिन्ह

| इनपुट | | आउटपुट |
|---|---|---|
| $x$ | $y$ | $(x \oplus y)$ |
| 0 | 0 | 0 |
| 0 | 1 | 1 |
| 1 | 0 | 1 |
| 1 | 1 | 0 |

**'XOR' गेट की ट्रुथ सारणी**

### इन्हें भी जानें

- **UNICODE** में डाटा में किसी संकेत को प्रस्तुत करने के लिए 16 बिट्स का प्रयोग होता है। ये अंग्रेजी के अक्षरों के अतिरिक्त किसी भी प्रकार का वैज्ञानिक संकेत, अनेक प्रकार की भाषा; जैसे-Chinese, Japanese आदि को भी निरूपित करता है।
- **साइन बिट** (Sign bit) का प्रयोग किसी संख्या के धनात्मक या ऋणात्मक होने का संकेत है। यह बिट Most Significant Bit (MSB) बिट कहलाती है।
- NANO और NOR गेट्स यूनिवर्सल गेट्स होते हैं।
- बाइनरी संख्या के 1's कॉम्प्लीमेन्ट को संख्या के बाइनरी प्रतिनिधित्व में सभी बिट्स को परिवर्तित करके प्राप्त वैल्यू के रूप में परिभाषित किया जाता है।
  **उदाहरण** 110100 का 1's कॉम्प्लीमेन्ट = 001011

# प्रश्न बैंक

**1.** कम्प्यूटर की सूचना डिजिटल होती है, जिसका अर्थ है कि यह ·········· से मिलकर बनी होती है।
(1) डिजिटों (2) एनालॉग यूनिटों
(3) इनपुट (4) बाइटों

**2.** अक्षरों और चिन्हों को बाइटों में स्टोर करने की विधि को क्या कहते हैं?
(1) नम्बर सिस्टम (2) अल्फा सिस्टम
(3) बाइट सिस्टम (4) कोडिंग सिस्टम

**3.** कम्प्यूटर में सूचना को स्टोर करने के लिए कौन-सा प्रारूप सबसे अच्छा है?
(1) Binary (2) Decimal
(3) Hexadecimal (4) Octal

**4.** कम्प्यूटर डाटा स्टोर और गणनाएँ करने के लिए ·········· नम्बर सिस्टम का प्रयोग करते हैं। **(SBI PO 2009, IBPS PO 2011, 12)**
(1) दशमलव (2) हेक्साडेसीमल
(3) ऑक्टल (4) बाइनरी
(5) इनमें से कोई नही

**5.** बाइनरी पद्धति के दो अंक कौन-कौन-से होते हैं? **(IBPS Clerk 2011)**
(1) 1 और 9 (2) 1 और 0
(3) 1 और 4 (4) 1 और 2
(5) 1 और 3

**6.** निम्न में से कौन-सा बाइनरी नम्बर का उदाहरण है?
(1) 6AH1 (2) 100101
(3) 005 (4) ABCD

**7.** बाइनरी सिस्टम ·········· की घात का प्रयोग करता है। **(IBPS Clerk 2011)**
(1) 10 (2) 4 (3) 256 (4) 8
(5) 2

**8.** निम्नलिखित में से कौन-सी बाइनरी संख्या नहीं है? **(IBPS Clerk 2011)**
(1) 001 (2) 101 (3) 202 (4) 110
(5) 011

**9.** निम्न में से कौन-सा विकल्प कम्प्यूटर के साथ संलग्नित नहीं है? **(IBPS Clerk 2015)**
(1) बिट (2) बाइनरी
(3) पेन्सिल (4) माउस
(5) स्क्रीन

**10.** आधुनिक कम्प्यूटरों में निम्न में से कौन-से नम्बर सिस्टम के आधार पर करैक्टरों तथा नम्बरों को आन्तरिक रूप से निरूपित करते हैं? **(IBPS Clerk 2015)**
(1) पेण्टा (2) ऑक्टल (3) बाइनरी (4) हेक्सा
(5) हेप्टा

**11.** बाइनरी भाषा में, वर्णमाला के प्रत्येक अक्षर, प्रत्येक संख्या और प्रत्येक विशेष करैक्टर एक यूनिक कॉम्बिनेशन से मिलकर बना होता है
(1) 8 बाइट्स (2) 8 KB
(3) 8 करैक्टर (4) 8 बिट्स

**12.** किस नम्बर सिस्टम का आधार 8 होता है?
(1) बाइनरी (2) दशमलव
(3) ऑक्टल (4) हेक्साडेसीमल

**13.** अंकीय परिपथों द्वारा किस प्रकार की सूचना पद्धतियों को मान्यता दी जाएगी?
(1) हेक्साडेसीमल सिस्टम (2) बाइनरी सिस्टम
(3) '1' और '2' दोनों (4) केवल रोमन सिस्टम

**14.** हेक्साडेसीमल नम्बर में ...... आधारीय अंक होते हैं।
(1) 20 (2) 8 (3) 4 (4) 2 (5) 16

**15.** एक हेक्सा डिजिट को निरूपित किया जा सकता है **(IBPS Clerk 2012)**
(1) तीन बाइनरी (लगातार) बिट्स
(2) चार बाइनरी (लगातार) बिट्स
(3) आठ बाइनरी (लगातार) बिट्स
(4) सोलह बाइनरी (लगातार) बिट्स
(5) उपरोक्त में से कोई नहीं

**16.** दशमलव संख्या 98 के बाइनरी तुल्य है **(IBPS Clerk 2012)**
(1) 1110001 (2) 1110100
(3) 1100010 (4) 1111001
(5) इनमें से कोई नहीं

**17.** $(1111)_2$ का दशमलव तुल्य है **(SBI PO 2012)**
(1) 11 (2) 10 (3) 1 (4) 15 (5) 13

**18.** बाइनरी नम्बर 101 की वैल्यू क्या है? **(SBI PO 2012)**
(1) 3 (2) 5 (3) 6 (4) 101 (5) 8

**19.** बाइट 0 से ......... तक किसी भी संख्या को निरूपित कर सकता है।
(1) 2 (2) 255 (3) 256 (4) 1024
(5) 1025

**20.** बाइनरी संख्या $(101101.011)_2$ के समतुल्य ऑक्टल संख्या है
(1) $(35.3)_8$ (2) $(55.3)_8$ (3) $(155.3)_8$ (4) $(555.3)_8$

**21.** बाइनरी संख्या $(101001100)_2$ का ऑक्टल समतुल्य क्या होगा?
(1) $(515)_8$ (2) $(514)_8$ (3) $(504)_8$ (4) $(415)_8$

**22.** $(4A2.8D)_{16}$ का निम्न में से कौन-सा सही बाइनरी फॉर्म है? **(IBPS PO Mains 2017)**
(1) $010010100010.10001101_2$
(2) $010110100010.11101101_2$
(3) $010010111110.10001101_2$
(4) $010010100101.10011101_2$
(5) इनमें से कोई नहीं

**23.** MSB का पूर्ण रूप क्या है?
(1) Most Significant Bit
(2) Many Significant Bit
(3) Multiple Significant Bit
(4) Most Significant Bit

**24.** $(FA10)_{16}$ का बाइनरी समतुल्य है
(1) $(1111101010)_2$
(2) $(1111101000010)_2$
(3) $(110101010)_2$
(4) $(1111101000010000)_2$

**25.** निम्न में से दशमलव संख्या $(896)_{10}$ के समतुल्य ऑक्टल संख्या है
(1) 0061 (2) 6001 (3) 1006 (4) 1600

**26.** $(327.4)_8$ के समतुल्य दशमलव संख्या है
(1) $(425.8)_{10}$ (2) $(215.5)_{10}$
(3) $(415.5)_{10}$ (4) $(155.5)_{10}$
(5) इनमें से कोई नहीं

**27.** $(AB05)_{16}$ के समतुल्य दशमलव संख्या कौन-सी है?
(1) 32004 (2) 32005
(3) 32009 (4) 30456
(5) इनमें से कोई नहीं

**28.** कम्प्यूटर और इलेक्ट्रॉनिक सिस्टम के क्षेत्र में संक्षिप्त शब्द बीसीडी का अर्थ है
(1) बाइनरी कोडेड डेसीमल (2) बिट कोडेड डिजिट
(3) बाइट कोडेड डिजिट (4) बिट कोडेड डेसीमल

**29.** ASCII का पूर्ण रूप है **(IBPS Clerk 2011)**
(1) American Special Computer for Information Interaction
(2) American Standard Computer for Information Interchange
(3) American Special Code for Information Interchange
(4) American Special Computer for Information Interchange
(5) American Standard Code for Information Interchange

**30.** ASCII-8 में ...... करैक्टर निर्मित किए जा सकते हैं।
(1) 255 (2) 1024
(3) 256 (4) 128

**31.** EBCDIC में कुल कितने प्रकार के करैक्टरों को निरूपित किया जा सकता है? **(IBPS RRB PO Mains 2018)**
(1) 8 (2) 14 (3) 256 (4) 255
(5) 1024

**32.** सबसे अधिक प्रयोग में आने वाला कोड कौन-सा है, जो प्रत्येक करैक्टर को विशिष्ट 8-bit कोड के रूप में निरूपित करता है? **(IBPS Clerk 2011)**
(1) ASCII (2) UNICODE
(3) BCD (4) EBCDIC
(5) इनमें से कोई नहीं

**33.** ASCII और EBCDIC प्रचलित करैक्टर कोडिंग सिस्टम हैं। EBCDIC का शब्द संक्षेप क्या है?
(1) एक्सटैण्डेड बाइनरी कोडेड डेसीमल इण्टरचेंज कोड
(2) एक्सटैण्डेड बिट कोड डेसीमल इण्टरचेंज कोड
(3) एक्सटैण्डेट बिट केस डेसीमल इण्टरचेंज कोड
(4) एक्सटैण्डेड बाइनरी केस डेसीमल इण्टरचेंज कोड

**34.** नॉट गेट किसके द्वारा क्रियान्वित किया जा सकता है? **(SSC 2015)**
(1) एकल डायोड (2) दो डायोड
(3) एकल विद्युत रोधक (4) एकल ट्रांजिस्टर

**35.** निम्न डायग्राम कौन-सा गेट दर्शाता है? **(IBPS PO Mains 2017)**

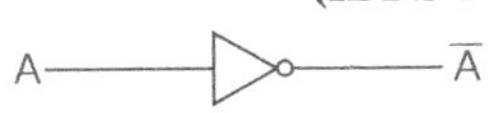


(1) NOR गेट (2) NOT गेट
(3) OR गेट (4) NAND गेट
(5) इनमें से कोई नहीं

**36.** तीन इनपुट A, B तथा C के साथ AND गेट का आउटपुट कब High होगा?
(1) A =1, B =1, C = 0 (2) A = 0, B = 0, C = 0
(3) A =1, B =1, C =1 (4) A = 1, B = 0, C =1

**37.** NAND गेट के दो इनपुट का आउटपुट 0 है, तब इनपुट क्या होगा?
(1) A = 0 (2) B = 0
(3) A = 0, B = 0 (4) A = 1, B = 1

**38.** एक AND गेट प्राप्त करने के लिए कितने NAND गेटों की आवश्यकता होगी?
(1) 1 (2) 2 (3) 3 (4) 4 (5) 5

**39.** NAND गेट के इनपुट में कितने मान होंगे?
(1) 3 (2) 6 (3) 8 (4) 4 (5) 2

**40.** NOR गेट किस प्रकार का ऑपरेशन करता है?
(1) $\bar{x} + \bar{y}$ (2) $\bar{x} . \bar{y}$
(3) $(\bar{x} + \bar{y})(\bar{x} + y)$ (4) $\overline{x + y}$

**41.** XOR गेट को किस सिम्बल से प्रदर्शित किया जाता है?
(1) × (2) ⊗
(3) + (4) इनमें से कोई नहीं

**42.** निम्नलिखित में से कौन-सा करैक्टर सेट जापानी और चाइनीज फॉण्ट को सपोर्ट करता है? **(IBPS Clerk 2017)**
(1) EBCDIC (2) ASCII
(3) BC (4) ECBI
(5) UNICODE

**43.** Unicode क्या है? **(IBPS PO 2016)**
(1) स्टैण्डर्ड फॉण्ट (2) सॉफ्टवेयर
(3) करैक्टर एनकोडिंग सिस्टम
(4) कीबोर्ड लेआउट (5) उपरोक्त में से कोई नहीं

**44.** निम्न में से कौन-से गेट Universal गेट की तरह नामांकित होते हैं?
(1) NOR, NAND (2) XOR, NOR, NAND
(3) OR, NOT, AND (4) NOR, NAND, XNOR

**45.** यदि Δ '1' का प्रतिनिधित्व करता है तथा O '0' का प्रतिनिधित्व करता है। OΔΔOOΔ का 1'S कॉम्प्लीमेन्ट क्या होगा? **(IBPS PO Mains 2017)**
(1) 01001 (2) 100110 (3) 101010 (4) 000000
(5) 111111

# उत्तरमाला

| | | | | | | | | | |
|---|---|---|---|---|---|---|---|---|---|
| 1. *(1)* | 2. *(1)* | 3. *(1)* | 4. *(4)* | 5. *(2)* | 6. *(2)* | 7. *(5)* | 8. *(3)* | 9. *(3)* | 10. *(3)* |
| 11. *(4)* | 12. *(3)* | 13. *(3)* | 14. *(5)* | 15. *(2)* | 16. *(5)* | 17. *(4)* | 18. *(2)* | 19. *(2)* | 20. *(2)* |
| 21. *(2)* | 22. *(1)* | 23. *(1)* | 24. *(4)* | 25. *(4)* | 26. *(2)* | 27. *(5)* | 28. *(1)* | 29. *(5)* | 30. *(3)* |
| 31. *(3)* | 32. *(4)* | 33. *(1)* | 34. *(4)* | 35. *(2)* | 36. *(3)* | 37. *(4)* | 38. *(4)* | 39. *(5)* | 40. *(4)* |
| 41. *(3)* | 42. *(5)* | 43. *(3)* | 44. *(1)* | 45. *(2)* | | | | | |

अध्याय 06

# कम्प्यूटर सॉफ्टवेयर

## COMPUTER SOFTWARE

सॉफ्टवेयर (Software), प्रोग्रामिंग भाषा में लिखे गए कम्प्यूटर प्रोग्रामों और सम्बन्धित डाटा का एक संग्रह है, जो कम्प्यूटर को यह बताने के लिए निर्देश प्रदान करता है कि क्या और कैसे करना है। सॉफ्टवेयर कम्प्यूटर के विभिन्न हार्डवेयरों के बीच समन्वय स्थापित करता है, जिससे किसी विशेष कार्य को पूरा किया जा सके। इसका प्राथमिक उद्देश्य डाटा को सूचना में परिवर्तित करना है। सॉफ्टवेयर के निर्देशों के अनुसार ही हार्डवेयर कार्य करता है। इसे **प्रोग्रामों का समूह** भी कहते हैं।

## सॉफ्टवेयर के प्रकार

*सॉफ्टवेयर को उसके कार्यों तथा संरचना के आधार पर दो प्रमुख भागों में विभाजित किया गया है*

1. सिस्टम सॉफ्टवेयर 2. एप्लीकेशन सॉफ्टवेयर

**सॉफ्टवेयर**
प्रोग्रामों का वह समूह, जो कम्प्यूटर की कार्यप्रणाली को नियन्त्रित करता है।

- **सिस्टम सॉफ्टवेयर**
  कम्प्यूटर के आन्तरिक कार्यों को नियन्त्रित करता है।
  - **सिस्टम मैनेजमेण्ट प्रोग्राम**
    - ऑपरेटिंग सिस्टम
    - डिवाइस ड्राइवर्स
  - **सिस्टम यूटिलिटीज**
    - डिस्क कम्प्रेशन
    - डिस्क फ्रेग्मेण्टर
    - बैकअप यूटिलिटीज
    - डिस्क क्लीनर्स
    - एण्टीवायरस
    - टेक्स्ट एडिटर
- **एप्लीकेशन सॉफ्टवेयर**
  किसी विशेष कार्य को पूरा करने के लिए लिखे/बनाए जाते हैं।
  - **सामान्य उद्देशीय सॉफ्टवेयर**
    - वर्ड प्रोसेसर
    - प्रेजेण्टेशन
    - स्प्रेडशीट
    - इमेज एडिटर
  - **विशिष्ट उद्देशीय सॉफ्टवेयर**
    - रिजर्वेशन सिस्टम
    - अटेन्डेन्स सिस्टम
    - बिलिंग सिस्टम
    - रिपोर्ट कार्ड जनरेटर इत्यादि

## सिस्टम सॉफ्टवेयर

जो प्रोग्राम कम्प्यूटर को चलाने, उसको नियन्त्रित करने, उसके विभिन्न भागों की देखभाल करने तथा उसकी सभी क्षमताओं का अच्छे से उपयोग करने के लिए लिखे जाते हैं, उनको सम्मिलित रूप से 'सिस्टम सॉफ्टवेयर' (System software) कहा जाता है। यह कम्प्यूटर तथा उपयोगकर्ता के बीच मध्यस्थ का कार्य करता है। सामान्यत: सिस्टम सॉफ्टवेयर्स कम्प्यूटर के निर्माता द्वारा ही उपलब्ध कराए जाते हैं।

कम्प्यूटर से हमारा सम्पर्क या संवाद सिस्टम सॉफ्टवेयर के माध्यम से ही हो पाता है। वास्तव में, सिस्टम सॉफ्टवेयर के बिना कम्प्यूटर से सीधा सम्पर्क सम्भव नहीं है, इसलिए सिस्टम सॉफ्टवेयर उपयोगकर्ता की सुविधा के लिए ही बनाया जाता है। सिस्टम सॉफ्टवेयर में वे प्रोग्राम्स शामिल होते हैं, जो कम्प्यूटर सिस्टम को नियन्त्रित (Control) करते हैं और उसके विभिन्न भागों के बीच उचित ताल-मेल बनाकर कार्य कराते हैं।

*कार्यों के आधार पर सिस्टम सॉफ्टवेयर को दो भागों में बाँटा गया है—सिस्टम मैनेजमेण्ट प्रोग्राम और सिस्टम यूटिलिटीज*

### सिस्टम मैनेजमेण्ट प्रोग्राम

ये वे प्रोग्राम होते हैं, जो सिस्टम का प्रबन्धन (Management) करने के लिए प्रयोग किए जाते हैं। इन प्रोग्राम्स का प्रमुख कार्य इनपुट, आउटपुट तथा मैमोरी युक्तियों (Devices) और प्रोसेसर के विभिन्न कार्यों का प्रबन्धन करना है। ऑपरेटिंग सिस्टम, डिवाइस ड्राइवर्स इसके प्रमुख उदाहरण हैं

(1) **ऑपरेटिंग सिस्टम** (Operating System) यह कुछ विशेष प्रोग्रामों का ऐसा व्यवस्थित समूह है, जो किसी कम्प्यूटर के सम्पूर्ण क्रियाकलापों को नियन्त्रित रखता है। यह कम्प्यूटर के साधनों के उपयोग पर नजर रखने और उन्हें व्यवस्थित करने में हमारी सहायता करता है। वास्तव में, यह प्रोग्रामों को कार्य करने के लिए एक आधार उपलब्ध कराता है, *जैसे*—एम एस-डॉस, विण्डोज XP/2000/98, यूनिक्स, लाइनक्स इत्यादि ऑपरेटिंग सिस्टम के कुछ उदाहरण हैं।

*ऑपरेटिंग सिस्टम के निम्नलिखित कार्य इस प्रकार हैं*

(i) कम्प्यूटर तथा उसके उपयोगकर्ता के बीच संवाद (Communication) स्थापित करना।

(ii) कम्प्यूटर के सभी उपकरणों को नियन्त्रण में रखना तथा उनसे कार्य कराना।

(iii) उपयोगकर्ता द्वारा दिए गए प्रोग्रामों का एक्जीक्यूशन कराना।

(iv) सभी प्रोग्रामों के लिए आवश्यक साधन (मैमोरी, सीपीयू, प्रिण्टर आदि) उपलब्ध कराना।

**बायोस**

बायोस, बेसिक इनपुट-आउटपुट सिस्टम (Basic Input-Output System-BIOS) का संक्षिप्त रूप है। यह आईबीएम कम्प्यूटर को दिए जाने वाले निर्देशों का एक समूह होता है। ये निर्देश कम्प्यूटर में एक चिप में संरक्षित (Store) रहते हैं। बायोस का सबसे महत्त्वपूर्ण कार्य कम्प्यूटर को ऑन करते समय स्वपरीक्षण (Self test) निर्देश देना होता है।

(2) **डिवाइस ड्राइवर्स** (Device Drivers) ये एक विशेष प्रकार का सॉफ्टवेयर होता है, जो किसी युक्ति (Device) के प्रचालन (Operation) को समझाता है। ये सॉफ्टवेयर किसी युक्ति तथा उपयोगकर्ता के मध्य इण्टरफेस का कार्य करते हैं। किसी भी डिवाइस को सुचारू रूप से चलाने के लिए चाहे वो प्रिण्टर, माउस, मॉनीटर या कीबोर्ड ही हो, उसके साथ एक ड्राइवर प्रोग्राम जुड़ा होता है। यह ऑपरेटिंग सिस्टम के निर्देशों को कम्प्यूटर के विभिन्न भागों के लिए उनकी भाषा में परिवर्तित करता है।

### सिस्टम यूटिलिटीज

ये प्रोग्राम कम्प्यूटर के रख-रखाव से सम्बन्धित कार्य करते हैं। ये प्रोग्राम्स कम्प्यूटर के कार्यों को सरल बनाने, उसे अशुद्धियों से दूर रखने तथा सिस्टम के विभिन्न सुरक्षा कार्यों के लिए बनाए जाते हैं। ये पैकेज होते हैं, जो सॉफ्टवेयर को इन्स्टॉल करते समय कम्प्यूटर में लोड हो जाते हैं।

यूटिलिटी प्रोग्राम कई ऐसे कार्य करते हैं, जो कम्प्यूटर का उपयोग करते समय हमें कराने पड़ते हैं, *जैसे* कोई यूटिलिटी प्रोग्राम हमारी फाइलों का बैकअप किसी बाहरी स्टोरेज डिवाइस पर ले जाने का कार्य कर सकता है। ये सिस्टम सॉफ्टवेयर के अनिवार्य भाग नहीं होते, परन्तु सामान्यत: उसके साथ जुड़े होते हैं और कम्प्यूटर के निर्माता द्वारा ही उपलब्ध कराए जाते हैं।

*कुछ यूटिलिटी सॉफ्टवेयर निम्न हैं*

(1) **डिस्क कम्प्रेशन** (Disk Compression) ये हार्ड डिस्क पर उपस्थित सूचना के स्टोरेज को बढ़ाने के लिए उसे संकुचित (Compressed) कर देता है, जिससे हार्ड डिस्क पर अधिक-से-अधिक सूचना स्टोर की जा सके। यह यूटिलिटी स्वयं अपना कार्य करती रहती है तथा जरूरी नहीं कि उपयोगकर्ता को इसकी उपस्थिति की जानकारी हो, *जैसे*—डिस्क डबलर, सुपरस्टार प्रो, डबलडिस्क गोल्ड आदि।

(2) **डिस्क फ्रेगमेण्टर** (Disk Fragmenter) यह कम्प्यूटर की हार्ड डिस्क पर विभिन्न जगहों पर रखी हुई फाइलों को खोजकर उन्हें एक स्थान पर स्टोर करता है; *जैसे*—माईडिफ्रेग, डिस्कीपर, डिफ्रेगलर आदि।

(3) **बैकअप यूटिलिटीज** (Backup Utilities) यह कम्प्यूटर की डिस्क पर उपस्थित सभी सूचना की एक कॉपी रखता है तथा जरूरत पड़ने पर कुछ जरूरी फाइलें या पूरी हार्ड डिस्क के कण्टेण्ट को वापस रिस्टोर (Restore) कर देता है।

(4) **डिस्क क्लीनर्स** (Disk Cleaners) ये उन फाइलों को ढूँढ़कर डिलीट (Delete) करता है, जिनका बहुत समय से उपयोग नहीं हुआ है। इस प्रकार ये कम्प्यूटर की गति को भी तेज करता है; *जैसे*—ब्लीच बीट क्लीनर आदि।

(5) **एण्टीवायरस** (Antivirus) ये ऐसे यूटिलिटी प्रोग्राम्स हैं, जिनका प्रयोग कम्प्यूटर के वायरस ढूँढने और उन्हें डिलीट करने में होता है; *जैसे*—अवीरा, केस्परस्काई, एवीजी, मैकफी आदि।

(6) **टेक्स्ट एडिटर** (Text Editor) यह एक ऐसा प्रोग्राम होता है जो टेक्स्ट फाइलों को क्रिएट और उनके सुधार (Correction) की सुविधा देता है। इसका प्रयोग केवल टेक्स्ट टाइप करने में या किसी प्रोग्राम के लिए डाटा तैयार करने में किया जाता है; *जैसे*—एम एस-वर्ड, वर्ड पैड, नोटपैड, जिसमें नोटपैड सबसे प्रसिद्ध टेक्स्ट एडिटर है।

### लिंकर

जब वास्तविक भाषा में लिखे प्रोग्रामों को मशीनी भाषा में अनुवादित (Translate) किया जाता है, तो इस प्रकार प्राप्त होने वाले आउटपुट को ऑब्जेक्ट प्रोग्राम (Object program) या ऑब्जेक्ट फाइल (Object file) कहा जाता है। जिसके बाद लिंकर (Linker) नामक प्रोग्राम सभी ऑब्जेक्ट फाइल को मिलाकर एक वास्तविक एक्जिक्यूटेबल फाइल (Executable file) बना देता है।

### लोडर

यह एक प्रकार का सिस्टम सॉफ्टवेयर है, जो किसी एक्जिक्यूटेबल प्रोग्राम को मेन मैमोरी में लोड करने का कार्य करता है। यह निर्देशों की एक शृंखला होती है, जो प्रोग्राम को हार्ड डिस्क या फ्लॉपी से मैमोरी में भेजती है। ये ऑपरेटिंग सिस्टम का वह हिस्सा है, जो डिस्क में रखी एक्जिक्यूटेबल फाइल को मेन मैमोरी पर लोड करता है और इसका क्रियान्वयन शुरू करता है।

## एप्लीकेशन सॉफ्टवेयर

ये उन प्रोग्रामों को कहा जाता है, जो हमारा वास्तविक कार्य कराने के लिए लिखे जाते हैं।

एप्लीकेशन सॉफ्टवेयर (Application software) का कार्य प्रत्येक कम्पनी या उपयोगकर्ता के लिए अलग-अलग प्रकार के होते हैं, इसलिए हमारी आवश्यकता के अनुसार प्रोग्राम हमारे द्वारा नियुक्त प्रोग्रामर द्वारा लिखे जाते हैं। जैसे—कार्यालय के कर्मचारियों के वेतन की गणना करना, सभी लेन-देन तथा खातों का हिसाब-किताब रखना, पत्र-डॉक्यूमेण्ट तैयार करना इत्यादि।

अत: आजकल ऐसे प्रोग्राम सामान्य तौर पर सबके लिए एक जैसे लिखे हुए भी आते हैं, जिन्हें रेडीमेड सॉफ्टवेयर (Readymade software) या पैकेज (Package) कहा जाता है।

*सामान्यत: एप्लीकेशन सॉफ्टवेयर दो प्रकार के होते हैं*

## सामान्य उद्देशीय सॉफ्टवेयर

प्रोग्रामों का वह समूह, जिन्हें उपयोगकर्ता अपनी आवश्यकतानुसार अपने सामान्य उद्देश्यों की पूर्ति के लिए उपयोग में लाते हैं, सामान्य उद्देश्य के सॉफ्टवेयर कहलाते हैं, *जैसे* ग्राफिक्स सॉफ्टवेयर। जिसके प्रयोग द्वारा उपयोगकर्ता निर्मित डाटा का चित्रपूर्ण ग्राफिक्स प्रस्तुतिकरण करता है। ये सॉफ्टवेयर विशेष कार्यों से सम्बन्धित होते हैं, परन्तु इनका उद्देश्य केवल सामान्य कार्य करने के लिए होता है। जिसके कारण ये सॉफ्टवेयर लगभग प्रत्येक क्षेत्र, प्रत्येक संस्था तथा कार्यालय में दैनिक रूप से उपयोग में लाए जाते हैं।

*कुछ सामान्य उद्देश्य के सॉफ्टवेयर निम्न हैं*

(1) **वर्ड प्रोसेसिंग सॉफ्टवेयर** (Word Processing Software) वर्ड प्रोसेसर एक विशेष प्रकार का सॉफ्टवेयर है, जिसकी सहायता से टेक्स्ट या डॉक्यूमेण्ट को क्रिकेट किया जाता है। यह सॉफ्टवेयर डॉक्यूमेण्ट प्रीप्रेशन सिस्टम के नाम से भी जाना जाता है। यह सॉफ्टवेयर प्रिण्ट होने वाले मैटीरियल की कंपोजीशन, एडिटिंग, फॉर्मेटिंग और प्रिण्टिंग आदि के लिए भी उपयोग किया जाता है। इस सॉफ्टवेयर में बनाए गए डॉक्यूमेण्ट्स को भविष्य में उपयोग करने के लिए सेव (Save) कर दिया जाता है तथा भविष्य में भी इन डॉक्यूमेण्ट्स में बदलाव किया जा सकता है।

*जैसे*—माइक्रोसॉफ्ट वर्ड, वर्डपरफेक्ट (केवल Windows के लिए), एप्पलवर्क्स (केवल Apple के लिए), OpenOffice.org Writer आदि।

(2) **इलेक्ट्रॉनिक स्प्रेडशीट्स** (Electronic Spreadsheets) इस सॉफ्टवेयर के द्वारा उपयोगकर्ता अपने डाटा को 'रॉ' तथा 'कॉलम' (Row and Column) के रूप में व्यवस्थित कर सकते हैं।

ये रॉज़ और कॉलम्स सामूहिक रूप से स्प्रेडशीट कहलाते हैं। इन सॉफ्टवेयरों में अधिकतर स्प्रेडशीट बनाने, उन्हें सेव, एडिट और फॉर्मेट करने के फीचर होते हैं, *जैसे*—माइक्रोसॉफ्ट एक्सेल, कोरल क्वाटरो प्रो, लोटस 1-2-3, OpenOffice.org Calc आदि।

(3) **प्रेजेण्टेशन सॉफ्टवेयर** (Presentation Software) प्रेजेण्टेशन का अर्थ है-अपने विचार, सन्देश तथा अन्य सूचना को एक ऐसे सरल रूप में किसी ग्रुप के सामने प्रस्तुत करना, जिससे उस ग्रुप को वह सूचना आसानी से समझ आ सके। प्रेजेण्टेशन सॉफ्टवेयर सूचना को स्लाइड के रूप में प्रदर्शित करता है। *जैसे*—माइक्रोसॉफ्ट पावरप्वॉइण्ट, कोरल प्रेजेण्टेशनस इत्यादि।

(4) **डाटाबेस मैनेजमेण्ट सिस्टम** (Database Management System) ऑर्गेनाइज्ड डाटा का ऐसा संग्रह (Collection), जिसमें जरूरत पड़ने पर डाटा को एक्सेस (Access), रिट्रीव (Retrieve) तथा फॉर्मेट (Format) किया जा सके, डाटाबेस मैनेजमेण्ट सिस्टम (DBMS) कहलाता है। इस सॉफ्टवेयर का कार्य डाटाबेस को क्रिएट, एक्सेस और मैनेज करना होता है। इस सॉफ्टवेयर का प्रयोग करके डाटाबेस में डाटा को जोड़ा जा सकता है, सुधारा जा सकता है और डिलीट किया जा सकता है। साथ-ही-साथ डाटा को व्यवस्थित तथा रिट्रीव (Organize and Retrieve) भी किया जा सकता है।

*जैसे*—माइक्रोसॉफ्ट एक्सेस, कोरल पैराडॉक्स, MySQL, ओरेकल आदि।

(5) **डेस्कटॉप पब्लिशिंग सॉफ्टवेयर** (Desktop Publishing (DTP) Software) इन सॉफ्टवेयर्स का प्रयोग ग्राफिक डिजाइनरों द्वारा किया जाता है। इन सॉफ्टवेयरों का प्रयोग डेस्कटॉप प्रिंटिंग तथा ऑन स्क्रीन इलेक्ट्रॉनिक पब्लिशिंग के लिए किया जाता है।

*जैसे*—क्वार्क एक्सप्रेस, एडोब पेजमेकर, 3B2, कोरल ड्रॉ आदि।

**पेजमेकर** (PageMaker)

इसका उपयोग पब्लिशिंग और अन्य व्यवसायी डॉक्यूमेण्ट का विकास करने के लिए किया जाता है। Adobe Pagemaker में सैकड़ों टैम्पलेट्स होती हैं, जो उपयोगकर्ता को कम-से-कम प्रयास तथा गुणवत्ता के साथ डॉक्यूमेण्ट बनाने के लिए सहायता प्रदान करता है। पेजमेकर का सही उपयोग विजिटिंग कार्ड्स, बायो डेटा, किताबें, मैगजीन इत्यादि को डिजाइन करने के लिए किया जाता है।

(6) **ग्राफिक्स सॉफ्टवेयर** (Graphics Software) ये सॉफ्टवेयर कम्प्यूटर पर इमेज में बदलाव करने और उन्हें सुन्दर बनाने की अनुमति देते हैं। इन सॉफ्टवेयर्स के द्वारा इमेजों (Images) को रीटच (Retouch), कलर एडजस्ट (Color adjust), एनहैन्स (Enhance), शैडो (Shadow) व ग्लो (Glow) जैसे विशेष इफैक्ट्स दिए जा सकते हैं। इसे इमेज एडिटर भी कहा जाता है।

*जैसे*—एडोब फोटोशॉप, PiZap आदि।

(7) **मल्टीमीडिया सॉफ्टवेयर** (Multimedia Software) टेक्स्ट, ऑडियो, वीडियो, इमेजों तथा एनीमेशन आदि के संयोजन को मल्टीमीडिया कहते हैं। वे सॉफ्टवेयर जो ये सभी सुविधा प्रदान करते हैं मल्टीमीडिया सॉफ्टवेयर कहलाते हैं, *जैसे*—वीएलसी मीडिया प्लेयर, निमबज़्ज (Nimbuzz) आदि।

## विशिष्ट उद्देशीय सॉफ्टवेयर

ये सॉफ्टवेयर किसी विशेष उद्देश्य की पूर्ति हेतु बनाए जाते हैं। इस प्रकार के सॉफ्टवेयर का अधिकांशत: केवल एक उद्देश्य होता है। *सामान्य रूप से उपयोग किए जाने वाले कुछ विशिष्ट उद्देशीय सॉफ्टवेयर निम्न हैं*

(1) **इनवेण्टरी मैनेजमेण्ट सिस्टम एण्ड परचेजिंग सिस्टम** (Inventory Management System and Purchasing System) इस प्रकार के सॉफ्टवेयर अधिकतर जनरल स्टोर्स या ऐसे संस्थानों में उपयोग किए जाते हैं, जिनमें भौतिक संसाधनों की आवश्यकता होती है। किसी स्टॉक में उपस्थित वस्तुओं (Goods) की सूची को 'इनवेण्टरी' कहते हैं, *जैसे*—Fish bowl, Advance pro आदि।

(2) **पेरोल मैनेजमेण्ट सिस्टम** (Payroll Management System) आधुनिक समय में, लगभग प्रत्येक संस्थान के द्वारा अपने कर्मचारियों के वेतन तथा अन्य भत्तों का हिसाब रखने के लिए इस सॉफ्टवेयर का प्रयोग किया जाता है, *जैसे*—Namely, Altipro etc.

(3) **होटल मैनेजमेण्ट सिस्टम** (Hotel Management System) होटलों के विभिन्न कार्यों को व्यवस्थित करना ही **होटल मैनेजमेण्ट** कहलाता है। इसके अन्तर्गत मार्केटिंग, हाउसकीपिंग, बिलिंग, एडमिनिस्ट्रेशन जैसे कार्य आते हैं। *जैसे*—Aatithya, HMS etc.

(4) **रिज़र्वेशन सिस्टम** (Reservation System) रिज़र्वेशन सिस्टम या सेण्ट्रल रिजर्वेशन सिस्टम एक ऐसा कम्प्यूटराइज्ड सिस्टम है, जिसके प्रयोग से उपयोगकर्ता ट्रेन या वायु यातायात के बारे में विभिन्न जानकारी प्राप्त कर सकता है। इसके अतिरिक्त इस सॉफ्टवेयर के द्वारा ट्रेन या हवाई जहाज आदि में उपलब्ध सीटों या टिकटों के बारे में विभिन्न जानकारियाँ प्राप्त की जा सकती हैं।

*जैसे*—www.makemytrip.com, www.yatra.com

(5) **रिपोर्ट कार्ड जनरेटर** (Report Card Generator) इस प्रकार के सॉफ्टवेयर्स का प्रयोग विभिन्न स्कूलों या कॉलेजों के एक्जामिनेशन (Examination) विभाग द्वारा विद्यार्थियों के परिक्षाफल (Results) तैयार करने में किया जाता है। यह सॉफ्टवेयर विभिन्न गणितीय गणनाएँ

(Mathematical calculations) करता है और जाँच करता है कि विद्यार्थी अपनी कक्षा की परीक्षा में पास हुआ या फेल।

(6) **एकाउण्टिंग सॉफ्टवेयर** (Accounting Software) यह सॉफ्टवेयर एक ऐसा एप्लीकेशन सॉफ्टवेयर है, जो विभिन्न खातों के लेन-देन का बहीखाता (Book Keeping) रखता है। यह सॉफ्टवेयर लेखांकन (Accounting) की जानकारियाँ रखता है।

*लेखांकन सॉफ्टवेयर कई प्रकार के होते हैं*

(i) देय खाता सॉफ्टवेयर
(ii) बैंक समाधान सॉफ्टवेयर
(iii) बजट प्रबन्धन सॉफ्टवेयर

*जैसे* Tally ERP9, Profit Books आदि।

(7) **बिलिंग सिस्टम** (Billing System) ये एक प्रकार का सॉफ्टवेयर है जो बिलों (Bills) की प्रक्रिया को पूरा करता है। ये उन वस्तुओं तथा सेवाओं (Services) के मूल्य की जाँच करता है, जो किसी ग्राहक को प्रदान किए जाते हैं। *जैसे*—Billing Manager, Billing Tracker आदि।

### इन्हें भी जानें

- **फर्मवेयर** (Firmware) यह हार्डवेयर और सॉफ्टवेयर का संयोजन (Combination) होता है; *जैसे*-रोम (ROM), PROM और EPROM आदि।
- **फ्रीवेयर** (Freeware) यह अधिकांशत: कॉपीराइटेड (Copyrighted) सॉफ्टवेयर्स होते हैं। ये सॉफ्टवेयर निर्माता के द्वारा बिना किसी शुल्क के (Free) उपलब्ध कराए जाते हैं।
  **उदाहरण**-इन्स्टेण्ट मेसेजिंग, गूगल टूलबार इत्यादि।
- **CAD** (Computer Aided Design) सॉफ्टवेयर का प्रयोग इंजीनियर, ड्राफ्टर्स आदि के द्वारा ड्राइंग बनाने के लिए किया जाता है।

# प्रश्न बैंक

**1.** आपके कम्प्यूटर का प्रत्येक घटक या तो .........
(1) एप्लीकेशन सॉफ्टवेयर होता है या सिस्टम सॉफ्टवेयर
(2) सॉफ्टवेयर होता है या CPU/RAM
(3) हार्डवेयर होता है या सॉफ्टवेयर
(4) इनपुट डिवाइस होता है या आउटपुट डिवाइस

**2.** सॉफ्टवेयर का प्राथमिक उद्देश्य डाटा को ......... में परिवर्तित करना है। **(IBPS PO 2013)**
(1) वेबसाइट्स (2) इन्फॉर्मेशन
(3) प्रोग्राम्स (4) ऑब्जेक्ट्स
(5) इनमें से कोई नहीं

**3.** कम्प्यूटर में तैयार किए गए प्रोग्रामों के समूह को क्या कहते हैं?
(1) हार्डवेयर (2) कार्डवेयर
(3) सॉफ्टवेयर (4) 1 और 3 दोनों

**4.** सिस्टम के ......... में प्रोग्राम या इन्स्ट्रक्शन होते हैं।
(1) पेरिफेरल (2) सॉफ्टवेयर
(3) इन्फॉर्मेशन (4) आइकन

**5.** कम्प्यूटर सिस्टम का वह भाग है जिसे कोई छू नहीं सकता ........... कहलाता है। **(IBPS Clerk 2011)**
(1) हार्डवेयर (2) प्रिण्टर (3) माउस (4) स्कैनर
(5) सॉफ्टवेयर

**6.** 'कम्प्यूटरों के सन्दर्भ में सॉफ्टवेयर का क्या अर्थ है? **(SSC CPO 2013)**
(1) कम्प्यूटर प्रोग्राम्स (2) कम्प्यूटर सरकिट्री
(3) ह्यूमन ब्रेन (4) फ्लॉपी डिस्क

**7.** निम्नलिखित में से कौन-सा एक सॉफ्टवेयर है? **(IBPS Clerk 2014)**
(1) स्कैनर (2) प्लॉटर (3) कीबोर्ड (4) माउस
(5) बेसिक

**8.** जिससे कम्प्यूटर एक से अधिक टास्क परफॉर्म कर सकता है उस सेट ऑफ इन्स्ट्रक्शन्स के लिए निम्नलिखित में से कौन-सा पद उपयुक्त है? **(SBI PO 2012)**
(1) हार्डवेयर (2) सॉफ्टवेयर
(3) ह्यूमनवेयर (4) फर्मवेयर
(5) इनमें से कोई नहीं

**9.** संकेतों का संग्रह, जो कम्प्यूटर को बताता है कि किसी विशेष काम को कैसे किया जाएगा, क्या कहलाता है? **(IBPS Clerk 2011)**
(1) आँकड़ा संगणना (2) प्रोग्राम
(3) फाइल (4) सूचना
(5) इनमें से कोई नहीं

**10.** कम्प्यूटर सॉफ्टवेयर की परिभाषा कैसी हो सकती है?
(1) कम्प्यूटर और उसके सहयोगी साधन/उपकरण
(2) ऐसे अनुदेश जो कम्प्यूटर को बताते हैं कि क्या करना है
(3) कम्प्यूटर के घटक जो लक्ष्यपूर्ति का कार्य करते हैं
(4) कम्प्यूटर और नेटवर्क के बीच का इण्टरफेस/चर्चा

**11.** सॉफ्टवेयर के दो प्रमुख घटक है
(1) वर्ड प्रोसेसिंग तथा स्प्रेडशीट
(2) ट्रान्सजैक्शन तथा स्प्रेडशीट
(3) विण्डोज तथा मैक OS
(4) सिस्टम तथा एप्लीकेशन

**12.** ...... मैन्युअल बताता है कि किसी सॉफ्टवेयर प्रोग्राम का प्रयोग कैसे किया जाए? **(RBI Grade B 2013)**
(1) डॉक्यूमेण्टेशन (2) प्रोग्रामिंग
(3) टेक्निकल (4) यूजर
(5) इनमें से कोई नहीं

**13.** कौन-सा सॉफ्टवेयर कम्प्यूटर के हार्डवेयर को नियन्त्रित करता है?
(1) एप्लीकेशन (2) सिस्टम
(3) प्रोग्राम (4) मैमोरी
(5) इनमें से कोई नहीं

**14.** प्रोग्रामों का एक सेट है जो आपके कम्प्यूटर हार्डवेयर डिवाइस और एप्लीकेशन सॉफ्टवेयर को एक साथ काम करने में सक्षम बनाता है।
(1) मैनेजमेन्ट (2) प्रोसेसिंग
(3) यूटिलिटी (4) सिस्टम सॉफ्टवेयर

**15.** ऑपरेटिंग सिस्टम और युटिलिटी प्रोग्राम, सॉफ्टवेयर के उस वर्ग के हैं, जिन्हें ............ कहा जाता है **(IBPS Clerk 2011)**
(1) एप्लीकेशन सॉफ्टवेयर (2) सिक्वेन्शियल सॉफ्टवेयर
(3) सॉफ्टवेयर स्वीट्स (4) BIOS सॉफ्टवेयर
(5) सिस्टम सॉफ्टवेयर

**16.** .......... वह प्रोग्राम है, जो कम्प्यूटर को प्रयोग करने में आसान बना देता है।
(1) एप्लीकेशन (2) यूटिलिटी
(3) नेटवर्क (4) ऑपरेटिंग सिस्टम

**17.** कम्प्यूटर बूट नहीं कर सकता यदि इसके पास ........ नहीं है।
(1) कम्पाइलर (2) लोडर
(3) ऑपरेटिंग सिस्टम (4) असेम्बलर

**18.** ........... प्रोग्रामों का एक सेट है जो कम्प्यूटर के संसाधनों को प्रबन्धित करने के लिए डिजाइन किया गया है और जिसमें कम्प्यूटर शुरू करना, प्रोग्रामों को मैनेज करना, मैमोरी को मैनेज करना और इनपुट तथा आउटपुट डिवाइसों के बीच के कार्यों का समन्वय करना शामिल है **(IBPS PO 2012)**
(1) एप्लीकेशन सूट (2) कम्पाइलर
(3) इनुपुट/आउटपुट सिस्टम
(4) इण्टरफेस
(5) ऑपरेटिंग सिस्टम (OS)

**19.** डिवाइस ड्राइवर क्या है?
(1) बाहरी स्टोरेज डिवाइसों के लिए पावर कार्ड
(2) विशेषज्ञ, जो डिवाइसों के कार्यनिष्पादन को अधिकतम करना जानते हैं
(3) छोटे, विशेष उद्देश्य वाले प्रोग्राम
(4) ऑपरेटिंग सिस्टम के सबसे भीतरी पुर्जे

**20.** उपयोगकर्ता यह कैसे निर्धारित कर सकता है, कि कम्प्यूटर पर कौन-सा प्रोग्राम उपलब्ध है?
(1) हार्ड डिस्क की प्रोपर्टीज चेक करके
(2) बूटिंग प्रोसेस के दौरान इन्स्टॉल्ड प्रोग्राम देखकर
(3) इन्स्टॉल्ड प्रोग्राम की लिस्ट के ऑपरेटिंग सिस्टम चेक कर
(4) डिस्क पर सेव की गई विद्यमान फाइलें चेक करके

**21.** यदि कम्प्यूटर में प्रिण्टर या स्कैनर जैसी नई डिवाइस अटैच की जाती है, तो डिवाइस का प्रयोग किए जाने से पहले इसका ......... इन्स्टॉल किया जाना चाहिए।
(1) बफर (2) ड्राइवर (3) पेजर (4) सर्वर

**22.** ........... का कार्य कम्प्यूटर को ऑन करते समय स्वपरीक्षण निर्देश देना होता है
(1) सॉफ्टवेयर (2) हार्डवेयर
(3) बायोस (4) ऑपरेटिंग सिस्टम

**23.** एक सॉफ्टवेयर प्रोग्राम जो आपके कम्प्यूटर पर कार्यक्षमता को जोड़ता है या आपके कम्प्यूटर को बेहतर प्रदर्शन करने में मदद करता है, उसे कहा जाता है। **(IBPS RRB PO Mains 2017)**
(1) यूटिलिटी प्रोग्राम (2) फंक्शन प्रोग्राम
(3) विशेष प्रोग्राम (4) मैन्युफैक्चर प्रोग्राम
(5) कम्पाइलिंग प्रोग्राम

**24.** विशिष्ट प्रतिबन्धों के आधार पर सॉफ्टवेयर के प्रयोग का कानूनी अधिकार ........... के माध्यम से दिया जाता है। **(SBI PO 2012)**
(1) सॉफ्टवेयर प्राइवेसी नीति (2) सॉफ्टवेयर लाइसेन्स
(3) सॉफ्टवेयर पासवर्ड मैनेजर (4) सॉफ्टवेयर लॉग
(5) इनमें से कोई नहीं

25. यूटिलिटी प्रोग्राम शामिल करता है
(1) वायरस स्कैनिंग सॉफ्टवेयर
(2) बैकअप सॉफ्टवेयर
(3) डिस्क फ्रेग्मेण्टर (4) ये सभी

26. किस प्रकार का सॉफ्टवेयर छोटी फाइल को बनाता है, जो इण्टरनेट पर तेजी से ट्रांसफर होती है?
(1) कम्प्रेशन (2) फ्रेग्मेण्टेशन
(3) एनकैप्सूलेशन (4) अन्जीपड़

27. ......... एक विण्डोज यूटिलिटी प्रोग्राम है जो अनावश्यक फ्रेग्मेण्ट को लीकेट तथा समाप्त करता है और फाइलों को पुन: व्यवस्थित करता है और ऑप्टीमाइज ऑपरेशन करने के लिए डिस्क के स्थान को अप्रयुक्त करता है।
(1) बैकअप (2) डिस्क क्लीनप
(3) डिस्क फ्रेग्मेण्टर (4) रिस्टोर

28. बैकअप क्या होता है? **(IBPS PO 2013)**
(1) आपके नेटवर्क को अधिक कम्पोनेण्ट जोड़ना
(2) ओरिजनल सोर्स से एक भिन्न डेस्टिनेशन में डाटा कॉपी कर सुरक्षित रखना
(3) नए डाटा से पुराने डाटा का फिल्टरिंग
(4) टेप पर डाटा एक्सेस करना
(5) उपरोक्त में से कोई नहीं

29. ....... बैकअप में प्रत्येक प्रोग्राम, डेटा और सिस्टम फाइल की एक कॉपी है।
(1) रिस्टोरेशन (2) बूटस्ट्रैप
(3) अन्तर (4) फुल

30. डिस्क क्लीनर .......... फ्री करने में मदद करता है।
(1) डाटा (2) रिसाइकिल बिन
(3) स्पेस (4) इनफॉर्मेशन

31. कौन-सा सॉफ्टवेयर केवल टेक्स्ट टाइप करने की अनुमति देता है?
(1) यूटिलिटी (2) टेक्स्ट एडिटर
(3) कम्प्रेशन (4) ऑपरेटिंग सिस्टम

32. लिंकर प्रोग्राम करता है
(1) एक्जीक्यूशन के उद्देश्य के लिए मैमोरी में प्रोग्राम रखता है।
(2) एलोकेट विशिष्ट मैमोरी क्षेत्र से एक्जीक्यूशन करने के लिए प्रोग्राम को स्थानान्तरित करता है।
(3) अपने एक्जीक्यूशन के लिए आवश्यक अन्य प्रोग्रामों के साथ प्रोग्राम को लिंक करता है।
(4) अपने इनपुट डेटा को जनरेट करने वाली entities के साथ प्रोग्राम को इण्टरफेस करता है।

33. एक्जिक्यूटेबल फाइल को मेन मैमोरी में लोड करने का कार्य कौन करता है?
(1) लिंकर (2) बायोस (3) हार्डवेयर (4) लोडर

34. निम्न में से कौन-सा सिस्टम सॉफ्टवेयर है?
(1) डाटाबेस प्रोग्राम (2) कम्पाइलर
(3) लोडर (4) स्प्रेडशीट

35. कम्प्यूटर रिसोर्सेज के प्रबन्धन से सम्बन्धित विशिष्ट कार्य करने के लिए डिजाइन किए गए प्रोग्रामों को कहा जाता है।
(1) सिस्टम सॉफ्टवेयर (2) ऑपरेटिंग सिस्टम
(3) यूटिलिटी सॉफ्टवेयर (4) एप्लीकेशन सॉफ्टवेयर

36. पत्र लिखने जैसे कार्य करने के लिए प्रयुक्त सॉफ्टवेयर के प्रकार को .......... कहते हैं।
(1) GUI सॉफ्टवेयर (2) यूटिलिटी सॉफ्टवेयर
(3) एप्लीकेशन सॉफ्टवेयर (4) यूजर नीड्स सॉफ्टवेयर

37. वर्तमान समय में, एप्लीकेशन सॉफ्टवेयर किस भाषा में तैयार किए जाते हैं?
(1) मशीनी भाषा में (2) उच्चस्तरीय भाषा में
(3) ऑपरेटिंग सिस्टम में (4) 1 और 2 दोनों

38. निम्न में से कौन-सा एप्लीकेशन सॉफ्टवेयर का एक उदाहरण नहीं है? **(IBPS PO 2015)**
(1) वर्ड प्रोसेसिंग सॉफ्टवेयर
(2) स्प्रेडशीट सॉफ्टवेयर
(3) ऑपरेटिंग सिस्टम सॉफ्टवेयर
(4) डाटाबेस सॉफ्टवेयर
(5) ग्राफिक्स सॉफ्टवेयर

39. एप्लीकेशन प्रोग्राम के फंक्शन्स निम्नलिखित में से कौन-से होते हैं? **(IBPS PO 2013)**
(1) किसी विशेष प्रोसेसिंग कार्य के लिए आवश्यक इन्फॉर्मेशन-प्रोसेसिंग प्रोसिजर्स को यह स्पेसिफाई करता है
(2) यह कम्प्यूटर सिस्टम के इनपुट/आउटपुट और स्टोरेज फंक्शन्स को नियन्त्रित करता है
(3) यह कम्प्यूटर सिस्टम के लिए विभिन्न सपोर्ट सेवाएँ उपलब्ध कराता है
(4) यह CPU के ऑपरेशन्स सुपरवाइज करता है
(5) उपरोक्त में से कोई नहीं

40. विशिष्ट प्रोग्राम जो उपयोगकर्ता को विशिष्ट एप्लीकेशन में उपयोग करने की अनुमति देता है। **(IBPS RRB PO Mains 2017)**
(1) रिलेटिव प्रोग्राम्स (2) एप्लीकेशन प्रोग्राम
(3) उचित प्रोग्राम्स (4) रैप्लीकेट प्रोग्राम
(5) लॉजीकल प्रोग्राम्स

**41.** ऐसे अनेक प्रोग्रामों के समूह जो एक निश्चित कार्य करते हैं, क्या कहलाते हैं?
(1) यूटिलिटी सॉफ्टवेयर
(2) सामान्य उद्देश्य के सॉफ्टवेयर
(3) सिस्टम सॉफ्टवेयर
(4) एप्लीकेशन सॉफ्टवेयर
(5) उपरोक्त सभी

**42.** एम एस-वर्ड (MS-Word) .......... का उदाहरण है।
(1) ऑपरेटिंग सिस्टम (2) एप्लीकेशन सॉफ्टवेयर
(3) प्रोसेसिंग डिवाइस (4) इनपुट डिवाइस

**43.** प्रत्येक कम्प्यूटर में ........ होता है और कई में ........ भी होते हैं।
(1) ऑपरेटिंग सिस्टम, क्लाइण्ट/ग्राहक सिस्टम
(2) ऑपरेटिंग सिस्टम, अनुदेश सेट्स
(3) एप्लीकेशन प्रोग्राम्स, ऑपरेटिंग सिस्टम
(4) एप्लीकेशन प्रोग्राम्स, ग्राहक/क्लाइण्ट सिस्टम
(5) एप्लीकेशन सिस्टम, एप्लीकेशन प्रोग्राम

**44.** टेक्स्ट-आधारित डॉक्यूमेण्ट्स बनाने के लिए प्रयोग किए जाने वाले सॉफ्टवेयर्स क्या कहलाते हैं? **(IBPS PO 2014)**
(1) DBMS (2) सुइट्स
(3) स्प्रेडशीट्स (4) वर्ड प्रोसेसर्स
(5) प्रेजेण्टेशन सॉफ्टवेयर

**45.** विषम शब्द को चुनिए। **(SSC CGL 2013)**
(1) यूनिक्स (UNIX) (2) MS-DOX
(3) विण्डोज़ 98 (WINDOWS 98)
(4) एक्सेस (ACCESS)

**46.** DTP, ग्राफिक डिजाइनर तथा नॉन-डिजाइनरों के लिए एक उपकरण है जो व्यवसाय के लिए दृश्य संचार क्रिएट करता है। DTP का पूर्ण नाम है
(1) डिवाइस ट्रान्सफर प्रोटोकॉल
(2) डेस्कटॉप पब्लिशिंग
(3) डिवाइस ट्रांसफर प्रोग्राम
(5) उपरोक्त में से कोई नहीं

**47.** ब्रोशर, पोस्टर और न्यूजलेटर बनाने के लिए किस प्रकार का सॉफ्टवेयर सबसे ज्यादा उपयोगी है?
(1) स्प्रेडशीट सॉफ्टवेयर **(RBI Grade B 2013)**
(2) वेब ऑथरिंग सॉफ्टवेयर
(3) मल्टीमीडिया ऑथरिंग सॉफ्टवेयर
(4) डेस्कटॉप पब्लिशिंग सॉफ्टवेयर
(5) उपरोक्त में से कोई नहीं

**48.** किसी विशेष उद्देश्य के लिए किस एप्लीकेशन का प्रयोग किया जाता है? **(IBPS RRB PO Main 2018)**
(1) सामान्य उद्देश्य सॉफ्टवेयर
(2) स्प्रेडसीट सॉफ्टवेयर (3) विशिष्ट उद्देश्य सॉफ्टवेयर
(4) मल्टीमीडिया सॉफ्टवेयर
(5) उपरोक्त में से कोई नहीं

**49.** निम्न में से कौन यूटिलिटी सॉफ्टवेयर से सम्बन्धित नहीं है?
(1) टेक्स्ट एडिटर (2) एण्टीवायरस प्रोग्राम
(3) डिस्क कम्प्रेशन सॉफ्टवेयर
(4) रेलवे रिजर्वेशन सिस्टम

**50.** .......... का उपयोग पब्लिशिंग और अन्य व्यवसायी डॉक्यूमेण्ट का विकास करने के लिए किया जाता है।
(1) ग्राफिक्स सॉफ्टवेयर (2) मल्टीमीडिया
(3) पेजमेकर (4) उपरोक्त में से कोई नहीं

**51.** ........ हार्डवेयर तथा सॉफ्टवेयर का संयोजन होता है।
(1) फ्रीवेयर (2) सॉफ्टवेयर
(3) ऑपरेटिंग सिस्टम (4) फर्मवेयर

**52.** कम्प्यूटर शब्दावली में 'CAD' का पूर्ण रूप है
(1) कम्प्यूटर एप्लाइड डिजाइन **(SBI PO 2014, IBPS PO 2016)**
(2) कम्प्यूटर एल्गोरिथ्म एण्ड डिजाइन
(3) कम्प्यूटर एप्लीकेशन डिजाइन
(4) कम्प्यूटर एडेड डिजाइन
(5) दिए गए विकल्पों के अलावा कोई अन्य

**53.** फ्रीवेयर के दो उदाहरण क्या हैं?
(1) विनज़िप और लाइनक्स
(2) शेयरवेयर और फाइल शेयरिंग
(3) माइक्रोसॉफ्ट वर्ड और गूगल टूलबार
(4) इन्स्टेण्ट मेसेजिंग और गूगल टूलबार

## उत्तरमाला

| | | | | | | | | | |
|---|---|---|---|---|---|---|---|---|---|
| 1. *(3)* | 2. *(2)* | 3. *(3)* | 4. *(2)* | 5. *(5)* | 6. *(1)* | 7. *(5)* | 8. *(2)* | 9. *(2)* | 10. *(2)* |
| 11. *(4)* | 12. *(4)* | 13. *(2)* | 14. *(4)* | 15. *(5)* | 16. *(4)* | 17. *(3)* | 18. *(5)* | 19. *(3)* | 20. *(4)* |
| 21. *(2)* | 22. *(3)* | 23. *(1)* | 24. *(2)* | 25. *(4)* | 26. *(1)* | 27. *(3)* | 28. *(2)* | 29. *(4)* | 30. *(3)* |
| 31. *(2)* | 32. *(3)* | 33. *(4)* | 34. *(3)* | 35. *(4)* | 36. *(3)* | 37. *(2)* | 38. *(3)* | 39. *(3)* | 40. *(2)* |
| 41. *(2)* | 42. *(2)* | 43. *(5)* | 44. *(4)* | 45. *(4)* | 46. *(2)* | 47. *(4)* | 48. *(3)* | 49. *(4)* | 50. *(3)* |
| 51. *(4)* | 52. *(4)* | 53. *(4)* | | | | | | | |

अध्याय

07

# ऑपरेटिंग सिस्टम

OPERATING SYSTEM

ऑपरेटिंग सिस्टम कुछ विशेष प्रोग्रामों का ऐसा व्यवस्थित समूह है, जो किसी कम्प्यूटर के सम्पूर्ण क्रियाकलापों को नियन्त्रित करता है। यह कम्प्यूटर के साधनों के उपयोग पर नजर रखने और व्यवस्थित करने में हमारी सहायता करता है। वास्तव में, यह उपयोगकर्ता और कम्प्यूटर के हार्डवेयर के बीच इण्टरफेस का कार्य करता है। ऑपरेटिंग सिस्टम ऐसे सॉफ्टवेयर प्रोग्रामों का समूह है, जो मानव, एप्लीकेशन सॉफ्टवेयर और कम्प्यूटर हार्डवेयर के बीच संवाद स्थापित करता है। यह एक ऐसा प्रोग्राम है, जो कम्प्यूटर के विभिन्न अंगों को निर्देश देता है कि किस प्रकार से प्रोसेसिंग का कार्य सफल होगा।

## ऑपरेटिंग सिस्टम के प्रमुख कार्य

ऑपरेटिंग सिस्टम कम्प्यूटर के सफल संचालन की प्रक्रिया में एक महत्त्वपूर्ण भूमिका निभाता है।

*इसके प्रमुख कार्य निम्न प्रकार के होते हैं*

### प्रोसेसिंग मैनेजमेण्ट

**प्रोसेसिंग मैनेजमेण्ट** कम्प्यूटर की सेण्ट्रल प्रोसेसिंग यूनिट (Central Processing Unit-CPU) के मैनेजमेण्ट का कार्य ऑपरेटिंग सिस्टम ही करता है। यह प्रबन्धन इस प्रकार से होता है कि सभी प्रोग्राम एक-एक करके निष्पादित (Execute) होते हैं। ऑपरेटिंग सिस्टम सभी प्रोग्रामों के समय को CPU के लिए विभाजित कर देता है।

### मैमोरी मैनेजमेण्ट

प्रोग्राम के सफल निष्पादन के लिए ऑपरेटिंग सिस्टम मैमोरी मैनेजमेण्ट (Memory management) का अत्यन्त ही महत्त्वपूर्ण कार्य करता है। इसके अन्तर्गत कम्प्यूटर मैमोरी में कुछ स्थान सुरक्षित रखे जाते हैं, जिनका विभाजन प्रोग्रामों के मध्य किया जाता है तथा साथ ही यह भी ध्यान में रखा जाता है कि प्रोग्रामों को मैमोरी के अलग-अलग स्थान प्राप्त हो सकें।

### फाइल मैनेजमेण्ट

ऑपरेटिंग सिस्टम फाइलों को एक सुव्यवस्थित ढंग से किसी डायरेक्टरी में संगृहीत करने की सुविधा प्रदान करता है।
किसी प्रोग्राम के निष्पादन के समय इसे सेकेण्डरी मैमोरी से पढ़कर प्राइमरी मैमोरी में कॉपी करने का कार्य भी ऑपरेटिंग सिस्टम ही करता है।

## इनपुट-आउटपुट मैनेजमेण्ट

डाटा को इनपुट यूनिट से पढ़कर मैमोरी में उचित स्थान पर संगृहीत करने एवं प्राप्त परिणाम को मैमोरी से आउटपुट यूनिट तक पहुँचाने का कार्य भी ऑपरेटिंग सिस्टम का ही होता है। इसके लिए बायोस (बेसिक इनपुट/आउटपुट सिस्टम) का प्रयोग किया जाता है।

# ऑपरेटिंग सिस्टम के प्रकार

*ऑपरेटिंग सिस्टम के प्रकार निम्नलिखित हैं*

## बैच प्रोसेसिंग ऑपरेटिंग सिस्टम

इस प्रकार के ऑपरेटिंग सिस्टम में एक प्रकार के सभी कार्यों को एक बैच (Batch) के रूप में संगठित करके साथ में क्रियान्वित किया जाता है। इस कार्य के लिए बैच मॉनीटर सॉफ्टवेयर का प्रयोग किया जाता है। इस प्रकार के ऑपरेटिंग सिस्टम का प्रयोग ऐसे कार्यों के लिए किया जाता है, जिनमें उपयोगकर्ता के हस्तक्षेप की आवश्यकता नहीं होती।

ये ऑपरेटिंग सिस्टम संख्यात्मक विश्लेषण (Numerical analysis), बिल प्रिण्टिंग, पेरोल आदि में उपयोग किए जाते हैं; *जैसे*—यूनिक्स।

## सिंगल यूज़र ऑपरेटिंग सिस्टम

इस प्रकार के ऑपरेटिंग सिस्टम में एक बार में केवल एक उपयोगकर्ता को ही कार्य करने की अनुमति होती है। यह सबसे अधिक प्रयोग किया जाने वाला ऑपरेटिंग सिस्टम है; *जैसे*—MS-DOS, Windows 9X आदि।

## मल्टीयूजर ऑपरेटिंग सिस्टम

यह ऑपरेटिंग सिस्टम एक समय में एक से अधिक उपयोगकर्ता को कार्य करने की अनुमति देता है। यह ऑपरेटिंग सिस्टम सभी उपयोगकर्ता के मध्य सन्तुलन बनाकर रखता है। यह प्रत्येक प्रोग्राम की संसाधन (Resources) सम्बन्धी जरूरत को पूरा करता है; *जैसे*—यूनिक्स, वीएमएस (VMS) आदि।

## मल्टीप्रोसेसिंग ऑपरेटिंग सिस्टम

इस ऑपरेटिंग सिस्टम में दो या दो से अधिक सेण्ट्रल प्रोसेसिंग यूनिट का प्रयोग किया जाता है; *जैसे*—लाइनक्स, यूनिक्स आदि।

## मल्टीटास्किंग ऑपरेटिंग सिस्टम

यह ऑपरेटिंग सिस्टम एक समय में एक से अधिक कार्यों को सम्पन्न करने की अनुमति देता है, इसमें उपयोगकर्ता आसानी से दो कार्यों के मध्य स्विच (Switch) कर सकता है; *जैसे*—लाइनक्स, यूनिक्स, Windows 95 आदि।

*मल्टीटास्किंग ऑपरेटिंग सिस्टम को दो भागों में विभाजित किया गया है*

1. **प्रीम्पटिव मल्टीटास्किंग ऑपरेटिंग सिस्टम** (Preemptive Multi-Tasking Operating System) इस प्रकार के ऑपरेटिंग सिस्टम को कई कम्प्यूटर प्रोग्राम्स तथा हार्डवेयर डिवाइसेज शेयर (Share) करते हैं तथा उनका प्रयोग करते हैं। यह अपने समस्त कम्प्यूटेशन टाइम (Computation time) को कार्यों के मध्य बाँट देता है तथा एक पूर्वनिर्धारित समय के आधार पर ही किसी नए कार्य का निष्पादन पूर्व कार्य का निष्पादन (Execution) रोककर भी प्रारम्भ कर सकता है; *जैसे*—OS/2, Windows 95/NT आदि।
2. **कोऑपरेटिव मल्टीटास्किंग ऑपरेटिंग सिस्टम** (Cooperative Multi-Tasking Operating System) यह मल्टीटास्किंग का एक सरलतम रूप होता है। इस ऑपरेटिंग सिस्टम में एक प्रोग्राम तब तक CPU का प्रयोग करता है, जब तक उसे आवश्यकता होती है। यदि कोई प्रोग्राम CPU का प्रयोग नहीं कर रहा है, तो वह दूसरे प्रोग्राम को अस्थायी रूप से CPU को प्रयोग करने की अनुमति दे देता है; *जैसे*—Mac OS, MS-Window 3-X आदि।

## टाइम शेयरिंग ऑपरेटिंग सिस्टम

इस प्रकार के ऑपरेटिंग सिस्टम में एक साथ एक से अधिक उपयोगकर्ता या प्रोग्राम कम्प्यूटर के संसाधनों का प्रयोग करते हैं। इस कार्य में कम्प्यूटर अपने संसाधनों के प्रयोग हेतु प्रत्येक उपयोगकर्ता या प्रोग्राम को समय का एक छोटा निर्धारित करता है, जिसे टाइम स्लाइस या क्वाण्टम कहते हैं।

इस ऑपरेटिंग सिस्टम में सभी प्रोग्राम टाइम स्लाइस के आधार पर मुख्य मैमोरी में बारी-बारी से लाए जाते हैं तथा टाइम स्लाइस पूर्ण होने पर मैमोरी में भेज दिए जाते हैं। इस प्रक्रिया को स्वैपिंग (Swapping) कहते हैं; *जैसे*—Mac OS आदि।

## रियल टाइम ऑपरेटिंग सिस्टम

यह ऑपरेटिंग सिस्टम एक ऐसा ऑपरेटिंग सिस्टम होता है, जिसमें रियल टाइम एप्लीकेशन्स का क्रियान्वन किया जाता है; *जैसे*—एयरक्राफ्टों में प्रयोग होने वाला ऑटो पायलेट मैकेनिज़्म (Auto pilot mechanism)।

इसमें एक प्रोग्राम के आउटपुट को दूसरे प्रोग्राम के इनपुट की तरह प्रयोग किया जा सकता है, इस कारण पहले प्रोग्राम के क्रियान्वयन में देरी से दूसरे प्रोग्राम का क्रियान्वयन और परिणाम रुक सकता है। रियल टाइम ऑपरेटिंग सिस्टम में किसी भी दिए गए कार्य को पूरा करने की एक डेडलाइन दी गई होती है तथा इसी

निर्धारित समय में उस कार्य को पूरा करना होता है; *जैसे*—Lynx OS। *रियल टाइम ऑपरेटिंग सिस्टम को दो भागों में बाँटा गया हैं*

(i) **हार्ड रियल टाइम ऑपरेटिंग सिस्टम** (Hard Real Time Operating System) यह ऑपरेटिंग सिस्टम किसी महत्त्वपूर्ण कार्य के ऑपरेशन को समय पर पूरा करने की गारण्टी देता है। समय पर कार्य पूरा न होने की स्थिति में प्रोग्राम का निष्पादन फेल हो जाता है।

(ii) **सॉफ्ट रियल टाइम ऑपरेटिंग सिस्टम** (Soft Real Time Operating System) इस ऑपरेटिंग सिस्टम में भी किसी कार्य के ऑपरेशन को पूरा करने के लिए एक डेडलाइन दी जाती है, किन्तु इस प्रकार के सिस्टम में कार्य का निष्पादन डेडलाइन से पहले और बाद में भी पूरा हो सकता है, परन्तु इस स्थिति में कार्य का निष्पादन फेल नहीं होता।

**नोट** *निर्देश देने के बाद से लेकर निर्देश के पूरा होने के बीच का समय एक्सेस टाइम (Access time) कहलाता है।*

## यूजर इण्टरफेस

जो सिस्टम, यूजर्स को कम्प्यूटर से इण्टरेक्ट (Interact) करने की सुविधा प्रदान करता है, उसे यूजर इण्टरफेस कहते हैं। यूजर इण्टरफेस किसी भी ऑपरेटिंग सिस्टम के सबसे महत्त्वपूर्ण भागों में से एक है, क्योंकि यह उपयोगकर्ता को अनुप्रयोगों और हार्डवेयर के साथ आसानी से संचार (Communicate) करने की अनुमति देता है।

*यूजर इण्टरफेस दो प्रकार के होते हैं*

### ग्राफिकल यूजर इण्टरफेस

ऐसा इण्टरफेस, जो यूजर को स्क्रीन पर उपस्थित ऑब्जेक्ट्स पर प्वॉइण्ट या क्लिक करके कमाण्ड्स के रूप में स्वीकार करता है, ग्राफिकल यूजर इण्टरफेस (GUI) कहलाता है।

पहला ग्राफिकल यूजर इण्टरफेस जेरोक्स कॉर्पोरेशन (Xerox Corporation) द्वारा वर्ष 1970 में डिजाइन किया गया था। इसका प्रयोग हाथ में पकड़े जाने वाले उपकरण—MP3 प्लेयर, पोर्टेबल मीडिया प्लेयर, गेमिंग डिवाइसों आदि में होता है।

### करैक्टर यूजर इण्टरफेस

ऐसा इण्टरफेस, जो शब्दों तथा अक्षरों को कमाण्ड्स के रूप में स्वीकार करता है, **करैक्टर यूजर इण्टरफेस** कहलाता है।

कमाण्ड लाइनों का प्रयोग करने के कारण इसे कमाण्ड लाइन इण्टरफेस भी कहा जाता है। कमाण्ड लाइन, कम्प्यूटर की डिस्प्ले स्क्रीन पर एक ऐसी जगह होती है, जिसमें यूजर के द्वारा निर्देश टाइप किए जाते हैं अर्थात् यह कम्प्यूटर और यूजर के मध्य एक ऐसा इण्टरफेस होता है, जिसमें इनपुट और आउटपुट केवल टेक्स्ट के रूप में होता है।

### बूटिंग

*कम्प्यूटर को स्टार्ट या रीस्टार्ट करने की प्रक्रिया को बूटिंग कहते हैं। वास्तव में, बूटिंग (Booting) वह प्रक्रिया है, जब ऑपरेटिंग सिस्टम हार्ड डिस्क से कम्प्यूटर की रैम में लोड (Load) होता है।*

*बूटिंग दो प्रकार की होती हैं-वार्म बूटिंग और कोल्ड बूटिंग।*

*जब कम्प्यूटर को स्टार्ट किया जाता है, तो उसे **कोल्ड (Cold) बूटिंग** तथा जब पहले से ही स्टार्ट कम्प्यूटर को रीस्टार्ट करते हैं, तो उसे **वार्म (Warm) बूटिंग** कहा जाता है।*

## कुछ महत्त्वपूर्ण ऑपरेटिंग सिस्टम

*कुछ महत्त्वपूर्ण ऑपरेटिंग सिस्टम निम्न हैं*

### यूनिक्स

यह एक मल्टीटास्किंग व मल्टी यूजर ऑपरेटिंग सिस्टम है, जिसे वर्ष 1969 में केन थॉम्पसन तथा डेनिस रिची द्वारा AT & T Bell प्रयोगशाला में विकसित किया गया था। इसका पूरा नाम यूनिप्लेक्स इन्फॉर्मेशन कम्प्यूटर सिस्टम है। इस ऑपरेटिंग सिस्टम को सर्वर तथा वर्कस्टेशन दोनों में प्रयोग किया जा सकता है।

इसमें डाटा प्रबन्धन का कार्य कर्नेल (Kernel) द्वारा होता है। इस ऑपरेटिंग सिस्टम को इन्स्टॉल व सेटअप करना कठिन होता है, किन्तु इस ऑपरेटिंग सिस्टम के इन्स्टॉल होने पर कम्प्यूटर की क्षमता (Performance) बढ़ जाती है। यह असेम्बली भाषा तथा C भाषा में लिखा गया है।

**नोट** *कर्नेल ऑपरेटिंग सिस्टम का वह भाग होता है, जो सीपीयू में होने वाले कार्यों को निर्देशित करता है।*

### एप्पल मैकिण्टोश (मैक OS)

यह जनवरी, 1984 में स्टीव जॉब्स द्वारा प्रस्तावित किया गया था और इसे शुरुआत में सिस्टम सॉफ्टवेयर के नाम से जाना जाता था, जिसे बाद में मैक OS के रूप में परिवर्तित कर दिया गया था। ऑपरेटिंग सिस्टम के आधुनिक वर्जन यूनिक्स पर आधारित होते हैं, क्योंकि यह एक अच्छा ग्राफिकल इण्टरफेस है।

### लाइनक्स

यह ऑपरेटिंग सिस्टम वर्ष 1991 में लीनस टोरवाल्ड्स (Linus Torvalds) द्वारा विकसित किया गया था। इसका प्रयोग मुख्यत: सर्वर के लिए होता है। यह ऑपरेटिंग सिस्टम यूनिक्स पर आधारित है। यह एक ओपन सोर्स सॉफ्टवेयर है तथा सभी प्रकार के कम्प्यूटर पर चल सकता है।

**नोट** *ओपन सोर्स सॉफ्टवेयर एक ऐसा सॉफ्टवेयर होता है, जिसका सोर्स कोड मुफ्त या बहुत कम धनराशि में सभी के लिए उपलब्ध होता है।*

## एमएस-विण्डोज

यह माइक्रोसॉफ्ट द्वारा विकसित ग्राफिकल यूज़र इण्टरफेस ऑपरेटिंग सिस्टम है। इसके विभिन्न संस्करण; *जैसे—*विण्डोज-*95/98/XP/Vista/10* आदि उपलब्ध हैं। यह एक यूज़र फ्रैण्डली ऑपरेटिंग सिस्टम है तथा इसमें कार्य करना अत्यन्त सरल है।

## मोबाइल ऑपरेटिंग सिस्टम

कम्प्यूटर के मोबाइल्स में भी ऑपरेटिंग सिस्टम प्रयोग किए जाते हैं। स्मार्ट फोन, टेबलेट्स, PDA और डिजिटल मोबाइल डिवाइसों में प्रयुक्त होने वाले ऑपरेटिंग सिस्टम, मोबाइल ऑपरेटिंग सिस्टम कहलाते हैं। इन्हें हैण्डहेल्ड ऑपरेटिंग सिस्टम के नाम से भी जाना जाता है।

मोबाइल ऑपरेटिंग सिस्टम मोबाइल युक्तियों (Devices) के साथ-साथ इसके विभिन्न फीचर्स (Features) को भी नियन्त्रित करते है।

*कुछ मोबाइल ऑपरेटिंग सिस्टम का विवरण निम्नलिखित हैं*

### एण्ड्रॉयड

इस ऑपरेटिंग सिस्टम को गूगल द्वारा वर्ष 2007 में प्रस्तुत किया गया था। यह लाइनक्स पर आधारित ऑपरेटिंग सिस्टम है। इसे प्रमुख रूप से टच स्क्रीन मोबाइलों; *जैसे—*टेबलेट, स्मार्ट फोन आदि के लिए बनाया गया है। एण्ड्रॉयड (Android) का नवीनतम संस्करण ओरियो (Oreo) है, जिसे 21 अगस्त, 2017 में प्रस्तुत किया गया था।

### iOS

यह एप्पल इनकॉर्पोरेशन के द्वारा निर्मित एक बहु लोकप्रिय ऑपरेटिंग सिस्टम है। इसका प्रयोग मुख्य रूप से एप्पल के आईफोन (iPhone), आईपॉड (iPod), आईपैड (iPad) इत्यादि में किया जाता है। इसका नवीनतम संस्करण iOS 11.3 है, जिसे 29 मार्च, 2018 को प्रस्तुत किया गया है।

## MS-DOS

इसका पूर्ण रूप माइक्रोसॉफ्ट डिस्क ऑपरेटिंग सिस्टम (Microsoft Disk Operating System) है। प्रारम्भ में एमएस-डॉस ऑपरेटिंग सिस्टम 86-DOS कहलाता था।

जुलाई, 1981 में माइक्रोसॉफ्ट कम्पनी ने 86-DOS मोड (Mode) के सारे राइट्स IBM से खरीद लिए और इसका नाम परिवर्तित करके एमएस-डॉस रख दिया तथा इसमें कुछ महत्त्वपूर्ण परिवर्तन किए गए और एक नया डिस्क डायरेक्टरी स्ट्रक्चर बनाया गया, जिसमें फाइल्स से सम्बन्धित सूचनाएँ अपडेट की गई थीं।

### DOS की संरचना

*इस ऑपरेटिंग सिस्टम तथा कम्प्यूटर के बीच समन्वय स्थापित करने के लिए निम्नलिखित प्रोग्रामों की आवश्यकता होती है*

(i) **बूट रिकॉर्ड** (Boot Record) यह ऑपरेटिंग सिस्टम को मेन मैमोरी में लोड करता है। यह MS-DOS का मुख्य प्रोग्राम है।

(ii) **इनपुट/आउटपुट सिस्टम** (IOS.sys) यह प्रोग्रामों तथा हार्डवेयर के बीच इण्टरफेस प्रदान करता है।

(iii) **MSDOS.sys प्रोग्राम** यह प्रोग्राम रूटिन (Program routine) तथा डाटा टेबल का ऐसा समूह होता है, जो उच्चस्तरीय प्रोग्राम (*जैसे—*एप्लीकेशन प्रोग्राम) प्रदान करता है।

(iv) **Command.com प्रोग्राम** यह उपयोगकर्ता को निर्देशों (Commands) का समूह प्रदान करता है, जो उपयोगकर्ता को फाइल प्रबन्धन (Management) आदि की सुविधा प्रदान करता है।

### डॉस को कॉन्फिगर करना

Config.sys, Autoexec.bat तथा फाइल्स आपके कम्प्यूटर की कमाण्ड्स को सैट करने के लिए वातावरण प्रदान करती हैं।

(i) **Config.sys** यह आपके सिस्टम को कमाण्ड्स के अनुसार समायोजित (Adjust) करती है।

(ii) **Autoexec.bat** यह फाइल स्वयं कमाण्ड लाइन में एक्जीक्यूट हो जाती है, जब सिस्टम को ऑन (ON) किया जाता है।

### प्रमुख एक्सटेंशन व उनका विवरण

| एक्सटेंशन | विवरण |
|---|---|
| .exe | एक्जीक्यूटेबल फाइल्स (Executable files) |
| .com | कमाण्ड फाइल्स (Command files) |
| .bat | बैच फाइल्स (Batch files) |
| .doc | डॉक्यूमेण्ट फाइल्स (Document files) |
| .txt | टेक्स्ट फाइल्स (Text files) |
| .prg | प्रोग्राम फाइल्स (Program files) |
| .ovr | ओवर लेस (Over lays) |
| .sys | सिस्टम फाइल्स (System files) |

## MS-DOS कमाण्ड्स के प्रकार

*एमएस-डॉस कमाण्ड्स दो प्रकार की होती हैं*

### इण्टर्नल कमाण्ड्स

ये ऐसी कमाण्ड्स होती हैं, जो MS-DOS की मुख्य फाइल कमाण्ड प्रोसेसर command.com में पहले से ही स्टोर होती हैं। इन कमाण्ड्स के द्वारा हम मेन रूट की डायरेक्टरीज और फाइल्स को देख सकते हैं। डायरेक्टरी फाइल सिस्टम में क्रमानुसार पाई जाती है। एक डायरेक्टरी के अन्दर विभिन्न डायरेक्टरी होती हैं, जिन्हें सब डायरेक्टरी कहा जाता है। प्रत्येक डिस्क में रूट डायरेक्टरी होना आवश्यक होता है। कुछ इण्टर्नल कमाण्ड्स हैं—DATE, TIME, VER, VOL, DIR, COPY आदि।

### एक्सटर्नल कमाण्ड्स

ये ऐसी कमाण्ड्स होती हैं, जो कम्प्यूटर की मुख्य मैमोरी में उपलब्ध नहीं रहतीं, बल्कि अलग प्रोग्राम फाइलों के रूप में डिस्क पर स्टोर रहती हैं। कुछ एक्सटर्नल कमाण्ड्स हैं—CHKDSK, Tree, Attrib, Diskcopy आदि।

**मुख्य कमाण्ड्स और उनके प्रयोग**

| आदेश | प्रयोग |
|---|---|
| DATE | पीसी में सैट की हुई तारीख देखने एवं बदलने के लिए |
| TIME | पीसी में सैट किया हुआ समय देखने एवं बदलने के लिए |
| CLS | स्क्रीन पर दिखाई गई सूचनाओं को मिटाने के लिए |
| DIR | किसी डायरेक्टरी में शामिल फाइलों एवं उप-डायरेक्टरी की सूची देखने के लिए |
| CD | करण्ट डायरेक्टरी देखने के लिए |
| COPY | किसी फाइल की कॉपी करने के लिए |
| REN | किसी फाइल का नाम परिवर्तित करने के लिए |
| DEL | किसी फाइल को डिस्क या फ्लॉपी से हटाने के लिए |
| MD | डायरेक्टरी या उप-डायरेक्टरी बनाने के लिए |
| RD | किसी डायरेक्टरी को हटाने के लिए |
| TYPE | किसी फाइल के कण्टेण्ट्स देखने के लिए |
| FORMAT | किसी नई या पुरानी फ्लॉपी को MS-DOS पर कार्य करने के लिए तैयार करने के लिए |
| PATH | किसी एक्जीक्यूटिव डायरेक्टरी या फाइल का पाथ जानने के लिए |
| EDIT | साधारण अक्षरों, अंकों तथा विशेष चिन्हों से बनी फाइल तैयार करने या उसे सुधारने के लिए |
| PRINT | किसी फाइल को प्रिण्ट करने के लिए |
| XCOPY | किसी डायरेक्टरी में स्थित उप-डायरेक्टरी एवं उनकी फाइलों की कॉपी करने के लिए |
| ERASE | एक या एक से ज्यादा फाइलों को हटाने के लिए |
| VER | संस्करण या वर्जन की सूचना देखने के लिए |
| SORT | किसी फाइल के डाटा को आरोही तथा अवरोही क्रम में बदलने के लिए |
| CHKDSK | एक्टिव डिस्क की पोजीशन को चेक करने के लिए |
| DISKCOPY | एक डिस्क के कण्टेण्ट्स को किसी दूसरी टारगेट डिस्क में कॉपी करने के लिए |
| MOVE | किसी फाइल को एक डिस्क से दूसरी डिस्क में तथा एक पाथ से दूसरे पाथ में मूव करने के लिए |

# प्रश्न बैंक

**1.** ………… वह प्रोग्राम है, जो कम्प्यूटर को प्रयोग करने में आसान बना देता है। **(RBI Grade B 2013)**
(1) एप्लीकेशन (2) यूटिलिटी
(3) नेटवर्क (4) ऑपरेटिंग सिस्टम
(5) इनमें से कोई नहीं

**2.** ………… कम्प्यूटर सिस्टम के फंक्शन को कण्ट्रोल करता है और यूजर्स को कम्प्यूटर के साथ इण्टरेक्ट करने के स्रोत उपलब्ध कराता है। **(IBPS Clerk Mains 2017)**
(1) ऑपरेटिंग सिस्टम (2) मदर बोर्ड
(3) प्लेटफॉर्म (4) एप्लीकेशन सॉफ्टवेयर
(5) हार्डवेयर

**3.** निम्नलिखित में से कौन सॉफ्टवेयर का प्रकार है, जो कम्प्यूटर में होने वाली आन्तरिक क्रियाओं को नियन्त्रित करता है एवं कम्प्यूटर के सभी भागों के कार्यों पर नियन्त्रण करता है? **(RBI Grade B 2012)**
(1) शेयर-वेयर
(2) पब्लिक डोमेन सॉफ्टवेयर
(3) एप्लीकेशन सॉफ्टवेयर
(4) ऑपरेटिंग सिस्टम सॉफ्टवेयर
(5) उपरोक्त में से कोई नहीं

**4.** OS का प्रमुख कार्य क्या है?
(1) प्रोसेसिंग मैनेजमेण्ट
(2) इनपुट/आउटपुट युक्ति मैनेजमेण्ट
(3) मैमोरी मैनेजमेण्ट
(4) फाइल मैनेजमेण्ट
(5) उपरोक्त सभी

**5.** कम्प्यूटर की सेण्ट्रल प्रोसेसिंग यूनिट के मैनेजमेण्ट का कार्य कौन करता है?
(1) मैमोरी मैनेजमेण्ट
(2) प्रोसेसिंग मैनेजमेण्ट
(3) फाइल मैनेजमेण्ट
(4) इनपुट-आउटपुट मैनेजमेण्ट

**6.** निम्न में से कौन ऑपरेटिंग सिस्टम के फंक्शन है?
(1) यूजर इण्टरफेस (2) फाइल सिस्टम मैनिपुलेशन
(3) रिसोर्स अलोकेशन (4) ये सभी

**7.** ……… का उपयोग बहुत बड़ी फाइलों के लिए किया जाता है या जहाँ फास्ट रेस्पॉन्स टाइम महत्त्वपूर्ण नहीं होता है। प्रेषित होने वाली फाइलें एक अवधि में एकत्रित की जाती हैं और फिर एक बैच के रूप में एक साथ भेजी जाती हैं। **(IBPS Clerk Mains 2017)**
(1) बैच प्रोसेसिंग
(2) ऑनलाइन प्रोसेसिंग
(3) फाइल प्रोसेसिंग
(4) डाटा प्रोसेसिंग
(5) स्टोरेज प्रोसेसिंग

**8.** निम्न में से कौन-सा सिस्टम डेडिकेटेड PCs का फंक्शन है? **(IBPS Clerk Mains 2017)**
(1) सिंगल यूजर के लिए
(2) सिंगल टास्क के लिए
(3) सिंगल सॉफ्टवेयर के साथ डील
(4) केवल एडिटिंग के साथ डील
(5) सिंगल हार्डवेयर के साथ डील

**9.** अनेक प्रोसेसरों द्वारा की जाने वाली दो या अधिक प्रोग्रामों की लगातार प्रोसेसिंग ………… कहलाती है। **(IBPS PO 2013)**
(1) मल्टीप्रोग्रामिंग (2) मल्टीटास्किंग
(3) टाइम शेयरिंग (4) मल्टीप्रोसेसिंग
(5) इनमें से कोई नहीं

**10.** एक समय में, एक साथ, एक से ज्यादा कार्य सम्पन्न करने वाली कम्प्यूटर तकनीक को ………… कहते हैं।
(1) मल्टीयूजर
(2) मल्टीटास्किंग
(3) मल्टीप्रपज
(4) मल्टीफंक्शनल

**11.** एक ऑपरेटिंग सिस्टम मल्टीटास्किंग कर सकता है, का क्या अर्थ है? **(IBPS PO 2013)**
(1) ऑपरेटिंग सिस्टम काम को कई CPUs के बीच विभाजित कर सकता है
(2) बहुत से प्रोग्राम साथ-साथ ऑपरेट किए जा सकते हैं
(3) बहुत से लोग साथ-साथ कम्प्यूटर का उपयोग कर सकते हैं
(4) उपरोक्त सभी
(5) उपरोक्त में से कोई नहीं

**12.** जब बहुत से कार्य कम्प्यूटर में एक साथ प्रतीत होते हैं, उसे क्या कहते हैं?
(1) टाइम शेयरिंग (2) बैच प्रोसेसिंग
(3) '1' और '2' दोनों (4) रियल टाइम

**13.** टाइम शेयरिंग सर्वाधिक उपयुक्त है
(1) छोटे कार्यों के लिए
(2) बड़े कार्यों के लिए
(3) आसान व छोटे कार्यों के लिए
(4) उपरोक्त सभी

**14.** टाइम शेयरिंग सिस्टम के विषय में कौन-सी बात सत्य है?
(1) यह प्राथमिक के आधार पर कार्य करता है
(2) यह नेटवर्क पर आधारित है
(3) प्रत्येक कार्य को समान टाइम स्लॉट दिया जाता है
(4) उपरोक्त सभी

**15.** किस ऑपरेटिंग सिस्टम की सहायता से एक साथ कई उपयोगकर्ता कम्प्यूटर ऑपरेट कर सकते हैं?
(1) विण्डोज (2) एमएस-डॉस
(3) टाइम शेयरिंग (4) ये सभी

**16.** कम्प्यूटर के संसाधनों का सर्वाधिक उपयुक्त प्रयोग किससे होता है?
(1) टाइम शेयरिंग OS में (2) मल्टीटास्किंग OS में
(3) मल्टीप्रोसेसिंग OS में (4) मल्टी एक्जीक्यूशन OS में

**17.** उपग्रहों के संचालन में प्राय: किस प्रकार के ऑपरेटिंग सिस्टम का प्रयोग किया जाता है?
(1) रियल टाइम ऑपरेटिंग सिस्टम
(2) सिंगल टास्किंग ऑपरेटिंग सिस्टम
(3) बैच प्रोसेसिंग ऑपरेटिंग सिस्टम
(4) MAC आधारित ऑपरेटिंग सिस्टम

**18.** यूजर और ऑपरेटिंग सिस्टम के मध्य होने वाले इण्टरेक्शन के तरीके को निम्न में से कौन कण्ट्रोल करता है?
(1) यूजर इण्टरफेस (2) लैंग्वेज ट्रांसलेटर
(3) प्लेटफॉर्म (4) स्क्रीन सेवर

**19.** निम्न में से किसको ऐसे साधन की संज्ञा दी जाती है, जिसके द्वारा एक ऑपरेटिंग सिस्टम या कोई अन्य प्रोग्राम प्रयोगकर्ता को प्रभावित करता है? **(SBI PO 2014)**
(1) प्रोग्राम फ्रण्ट एण्ड (2) प्रोग्रामिंग इण्टरफेस
(3) यूजर लॉग-इन (4) यूजर इण्टरफेस
(5) कम्पैटिबिलिटी

**20.** GUI का पूर्ण रूप है
(1) ग्राफिकल यूजर इण्टरफेस
(2) ग्राफिक यूजर इण्टरफेस
(3) ग्रेट यूजर इण्टरफेस
(4) ग्राफिकल यूजर इण्टरेक्शन

**21.** आजकल अधिकतर एप्लीकेशन सॉफ्टवेयर एक इण्टरफेस युक्त होते हैं, उस प्रकार के सॉफ्टवेयर को क्या कहा जाता है? **(RBI Grade B 2015)**
(1) ग्राफिकल यूजर इण्टरफेस
(2) करैक्टर यूजर इण्टरफेस
(3) आइकन यूजर इण्टरफेस
(4) बटन यूजर इण्टरफेस
(5) उपरोक्त में से कोई नहीं

**22.** कम्प्यूटर सिस्टम को कमाण्ड भेजने के लिए ................ स्क्रीन पर डिस्प्ले हुए चित्रों (जिन्हें आइकन कहा जाता है) और मेन्यू का प्रयोग करता है। **(RBI Grade B 2013)**
(1) कमाण्ड-आधारित यूजर इण्टरफेस
(2) GUI (3) सिस्टम यूटिलिटी
(4) API (5) इनमें से कोई नहीं

**23.** GUI का प्रयोग .......... के बीच एक इण्टरफेस के रूप में होता है। **[SBI Clerk 2014]**
(1) हार्डवेयर और सॉफ्टवेयर
(2) मानव और मशीन (3) सॉफ्टवेयर एवं यूजर
(4) ये सभी (5) इनमें से कोई नहीं

**24.** जो शब्दों तथा अक्षरों को कमाण्ड्स के रूप में स्वीकार करता है, कहलाता है
(1) यूजर इण्टरफेस
(2) कमाण्ड लाइन इण्टरफेस
(3) ग्राफिकल यूजर इण्टरफेस
(4) '2' तथा '3' दोनों

**25.** ........... न हो, तो कम्प्यूटर 'बूट' नहीं कर सकता।
(1) कम्पाइलर (2) लोडर
(3) ऑपरेटिंग सिस्टम (4) असेम्बलर

**26.** कम्प्यूटर को 'स्टार्ट' तथा 'रीस्टार्ट' करने की प्रक्रिया को ................ कहते हैं। **(IBPS PO 2014)**
(1) स्टार्ट-अप
(2) सैटिंग अप
(3) इनीशियलाइजिंग
(4) बूटिंग
(5) अलाइनिंग

**27.** ............ तब होती है, जब कम्प्यूटर ऑन किया जाता है और ऑपरेटिंग सिस्टम की लोडिंग हो रही होती है। **(RBI Grade B 2014)**
(1) बूटिंग (2) फ्लैशिंक
(3) ट्रैकिंग (4) टेपिंग
(5) इनमें से कोई नहीं

**28.** जब आप कम्प्यूटर को बन्द करते हैं, तो बूट रूटिन इस प्रक्रिया को प्रदर्शित करेगा **(IBPS PO 2013)**
(1) रैम प्रक्रिया (2) डिस्क ड्राइव प्रक्रिया
(3) मैमोरी प्रक्रिया (4) पावर ऑन सैल्फ टेस्ट
(5) इनमें से कोई नहीं

**29.** जब आप किसी पर्सनल कम्प्यूटर को बूट अप करते हैं, तो क्या होता है? **(RBI Grade B 2013)**
(1) ऑपरेटिंग सिस्टम के भाग डिस्क से मैमोरी में कॉपी होते हैं
(2) ऑपरेटिंग सिस्टम के भाग मैमोरी से डिस्क पर कॉपी होते हैं
(3) ऑपरेटिंग सिस्टम के भाग कम्पाइल होते हैं
(4) ऑपरेटिंग सिस्टम के भाग इम्यूलेट होते हैं
(5) उपरोक्त में से कोई नहीं

**30.** कौन-सी प्रक्रिया यह सुनिश्चित करने के लिए जाँच करती है कि कम्प्यूटर के घटक ऑपरेट कर रहे हैं और सही ढंग से जुड़े हुए हैं? **(RBI Grade B 2013)**
(1) बूटिंग (2) प्रोसेसिंग
(3) सेविंग (4) एडिटिंग
(5) इनमें से कोई नहीं

**31.** जब पहली बार किसी कम्प्यूटर को स्टार्ट किया जाता है, कहलाता है
(1) बूटिंग (2) वार्म बूटिंग
(3) कोल्ड बूटिंग (4) 'b' और 'c' दोनों

**32.** पहले से ऑन कम्प्यूटर को रीस्टार्ट करने को क्या कहते हैं?
(1) कोल्ड बूटिंग (2) वार्म बूटिंग
(3) शट डाउन (4) लॉगिंग ऑफ

**33.** यूनिक्स का विकास कब हुआ?
(1) वर्ष 1950 (2) वर्ष 1955
(3) वर्ष 1960 (4) वर्ष 1969

**34.** यूनिक्स की मुख्य भाषा कौन-सी है?
(1) कोबोल (2) बेसिक
(3) असेम्बली (4) जावा

**35.** यूनिक्स की विशेषता क्या है?
(1) एक साथ अनेक काम
(2) एक साथ अनेक लोग काम कर सकते हैं
(3) काफी सुरक्षित है
(4) कर्नेल (Kernel) डाटा का प्रबन्ध करता है
(5) उपरोक्त सभी

**36.** यूनिक्स ऑपरेटिंग सिस्टम ............ के लिए उपयुक्त है। **(IBPS PO 2016)**
(1) मल्टीयूजर (2) रियल टाइम प्रोसेसिंग
(3) डिस्ट्रिब्यूटेड प्रोसेसिंग (4) सिंगल यूजर
(5) सिंगल टास्किंग

**37.** यूनिक्स का पूरा नाम क्या है?
(1) यूनिप्लेक्स इन्फॉर्मेशन कम्प्यूटर सिस्टम
(2) यूनिप्लेक्स इण्टर कम्प्यूटर सर्किट
(3) यूनियन इन्फॉर्मेशन कम्प्यूटर सिस्टम
(4) यूनियन इन्फ्रो करैक्टर सिस्टम

**38.** एप्पल (Apple) का ऑपरेटिंग सिस्टम कौन-सा है?
(1) मैक (2) लाइनक्स
(3) यूनिक्स (4) विस्टा

**39.** ............ माइक्रोसॉफ्ट द्वारा विकसित ग्राफिकल यूजर इण्टरफेस ऑपरेटिंग सिस्टम है।
(1) विण्डोज XP (2) लाइनक्स
(3) यूनिक्स (4) इनमें से कोई नही

**40.** लाइनक्स ऑपरेटिंग सिस्टम कितने बिट वाला सिस्टम है?
(1) 8 (2) 32
(3) 1 (4) 16

**41.** निम्नलिखित में से कौन-सा ऑपरेटिंग सिस्टम सभी तरह के कम्प्यूटर पर चल सकता है?
(1) यूनिक्स (2) विण्डोज XP
(3) लाइनक्स (4) सोलेरिस

**42.** Redhat, Ubuntu तथा Chromium इत्यादि किसके उदाहरण हैं?
(1) विण्डोज आधारित ऑपरेटिंग सिस्टम
(2) लाइनक्स आधारित ऑपरेटिंग सिस्टम
(3) यूनिक्स आधारित ऑपरेटिंग सिस्टम
(4) MAC आधारित ऑपरेटिंग सिस्टम

**43.** निम्नलिखित में किस ऑपरेटिंग सिस्टम में बिल्ट-इन नेटवर्किंग क्षमता होती है?
(1) यूनिक्स (2) लाइनक्स
(3) विण्डो 95 (4) सोलेरिस

**44.** निम्न में से किस सॉफ्टवेयर का सोर्स कोड बहुत कम धनराशि में सभी के लिए उपलब्ध होता है?
(1) ओपन सोर्स सॉफ्टवेयर (2) सिस्टम सॉफ्टवेयर
(3) एप्लीकेशन सॉफ्टवेयर (4) '2' और '3' दोनों

**45.** ऑपरेटिंग सिस्टम का वह कौन-सा भाग है, जो CPU में होने वाले कार्यों को निर्देशित करता है?
(1) कर्नेल (Kernel) (2) फाइल
(3) फोल्डर (4) BIOS

**46.** पर्सनल कम्प्यूटर के लिए निम्न में से कौन-सा विण्डोज ऑपरेटिंग सिस्टम सॉफ्टवेयर का एक वर्जन नहीं है? **(IBPS PO 2015)**
(1) ME (2) 98 (3) XP
(4) लाइनक्स (5) 95

**47.** विण्डोज ऑपरेटिंग सिस्टम किस संस्था का है?
(1) एप्पल (2) एचपी
(3) माइक्रोसॉफ्ट (4) आईबीएम

**48.** एण्ड्रॉयड का नवीनतम संस्करण कौन-सा है?
(1) ओरियो (2) नॉगट
(3) नोकिया बैली (4) ब्लैकबेरी 10.3.3

**49.** गूगल द्वारा प्रस्तुत मोबाइल ऑपरेटिंग सिस्टम कौन-सा है?
(1) iOS (2) ब्लैकबेरी
(3) सिम्बियन (4) एण्ड्रॉयड

**50.** iOS का नवीनतम संस्करण कौन-सा है?
(1) iOS 11.3 (2) iOS 10.0.2
(3) iOS 10.0.3 (4) iOS 10.0.1

**51.** हैण्डहेल्ड ऑपरेटिंग सिस्टम का प्रयोग निम्न में से कौन करता है? **(SBI PO 2013)**
(1) सुपर कम्प्यूटर (2) पर्सनल कम्प्यूटर
(3) लैपटॉप (4) मेनफ्रेम
(5) PDA

**52.** DOS का पूरा नाम क्या है?
(1) डिस्क ऑफ सिस्टम
(2) डिस्क ऑपरेटिंग सिस्टम
(3) डिवाइस ऑपरेटिंग सिस्टम
(4) डॉस ऑपरेटिंग सिस्टम
(5) उपरोक्त में से कोई नहीं

**53.** 'एमएस-डॉस' एक ............... ऑपरेटिंग सिस्टम है। **(SBI PO 2014)**
(1) यूजर फ्रैण्डली ग्राफिकल
(2) ग्राफिकल यूजर इण्टरफेस
(3) रियल टाइम जीयूआई
(4) प्वॉइण्ट एण्ड चेक
(5) कमाण्ड लाइन इण्टरफेस

**54.** निम्न में से कौन-सा ऑपरेटिंग सिस्टम सिंगल यूजर ऑपरेटिंग सिस्टम भी कहलाता है?
(1) विण्डोज (2) लाइनक्स
(3) यूनिक्स (4) डॉस

**55.** निम्नलिखित में से कौन-सा एक ऑपरेटिंग सिस्टम है? **(IBPS PO 2014)**
(1) ट्रांसलेटर (2) इण्टरप्रेटर
(3) DOS (4) कम्पाइलर
(5) डीबगर

**56.** निम्न में से कौन-सा ऑपरेटिंग सिस्टम नहीं है?
(1) एमएस-डॉस (2) एम एस-वर्ड
(3) लाइनक्स (4) विण्डोज

**57.** कौन-सा प्रोग्राम ऑपरेटिंग सिस्टम को मेन मैमोरी में लोड करता है?
(1) बूट रिकॉर्ड
(2) Command.com प्रोग्राम
(3) इनपुट/आउटपुट सिस्टम
(4) MS-DOS.sys प्रोग्राम

**58.** एक डिस्क को फॉर्मेट करने का अर्थ है **(SBI PO 2015)**
(1) डिस्क की प्रोग्रामिंग, जिससे इस पर उपस्थित डाटा को मिटाया नहीं जा सकता
(2) डिस्क की सफाई करना
(3) इस पर एक ऑपरेटिंग सिस्टम इन्स्टॉल करना
(4) फाइल्स को स्टोर करने के लिए डिस्क पर सेक्शन्स बनाना
(5) इस पर फाइल्स को इन्स्टॉल करना

**59.** स्वयं कमाण्ड लाइन में एक्जीक्यूट हो जाती हैं
(1) Config.sys (2) Autoexec.bat
(3) Config.bat (4) Run.bat

**60.** एक्सेस टाइम क्या है?
(1) प्रारम्भिक समय
(2) निर्देशन देने का समय
(3) पहुँचने का समय
(4) निर्देश देने के बाद से लेकर निर्देश के पूरा होने के बीच का समय

**61.** .com किस फाइल का एक्सटेंशन है?
(1) टेक्स्ट फाइल (2) कमाण्ड फाइल
(3) बैच फाइल (4) सिस्टम फाइल

**62.** निम्न में से कौन-सा फाइल एक्सटेंशन डॉस में प्रयुक्त नहीं होता है?
(1) .exe (2) .o (3) .com (4) .prg

**63.** .prg एक्सटेंशन प्रयोग होता है
(1) प्रोग्राम फाइल्स में (2) प्रिण्ट फाइल्स में
(3) प्रेजेण्टेशन फाइल्स में (4) वर्ड फाइल्स में

**64.** कौन-सी कमाण्ड स्वयं मुख्य मैमोरी में लोड हो जाती है?
(1) इण्टर्नल (2) एक्सटर्नल
(3) वायरल (4) सिक्वेंशियल

**65.** एक डिस्क की मुख्य डायरेक्टरी को ............ डायरेक्टरी कहते हैं। **(IBPS PO 2015)**
(1) नेटवर्क (2) फोल्डर
(3) रूट
(4) दिए गए विकल्पों के अलावा कोई अन्य
(5) सॉफ्टवेयर

**66.** डायरेक्टरी के अन्दर की डायरेक्टरी क्या कहलाती है? **(IBPS PO 2013)**
(1) मिनी डायरेक्टरी (2) जूनियर डायरेक्टरी
(3) पार्ट डायरेक्टरी (4) सब डायरेक्टरी
(5) इनमें से कोई नहीं

**67.** प्रत्येक डिस्क के लिए निम्न में से कौन-सी डायरेक्टरी आवश्यक है? **(IBPS PO 2015)**
(1) रूट (2) बेस
(3) सब (4) केस
(5) इनमें से कोई नहीं

**68.** स्टोरेज डिवाइस पर स्थित मेन फोल्डर को क्या कहा जाता है? **(RBI Grade B 2012)**
(1) रूट डायरेक्टरी (2) इण्टरफेस
(3) डिवाइस ड्राइवर (4) प्लेटफॉर्म
(5) मेन डायरेक्टरी

**69.** DOS में अपने कार्य को एक्जीक्यूट करने के लिए किस प्रकार की फाइल की आवश्यकता होती है।
(1) इण्टर्नल कमाण्ड्स (2) एक्सटर्नल कमाण्ड्स
(3) बैच कमाण्ड्स (4) रीडायरेक्टरीज

**70.** CD कमाण्ड प्रयोग होती है
(1) कॉपी करने के लिए
(2) प्रिण्ट करने के लिए
(3) करण्ट डायरेक्टरी देखने के लिए
(4) उपरोक्त सभी

**71.** DEL कमाण्ड का प्रयोग .......... के लिए किया जाता है।
(1) फाइल्स को डिलीट करने
(2) डायरेक्टरी को डिलीट करने
(3) लेबल्स को डिलीट करने
(4) फाइल के कण्टेण्ट को डिलीट करने
(5) '1' और '2' दोनों

**72.** डॉस में, स्क्रीन पर दिखाई गई सूचनाओं को डिलीट के लिए किसका प्रयोग किया जाता है?
(1) CLS (2) DEL
(3) MD (4) RD

## उत्तरमाला

| | | | | | | | | | |
|---|---|---|---|---|---|---|---|---|---|
| 1. *(4)* | 2. *(1)* | 3. *(4)* | 4. *(5)* | 5. *(2)* | 6. *(4)* | 7. *(1)* | 8. *(1)* | 9. *(4)* | 10. *(2)* |
| 11. *(4)* | 12. *(1)* | 13. *(3)* | 14. *(3)* | 15. *(3)* | 16. *(1)* | 17. *(1)* | 18. *(1)* | 19. *(4)* | 20. *(1)* |
| 21. *(1)* | 22. *(2)* | 23. *(2)* | 24. *(2)* | 25. *(3)* | 26. *(4)* | 27. *(1)* | 28. *(4)* | 29. *(1)* | 30. *(1)* |
| 31. *(3)* | 32. *(2)* | 33. *(4)* | 34. *(3)* | 35. *(5)* | 36. *(1)* | 37. *(1)* | 38. *(1)* | 39. *(1)* | 40. *(2)* |
| 41. *(3)* | 42. *(2)* | 43. *(2)* | 44. *(1)* | 45. *(1)* | 46. *(4)* | 47. *(3)* | 48. *(1)* | 49. *(4)* | 50. *(1)* |
| 51. *(5)* | 52. *(2)* | 53. *(5)* | 54. *(4)* | 55. *(3)* | 56. *(2)* | 57. *(1)* | 58. *(4)* | 59. *(2)* | 60. *(4)* |
| 61. *(2)* | 62. *(2)* | 63. *(1)* | 64. *(1)* | 65. *(3)* | 66. *(4)* | 67. *(1)* | 68. *(1)* | 69. *(2)* | 70. *(3)* |
| 71. *(5)* | 72. *(1)* | | | | | | | | |

अध्याय

08

# प्रोग्रामिंग अवधारणाएँ

PROGRAMMING CONCEPTS

कम्प्यूटर की सहायता से किसी समस्या को हल करने के लिए क्रियाओं एवं पदों को क्रमबद्ध करना ही कम्प्यूटर प्रोग्रामिंग (Computer programming) कहलाती है। जो व्यक्ति कम्प्यूटर के लिए प्रोग्राम लिखते हैं या तैयार करते हैं, उन्हें प्रोग्रामर (Programmer) कहा जाता है। प्रोग्रामर कम्प्यूटर प्रोग्रामिंग के लिए कुछ विशेष भाषा का प्रयोग करते हैं, जिसे प्रोग्रामिंग भाषा (Programming language) कहा जाता है; *जैसे*—C++, Java आदि।

## प्रोग्रामिंग भाषाएँ

कम्प्यूटर एक मशीन है, इसलिए हमारी सामान्य बोलचाल की भाषाओं में लिखे प्रोग्रामों को नहीं समझ सकता, इसलिए कम्प्यूटर के लिए विशेष प्रकार की भाषाओं में प्रोग्राम लिखे जाते हैं। इन भाषाओं को प्रोग्रामिंग भाषाएँ कहते हैं। इन भाषाओं की अपनी एक अलग व्याकरण (Grammar) होती है और प्रोग्राम लिखते समय उनकी व्याकरण का पालन करना आवश्यक है। ये भाषाएँ कम्प्यूटर और प्रोग्रामर के बीच सम्पर्क या संवाद बनाती हैं। कम्प्यूटर उनके माध्यम से दिए गए निर्देशों को समझकर उनके अनुसार कार्य करता है। ये निर्देश इस प्रकार दिए जाते हैं कि उनका क्रमश: पालन करने से कोई कार्य पूरा हो जाए।

*प्रोग्रामिंग भाषाओं को तीन प्रमुख भागों में विभाजित किया गया है—*

1. निम्न स्तरीय भाषाएँ
2. मध्य स्तरीय भाषाएँ
3. उच्च स्तरीय भाषाएँ

### निम्न स्तरीय भाषाएँ

इस स्तर की भाषाएँ कम्प्यूटर की आन्तरिक कार्यप्रणाली के अनुसार बनाई जाती हैं तथा ऐसी भाषाओं में लिखे गए प्रोग्रामों के क्रियान्वयन करने की गति अधिक होती है, क्योंकि कम्प्यूटर उसके निर्देशों का सीधे ही क्रियान्वयन कर सकता है। इनके दो प्रमुख उदाहरण हैं—मशीनी भाषाएँ तथा असेम्बली भाषाएँ।

(i) **मशीनी भाषाएँ** (Machine Languages) ये भाषाएँ केवल बाइनरी अंकों (0 या 1) से बनी होती हैं। प्रत्येक कम्प्यूटर के लिए उसकी अलग मशीनी भाषा होती है। मशीनी भाषा का प्रयोग प्रथम पीढ़ी के कम्प्यूटरों में किया जाता था तथा इनमें त्रुटियों का पता लगाना एवं उन्हें ठीक करना लगभग असम्भव होता है।

(ii) **असेम्बली भाषाएँ** (Assembly Languages) ये भाषाएँ पूरी तरह मशीनी भाषाओं पर आधारित होती हैं, परन्तु इनमें 0, 1 की श्रृंखलाओं के स्थान पर अंग्रेजी के अक्षरों और कुछ चुने हुए शब्दों को कोड के रूप में प्रयोग किया जाता है। इन भाषाओं में लिखे गए प्रोग्रामों में त्रुटि का पता लगाना एवं उन्हें ठीक करना सरल होता है।

### मध्य स्तरीय भाषाएँ

ये भाषाएँ निम्न स्तरीय तथा उच्च स्तरीय भाषाओं (High level language) के मध्य पुल (Bridge) का कार्य करती हैं। C भाषा को मध्य स्तरीय भाषा कहा जाता है, क्योंकि इसमें उच्च स्तरीय तथा निम्न स्तरीय (Low level) दोनों भाषाओं के गुण हैं।

## उच्च स्तरीय भाषाएँ

ये भाषाएँ कम्प्यूटर की आन्तरिक कार्यप्रणाली पर आधारित नहीं होती हैं। इन भाषाओं में अंग्रेजी के कुछ चुने हुए शब्दों और साधारण गणित में प्रयोग किए जाने वाले चिन्हों का प्रयोग किया जाता है। इनमें त्रुटियों का पता लगाना और उन्हें ठीक करना सरल होता है, किन्तु इन भाषाओं में लिखे प्रोग्राम्स को मशीनी भाषा में कम्पाइलर या इण्टरप्रेटर के द्वारा अनुवादित (Translated) कराया जाना आवश्यक होता है। कम्प्यूटर प्रोग्राम सामान्य रूप से उच्च स्तरीय प्रोग्रामिंग भाषाओं में लिखे जाते हैं। प्रोग्राम के मानव द्वारा रीडेबल वर्जन (Readable version) को सोर्स कोड कहते हैं।

### कुछ उच्च स्तरीय भाषाएँ तथा उनके अनुप्रयोग क्षेत्र

| भाषा (Language) | वर्ष (Year) | डेवलपर (Developer) | अनुप्रयोग क्षेत्र (Application Area) | प्रकृति (Nature) |
|---|---|---|---|---|
| **FORTRAN** (Formula Translation) | 1957 | प्रोग्राम्स के एक समूह ने बेल प्रयोगशाला में विकसित की। | संख्यात्मक गणना और वैज्ञानिक कम्प्यूटिंग | कम्पाइल्ड |
| **ALGOL** (Algorithmic Language) | 1958 | यूरोपियन तथा अमेरिकी कम्प्यूटर वैज्ञानिकों ने सामूहिक रूप से विकसित की। | वैज्ञानिक अनुप्रयोग के लिए | कम्पाइल्ड |
| **LISP** (List Processing) | 1958 | जॉन मकार्थी ने MIT इन्स्टीट्यूट में विकसित की। | आर्टिफिशियल इण्टेलिजेन्स के क्षेत्र में | कम्पाइल्ड और इण्टरप्रेटेड |
| **COBOL** (Common Business Oriented Language) | 1959 | ग्रेस हूपर ने विकसित की। | बिजनेस के लिए | कम्पाइल्ड |
| **BASIC** (Beginner's All purpose Symbolic Instruction Code) | 1964 | जॉन जी केमेनी और थॉमस ई. कुर्टज ने डर्टमाउथ कॉलेज न्यू हैमिसपायर में विकसित की। | शिक्षण कार्य के लिए | इण्टरप्रेटेड |
| **PASCAL** | 1970 | निकलोस विर्थ ने विकसित की। | शिक्षण कार्य के लिए | कम्पाइल्ड |
| **C** | 1972 | डेनिस रिची द्वारा बेल प्रयोगशाला में विकसित की गई थी। | सिस्टम प्रोग्रामिंग के लिए | कम्पाइल्ड |
| **C++** | 1983 | बज़ारने स्ट्रोस्ट्रप ने बेल प्रयोगशाला में विकसित की। | सिस्टम ऑब्जेक्ट प्रोग्रामिंग के लिए | कम्पाइल्ड |
| **JAVA** | 1995 | जेम्स गोसलिंग ने सन माइक्रोसिस्टम में विकसित की। | इण्टरनेट आधारित प्रोग्रामिंग के क्षेत्र में | कम्पाइल्ड और इण्टरप्रेटेड |

## प्रोग्राम डॉक्यूमेण्टेशन

यह एक प्रकार का डॉक्यूमेण्ट होता है, जो प्रोग्राम के विषय में व्यापक प्रक्रियात्मक (Procedural) विवरण देता है। प्रोग्राम डॉक्यूमेण्टेशन में प्रोग्राम के रख-रखाव तथा उसमें हुए परिवर्तन को बनाए रखने की क्षमता होती है। प्रोग्राम डॉक्यूमेण्टेशन प्रोग्राम के लिए आवश्यक इनपुट तथा उस इनपुट से होने वाली क्रियाओं का उल्लेख करता है।

## ऑब्जेक्ट ओरिएण्टेड प्रोग्रामिंग

इसमें विभिन्न प्रोग्रामिंग भाषाओं के सभी उत्तम गुणों का समावेश किया गया है। इसके अतिरिक्त इसमें अनेक नए गुण भी हैं। पुरानी सभी भाषाओं में फंक्शन की क्रियाविधि पर विशेष महत्व दिया जाता था, जबकि ऑब्जेक्ट ओरिएण्टेड प्रोग्रामिंग में डाटा तथा ऑब्जेक्ट पर विशेष महत्त्व दिया जाता है। इस प्रोग्रामिंग में डाटा को सीधे प्रयोग नहीं किया जाता है। डाटा को बाह्य फंक्शनों के द्वारा बदला नहीं जा सकता। OOP में समस्या के हल के लिए ऑब्जेक्ट का निर्माण करते हैं तथा इन्हीं ऑब्जेक्ट के अनुरूप डाटा व फंक्शन बनाए जाते हैं। उदाहरण C++, जावा, C# डिबगिंग प्रोग्राम में त्रुटियों का पता लगाने तथा उनको ठीक करने की प्रक्रिया है। किसी प्रोग्राम को डिबग (Debug) करने के लिए, पहले समस्या के स्रोत को पृथक् किया जाता है और फिर इसे ठीक किया जाता है।

## भाषा अनुवादक

ये ऐसे प्रोग्राम हैं, जो विभिन्न प्रोग्रामिंग भाषाओं में लिखे गए प्रोग्रामों का अनुवाद कम्प्यूटर की मशीनी भाषा (Machine language) में करते हैं। यह अनुवाद कराना इसलिए आवश्यक होता है, क्योंकि कम्प्यूटर केवल अपनी मशीनी भाषा में लिखे हुए प्रोग्राम का ही क्रियान्वयन कर सकता है।

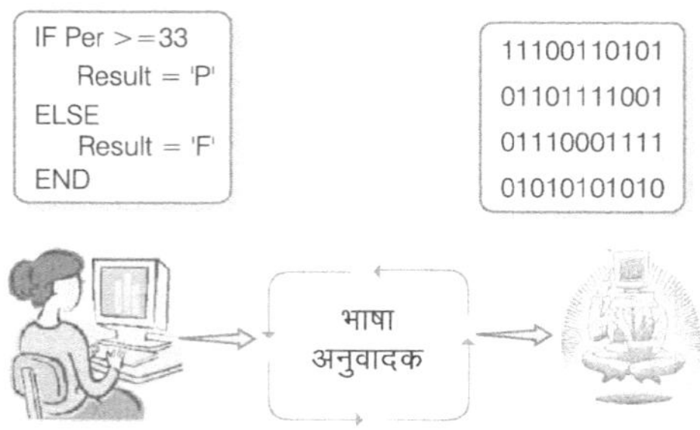


*भाषा अनुवादक (Language translator) को मुख्यत: तीन श्रेणियों में बाँटा गया है—*

1. असेम्बर 2. कम्पाइलर 3. इण्टरप्रेटर

## असेम्बलर

यह एक ऐसा प्रोग्राम होता है, जो असेम्बली भाषा (Assembly language) में लिखे गए किसी प्रोग्राम को पढ़ता है और उसका अनुवाद मशीनी भाषा में कर देता है। असेम्बली भाषा के प्रोग्राम को सोर्स प्रोग्राम (Source program) कहा जाता है। इसका मशीनी भाषा में अनुवाद करने के बाद जो प्रोग्राम प्राप्त होता है, उसे ऑब्जेक्ट प्रोग्राम (Object program) कहा जाता है।

## कम्पाइलर

यह एक ऐसा प्रोग्राम होता है, जो किसी प्रोग्रामर द्वारा उच्च स्तरीय प्रोग्रामिंग भाषा (High level programming language) में लिखे गए सोर्स प्रोग्राम का अनुवाद मशीनी भाषा में करता है। कम्पाइलर सोर्स प्रोग्राम के प्रत्येक कथन या निर्देश का अनुवाद करके उसे मशीनी भाषा के निर्देशों में बदल देता है। प्रत्येक उच्च स्तरीय भाषा के लिए एक अलग कम्पाइलर (Compiler) की आवश्यकता होती है। यह एक बार में पूरे प्रोग्राम का अनुवाद करता है।

## इण्टरप्रेटर

यह किसी प्रोग्रामर द्वारा उच्च स्तरीय प्रोग्रामिंग भाषा में लिखे गए सोर्स प्रोग्राम का अनुवाद मशीनी भाषा में करता है, परन्तु यह एक बार में सोर्स प्रोग्राम के केवल एक कथन को मशीनी भाषा में अनुवाद करता है और उनका क्रियान्वयन (Execution) कराता है। इनका क्रियान्वयन हो जाने के बाद ही वह सोर्स प्रोग्राम के अगले कथन का मशीनी भाषा में अनुवाद करता है। मूलत: कम्पाइलर और इण्टरप्रेटर (Interpreter) का कार्य समान होता है, अन्तर केवल यह है कि कम्पाइलर जहाँ ऑब्जेक्ट प्रोग्राम बनाता है, वहीं इण्टरप्रेटर कुछ नहीं बनाता, इसलिए इण्टरप्रेटर का उपयोग करते समय हर बार सोर्स प्रोग्राम की आवश्यकता पड़ती है।

## लैंग्वेज की पीढ़ियाँ

*प्रोग्राम की भाषाओं की निम्न पाँच पीढ़ियाँ होती हैं*

1. प्रथम पीढ़ी की भाषा या 1 GL निम्न स्तरीय भाषा होती है; जैसे—मशीनी भाषा।
2. दूसरी पीढ़ी की भाषा या 2 GL निम्न स्तरीय भाषा होती है, जो असेम्बली भाषा से मिलकर बनी होती है।
3. तीसरी पीढ़ी की भाषा या 3 GL उच्च स्तरीय भाषा होती है; जैसे—C भाषा।
4. चौथी पीढ़ी की भाषा या 4 GL का प्रयोग यूजर के लिए आसान है तथा नए एप्लीकेशन प्रोग्राम बनाने में सहायता करती है। इस पीढ़ी की भाषा डाटाबेस प्रोग्रामिंग तथा स्क्रिप्टिंग प्रोग्रामिंग में प्रयोग की जाती है; जैसे—SQL, oracle
5. पाँचवीं पीढ़ी की भाषा या 5 GL प्रोग्रामिंग भाषा होती है, जिसमें विजुअल टूल्स संगृहित होते हैं। यह प्रोग्राम को डेवलप करने में मदद करती है। इस पीढ़ी की भाषा का सबसे अच्छा उदाहरण विजुअल बेसिक है।

## एरर

कम्प्यूटर विज्ञान की भाषा में किसी गलती को बग (bug) या एरर (Error) कहा जाता है, इसलिए डिबग (Debug) का अर्थ उस गलती को दूर करना है। किसी प्रोग्राम को डिबग करने के लिए, पहले समस्या के स्रोत को पृथक् किया जाता है और फिर उसे ठीक किया जाता है। किसी कम्प्यूटर प्रोग्राम में त्रुटियों का पता लगाने तथा उनको ठीक करने की प्रक्रिया डिबगिंग (Debugging) कहलाती है।

## एरर के प्रकार

*प्रोग्राम के अन्तर्गत निम्न प्रकार की एरर हो सकती हैं*

1. **सिण्टैक्स एरर्स** सिण्टैक्स (Syntax) को किसी कमाण्ड को लिखने के लिए डिजाइन किया जाता है अर्थात् सिण्टैक्स प्रोग्रामिंग लैंग्वेज की व्याकरण होती है। प्रोग्राम के नियमों से किसी भी तरह से गलत होने पर एरर उत्पन्न हो जाती है। इस एरर को ही सिण्टैक्स एरर कहा जाता है।

2. **रन टाइम एरर** रन टाइम एरर वह होती है, जिसकी पहचान प्रोग्राम के क्रियान्वयन (Execution) के समय की जाती है। इसे एक ऐसी एरर के रूप में परिभाषित किया जाता है, जिसके प्रोग्राम में उत्पन्न होने के कारण क्रियान्वयन के दौरान असामान्य व्यवहार की स्थिति देखने को मिलती है। इन एरर्स को अक्सर पहचान लिया जाता है और उन्हें सुधारा जाता है।
3. **लॉजिकल एरर** लॉजिकल एरर वह एरर है, जिसके कारण कम्प्यूटर को जिन कार्यों को करना होता है, उनके अलावा वह अन्य क्रियाओं को सम्पन्न करता है। इन एरर्स का पता लगाना अत्यन्त आवश्यक है और प्रोग्रामर द्वारा उनमें सुधार किया जाना चाहिए।
4. **सिमेण्टिक एरर** जब हम प्रोग्राम के कोड को कम्पाइल करते हैं, तो हो सकता है कि हमें Warning की तरह कुछ मैसेज स्क्रीन पर दिखाई दें, यह तब होता है जब प्रोग्राम में हमने कुछ ऐसे वैरिएबल या स्टेटमेण्ट लिखे होते हैं, जिनकी कोई जरूरत नहीं होती है

## एल्गोरिथ्म

यह किसी कार्य को करने के लिए एक विशेष क्रम में लिखे गए आदेशों का समूह होता है। यह आदेश इस प्रकार लिखा जाता है कि कोई यूजर उसे समझकर उसी क्रम में सही तरीके से क्रियान्वयन करता जाए, तो कार्य पूरा हो जाता है। अपनी भाषा में प्रोग्राम की गतिविधियों का प्रतिरूप तैयार करना एल्गोरिथ्म कहलाता है।

## फ्लोचार्ट

यह एल्गोरिथ्म के लिखने की विधि है, जिसमें एल्गोरिथ्म के आदेशों (Commands) को विशेष प्रकार की आकृतियों के रूप में दर्शाया जाता है। इसमें हम उन प्रतीकों (Symbols) का प्रयोग करते हैं, जो स्टार्ट, इनपुट प्रोसेस, डिसीज़न, कनैक्टर, आउटपुट, गति की दिशा एवं स्टॉप आदि को दर्शाते हैं। इसके अन्तर्गत अलग-अलग आकृतियाँ (Shapes) होती हैं तथा उन आकृतियों के अन्दर उस कथन को संक्षेप में लिखा जाता है। इन आकृतियों को उनके क्रियान्वयन के क्रम की दिशा में तीर (↓) के चिन्हों द्वारा जोड़ दिया जाता है।

*दो महत्त्वपूर्ण बॉक्स फ्लोचार्ट में प्रयुक्त होते हैं*

(i) प्रोसेसिंग, जिसे एक्टीविटी भी कहते हैं, आयत बॉक्स के द्वारा प्रदर्शित होती है।

(ii) डिसीजन, जो डायमण्ड बॉक्स के द्वारा प्रदर्शित होता है।

### इन्हें भी जानें

- **वाइल्ड करैक्टर या वाइल्ड कार्ड करैक्टर** वाइल्ड कार्ड एक प्रतीक है, जो एक या अधिक करैक्टरों को बदलने या प्रतिनिधित्व करने के लिए उपयोग किया जाता है।
- **स्यूडो कोड** (Pseudo code) यह एक प्रोग्रामिंग भाषा नहीं है, लेकिन किसी प्रोग्राम को समझाने का अनौपचारिक तरीका है। दूसरे शब्दों में, स्यूडो कोड किसी प्रोग्राम की रूपरेखा है, जो इस तरह से लिखी जाती है कि जरूरत पड़ने पर इसे प्रोग्राम में बदला जा सके।
- **कण्ट्रोल स्ट्रक्चर्स** (Control Structures) एक कथन (Statement) या एक से अधिक कथनों का एक समूह है, जो प्रोग्राम में निर्देशों के क्रियान्वयन का क्रम से पालन कराता है।
- **लूपिंग** (Looping) एक प्रकार का कण्ट्रोल स्ट्रक्चर है, जो किसी प्रोग्राम में किसी विशेष स्थिति (Condition) को बार-बार दोहराता है।

# प्रश्न बैंक

**1.** इन्स्ट्रक्शन का सेट, जो कम्प्यूटर को क्या करना है यह बताता है, उसे ······ कहते हैं। **(IBPS PO 2013)**

(1) मेण्टर (2) इन्स्ट्रक्टर
(3) कम्पाइलर (4) प्रोग्राम
(5) इनमें से कोई नहीं

**2.** ·········· एक एल्गोरिथ्म के लॉजिकल स्टेप को व्यक्त करने के लिए विशिष्ट निर्देश तथा शब्द रखती/रखते हैं। **(IBPS PO 2013)**

(1) प्रोग्रामिंग लैंग्वेज (2) वाक्य रचना
(3) प्रोग्रामिंग स्ट्रक्चर (4) लॉजिक चार्ट
(5) इनमें से कोई नहीं

**3.** किसी प्रोग्रामिंग भाषा में कम्प्यूटर निर्देशों को लिखने की प्रक्रिया को क्या कहते हैं? **(IBPS Clerk 2014)**

(1) कोडिंग (2) एल्गोरिथ्म
(3) प्रोसेसिंग (4) फाइल
(5) इन्स्ट्रक्शनिंग

**4.** 1 और 0 के संयोजन के उपयोग की सुविधा किस प्रकार की कम्प्यूटर भाषा में है? **(IBPS PO 2016)**

(1) High Level Languages
(2) PASCAL
(3) Machine Language
(4) C
(5) COBOL

**5.** ·········· का उपयोग करते हुए पहले कम्प्यूटर प्रोग्राम बनाए जाते थे।

(1) असेम्बली लैंग्वेज
(2) मशीनी लैंग्वेज
(3) सोर्स कोड
(4) ऑब्जेक्ट कोड
(5) बार कोड

**6.** कम्प्यूटर किसी भी डाटा को स्टोर करता है

(1) हाँ या ना में
(2) 0 एवं 1 के रूप में
(3) जैसा दिया जाता है वैसा ही
(4) उपरोक्त सभी
(5) उपरोक्त में से कोई नहीं

**7.** सी, बेसिक, कोबोल तथा जावा किस प्रकार की भाषाओं के उदाहरण हैं? **(IBPS PO 2015)**

(1) निम्न स्तरीय
(2) कम्प्यूटर
(3) सिस्टम प्रोग्रामिंग
(4) उच्च स्तरीय
(5) उपरोक्त में से कोई नहीं

**8.** निम्न में से कौन मशीन इण्डिपेण्डेण्ट प्रोग्राम है?

(1) उच्च स्तरीय भाषा **(IBPS RRB PO Mains 2017)**
(2) निम्न स्तरीय भाषा
(3) असेम्बली भाषा
(4) मशीनी भाषा
(5) उपरोक्त में से कोई नहीं

**9.** निम्न में से कौन-सी कम्प्यूटर लैंग्वेज एक गणितीय ओरिएण्टेड है, जिसका प्रयोग वैज्ञानिक समस्याओं के लिए किया जाता है? **(IBPS Clerk Mains 2017)**

(1) FORTRAN (2) COBOL
(3) LISP (4) PROLOG
(5) ANDROID

**10.** FORTRAN का प्रयोग ················ के लिए नहीं होता है। **(SSC CGL 2017)**

I. चित्र बनाने के लिए
II. गणित संगणना के लिए

**कूट**

(1) केवल I (2) केवल II
(3) I और II दोनों (4) न तो I और न ही II

**11.** पास्कल लैंग्वेज किस उद्देश्य के लिए प्रयुक्त होती है?

(1) वैज्ञानिक कार्य के लिए
(2) शिक्षण कार्य के लिए
(3) व्यापारिक कार्य के लिए
(4) गणित के क्षेत्र में

**12.** इण्टरनेट आधारित प्रोग्रामिंग के लिए प्रयुक्त भाषा कौन-सी है?

(1) C++ (2) C
(3) पास्कल (4) जावा

**13.** 'जावा' निम्न में से क्या है? **(SBI PO 2014)**
(1) उच्च स्तरीय भाषा
(2) जटिल भाषा
(3) हार्डवेयर डिवाइस ड्राइवर
(4) निम्न स्तरीय भाषा
(5) मध्य स्तरीय प्रोग्रामिंग भाषा

**14.** निम्नलिखित में से कौन-सी एक कम्प्यूटर प्रोग्रामिंग भाषा नहीं है? **(IBPS Clerk 2014)**
(1) C++ (2) माइक्रोसॉफ्ट
(3) C# (4) BASIC
(5) जावा

**15.** .......... किसी कम्प्यूटर प्रोग्राम के कार्यों का लिखित ब्यौरा है। **(IBPS PO 2014)**
(1) एक्सप्लेनेटरी इन्स्ट्रक्शन्स
(2) ग्राफिकल यूजर इण्टरफेस
(3) प्लग एण्ड प्ले
(4) 'रीड मी' फाइल्स
(5) डॉक्यूमेण्टेशन

**16.** निम्न में से कौन-सी OOPS की भाषा नहीं है?
(1) C (2) C++
(3) जावा स्क्रिप्ट (4) C#

**17.** असेम्बलर का कार्य
(1) बेसिक भाषा को मशीनी भाषा में परिवर्तित करना
(2) उच्च स्तरीय भाषा को मशीनी भाषा में परिवर्तित करना
(3) असेम्बली भाषा को मशीनी भाषा में परिवर्तित करना
(4) असेम्बली भाषा को उच्च स्तरीय भाषा में परिवर्तित करना

**18.** असेम्बलर के बारे में निम्नलिखित में से क्या सत्य नहीं है?
(1) असेम्बली लैंग्वेज के इन्स्ट्रक्शन्स को मशीन लैंग्वेज में ट्रांसलेट करता है
(2) यह C प्रोग्राम को ट्रांसलेट नहीं करता है
(3) यह प्रोग्राम एक्जीक्यूशन में शामिल होता है
(4) एक ट्रांसलेटिंग प्रोग्राम है

**19.** कम्पाइलर उच्च स्तरीय भाषा में लिखे प्रोग्राम को .......... में ट्रांसलेट करता है। **(IBPS PO 2013)**
(1) मशीनी भाषा
(2) एल्गोरिथ्म
(3) डिबग प्रोग्राम
(4) जावा
(5) इनमें से कोई नहीं

**20.** कम्पाइलर हाई लेवल प्रोग्रामों को मशीन लैंग्वेज में ट्रांसलेट करता है, जिसे .......... कहते हैं।
(1) सोर्स कोड
(2) ऑब्जेक्ट कोड
(3) कम्पाइल्ड कोड
(4) बीटा कोड

**21.** .............. एक बार में पूरे प्रोग्राम को कन्वर्ट और एक्जीक्यूट करता है।
(1) कम्पाइलर (2) इण्टरप्रेटर
(3) कन्वर्टर (4) इन्स्ट्रक्शन्स

**22.** कम्पाइलिंग उत्पन्न करता है **(RBI Grade B 2012)**
(1) त्रुटि रहित प्रोग्राम (2) प्रोग्राम विशिष्टीकरण
(3) सबरूटिन (4) एल्गोरिथ्म
(5) एक्जीक्यूटेबल प्रोग्राम

**23.** यह एक विशेष प्रोग्राम है, जो किसी विशेष भाषा में लिखे स्टेटमेण्टों को प्रोसेस करता है और उन्हें मशीनी भाषा या 'कोड' में बदल देता है, जिसे कम्प्यूटर का प्रोसेसर इस्तेमाल करता है। **(RBI Grade B 2013)**
(1) कम्पाइलर (2) लोडर
(3) इन्स्ट्रक्शन (4) प्रॉब्लम प्रोग्राम
(5) लॉजिक गेट

**24.** .......... एक समय में एक कथन को कन्वर्ट और एक्जीक्यूट करता है।
(1) कन्वर्टर (2) कम्पाइलर
(3) इन्स्ट्रक्टर (4) इण्टरप्रेटर

**25.** सोर्स प्रोग्राम है
(1) मशीनी भाषा में लिखना
(2) कम्प्यूटर प्रोग्राम को मशीनी भाषा में बदलने वाला
(3) मशीनी भाषा को प्रोग्राम में बदलने वाला
(4) उपरोक्त सभी

**26.** कम्प्यूटर प्रोग्राम सामान्य रूप से उच्च स्तरीय प्रोग्रामिंग भाषाओं में लिखे जाते हैं। प्रोग्राम के मानव द्वारा रीडेबल वर्जन को क्या कहते हैं? **(IBPS PO 2015)**
(1) कैश (2) सोर्स कोड
(3) वर्ड साइज (4) संकेत सेट
(5) इनमें से कोई नहीं

**27.** बेसिक (BASIC) कम्प्यूटर भाषा किस पीढ़ी की भाषा है?
(1) प्रथम पीढ़ी (2) द्वितीय पीढ़ी
(3) तृतीय पीढ़ी (4) चतुर्थ पीढ़ी

**28.** मशीनी भाषा किस पीढ़ी के कम्प्यूटर की भाषा है?
(1) प्रथम पीढ़ी
(2) द्वितीय पीढ़ी
(3) चतुर्थ पीढ़ी
(4) पंचम पीढ़ी

**29.** कम्प्यूटर प्रोग्राम में एक एरर क्या कहलाती है?
(1) क्रैश (2) पावर फेल्यर
(3) बग (4) वायरस

**30.** .......... सॉफ्टवेयर कोड में त्रुटियाँ ढूँढने की एक प्रक्रिया है।
(1) कम्पाइलिंग (2) टेस्टिंग
(3) रनिंग (4) डिबगिंग

**31.** वह कौन-सी एरर है, जिसकी पहचान प्रोग्राम के क्रियान्वयन के समय की जाती है?
(1) सिण्टैक्स एरर
(2) रन टाइम एरर
(3) लॉजिक एरर
(4) सिमेण्टिक एरर

**32.** प्रोग्रामिंग सम्बन्धी समस्या को हल करने के लिए आवश्यक चरणों की क्रमबद्ध ग्राफिक प्रस्तुति को क्या कहा जाता है? **(RBI Grade B 2013)**
(1) प्रोग्राम फ्लोचार्ट (2) स्टेप चार्ट
(3) रूल डायग्राम (4) प्रोग्राम ग्राफ
(5) पावर डायग्राम

**33.** ...... ऐसे प्रतीक हैं, जो किसी करैक्टर या करैक्टरों के संयोजन का प्रतिनिधित्व करते हैं। **(RBI Grade B 2014)**
(1) प्लेइंग कार्ड (2) वाइल्ड कार्ड
(3) प्राइवेट कीज़ (4) पब्लिक कीज़
(5) लूपिंग

**34.** .......... कमाण्ड के क्रियान्वयन की प्रक्रिया है।
(1) फैचिंग (2) स्टोरिंग
(3) एक्जीक्यूटिंग (4) डिकोडिंग

**35.** .......... एक प्रकार का कण्ट्रोल स्ट्रक्चर है, जो किसी प्रोग्राम में विशेष स्थिति को बार-बार दोहराता है।
(1) वाइल्ड कार्ड (2) स्यूडो कोड
(3) लूपिंग (4) इनमें से कोई नहीं

## उत्तरमाला

| | | | | | | | | | |
|---|---|---|---|---|---|---|---|---|---|
| 1. *(4)* | 2. *(1)* | 3. *(1)* | 4. *(3)* | 5. *(2)* | 6. *(2)* | 7. *(4)* | 8. *(1)* | 9. *(1)* | 10. *(3)* |
| 11. *(2)* | 12. *(4)* | 13. *(1)* | 14. *(2)* | 15. *(5)* | 16. *(1)* | 17. *(3)* | 18. *(3)* | 19. *(1)* | 20. *(3)* |
| 21. *(1)* | 22. *(5)* | 23. *(1)* | 24. *(4)* | 25. *(2)* | 26. *(2)* | 27. *(3)* | 28. *(1)* | 29. *(3)* | 30. *(4)* |
| 31. *(2)* | 32. *(1)* | 33. *(2)* | 34. *(3)* | 35. *(3)* | | | | | |

अध्याय 09

# माइक्रोसॉफ्ट विण्डोज

## MICROSOFT WINDOWS

माइक्रोसॉफ्ट विण्डोज का पूरा नाम 'माइक्रोसॉफ्ट-वाइड इण्टरएक्टिव नेटवर्क डेवलपमेण्ट फॉर ऑफिस वर्क सॉल्यूशन' है। माइक्रोसॉफ्ट विण्डोज, पर्सनल कम्प्यूटर के लिए माइक्रोसॉफ्ट द्वारा विकसित ऑपरेटिंग सिस्टम है। विश्व के लगभग 90 % पर्सनल कम्प्यूटर में माइक्रोसॉफ्ट विण्डोज ऑपरेटिंग सिस्टम उपयोग हो रहा है। यह ग्राफिकल यूजर इण्टरफेस (GUI), मल्टीटास्किंग और वर्चुअल मैमोरी की सुविधा देता है।

## एमएस-विण्डोज के संस्करण

*एमएस-विण्डोज (MS-Windows) के कुछ मुख्य संस्करण निम्नलिखित हैं*

### विण्डोज NT

विण्डोज NT (Windows NT) माइक्रोसॉफ्ट द्वारा बनाया गया ऑपरेटिंग सिस्टम्स का परिवार है। इसका पहला संस्करण जुलाई, 1993 में प्रस्तुत हुआ। यह विशेष रूप से उपयोगकर्ताओं की मदद के लिए नेटवर्क वर्कस्टेशन क्षमताओं पर बेहतर नियन्त्रण के लिए बनाया गया था। *विण्डोज NT की विशेषताएँ निम्न हैं*

(i) यह उच्च स्तरीय भाषा पर आधारित है।

(ii) यह डॉस (DOS), Windows 3 तथा Win 32 के एप्लीकेशन्स रन करने में सक्षम है।

(iii) यह एक 32 बिट विण्डोज एप्लीकेशन है।

(iv) यह प्रीमिटिव मल्टीटास्किंग का प्रयोग करता है।

(v) यह उच्च स्थिरता (High Consistency) और सुरक्षा प्रदान करता है।

### विण्डोज 95

यह एक ग्राफिकल यूजर इण्टरफेस आधारित ऑपरेटिंग सिस्टम है। यह 24 अगस्त, 1995 को माइक्रोसॉफ्ट द्वारा रिलीज किया गया।

*विण्डोज 95 की विशेषताएँ निम्न हैं*

(i) यह 32 बिट ऑपरेटिंग सिस्टम है, जिसमें कम-से-कम इण्टेल 386 चिप की आवश्यकता होती है।

(ii) यह सेल्फ-कण्टेण्ट (Self content) ऑपरेटिंग सिस्टम है, जो डॉस का बिल्ट-इन और विकसित संस्करण है।

(iii) यह GUI को सपोर्ट करता है।

(iv) यह FAT 32 फाइल सिस्टम, मल्टी-डिस्प्ले, वेब टीवी और इण्टरनेट एक्सप्लोरर को सपोर्ट करता है।

## विण्डोज 98

यह माइक्रोसॉफ्ट द्वारा 25 जून, 1998 को रिलीज किया गया ग्राफिकल यूजर ऑपरेटिंग सिस्टम है। विण्डोज 98 के ऑपरेटिंग सिस्टम में कुछ सुधारों के बाद विण्डोज 98 एसई को 5 मई, 1999 को रिलीज़ किया गया।

विण्डोज 98 के पहले संस्करण में प्रोग्रामिंग की कई त्रुटियाँ (Error) थीं, लेकिन बाद में विण्डोज 98 के दूसरे संस्करण में इन त्रुटियों को दूर किया गया।

*विण्डोज 98 की विशेषताएँ निम्न हैं*

(i) यह इण्टरनेट एक्सप्लोरर 4.01 का समर्थन करता है।

(ii) यह आउटलुक एक्सप्रेस और फ्रण्टपेज (FrontPage) पर इन्फॉर्मेशन देखने और आदान-प्रदान की अनुमति प्रदान करता है।

(iii) यह सिस्टम को तेजी से स्टार्टअप व शटडाउन करने और अच्छी फाइल मैनेजमेण्ट की सुविधा प्रदान करता है।

(iv) यह यूनिवर्सल सीरियल बस (USB) को सपोर्ट करता है।

(v) इसमें इण्टेल 80486DX2 66 मेगाहर्ट्ज का कोप्रोसेसर है।

## विण्डोज ME

विण्डोज मिलेनियम एडिसन (Millennium Edition-ME), विण्डोज 95 और 98 का सक्सेसर (Successor) है। यह वर्ष 2000 में प्रस्तुत किया गया। यह विशेष रूप से घरेलू उपयोगकर्ता (Home user) के लिए विकसित किया गया था, जबकि विण्डोज 2000 विशेष रूप से व्यावसायिक उपयोगकर्ता के लिए विकसित किया गया था।

*विण्डोज ME की विशेषताएँ निम्न हैं*

(i) यह इण्टरनेट एक्सप्लोरर 5.5, विण्डोज मीडिया प्लेयर 7, बेसिक वीडियो एडिटिंग के लिए नए विण्डोज मूवी मेकर सॉफ्टवेयर की सुविधा प्रदान करता है।

(ii) इसमें कुछ फीचर्स के साथ ग्राफिकल यूजर इण्टरफेस को अपडेट किया गया।

(iii) यह एकल CPU या एसएसपी 32 बिट इण्टेल X86 कम्प्यूटर के लिए बनाया गया है।

## विण्डोज XP

माइक्रोसॉफ्ट विण्डोज XP विशेष तौर पर होम कम्प्यूटिंग और बड़े संगठन के लिए डिजाइन किया गया है। यह माइक्रोसॉफ्ट द्वारा 25 अक्टूबर, 2001 में रिलीज किया गया। विण्डोज XP के दो लोकप्रिय वर्जन विण्डोज XP होम एडिशन और विण्डोज XP प्रोफेशनल हैं।

*विण्डोज XP की विशेषताएँ निम्न हैं*

(i) विण्डोज XP साउण्ड कार्ड, सीडी-रोम ड्राइव, डीवीडी-रोम ड्राइव, स्पीकर, हैडफोन आदि को सपोर्ट करता है।

(ii) विण्डोज XP में मीडिया सेण्टर एडिशन रिकॉर्ड करने, टीवी शो देखने, डीवीडी देखने और म्यूजिक सुनने आदि मल्टीमीडिया के फीचर हैं।

(iii) इसमें विभिन्न उपयोगकर्ता अपनी स्वतन्त्र प्रोफाइल के साथ कार्य कर सकते हैं।

(iv) इसमें सुपर VGA (800 × 600) या उच्च परिभाषित वीडियो एडेप्टर और मॉनीटर शामिल हैं।

## विण्डोज Vista

यह घर और व्यापार में प्रयोग किए जाने वाले डेस्कटॉप, लैपटॉप, टेबलेट और मीडिया सेण्टर पीसी सहित निजी कम्प्यूटर पर प्रयोग के लिए माइक्रोसॉफ्ट द्वारा बनाया गया एक ऑपरेटिंग सिस्टम है। यह 30 जनवरी, 2007 को रिलीज किया गया।

*विण्डोज विस्टा की विशेषताएँ निम्न हैं*

(i) इसमें नवीनतम ग्राफिकल यूजर इण्टरफेस और एयरो (Aero) डिस्प्ले शैली हैं।

(ii) इसमें इच्छानुसार कुछ भी सर्च करने के लिए इन्स्टेण्ट सर्च (Instant search) नामक फीचर, नेटवर्किंग, ऑडियो, प्रिण्ट और विण्डोज डीवीडी सहित नए मल्टीमीडिया उपकरण शामिल हैं।

## विण्डोज 7

यह माइक्रोसॉफ्ट द्वारा पर्सनल कम्प्यूटरों के लिए निर्मित विण्डोज ऑपरेटिंग सिस्टमों की शृंखला का एक सर्वप्रचलित संस्करण है। विण्डोज 7, 22 जुलाई, 2009 को रिलीज किया गया।

यह ऑपरेटिंग सिस्टम कम्प्यूटर के सॉफ्टवेयरों को नियन्त्रित करने और महत्त्वपूर्ण टास्कों को करने की अनुमति प्रदान करता है।

*विण्डोज 7 की विशेषताएँ निम्न हैं*

(i) यह 64 बिट के प्रोसेसर को सपोर्ट करता है।
(ii) यह USB डिवाइसों को शीघ्र ही पहचान लेता है।
(iii) होमग्रुप्स के माध्यम से नेटवर्किंग में सुधार।
(iv) विकसित स्टार्टअप, स्लीप और रिज्यूम प्रदर्शन।
(v) नोटिफिकेशन्स का उपयोगकर्ता एकाउण्ट के माध्यम से कस्टमाइजेशन।
(vi) सिस्टम मेण्टेनैंस, बैकअप्स, ट्रबलशूटिंग की व्यवस्था।

## विण्डोज 8

यह माइक्रोसॉफ्ट द्वारा प्रस्तुत उपरोक्त श्रृंखला का एक रूप है। इस ऑपरेटिंग सिस्टम को 1 अगस्त, 2012 को प्रस्तुत किया गया और जनसाधारण के लिए 26 अक्टूबर, 2012 को रिलीज किया गया। *विण्डोज 8 की विशेषताएँ निम्न हैं*

(i) यह 64 बिट का लॉजिकल CPU है।
(ii) यह 64 TB डायनमिक वर्चुअल डिस्क को सपोर्ट करता है।
(iii) इस ऑपरेटिंग सिस्टम में टच स्क्रीन की सुविधा भी है।
(iv) फाइल एक्सप्लोरर में कमाण्ड बार के स्थान पर रिबन का प्रयोग किया जाता है।
(v) यह माइक्रोसॉफ्ट मेट्रो डिजाइन भाषा पर आधारित है।
(vi) यह 3-डायमेन्शनल (3-Dimensional) ग्राफिक्स को सपोर्ट करता है।

## विण्डोज 10

यह माइक्रोसॉफ्ट का विण्डोज के नए संस्करण पर आधारित ऑपरेटिंग सिस्टम है, जिसे 29 जुलाई, 2015 को रिलीज किया गया।

*विण्डोज 10 की विशेषताएँ निम्न हैं*

(i) यह विण्डोज 7 व 8 की कुछ विशेषताओं में नई विशेषताएँ जोड़कर बनाया गया है।
(ii) यह अन्य ऑपरेटिंग सिस्टम की अपेक्षाकृत जल्दी ओपन होता है।

## डेस्कटॉप

मॉनीटर ON करने के बाद आने वाली प्रारम्भिक स्क्रीन को डेस्कटॉप कहा जाता है। यह सभी प्रोग्रामों तथा उन पर पहुँचने के लिए आवश्यक निर्देशों का बैकग्राउण्ड है। डेस्कटॉप के बैकग्राउण्ड (Background) को वॉलपेपर (Wallpaper) कहते हैं।

कम्प्यूटर स्क्रीन पर ब्लिंक (Blink) करने वाले प्रतीक को कर्सर (Cursor) कहते हैं। आइकन प्रोग्राम से जुड़ा शॉर्टकट इमेज होता है, जो डेस्कटॉप पर होता है, जिस पर डबल क्लिक करने पर प्रोग्राम रन होता है या फाइल ओपन हो जाती है।

*विण्डोज 7 डेस्कटॉप के प्रमुख अवयव निम्नलिखित हैं*

### आइकन

यह छोटा-सा ग्राफिक इमेज है, जो किसी भी प्रोग्राम के क्रियान्वयन का प्रतिनिधित्व करता है। जब हम माउस द्वारा किसी आइकन पर क्लिक करते हैं, तो इससे सम्बन्धित प्रोग्राम क्रियान्वित (Execute) हो जाते हैं।

इनका प्रयोग विण्डो में होता है। इनके द्वारा प्रोग्राम, फाइल तथा फोल्डर को डेस्कटॉप पर दर्शाया जाता है तथा इनके नीचे प्रोग्राम, फाइल या फोल्डर का नाम लिखा होता है। ये आइकन प्रोग्राम के क्रियान्वयन के लिए शॉर्टकट (Shortcut) होते हैं।

*डेस्कटॉप पर कुछ महत्त्वपूर्ण आइकन निम्न हैं*

1. **कम्प्यूटर** (Computer) यह आइकन, यूजर के कम्प्यूटर में संगृहीत सभी सूचनाओं को प्रदर्शित करता है। इसमें हार्ड डिस्क के भागों, डॉक्यूमेण्ट फोल्डरों, रीमूवेबल डिस्क ड्राइव (जैसे—फ्लॉपी डिस्क, सीडी, डीवीडी आदि), प्रिण्टर्स और दूसरे सिस्टम अनुप्रयोग के आइकन होते हैं। इसी में सभी प्रोग्राम्स तथा सॉफ्टवेयर का बैकअप संगृहीत होता है।
2. **रिसाइकिल बिन** (Recycle Bin) जब हम किसी फाइल तथा फोल्डर को डिलीट करते हैं, तो वह रिसाइकिल बिन में चला जाता है। रिसाइकिल बिन से हम उन फाइलों या फोल्डरों को उनके सही स्थान पर वापस रीस्टोर (Restore) कर सकते हैं, परन्तु यदि रिसाइकिल बिन को डिलीट कर दिया जाए, तो उन फाइलों या फोल्डरों को वापस रीस्टोर नहीं किया जा सकता।
3. **नेटवर्क** (Network) इसके अन्तर्गत सभी नेटवर्क कनेक्शन दर्शाए जाते हैं, जो इण्टरनेट से कम्प्यूटर को कनेक्ट करना सम्भव बनाते हैं।

4. **डॉक्यूमेण्ट्स** (Documents) यह कम्प्यूटर की हार्ड ड्राइव में एक विशेष फोल्डर है, जिसका उपयोग उपयोगकर्ता अपने पर्सनल डॉक्यूमेण्ट, संगीत, चित्र आदि को स्टोर करने के लिए करता है।

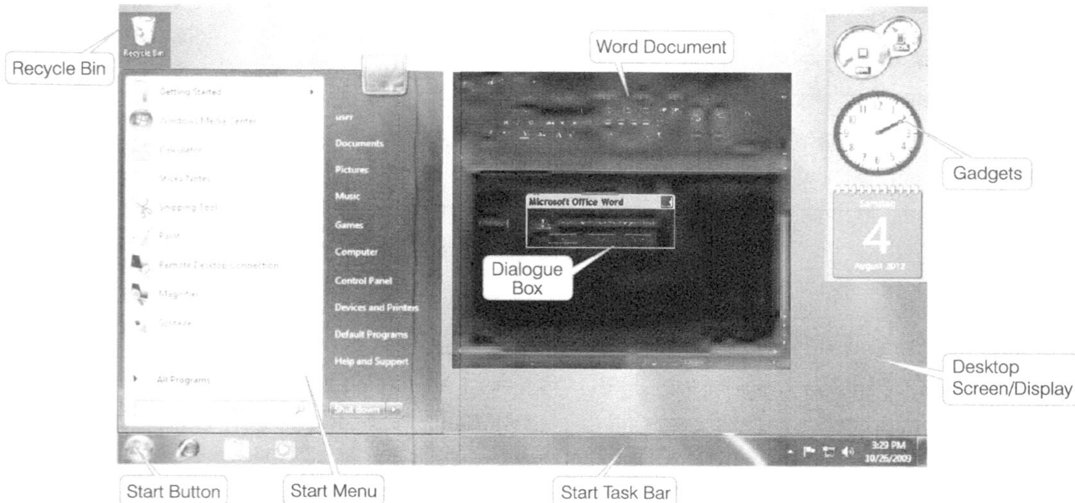


**विण्डोज 7 के डेस्कटॉप की संरचना**

## टास्क बार

यह डेस्कटॉप के नीचे एक पतली पट्टी होती है, जिसके बाएँ ओर पर स्टार्ट बटन तथा दाएँ ओर पर घड़ी (Clock) रहती है। टास्क बार (Taskbar) पर घड़ी की तरफ कुछ और छोटे-छोटे आइकन होते हैं, जिन्हें Quick Launch कहते हैं। टास्क बार के दाएँ ओर को नोटिफिकेशन एरिया (Notification area) भी कहते हैं। यह एरिया कई प्रोग्राम्स के आइकन्स, कम्प्यूटर सेटिंग, पेन ड्राइव, साउण्ड आदि के आइकन भी दर्शाता है। जब भी उपयोगकर्ता कोई विण्डो या प्रोग्राम खोलता है, तो उस विण्डो या प्रोग्राम को टास्क बार में दर्शाया जाता है।

## स्टार्ट मेन्यू

टास्क बार के बाएँ कोने पर स्टार्ट बटन होता है, जिस पर क्लिक करके स्टार्ट मेन्यू (Start menu) खुलता है। इस मेन्यू में कई ऑप्शन्स होते हैं। *इन ऑप्शन्स का विवरण निम्न प्रकार हैं*

1. **बायाँ पेन** (Left Pane) यह हाल ही में चलने वाले प्रोग्रामों का शॉर्टकट दिखाता है।
2. **ऑल प्रोग्राम्स** (All Programs) बाएँ पेन के सबसे नीचे की ओर All Programs नाम का ऑप्शन होता है, जो कम्प्यूटर में इन्स्टॉल्ड सभी प्राग्रामों की सूची दिखाता है।
3. **सर्च** (Search) All Programs के नीचे 'Search' बार का विकल्प होता है। यह किसी विशेष फाइल तथा फोल्डर को सर्च करने के लिए प्रयोग किया जाता है।
4. **दायाँ पेन** (Right Pane) दायाँ पेन सामान्यत: कम्प्यूटर के अधिक एक्सेस किए गए अनुभागों; जैसे—Computer, Control Panel, Documents, Music तथा Pictures को प्रदर्शित करता है।
5. **शट डाउन** (Shut down) दाएँ पेन के नीचे की ओर Shut down का बटन होता है, जो आपको कम्प्यूटर बन्द करने की अनुमति देता है। आप Shut down के ऐरो पर क्लिक कर सकते हैं, जिससे आपको Switch user, Log off, Restart, Sleep के विकल्प प्रदर्शित होंगे।

## विण्डो

यह खुले हुए डॉक्यूमेण्ट, प्रोग्राम या फोल्डर को प्रदर्शित करता है। आप एक ही समय में कई विण्डो को एक साथ प्रदर्शित कर सकते हैं। इन विण्डो का आकार और स्थान आप अपने अनुरूप तय कर सकते हैं। *विण्डो के कुछ प्रमुख भाग निम्नलिखित हैं*

1. **टाइटल बार** (Title Bar) यह विण्डो में सबसे ऊपर स्थित क्षैतिज पट्टी है। इस पर एक्टिव प्रोग्राम का नाम लिखा होता है। इस पट्टी के दाएँ ओर तीन छोटे-छोटे कण्ट्रोल बटन्स होते हैं।

   पहला बटन न्यूनतम (Minimize) होता है, जिससे विण्डो को स्क्रीन से हटा सकते हैं, परन्तु प्रोग्राम रन करता रहता है। दूसरा बटन अधिकतम/रीस्टोर (Maximize/Restore) होता है। यह बटन उपयोगकर्ता को विण्डो को पूर्ण स्क्रीन (Full screen) या छोटी स्क्रीन (Small screen) करने की सुविधा देता है। तीसरा बटन क्लोज (Close) बटन होता है, इस बटन पर क्लिक करके विण्डो को बन्द किया जाता है।
2. **स्क्रॉल बार** (Scroll Bar) यदि विण्डो में प्रदर्शित सूचना का आकार विण्डो के आकार से बड़ा हो, तो सूचना को ऊपर-नीचे या दाएँ-बाएँ करने के लिए स्क्रॉल बार का प्रयोग करते हैं। विण्डो के दाएँ ओर ऊर्ध्वाधर (Vertical) तथा नीचे की तरफ क्षैतिज (Horizontal) स्क्रॉल बार होता है।
3. **मेन्यू बार** (Menu Bar) टाइटल बार के तुरन्त नीचे मेन्यू बार होता है, जिसमें कई प्रोग्राम, फाइल, विकल्पों या आदेशों की सूची होती है, जिसमें से किसी एक का चयन कर उस कार्य को क्रियान्वित किया जा सकता है।

   *मेन्यू बार के कुछ मुख्य विकल्प हैं*

   (i) **फाइल मेन्यू** (File Menu) न्यू, ऑपन, क्लोज, सेव एज, प्रिण्ट आदि।

   (ii) **एडिट मेन्यू** (Edit Menu) अनडू, कट, कॉपी, पेस्ट, Edit आदि।

   (iii) **व्यू मेन्यू** (View Menu) टूल बार, प्रिण्ट ले-आउट आदि।

   (iv) **इन्सर्ट मेन्यू** (Insert Menu) हेडर, फुटर आदि।

   (v) **हेल्प मेन्यू** (Help Menu)
4. **डायलॉग बॉक्स** (Dialog Box) यह सॉफ्टवेयर तथा प्रयोगकर्ता के बीच वार्तालाप स्थापित करता है। इसमें बटन तथा भिन्न-भिन्न प्रकार के विकल्प होते हैं, जिनके द्वारा किसी विशेष कमाण्ड या टास्क को पूरा कर सकते हैं। सामान्यत: डायलॉग बॉक्स, सन्देशों को दर्शाता है। इस बॉक्स के टाइटल बार में बॉक्स का नाम, क्लोज तथा हेल्प बटन होता है।

## विण्डोज के अन्तर्गत उपयोगी प्रोग्राम

1. **नोटपैड** (Notepad) यह एक साधारण टेक्स्ट एडिटर है। इसमें केवल टेक्स्ट लिखा जाता है। नोटपैड फाइल का एक्सटेंशन .txt है।

   *इसे निम्नलिखित तरीके से खोला जा सकता है*

   क्लिक Start → All Programs → Accessories → **Notepad**
2. **वर्डपैड** (WordPad) यह विण्डोज के अन्तर्गत दूसरा वर्ड प्रोसेसर है, जो नोटपैड से कुछ अधिक विकसित है। इसमें फॉण्ट्स, रंग तथा इमेज की भी सुविधा है। इसका फाइल एक्सटेंशन .rtf है।

   .rtf का पूर्ण नाम रिच टेक्स्ट फॉर्मेट है।

   *इसे निम्नलिखित तरीके से खोला जा सकता है*

   क्लिक Start → All Programs → Accessories → Wordpad
3. **पेण्ट** (Paint) यह ड्राइंग बनाने या डिजिटल इमेजों को एडिट (Edit) करने के लिए इस्तेमाल होने वाला ड्राइंग प्रोग्राम है। पेण्ट फाइल का एक्सटेंशन .bmp या .png है।

   *इसे निम्नलिखित तरीके से खोला जा सकता है*

   क्लिक Start → All Programs → Accessories → **Paint**
4. **कैलकुलेटर** (Calculator) यह एक प्रोग्राम है, जिसके द्वारा साधारण तथा वैज्ञानिक गणना की जाती है।

   *इसे निम्नलिखित तरीके से खोला जा सकता है*

   क्लिक Start → All Programs → Accessories → **Calculator**
5. **मीडिया प्लेयर** (Media Player) विण्डोज मीडिया प्लेयर एक इण्टरफेस है, जिसके द्वारा डिजिटल मीडिया फाइलों को प्ले, व्यवस्थित किया जाता है।

   *इसे निम्नलिखित तरीके से खोला जा सकता है*

   क्लिक Start → All Programs → **Windows Media Player**

6. **गेम** (Game) विण्डोज के साथ कई मनोरंजक खेल भी उपलब्ध हैं; जैसे—स्पाइडर, स्पाइडर सोलेटॉयर, पिन बॉल आदि। *इसे निम्नलिखित तरीके से खोला जा सकता है*

क्लिक Start → All Programs → **Games**

### इन्हें भी जानें

- **स्टैण्डबाय** (Stand by) इस मोड में कम्प्यूटर को कम बिजली प्रदान की जाती है तथा बिजली की बचत होती है।
- **हाइबरनेट** (Hibernate) इस मोड में कम्प्यूटर ऑफ होने से पहले रोम का कण्टेण्ट नॉन-वॉलेटाइल स्टोरेज (हार्ड डिस्क) में बदलने की सुविधा प्रदान करता है।
- **कीवर्ड** (Keyword) सिस्टम में पहले से रिजवर्ड नाम को कीवर्ड कहा जाता है। एक कीवर्ड, इण्डेक्स (Index) की एण्टरी होती है, जो किसी विशिष्ट रिकॉर्ड या डॉक्यूमेण्ट को सर्च करता है।
- **क्लिपबोर्ड** (Clipboard) यह एक डाटा बफर है, जो कुछ समय के लिए डाटा स्टोरेज और कट कॉपी और पेस्ट ऑपरेशन द्वारा प्रयुक्त डॉक्यूमेण्टों के बीच डाटा ट्रांसफर के लिए प्रयोग किया जाता है।

## फाइल्स

फाइलें (Files) सेकेण्डरी मैमोरी पर स्टोर डाटा का संग्रह होता है। Windows में फाइलें डाटा स्टोर करने की महत्त्वपूर्ण इकाई है। उपयोगकर्ता द्वारा एक फाइल या डॉक्यूमेण्ट को दिया गया नाम फाइल नेम (File Name) होता है।

*कुछ विशेष प्रकार की फाइलें निम्नलिखित हैं*

1. **ZIP फाइल** (Zip File) ZIP का पूरा नाम जोन इन्फॉर्मेशन प्रोटोकॉल (Zone Information Protocol) है। यह एक एप्लीकेशन है, जो फाइलों को कम्प्रैस (Compress) या आकार में छोटा करने की अनुमति देता है।
2. **एक्जीक्यूटेबल फाइल** (Executable File) यह एक ऐसी फाइल है, जिसका प्रयोग विभिन्न कार्यों को करने के लिए किया जाता है। एक्जीक्यूटेबल फाइल पढ़ी नहीं जा सकती, क्योंकि यह कम्पाइल्ड होती है। .bat,.com, .exe और .bin IBM अनुकूल कम्प्यूटर पर सामान्य एक्जीक्यूटेबल फाइलें हैं।
3. **एक्सटेंशन** (Extension) सभी फाइलें, फाइल एक्सटेंशन से प्रदर्शित की जाती हैं। फाइल एक्सटेंशन का प्रयोग फाइल के प्रकार की पहचान करने के लिए किया जाता है।

*कुछ प्रमुख फाइल एक्सटेंशन निम्न प्रकार हैं*

| एक्सटेंशन | फाइल का नाम |
|---|---|
| .docx | डॉक्यूमेण्ट फाइल |
| .html/.htm | एचटीएमएल फाइल |
| .bas | बेसिक प्रोग्राम फाइल |
| .css | कास्केडिंग स्टाइल शीट |
| .ico | आइकन फाइल |
| .eml | ई-मेल फाइल |
| .exe | एक्जीक्यूटेबल फाइल |

## फोल्डर

यह डिजिटल फाइल सिस्टम में एक आभासी कण्टेनर है, जिसमें फाइलों और अन्य फोल्डरों के समूहों को व्यवस्थित किया जाता है। एक फोल्डर के अन्तर्गत कई सारे सब-फोल्डर बनाए जा सकते हैं, जो कई फाइलों तथा अन्य सब-फोल्डरों को संगृहीत करने में सक्षम होते हैं।

उपयोगकर्ता अपनी फाइलों तथा फोल्डरों को एक्सेस करने तथा उनको व्यवस्थित करने के लिए विभिन्न लाइब्रेरियों (Libraries) का भी प्रयोग कर सकता है।

*कुछ विशेष प्रकार की लाइब्रेरी निम्नलिखित हैं*

1. **डॉक्यूमेण्ट्स लाइब्रेरी** (Documents Library) यह वर्ड प्रोसेसिंग डॉक्यूमेण्ट्स, स्प्रेडशीट, प्रेजेण्टेशन तथा अन्य टेक्स्ट डॉक्यूमेण्ट्स को व्यवस्थित करने के लिए प्रयोग की जाती है। यह My Documents फोल्डर में संगृहीत होती है।
2. **पिक्चर्स लाइब्रेरी** (Pictures Library) यह डिजिटल इमेजों को व्यवस्थित करने के लिए प्रयोग की जाती है। डिफॉल्ट रूप से यह My Pictures फोल्डर में सेव होती है।
3. **म्यूजिक लाइब्रेरी** (Music Library) यह डिजिटल म्यूजिक, जैसे कि सॉन्ग्स (Songs) आदि को व्यवस्थित करने के लिए प्रयोग की जाती है। डिफॉल्ट रूप से यह My Music फोल्डर में सेव होती है।
4. **वीडियो लाइब्रेरी** (Video Library) यह वीडियो की वीडियो क्लिप, रिकॉर्डिंग आदि को व्यवस्थित करने के लिए प्रयोग की जाती है। डिफॉल्ट रूप से यह My Videos फोल्डर में सेव होती है।

## एमएस विण्डोज़ शॉर्टकट कीज़

| कुंजियाँ | कार्य |
|---|---|
| Delete | सिलेक्टिड आइटम को डिलीट करने के लिए या रिसाइकिल बिन में भेजने के लिए (To Delete Selected Item or Move to Recycle Bin) |
| Shift + Delete | बिना रिसाइकिल बिन में भेजे आइटम को स्थायी रूप से डिलीट करने के लिए (To Delete Item Permanently Without Moving to Recycle Bin) |
| Ctrl + Delete | सिलेक्ट किए गए कण्टेण्ट को दाएँ ओर से डिलीट करने के लिए (Delete the Selected Content from Right Side Deletion) |
| F2 | सिलेक्टिड आइटम का नाम परिवर्तित करने के लिए (To Rename the Selected Item) |
| F3 | फाइल या फोल्डर सर्च करने के लिए (To Search File or Folder) |
| F5 | सक्रिय विण्डो के कण्टेण्ट्स को रिफ्रेश करने के लिए (To Refresh the Contents of the Active Window) |
| F10 | सक्रिय प्रोग्राम में मेन्यू बार को एक्टिवेट करने के लिए (To Activate the Menu Bar in the Active Program) |
| Alt + F4 | सक्रिय विण्डो को बन्द करने के लिए (To Close the Active Window) |
| Ctrl + Esc | Start मेन्यू को प्रदर्शित करने के लिए (To Display the Start Menu) |
| Ctrl+ Shift + Esc | Task Manager को खोलने के लिए (To Open Task Manager) |
| Ctrl + Tab | Tab के द्वारा आगे बढ़ने के लिए (To Move Forward through Tab) |
| F1 | Help डायलॉग बॉक्स प्रदर्शित करने के लिए (To Display Help Dialog Box) |
| F4 | एक्टिव लिस्ट में आइटम को प्रदर्शित करने के लिए (To Display Items in the Active List) |
| Home | एक्टिव विण्डो के top को प्रदर्शित करने के लिए (To Display the Top of the Active Window) |
| End | सक्रिय विण्डो के bottom को प्रदर्शित करने के लिए (To Display the Bottom of the Active Window) |
| Ctrl + A | सिलेक्ट all करने के लिए (To Select All) |
| Ctrl + C | कॉपी करने के लिए (To Copying) |
| Ctrl + X | कट करने के लिए (To Cutting) |
| Ctrl + V | पेस्ट करने के लिए (To Pasting) |
| Ctrl + P | प्रिण्ट डायलॉग बॉक्स खोलने के लिए (To Open Print Dialog Box) |
| Ctrl + Z | अनडू (Undo) करने के लिए या पहले कट किए गए टेक्स्ट को वापस लाने के लिए (To Undoing) |
| Window | Start मेन्यू को छिपाने या प्रदर्शित करने के लिए (To Display or Hide the Start Menu) |
| Window + D | सभी मॉनीटर पर सभी विण्डोज को मिनीमाइज करने के लिए (Minimize all windows on all Monitors) |
| Window + M | सभी खुली विण्डो को मिनिमाइज़ करने के लिए (To Minimize All Open Window) |
| Window + F1 | Help and Support की विण्डो को प्रदर्शित करने के लिए (To Display Help and Support Window) |
| Window + L | कीबोर्ड को लॉक करने के लिए (To Lock the Keyboard) |
| Window + U | Utility Manager को खोलने के लिए (To Open Utility Manager) |

# प्रश्न बैंक

**1.** विण्डोज NT में, NT से क्या तात्पर्य है?
(1) New Terminology (2) New Technique
(3) New Technology (4) Normal Technique

**2.** विण्डोज ME में, ME से क्या शब्द बनता है?
**(IBPS Clerk 2011)**
(1) Millennium Edition (2) Micro-Expert
(3) Macro-Expert (4) Multi-Expert
(5) My-Expert

**3.** विण्डोज XP किस वर्ष में रिलीज हुआ?
(1) 2000 (2) 1998 (3) 1999 (4) 2001

**4.** विण्डोज 98, विण्डोज 95 और विण्डोज NT किस नाम से जाने जाते हैं?
**(Allahabad Bank Clerk 2011)**
(1) प्रोसेसर (2) डोमेन नेम
(3) मॉडम (4) ऑपरेटिंग सिस्टम
(5) इनमें से कोई नहीं

**5.** यदि आप 'विण्डोज 98' ऑपरेटिंग सिस्टम को 'विण्डोज XP' से बदल रहे हैं, तो आप कर रहे हैं
**(IBPS Clerk 2014)**
(1) अपडेट (2) पुश अप
(3) पैच (4) अपग्रेड
(5) पुल डाउन

**6.** विण्डोज 10 किस वर्ष में रिलीज हुआ?
(1) 2009 (2) 2015
(3) 2014 (4) 2017

**7.** स्क्रीन के बैकग्राउण्ड को किस नाम से जाना जाता है?
(1) एप्लीकेशन (2) विण्डो
(3) डेस्कटॉप (4) फ्रेम

**8.** विण्डोज में कम्प्यूटर को ऑन करने पर पहली स्क्रीन को .......... कहते हैं।
(1) विण्डो (2) डेस्कटॉप
(3) टेक्स्ट एरिया (4) ये सभी

**9.** डेस्कटॉप पर जो छोटे, पिक्चर युक्त, ऑब्जेक्ट होते हैं, वे .......... कहलाते हैं।
(1) आइकन (2) लिस्ट व्यू
(3) फाइल मेन्यू (4) टास्क बार

**10.** विभिन्न एप्लीकेशन तथा डॉक्यूमेण्ट्स को विण्डो डेस्कटॉप पर किसके द्वारा निरूपित किया जाता है?
**(IBPS PO 2015)**
(1) चिन्हों (2) लेबल्स (3) ग्राफ्स
(4) आइकन्स (5) इनमें से कोई नहीं

**11.** ............ डेस्कटॉप पर एक आइकन है, जो उपयोगकर्ता को किसी प्रोग्राम या फाइल तक तरन्तु एक्सेस प्रदान करता है **(SSC CGL 2017)**
(1) कर्नल (2) बफर
(3) शॉर्टकट (4) इनमें से कोई नहीं

**12.** ........... आपके कम्प्यूटर पर फाइल, फोल्डर्स एवं ड्राइव दर्शाता है, फाइल अनुक्रम के अन्तर्गत एक स्थिति से दूसरे तक जाने को सरल बनाता है।
**(RBI Grade B 2013)**
(1) माइक्रोसॉफ्ट इण्टरनेट एक्सप्लोरर
(2) विण्डोज एक्सप्लोरर
(3) माई कम्प्यूटर
(4) फोल्डर्स मैनेजर
(5) उपरोक्त में से कोई नहीं

**13.** सामान्यत: ........ लोकेटेड आइकन से आप रिसाइकल बिन एक्सेस करते हैं।
**(Allahabad Bank Clerk 2011)**
(1) डेस्कटॉप पर (2) हार्ड ड्राइव पर
(3) शॉर्टकट मेन्यू पर (4) प्रोपर्टीज डायलॉग बॉक्स में
(5) इनमें से कोई नहीं

**14.** सभी डिलीटिड फाइलें .......... में जाती हैं।
**(IBPS PO 2013)**
(1) रिसाइकिल बिन (2) टास्क बार
(3) टूल बार (4) माई कम्प्यूटर
(5) इनमें से कोई नहीं

**15.** रिसाइकिल बिन में डिलीट किए गए आइटमों को तब तक स्टोर किया जाता है, जब तक कि
**(IBPS PO 2015)**
(1) दूसरा कोई यूजर लॉग-इन नहीं करता
(2) कम्प्यूटर शट डाउन है
(3) पूरा दिन समाप्त नहीं हो जाता है
(4) यूजर इसे खाली नहीं कर देता
(5) उपरोक्त में से कोई नहीं

**16.** टास्क बार ······· होता है। **(Allahabad Bank Clerk 2011)**
(1) स्टार्ट मेन्यू पर
(2) स्क्रीन के बॉटम पर
(3) शॉर्टकट मेन्यू पर
(4) प्रोपर्टीज डायलॉग बॉक्स में
(5) इनमें से कोई नहीं

**17.** सिस्टम की क्लॉक के बारे में निम्न से कौन असत्य है? **(IBPS Clerk Mains 2017)**
(1) यह टूलबार की विशेषता है
(2) सिस्टम टाइम सोर्स के साथ सिंक्रोनाइजिंग के द्वारा निश्चित समय अन्तराल के बाद रिफ्रेश कर सकता है
(3) सिस्टम टाइम वर्तमान तारीख और दिन का समय है
(4) सिस्टम टाइम को रखता है, जिससे आपकी एप्लीकेशन सही समय पर एक्सेस के लिए तैयार हो जाए
(5) सिस्टम समन्वित यूनिवर्सल टाइम (UTC) के सिस्टम टाइम पर आधारित है

**18.** माइक्रोसॉफ्ट विण्डोज के नवीनतम वर्जन में किस बार में एप्लीकेशन सॉफ्टवेयर के विभिन्न आइकन्स प्राप्त होते हैं। **(IBPS RRB PO Mains 2017)**
(1) Start Menu (2) Browser
(3) Status (4) Control Panel
(5) Personalize

**19.** Help मेन्यू किस बटन के अन्तर्गत उपस्थित होता है? **(IBPS PO 2011, IBPS RRB PO Mains 2017)**
(1) End (2) Start
(3) Turn off (4) Restart
(5) Reboat

**20.** डेस्कटॉप पर एक एप्लीकेशन को शॉर्टकट से खोलने के लिए
(1) शॉर्टकट पर डबल क्लिक करें
(2) राइट क्लिक करके 'Open' विकल्प चुनें
(3) आइकन सिलेक्ट करके एण्टर दबाएँ
(4) ये सभी
(5) इनमें से कोई नहीं

**21.** जब आप अपने कम्प्यूटर पर एक नया प्रोग्राम इन्स्टॉल करते हैं, तो इसे आमतौर पर किस मेन्यू में जोड़ा जाता है? **(SSC CGL 2017)**
(1) All programs
(2) Desktop programs
(3) Select programs
(4) उपरोक्त में से कोई नहीं

**22.** विण्डोज में एड/रिमूव प्रोग्राम्स, एड न्यू हार्डवेयर, मॉडम आदि जैसे आइकन किसमें स्टोर रहते हैं? **(SSC CGL 2013)**
(1) कण्ट्रोल पैनल (2) नेटवर्क नेबरहुड
(3) माई कम्प्यूटर (4) टास्क बार

**23.** कम्प्यूटर को शट डाउन करने के लिए कौन-सा सही है?
(1) Click Start → Shut down
(2) Click Start → Select Restart
(3) Click Start → Switch User
(4) Switch off monitor

**24.** सूचना को डिस्प्ले करने और प्रोग्रामों को रन करने के लिए आयताकार जगह निम्न में से कौन-सी है? **(SBI PO 2014)**
(1) डेस्कटॉप
(2) डायलॉग बॉक्स
(3) मेन्यू
(4) विण्डो
(5) आइकन

**25.** ········ शब्द वर्तमान में प्रयुक्त विण्डो के वर्णन के लिए किया जाता है। **(Allahabad Bank PO 2011)**
(1) वेब विण्डो (2) प्रदर्शन क्षेत्र
(3) वर्डपैड विण्डो (4) एक्टिव/सक्रिय विण्डो
(5) मॉनीटर

**26.** टाइटल बार, स्टेटस बार, व्यूज तथा डॉक्यूमेण्ट कार्य स्थान ·········· प्रोग्राम के घटक हैं।
(1) विण्डोज (2) वेबसाइट
(3) ब्राउजर (4) एक्सप्लोरर

**27.** किसी विण्डो की साइजिंग में पहला चरण निम्न में से कौन-सा है? **(IBPS Clerk 2012)**
(1) टाइटल बार पर प्वॉइण्ट करें
(2) टूलबार को डिस्प्ले करने के लिए व्यू मेन्यू को पुल डाउन करें
(3) किसी कोने या बॉर्डर में प्वॉइण्ट करें
(4) व्यू मेन्यू को पुल डाउन करें और बड़े आइकन में बदलें
(5) उपरोक्त में से कोई नहीं

**28.** डॉक्यूमेण्ट के दाएँ ऊपरी कोने पर स्थित तीन बटनों को क्या कहते हैं?
(1) स्पेशल बटन (2) हेल्प बटन
(3) डिवाइड बटन (4) मैक्सीमाइज बटन
(5) कण्ट्रोल बटन

**29.** निम्न में से कौन आपको सिस्टम की सेटिंग्स को देखने तथा बदलने की सुविधा प्रदान करता है?
(1) माई कम्प्यूटर
(2) विण्डोज एक्सप्लोरर
(3) कण्ट्रोल पैनल
(4) रिसाइकिल बिन

**30.** इनमें से किस कण्ट्रोल बटन का प्रयोग विण्डो को उसके पूर्व आकार में लाने के लिए किया जाता है?
(1) न्यूनतम
(2) अधिकतम
(3) रीस्टोर
(4) बन्द

**31.** सभी स्क्रीन पर विण्डोज को डिस्प्ले करने वाले बटन को क्या कहते हैं? **(IBPS Clerk 2011)**
(1) स्क्रोल बॉक्स (2) डाउन साइज
(3) रीस्टोर डाउन (4) मिनिमाइज
(5) मैक्सीमाइज

**32.** ……… कमाण्डों की वे सूचियाँ हैं, जो स्क्रीन पर प्रदर्शित होती हैं।
(1) GUIs (2) आइकन
(3) मेन्यू (4) विण्डोज

**33.** मेन्यू पर प्रत्येक ……… एक विशेष कार्य करती है। **(Union Bank of India Clerk 2011)**
(1) क्लाइण्ट (2) सर्वर
(3) नोड (4) कमाण्ड
(5) इनमें से कोई नहीं

**34.** सॉफ्टवेयर के ………… में कमाण्डों और ऑप्शनों की सूचियाँ होती हैं।
(1) टाइटल बार (2) मेन्यू बार
(3) फॉर्मूला बार (4) टूलबार

**35.** किस प्रकार का बार विभिन्न ड्रॉप-डाउन मेन्यू के नाम या आइकन दिखाता है? **(IBPS Clerk 2011)**
(1) टाइटल बार (2) टूलबार
(3) स्टार्ट बार (4) टास्क बार
(5) मेन्यू बार

**36.** निम्न में से किस प्रकार के मेन्यू को ड्रॉप डाउन मेन्यू भी कहते हैं? **(Punjab & Sind 2010, IBPS Clerk 2011)**
(1) फ्लाई आउट (2) केस्केडिंग
(3) पॉप-अप (4) पुल-डाउन
(5) इनमें से कोई नहीं

**37.** पुल डाउन मेन्यू में फेडिड (डिम हुई) कमाण्ड का क्या महत्त्व है? **(IBPS PO 2012, IBPS RRB PO Mains 2018)**
(1) कमाण्ड वर्तमान में एक्सेसिबल नहीं है
(2) यदि कमाण्ड को सिलेक्ट किया जाए, तो डायलॉग बॉक्स सामने आता है
(3) यदि कमाण्ड को सिलेक्ट किया जाए, तो हेल्प विण्डो सामने आती है
(4) यह कमाण्ड विशेष के लिए कोई समकक्ष कुंजी स्ट्रोक नहीं है
(5) उपरोक्त में से कोई नहीं

**38.** 'FIND' ऑप्शन किस मेन्यू में रहता है?
(1) File (2) View
(3) Tools (4) Edit

**39.** Save As ऑप्शन किस मेन्यू में उपस्थित होता है?
(1) फाइल (2) एडिट
(3) व्यू (4) इन्सर्ट

**40.** डॉक्यूमेण्ट क्रियेट करने के लिए फाइल मेन्यू में किस विकल्प का प्रयोग करेंगे?
(1) Open (2) New
(3) Close (4) Save

**41.** स्क्रीन पर एक प्रतीक जो आपको कार्य करने के लिए प्रेरित करता है और कम्प्यूटर को बताता है, कि आगे क्या करना है? **(SSC CGL 2017)**
(1) स्कैनर (2) सूचना
(3) डायलॉग बॉक्स (4) इनमें से कोई नहीं

**42.** नोटपैड की फाइल का एक्सटेंशन क्या होता है?
(1) .txt (2) .rtf
(3) .exe (4) .bmp

**43.** निम्न में से किस फाइल फॉर्मेट को नोटपैड नहीं खोल सकता है?
(1) AVI (2) TXT
(3) LOG (4) DAT

**44.** वर्डपैड फाइल का एक्सटेंशन है
(1) .rtf (2) .doc (3) .txt (4) .htm

**45.** RTF का पूर्ण रूप क्या है? **(IBPS Clerk Mains 2017)**
(1) रिचर टेक्स्ट फॉर्मेटिंग (2) रिच टेक्स्ट फॉर्मेट
(3) राइट टेक्स्ट फिशिंग (4) राइट टेक्स्ट फॉण्ट
(5) रिच टेक्स्ट फॉण्ट

**46.** ड्राइंग बनाने के लिए .......... का प्रयोग करते हैं।
(1) कैलकुलेटर (2) गेम
(3) पेण्ट (4) नोटपैड

**47.** निम्नलिखित में से किस मोड में बिजली की बचत होती है?
(1) स्टैण्डबाय (2) हाइबरनेट
(3) स्विच (4) '2' और '3' दोनों

**48.** ............ वे वर्ड्स हैं, जिन्हें प्रोग्रामिंग लैंग्वेज ने अपने स्वयं के उपयोग हेतु अलग रखा है।
(1) कण्ट्रोल वर्ड्स (2) रिजर्व्ड वर्ड्स
(3) रिजर्व्ड कीज (4) इनमें से कोई नहीं

**49.** कॉपी कमाण्ड कहाँ सेव करती है? **(Allahabad Bank Clerk 2011)**
(1) डेस्कटॉप (2) क्लिपबोर्ड
(3) प्रिण्टर (4) माइक्रोसॉफ्ट वर्ड
(5) पेस्ट

**50.** प्राय: किसी फाइल को क्या कहा जाता है? **(RBI Grade B 2012)**
(1) विजार्ड (2) दस्तावेज
(3) पेन (4) डिवाइस
(5) डॉक्यूमेण्टेशन

**51.** प्रीडिफाइण्ड मीनिंग वाले करैक्टरों का एक समूह क्या कहलाता है?
(1) फाइल (2) डाटाबेस
(3) फील्ड (4) कीबोर्ड

**52.** फाइल्स से सम्बन्धित निम्न कथनों में से कौन-सा असत्य है? **(IBPS Clerk 2014)**
(1) फाइल्स को फोल्डर में रखा जाना चाहिए
(2) फाइल्स को एक एप्लीकेशन से प्राप्त किया जा सकता है
(3) एक फाइल एक जैसी जानकारियों का संग्रहण होता है
(4) फाइल्स से जानकारियाँ आसानी से प्राप्त हो जाती हैं
(5) फाइल्स को रैम में स्टोर किया जाता है

**53.** यूजर डॉक्यूमेण्ट को जो नाम देता है, उसे .......... कहते हैं।
(1) डॉक्यूमेण्ट नेम (2) फाइलनेम
(3) नेम-गीवन (4) डॉक्यूमेण्ट-आइडेण्टिटी

**54.** ग्राफिक क्षेत्र रिलेटिड है **(IBPS Clerk 2014)**
(1) केबल (2) रिकॉर्ड
(3) फाइल्स (4) करैक्टर्स
(5) उपरोक्त में से कोई नहीं

**55.** निम्न में से क्या कम्प्यूटर फाइलों के बारे में सत्य नहीं है? **(IBPS PO 2015)**
(1) ये स्टोरेज माध्यम में संगृहीत किए गए डाटा का कलेक्शन होती हैं
(2) प्रत्येक फाइल का एक फाइल नाम होता है
(3) यूजर द्वारा स्थापित फाइल एक्सटेंशन फाइल के कण्टेण्ट्स को प्रदर्शित करता है
(4) सभी फाइलों में डाटा होता है
(5) उपरोक्त में से कोई नहीं

**56.** निम्न में से किसका उपयोग कम्प्यूटर स्टोर से फाइल को एक्सेस करने के लिए किया जाता है? **(IBPS Clerk Mains 2017)**
(1) इन्सर्ट (2) रिट्रीव
(3) फाइल (4) प्रिण्ट
(5) फाइण्ड

**57.** जब आप अपने ऑफिस से बाहर जाते हो, तो आप अपने सिस्टम को लॉग ऑफ क्यों करते हो? **(IBPS Clerk Mains 2017)**
(1) कोई आपकी फाइल्स पासवर्ड इत्यादि को चुरा सकता है
(2) बिजली की बचत करने के लिए
(3) लॉगिंग ऑफ परफॉर्मेन्स को बढ़ाने के लिए आवश्यक है
(4) बाहर जाने से पूर्व लॉगिंग ऑफ अनिवार्य है
(5) नियमित रूप से करने के लिए लॉगिंग ऑफ एक अच्छा अभ्यास है

**58.** डाटा तथा प्रोग्राम्स के संग्रहण के लिए आवश्यक रिक्त स्थान की मात्रा को घटाने की प्रक्रिया ............ द्वारा सफलतापूर्वक सम्पन्न होती है। **(IBPS Clerk 2015)**
(1) क्रैशिंग
(2) डिस्क कैंचिंग
(3) RAID
(4) फाइल कम्प्रेशन
(5) दिए गए विकल्पों के अलावा कोई अन्य

**59.** निम्नलिखित में से किस विधि से फाइल का साइज कम हो जाता है, जिससे इसे कम स्टोरेज स्पेस की आवश्यकता हो? **(IBPS PO 2015)**
(1) स्कैनिंग
(2) सिन्थेसाइजिंग
(3) कम्प्रेशन
(4) डिफ्रेगमेण्टिंग
(5) उपरोक्त में से कोई नहीं

60. वह फाइल, जिसमें कम्प्यूटर द्वारा एक्जीक्यूट किए जाने वाले निर्देशों को रखा जाता है, उसे प्राय: क्या कहा जाता है? (IBPS Clerk 2015)
(1) डाटा फाइल
(2) इन्फॉर्मेशन फाइल
(3) एप्लीकेशन फाइल
(4) एक्जीक्यूटेबल फाइल
(5) दिए गए विकल्पों के अलावा कोई अन्य

61. निम्न में से क्या 'फाइलनेम' के अन्त में आता है, जिसकी सहायता से फाइल का प्रकार ज्ञात किया जाता है? (SBI PO 2014)
(1) फाइल प्रोपर्टी (2) फाइल टाइप
(3) फाइलनेम (4) फाइल सब-नेम
(5) फाइल एक्सटेंशन

62. फाइल एक्सटेंशन को फाइल के मुख्य नाम से .......... द्वारा अलग किया गया है, जिसमें कोई स्पेस नहीं दिया जाता।
(1) क्वशचन मार्क (2) एक्सक्लेमेशन मार्क
(3) अण्डरस्कोर (4) पीरियड ( . )

63. .bas, .doc और .htm किसके उदाहरण हैं?
(1) डाटाबेस (2) डोमेन
(3) एक्सटेंशन (4) प्रोटोकॉल

64. सभी वर्ड डॉक्यूमेण्ट्स के लिए डिफॉल्ट फाइल एक्सटेंशन क्या होता है?
(1) .wrd (2) .txt
(3) .doc (4) .fil

65. .bas एक्सटेंशन किन फाइलों के लिए प्रयोग होता है?
(1) HTML (2) बेसिक प्रोग्राम
(3) आइकन (4) डॉक्यूमेण्ट

66. सामान्यत: इन्स्टॉलेशन फाइल्स का एक्सटेंशन क्या होता है? (IBPS Clerk 2014)
(1) .jpeg (2) .doc
(3) .exe (4) .gif
(5) .bmp

67. फाइलों को किसमें स्टोर कर व्यवस्थित किया जाता है? (RBI Grade B 2012)
(1) अर्चिव (2) लिस्ट
(3) इण्डेक्स (4) फोल्डर
(5) इनमें से कोई नहीं

68. निम्न में से किसको ऐसे कण्टेनर्स की संज्ञा दी जाती है, जिनमें कम्प्यूटर से सम्बद्ध डॉक्यूमेण्ट्स को संगृहीत किया जाता है? (SBI PO 2014)
(1) लेबल्स (2) इण्डेक्सेस
(3) प्रोग्राम्स (4) फोल्डर्स
(5) सेक्शन्स

69. जिस डिस्क में फाइल्स स्टोर की होती हैं, उस पर ········ एक नेम्ड लोकेशन होता है। (RBI Grade B 2014)
(1) फोल्डर (2) फाइल होल्डर
(3) दर्शन (4) पोड
(5) इनमें से कोई नहीं

70. विण्डोज एक्सप्लोरर में फोल्डर के कण्टेण्ट देखने के लिए क्या करना चाहिए? (SBI PO 2014)
(1) इस पर क्लिक करें
(2) इसे कलैप्स करें
(3) इसे नाम दें
(4) इसे पासवर्ड दें
(5) इसे रीनेम दें

71. विण्डोज 7 में, वह फोल्डर जिसमें डॉक्यूमेण्ट्स, पिक्चर, म्यूजिक और वीडियो स्टोर होते हैं, उसे ········ कहा जाता है।
(1) डॉक्यूमेण्ट्स (2) माई डॉक्यूमेण्ट्स
(3) लाइब्रेरी (4) डेस्कटॉप

72. आप अपनी पर्सनल फाइल/फोल्डर ········ में रख सकते हैं। (IBPS PO 2011, IBPS PO 2013)
(1) माई फोल्डर (2) माई डॉक्यूमेण्ट
(3) माई फाइल्स (4) माई टेक्स्ट
(5) इनमें से कोई नहीं

73. बाय डिफॉल्ट वीडियो लाइब्रेरी किस फोल्डर में सेव होती है?
(1) डॉक्यूमेण्ट (2) माई वीडियो
(3) म्यूजिक (4) माई कम्प्यूटर

74. Ctrl + Delete शॉर्टकट कुंजी किसके लिए प्रयोग की जाती है। (IBPS RRB PO Mains 2018)
(1) कण्टेण्ट को दाएँ ओर से डिलीट करने
(2) कण्टेण्ट को बाएँ ओर से डिलीट करने
(3) कण्टेण्ट को बीच से डिलीट करने
(4) नीचे से डिलीट करने
(5) उपरोक्त में से कोई नहीं

**75.** निम्नलिखित में से माइक्रोसॉफ्ट विण्डोज 8 और उस से अधिकतम वर्ज़न में रीनेम के शॉर्टकट के लिए कौन-सी कुंजी (Key) प्रयुक्त होती है? **(IBPS PO 2016)**

(1) F2 (2) F4 (3) F6 (4) F9
(5) F11

**76.** कार्य को अनडू (Undo) करने के लिए हम निम्न में से कौन-सी विण्डोज शॉर्टकट कुंजी का प्रयोग करते हैं? **(SBI PO 2014)**

(1) P (2) Ctrl + V
(3) Ctrl + A (4) Ctrl + Z
(5) Ctrl + W

**77.** सक्रिय विण्डो को बन्द करने के लिए प्रयुक्त शॉर्टकट कीज़ कौन-सी है? **(IBPS RRB PO Mains 2018)**

(1) Ctrl + F5 (2) Alt + F4
(3) Ctrl + F4 (4) Alt + F5
(5) इनमें से कोई नहीं

**78.** निम्न में से कौन-सा फंक्शन Ctrl + P का कार्य करता है? **(IBPS RRB PO Mains 2017)**

(1) प्रोजेक्ट
(2) इरेज
(3) कॉपी
(4) पेस्ट
(5) प्रिण्ट

**79.** एक्टिव विण्डो के बॉटम को प्रदर्शित करने के लिए कौन-सी कुंजी प्रयोग की जाती है?

(1) Home (2) End
(3) F4 (4) ESC

**80.** Start मेन्यू को प्रदर्शित करने के लिए किस शॉर्टकट कुंजी का प्रयोग किया जाता है?

(1) Ctrl + Esc
(2) Ctrl + Alt
(3) Ctrl + Shift
(4) Ctrl + del

## उत्तरमाला

| | | | | | | | | | |
|---|---|---|---|---|---|---|---|---|---|
| 1. (3) | 2. (1) | 3. (4) | 4. (4) | 5. (4) | 6. (2) | 7. (3) | 8. (2) | 9. (1) | 10. (4) |
| 11. (3) | 12. (3) | 13. (1) | 14. (1) | 15. (4) | 16. (2) | 17. (1) | 18. (1) | 19. (2) | 20. (4) |
| 21. (1) | 22. (1) | 23. (1) | 24. (4) | 25. (4) | 26. (1) | 27. (1) | 28. (5) | 29. (3) | 30. (3) |
| 31. (5) | 32. (3) | 33. (4) | 34. (2) | 35. (5) | 36. (4) | 37. (1) | 38. (4) | 39. (1) | 40. (2) |
| 41. (3) | 42. (1) | 43. (1) | 44. (1) | 45. (2) | 46. (3) | 47. (1) | 48. (2) | 49. (2) | 50. (2) |
| 51. (1) | 52. (5) | 53. (2) | 54. (3) | 55. (3) | 56. (2) | 57. (1) | 58. (4) | 59. (3) | 60. (4) |
| 61. (5) | 62. (4) | 63. (3) | 64. (3) | 65. (2) | 66. (3) | 67. (4) | 68. (4) | 69. (1) | 70. (1) |
| 71. (3) | 72. (2) | 73. (2) | 74. (1) | 75. (1) | 76. (4) | 77. (2) | 78. (5) | 79. (2) | 80. (1) |

अध्याय

# 10

# माइक्रोसॉफ्ट ऑफिस

# MICROSOFT OFFICE

माइक्रोसॉफ्ट ऑफिस (Microsoft Office या MS-Office) का आविष्कार वर्ष 1988 में माइक्रोसॉफ्ट कम्पनी (अमेरिका) ने किया था। मुख्य रूप से यह एक पैकेज है, जो विभिन्न प्रकार के सॉफ्टवेयर के संगठन से बना है। यह सॉफ्टवेयर किसी कार्यालय या किसी स्कूल आदि में विशेष रूप से प्रयोग किया जाता है, इसलिए इसका नाम MS-Office है।

*MS-Office के पाँच प्रमुख सॉफ्टवेयर निम्नलिखित हैं*

1. MS-Word (वर्ड प्रोसेसिंग सॉफ्टवेयर)
2. MS-Excel (स्प्रैडशीट सॉफ्टवेयर)
3. MS-PowerPoint (प्रेजेण्टेशन सॉफ्टवेयर)
4. MS-Access (डाटाबेस मैनेजमेण्ट सॉफ्टवेयर)
5. MS-Outlook (ई-मेल क्लाइण्ट)

## माइक्रोसॉफ्ट वर्ड

यह एक प्रकार का वर्ड प्रोसेसिंग सॉफ्टवेयर है, जिसका प्रयोग किसी डॉक्यूमेण्ट को बनाने, उसमें कुछ सुधार करने के लिए किया जाता है। यह एक बहुत महत्त्वपूर्ण सॉफ्टवेयर है, जो लगभग सभी कम्प्यूटर में MS-Office पैकेज के अन्तर्गत उपस्थित होता है। इसमें अनेक प्रकार के टूल्स होते हैं, जो 45 kb से कम साइज के डॉक्यूमेण्ट को बनाने, उसमें बदलाव करने, डॉक्यूमेण्ट की प्रिण्टिंग करने, उसमें एडिटिंग करने आदि कार्यों के लिए प्रयोग किए जाते हैं।

इस सॉफ्टवेयर के प्रयोग से विभिन्न प्रकार के टेक्सटाइल डॉक्यूमेण्ट और डॉक्यूमेण्ट में चित्र आदि लगाकर एक आकर्षक डॉक्यूमेण्ट तैयार किया जाता है; *जैसे*—WordStar, Easy Word, Notepad विण्डोज के लिए है।

- MS-Word वर्ष 1983 में Xenix System के लिए Multi-Tool Word नाम से रिलीज हुआ था।
- MS-Word के नए डॉक्यूमेण्ट का डिफॉल्ट (Default) नाम Document1 होता है।
- MS-Word का फाइल फॉर्मेट .doc और .docx होता है।
- MS-Word में किसी पैराग्राफ के लिए डिफॉल्ट एलाइनमेण्ट (Default alignment) बाएँ (Left) होता है।

### MS-Word **को प्रारम्भ करना**

*MS-Word खोलने या प्रारम्भ करने की दो विधियाँ हैं*

(i) टास्क बार में स्टार्ट (Start) बटन पर क्लिक करते हैं, उसके बाद Run विकल्प पर क्लिक करते हैं। क्लिक करने के बाद एक टेक्स्ट बॉक्स आता है। उस टेक्स्ट बॉक्स में Winword टाइप करके Enter कुंजी दबाते हैं।

(ii) Start button→All Programs → Microsoft Office → Microsoft Office Word 2007

## माइक्रोसॉफ्ट वर्ड के अवयव

*माइक्रोसॉफ्ट वर्ड के निम्नलिखित अवयव होते हैं*

### टाइटल बार

यह माइक्रोसॉफ्ट वर्ड डॉक्यूमेण्ट में सबसे ऊपर एक रिबन (पट्टी) होता है, जो फाइल का नाम और जिस सॉफ्टवेयर में फाइल खुली है उस सॉफ्टवेयर का नाम प्रदर्शित करता है। टाइटल बार (Title Bar) में तीन कण्ट्रोल बटन होते हैं, *जो निम्न हैं*

1. **मिनिमाइज** (Minimize) इस बटन को क्लिक करने से विण्डो अस्थायी रूप से बन्द होकर टास्क बार में एक बटन के रूप में बदल जाती है।
2. **मैक्सिमाइज/रिस्टोर** (Maximize/Restore) इस बटन को क्लिक करने से विण्डो की पूरी स्क्रीन बदल जाती है और मैक्सिमाइज बटन रिस्टोर बटन में बदल जाता है, जिस पर छोटे आयतों (⧉) का एक जोड़ा प्रिण्ट होता है।
3. **क्लोज** (Close) इसका प्रयोग किसी खुली हुई फाइल को बन्द करने के लिए करते हैं।

### स्टैण्डर्ड टूलबार

इसमें फाइल और टेक्स्ट सम्बन्धी कार्यों के लिए टूल उपस्थित रहते हैं; *जैसे*—नई फाइल खोलना, पुरानी फाइल खोलना, फाइलों को सुरक्षित रखना इत्यादि।

### रिबन

यह स्क्रीन के टाइटल बार के नीचे एक पट्टी होती है। रिबन (Ribbon) में किसी कार्य को करने के लिए आदेशों का एक पैनल होता है।

### टैब

रिबन के मेन्यू बार में कुछ बटन होते हैं। इन बटन को टैब (Tab) कहते हैं।

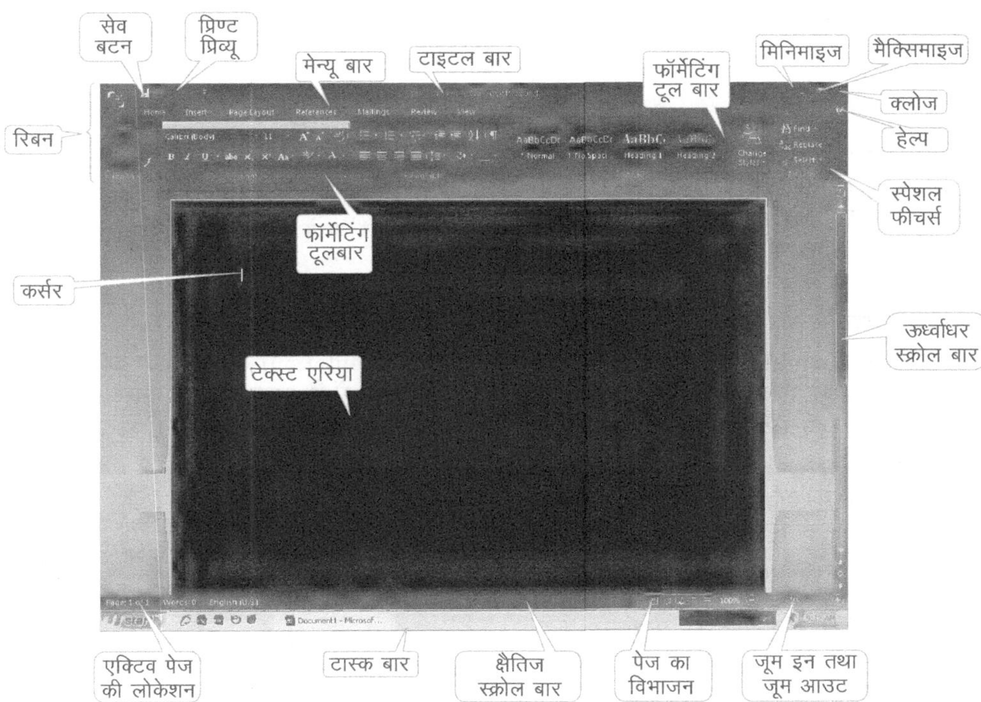


**माइक्रोसॉफ्ट 2007 वर्ड की विण्डो**

*Tabs के अन्तर्गत निम्नलिखित बटन होते हैं*

1. **होम टैब** (Home Tab) इस टैब में क्लिपबोर्ड (कट, कॉपी, पेस्ट), फॉण्ट (साइज, कलर, बोल्ड, इटैलिक), पैराग्राफ (बुलेट्स/नम्बरिंग, इण्डेण्ट), स्टाइल्स और एडिटिंग नाम के विकल्प होते हैं।
2. **इन्सर्ट टैब** (Insert Tab) इस टैब में पेजेस (कवर पेज, ब्लैंक पेज, पेज ब्रेक), टेबल्स, इलस्ट्रेशन (पिक्चर, क्लिप आर्ट, शेप्स, स्मार्ट आर्ट, चार्ट), लिंक्स, हेडर और फुटर, टेक्स्ट और सिम्बल नाम के विकल्प होते हैं।
3. **पेज लेआउट टैब** (Page Layout Tab) इस टैब का प्रयोग विभिन्न प्रकार की थीम्स (Themes) इन्सर्ट करने के लिए करते हैं। इस विकल्प से पेज का बैकग्राउण्ड (Background) और पैराग्राफ सेट किया जाता है।
4. **रिव्यू टैब** (Review Tab) इस टैब का प्रयोग स्पेलिंग और ग्रामर (Spelling and Grammar) चेक करने, शब्दकोश (Dictionary) देखने, अनुवाद (Tanslate) करने और डॉक्यूमेण्ट को सुरक्षित रखने के लिए करते हैं।
5. **व्यू टैब** (View Tab) यह प्रिण्ट लेआउट, फुलस्क्रीन लेआउट, मैक्रोज (Macros), स्पिलिट आदि से मिलकर बना होता है। इसका प्रयोग पेज की बनावट देखने के लिए करते हैं।

### रूलर

यह डॉक्यूमेण्ट विण्डो के टॉप पर और उसके बाएँ ओर दिखाई देता है। रूलर (Ruler) का प्रयोग किसी डॉक्यूमेण्ट में टेक्स्ट के क्षैतिज और ऊर्ध्वाधर (Horizontal and Vertical) एलाइनमेण्ट (Alignment) को देखने व सेट करने के लिए करते हैं।

*रूलर (Rulers) दो प्रकार के होते हैं*

1. **क्षैतिज रूलर** (Horizontal Ruler) यह डॉक्यूमेण्ट की चौड़ाई (Width) को सूचित करता है। इसका प्रयोग बाएँ और दाएँ मार्जिन को सेट करने के लिए करते हैं।
2. **ऊर्ध्वाधर रूलर** (Vertical Ruler) यह डॉक्यूमेण्ट की ऊँचाई (Height) को सूचित करता है। इसका प्रयोग टॉप और बॉटम मार्जिन को सेट करने के लिए करते हैं।

## स्टेटस बार

स्टेटस बार (Status Bar) डॉक्यूमेण्ट से सम्बन्धित कुछ सूचनाएँ; *जैसे*—पेज नम्बर, करण्ट पेज, करण्ट टेम्पलेट, कॉलम नम्बर और लाइन नम्बर आदि को दर्शाता है।

### कार्यक्षेत्र

यह डॉक्यूमेण्ट विण्डो का आयताकार क्षेत्र होता है, जिसमें आप कुछ टेक्स्ट टाइप करते हो या कोई चित्र या वस्तु जोड़ते हो। इसे **वर्कप्लेस** (Workplace) नाम से भी जाना जाता है।

### कर्सर

इसे **इन्सर्शन** (Insertion) **प्वॉइण्टर** भी कहते हैं। यह किसी टेक्स्ट के प्रारम्भिक बिन्दु को दर्शाता है। कर्सर (Cursor) जिस स्थान पर होता है, उसी स्थान पर कोई टेक्स्ट टाइप होता है।

## माइक्रोसॉफ्ट वर्ड की विशेषताएँ

माइक्रोसॉफ्ट वर्ड एक लोकप्रिय (Popular) वर्ड प्रोसेसिंग सॉफ्टवेयर है।

*इसकी निम्नलिखित विशेषताएँ हैं*

### टेक्स्ट एडिटिंग

MS-Word में किसी टेक्स्ट को लिखना, लिखे हुए टेक्स्ट को एडिट करना, डिलीट करना, टेक्स्ट के कम्पोनेण्ट को मॉडिफाई करना आदि कार्य बहुत ही आसानी से होते हैं।

यदि किसी टेक्स्ट को डॉक्यूमेन्ट से कट कर दिया है, तो कट किया हुआ टेक्स्ट क्लिपबोर्ड में अस्थायी रूप से स्टोर रहता है। जब उसे डॉक्यूमेन्ट में पेस्ट कर देते हैं, तो क्लिपबोर्ड से कट किया हुआ टेक्स्ट हट जाता है।

### फॉर्मेट टेक्स्ट

MS-Word में किसी टेक्स्ट या शब्द को अनेक प्रकार के शब्द डिजाइन से मॉडिफाई (Modify) कर सकते हैं। विभिन्न प्रकार की स्टाइल का प्रयोग करके टेक्स्ट के एपीयरेन्स (Appearance) को बदल सकते हैं।

### इण्डेण्टेशन

इण्डेण्टेशन (Indentation) से तात्पर्य पेज की बाउण्ड्री और टेक्स्ट के बीच के अन्तर से है। इसके प्रयोग से टेक्स्ट और पेज बाउण्ड्री के बीच में चारों ओर से स्पेस को कम या ज्यादा कर सकते हैं।

### पेज ओरिएण्टेशन

इसका प्रयोग किसी टाइप किए हुए टेक्स्ट को एक क्षैतिज पेज में या ऊर्ध्वाधर पेज में प्रिण्ट करने के लिए किया जाता है।

*MS-Word में दो प्रकार के पेज ओरिएण्टेशन होते हैं*

(i) पोर्ट्रेट (Portrait)
(ii) लैण्डस्केप (Landscape)

## फाइण्ड एण्ड रिप्लेस

MS-Word में टाइप किए गए टेक्स्ट में से किसी विशेष करैक्टर या शब्द को आसानी से सर्च किया जा सकता है। इसमें सर्च किए गए करैक्टर या शब्द को किसी दूसरे करैक्टर या टेक्स्ट से बदला भी जा सकता है।

## स्पेल चेक

इसमें स्पेलिंग और ग्रामर को चेक करने की सुविधा होती है। यह ऑटोमैटिकली (Automatically) स्पेलिंग और ग्रामर (Grammar) की गलतियों को ढूँढता है तथा उसे सही भी करता है।

## शब्दकोश

इस सॉफ्टवेयर में एक कॉम्प्रेहेन्सिव डिक्शनरी (Comprehensive dictionary) और शब्दकोश होता है, जो एक शब्द के कई पर्यायवाची (Synonyms) प्रदान करता है।

## बुलेट्स एण्ड नम्बरिंग

इस सॉफ्टवेयर में अनेक प्रकार के बुलेट्स (विशेष प्रकार के चिन्ह) और नम्बर (गिनती के अंक, रोमन अंक और अंग्रेजी के अक्षर) होते हैं, जिनका प्रयोग करके पेज में एक लिस्ट बना सकते हैं और पेज में लिखे हुए डाटा को एक क्रम में भी रख सकते हैं।

## मेल मर्ज

यह MS-Word की वह सुविधा है, जिसके द्वारा एक पत्र अनेक व्यक्तियों को भेज सकते हैं अथवा कुछ सूचनाएँ बदलते हुए किसी डॉक्यूमेण्ट की अनेक कॉपियाँ निकाल सकते हैं। इससे दो फाइलों से सूचनाएँ लेकर उन्हें आपस में मिलाकर या मर्ज (Merge) करके वास्तविक डॉक्यूमेण्ट तैयार किया जाता है।

## ग्राफिक्स

यह MS-Word में ड्रॉइंग बनाने की अच्छी सुविधा देता है। इसके द्वारा विभिन्न प्रकार की आकृति; *जैसे*—वृत्त, आयत, रेखाएँ, त्रिभुज आदि की ड्रॉइंग आसानी से बना सकते हैं। इसमें ड्रॉइंग बनाने का ड्रॉइंग टूलबार उपलब्ध होता है, जिसमें अनेक प्रकार की ड्रॉइंग होती हैं।

## ऑब्जेक्ट लिंकिंग एण्ड एम्बेडिंग

यह माइक्रोसॉफ्ट द्वारा विकसित एक ऐसी तकनीक है, जो डॉक्यूमेण्टों और अन्य एप्लीकेशनों को जोड़ने और एम्बेडिंग करने की अनुमति प्रदान करती है। इसमें विभिन्न प्रकार के ऑब्जेक्ट; *जैसे*—चार्ट्स (Charts), समीकरण (Equations), वीडियो क्लिप, पिक्चर आदि उपलब्ध होते हैं।

## क्षैतिज और ऊर्ध्वाधर स्क्रोल बार

इस सॉफ्टवेयर में दो स्क्रोल बार होते हैं, जो पेज को डॉक्यूमेण्ट विण्डो में ऊपर नीचे या दाएँ-बाएँ मूव कराते हैं। इसमें क्षैतिज (Horizontal) स्क्रोल बार होता है, जो स्टेटस बार के ऊपर स्थित होता है। यह स्क्रोल बार पेज को दाईं ओर या बाईं ओर मूव करा सकता है। दूसरा ऊर्ध्वाधर (Vertical) स्क्रोल बार होता है, जो स्क्रीन के दाईं ओर होता है। यह स्क्रोल बार पेज को डॉक्यूमेण्ट विण्डो में ऊपर-नीचे मूव कराता है।

**MS-Word की शॉर्टकट कुंजियाँ और उनका विवरण**

### स्टैण्डर्ड टूलबार

| टूल का नाम | शॉर्टकट | विवरण |
|---|---|---|
| Backspace | Backspace | कर्सर के बाईं ओर के एक करैक्टर को डिलीट करने के लिए |
| New | Ctrl + N | एक नया डॉक्यूमेण्ट बनाने के लिए |
| Open | Ctrl + O या Ctrl + F12 | पहले से बने हुए डॉक्यूमेण्ट को खोलने के लिए |
| Save | Ctrl + S या Shift + F12 | एक्टिव डॉक्यूमेण्ट को सेव करने के लिए |
| | F12 | किसी सेव डॉक्यूमेण्ट के नाम व लोकेशन को बदलकर सेव करने के लिए |
| Select | Ctrl + A | पेज के सभी कण्टेण्ट्स को चुनने के लिए |
| Print | Ctrl + P or Ctrl+Shift+F12 | एक्टिव डॉक्यूमेण्ट को प्रिण्ट करने के लिए |
| Print Preview | Ctrl+F2 | प्रिण्ट करने से पहले पेज का प्रिव्यू देखने के लिए |

| टूल का नाम | शॉर्टकट | विवरण |
|---|---|---|
| Spelling | F7 | किसी एक्टिव डॉक्यूमेण्ट में स्पेलिंग चेक करने के लिए |
| Find, Replace & Goto | F5 | Find, replace और go to विण्डो खोलने के लिए |
| Cut | Ctrl + X | चुने हुए टेक्स्ट या ऑब्जेक्ट को कट करने और उसे क्लिपबोर्ड में रखने के लिए |
| Copy | Ctrl + C | चुने हुए टेक्स्ट या ऑब्जेक्ट की कॉपी करने और उसे क्लिपबोर्ड में रखने के लिए |
| Paste | Ctrl + V या Shift + Insert | क्लिपबोर्ड में कट या कॉपी किए गए कण्टेण्ट को किसी पेज में किसी स्थान पर पेस्ट करने के लिए |
| Undo | Ctrl + Z | कट किए गए टेक्स्ट को वापस लाने के लिए |
| Redo | Ctrl + Y | Undo के द्वारा कट किए गए आदेश को प्रभावी बनाने के लिए या undo का विपरीत करने के लिए |
| Start | Ctrl + Home | डॉक्यूमेन्ट के आरम्भ में जाने के लिए |
| End | Ctrl + End | डॉक्यूमेन्ट के अन्त में जाने के लिए |
| Search | Ctrl + F | डॉक्यूमेन्ट में किसी टेक्स्ट को ढूँढने के लिए |
| Close | Ctrl + W | वर्ड डॉक्यूमेन्ट को बन्द करने के लिए |

### फॉर्मेटिंग टूलबार

| टूल का नाम | शॉर्टकट | विवरण |
|---|---|---|
| Style | Ctrl + Shift + S | किसी चुने हुए टेक्स्ट या फॉण्ट की स्टाइल को बदलने के लिए |
| Font | Ctrl + Shift + F | चुने हुए पोर्शन के फॉण्ट तथा आकार को बदलने के लिए |
| Font Size | Ctrl + Shift+P | चुने हुए पोर्शन (Portion) के फॉण्ट साइज को बदलने के लिए |
| Bold | Ctrl + B | चुने हुए टेक्स्ट या शब्द को बोल्ड (मोटे अक्षर) में लिखने के लिए |
| Italic | Ctrl + I | चुने हुए शब्द या अक्षर को तिरछे (Italic) स्टाइल में लिखने के लिए |
| Underline | Ctrl + U | चुने हुए शब्द या अक्षर के नीचे रेखा खींचने के लिए |
| Aligned Left | Ctrl + L | शब्दों को बाएँ ओर से एलाइन (Align) में लाने के लिए |
| Center | Ctrl + E | पैराग्राफ को पेज के बीचों बीच में लाने के लिए या शब्दों को बीच में लिखने के लिए |
| Aligned Right | Ctrl + R | शब्दों या पैराग्राफ को पेज के दाएँ ओर से एलाइन (Align) में लाने के लिए |
| Justify | Ctrl + J | पैराग्राफ को दाएँ और बाएँ ओर से एलाइन में लाने के लिए |

## माइक्रोसॉफ्ट एक्सेल

माइक्रोसॉफ्ट एक्सेल (Microsoft Excel) एक पावरफुल स्प्रेडशीट प्रोग्राम है, जो आपके डाटा को व्यवस्थित करने, कैलकुलेशन पूरी करने, निर्णय तक पहुँचने, ग्राफ, डाटा प्रोफेशन दिखाने वाली रिपोर्ट तैयार करने, व्यवस्थित डाटा को वेब पर पब्लिश करने तथा रियल टाइम डाटा को एक्सेस करने की सुविधा देता है।

इसमें एक इलेक्ट्रॉनिक स्प्रेडशीट होती है, जिसका प्रयोग अकाउण्टिंग उद्देश्य के लिए, गणितीय कार्यों में, बजट बनाने तथा बिल बनाने में करते हैं। इसे वर्कशीट भी कहते हैं। MS-Excel में स्प्रेडशीट या वर्कशीट बहुत से सेलों (Cells) का एक समूह होता है, जिन्हें रॉज (Rows) तथा कॉलमों (Columns) में व्यवस्थित किया जाता है।

एमएस-एक्सेल के अतिरिक्त कुछ अन्य स्प्रेडशीट; *जैसे*—स्नोबॉल (Snowball), Lotus 1-2-3, एप्पल नम्बर्स (Apple numbers) आदि हैं। इसे डाटाबेस की तरह प्रयोग कर सकते हैं, जो सम्बन्धित डाटा को स्टोर करता है। इसके द्वारा किसी विशेष डाटा को एक पैटर्न के आधार पर ढूँढा जा सकता है।

- एक्सेल में उत्पन्न की गई नई वर्कबुक में बाय डिफॉल्ट (By default) तीन वर्कशीट होती हैं।
- एमएस-एक्सेल का फाइल फॉर्मेट या एक्सटेंशन .xls होता है।

## MS-Excel को प्रारम्भ करना

*MS-Excel खोलने या प्रारम्भ करने की दो विधियाँ हैं*

(i) Start बटन पर क्लिक करने के बाद Run कमाण्ड पर क्लिक करें। अब Run विण्डो में Excel टाइप करके एण्टर की दबाने से भी MS-Excel की विण्डो खुल जाती है।

(ii) Start बटन → All Programs → Microsoft Office → Microsoft Office Excel 2007

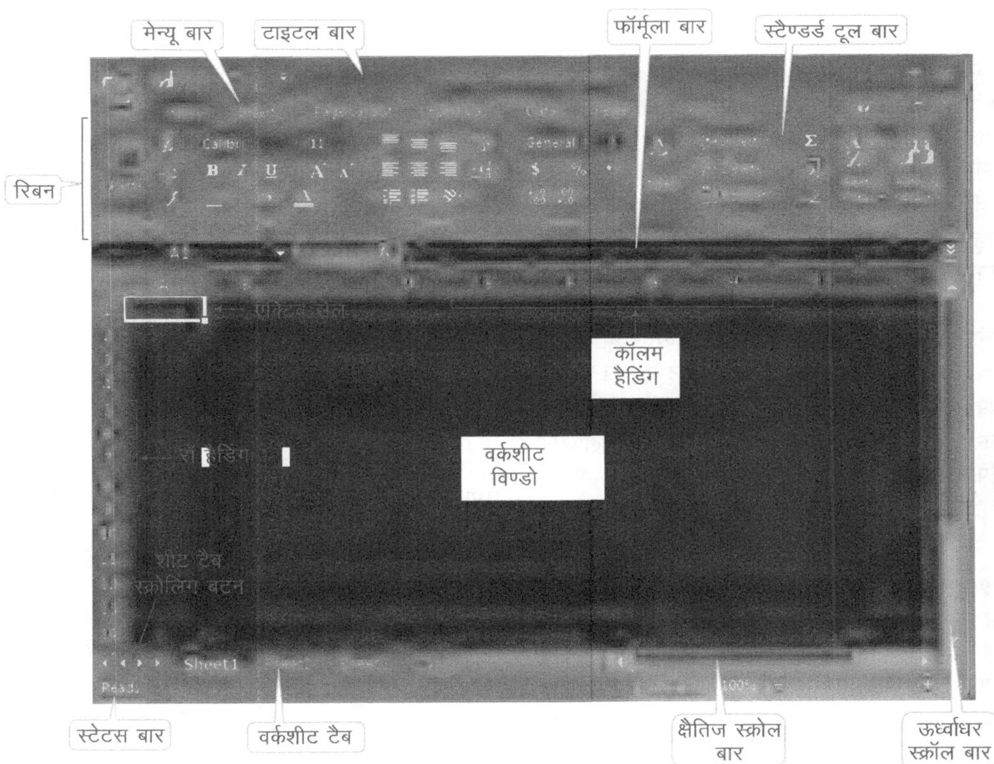


**माइक्रोसॉफ्ट एक्सेल 2007 की विण्डो**

## माइक्रोसॉफ्ट एक्सेल के अवयव

*माइक्रोसॉफ्ट एक्सेल के अवयव निम्न हैं*

### टाइटल बार

यह माइक्रोसॉफ्ट एक्सेल की विण्डो में सबसे ऊपर एक रिबन (पट्‌टी) होता है, जो फाइल के नाम तथा जिस सॉफ्टवेयर में फाइल खुली है, उस सॉफ्टवेयर का नाम प्रदर्शित करता है।

### रिबन

यह स्क्रीन के टाइटल बार के नीचे एक पट्‌टी होती है। रिबन (Ribbon) में किसी कार्य को करने के लिए आदेशों का एक पैनल होता है।

### टैब

MS-Excel में टाइटल बार के नीचे, मेन्यू बार होता है। इस मेन्यू बार में प्रदर्शित बटन को टैब (Tab) कहते हैं। *कुछ कमाण्डों का विवरण निम्नलिखित हैं*

1. **क्लिपबोर्ड** (Clipboard) क्लिपबोर्ड में किसी सेल के डाटा या टेक्स्ट को कट, कॉपी तथा पेस्ट करने के लिए कमाण्ड रहती है। कट या कॉपी किया हुआ डाटा क्लिपबोर्ड में स्टोर हो जाता है, जिसे हम कहीं भी पेस्ट कर सकते हैं।
2. **एलाइनमेण्ट** (Alignment) इसका प्रयोग किसी सेल में टेक्स्ट के एलाइनमेण्ट को बदलने के लिए करते हैं। इसमें दो प्रकार के एलाइनमेण्ट होते हैं—ऊर्ध्वाधर एलाइनमेण्ट और क्षैतिज एलाइनमेण्ट। एक्सेल में कॉलम टेक्स्ट बाय डिफॉल्ट राइट तथा रॉ वैल्यू राइट एलाइन होता है।
3. **टेबल** (Table) इसका प्रयोग सेलों के समूह को टेबल की तरह परिभाषित करने के लिए होता है। ये टेबल डाटा को फिल्टर करने तथा उसे एक क्रम में रखने में उपयोगी होती है। इसके द्वारा पाइवोट टेबल (Pivote Table) या चार्ट भी बनाया जाता है।
4. **फंक्शन लाइब्रेरी** (Function Library) इसमें अनेक प्रकार के फंक्शन; *जैसे*—मैथमेटिकल फंक्शन, लॉजिकल फंक्शन तथा त्रिकोणमितीय फंक्शन होते हैं, जो गणनाओं में प्रयोग किए जाते हैं।

   SUM, AND, IF, LOOKUP, AVG, DATE आदि।
5. **मैक्रोस** (Macros) इसका प्रयोग कार्यों के क्रम (Sequence of actions) को परिभाषित करने के लिए किया जाता है। जब कार्यों का क्रम परिभाषित हो जाता है तो इसे एक डॉक्यूमेण्ट या एक से अधिक डॉक्यूमेण्ट पर बार-बार प्रयोग करके किसी विशेष कार्य को सम्पन्न कर सकते हैं।

### स्टेटस बार

विण्डो टास्क बार के ठीक ऊपर और स्क्रीन के बॉटम में जो बार होता है, उसे स्टेटस बार (Status Bar) कहते हैं। यह वर्तमान एक्टिव वर्कशीट की सूचना दिखाता है; *जैसे*—पेज नम्बर, व्यू शॉर्टकट, जूम स्लाइडर आदि।

### फॉर्मूला बार

फॉर्मूला बार (Formula Bar) रिबन के नीचे होता है। इसके दो भाग होते हैं—पहला नेम बॉक्स (Name box), जो किसी सेल के रेफरेंस को दिखाता है तथा दूसरा फॉर्मूला, जिसमें फॉर्मूला टाइप करते हैं। इसमें पहले से परिभाषित फॉर्मूला होता है, जिसका प्रयोग कैलकुलेशन में किया जाता है तथा एक्टिव सेल के कण्टेण्ट्स भी इसी में डिस्प्ले होते हैं।

एक्सेल में प्रीप्रोग्राम्ड फॉर्मूले को फंक्शन भी कहा जाता है। *कुछ प्रसिद्ध एक्सेल फॉर्मूले निम्न प्रकार हैं*

| कार्य | विवरण | उदाहरण |
|---|---|---|
| SUM | संख्याओं का योग करने के लिए | = SUM (A1 : A5) |
| AVERAGE | संख्याओं का औसत ज्ञात करने के लिए | = AVERAGE (A1 : A5) |
| MAX | अधिकतम संख्या ज्ञात करने के लिए | = MAX (A1 : A5) |
| MIN | न्यूनतम संख्या ज्ञात करने के लिए | = MIN (A1 : A5) |
| COUNT | सेल्स, जो टेक्स्ट या संख्या स्टोर करती हैं, उन्हें काउण्ट करने के लिए | = COUNT (A1 : A5) |

यहाँ A1 : A5 रेंज का अर्थ है, जो सेल A1 से A5 के मध्य की सभी सेलों को शामिल करता है।

## स्प्रेडशीट से सम्बन्धित महत्त्वपूर्ण तथ्य

*MS-Excel से सम्बन्धित कुछ मुख्य तथ्य (Terms) निम्नलिखित हैं*

(i) स्प्रेडशीट एक सॉफ्टवेयर टूल होता है, जिसका प्रयोग संख्याओं के समूह को एण्टर (Enter) करने, कैलकुलेट करने, मैनिपुलेट करने और विश्लेषण (Analysis) करने के लिए होता है।

(ii) इसमें रॉज और कॉलमों के प्रतिच्छेद (Intersection) से बहुत सारे सेल्स (Cell) बनते हैं। सेल एक प्रकार का कण्टेनर होता है, जो संख्याओं (Numbers), सूत्रों (Formulae) और टेक्स्ट (लेबल्स) को होल्ड (Hold) करता है।

(iii) एक्टिव सेल वह सेल होता है, जिसमें आप वर्तमान समय में काम कर रहे हैं।

(iv) सेलों के समूह (Array) को शीट या वर्कशीट (Worksheet) कहते हैं।

(v) एक्सेल में शीट, शीट टैब या वर्कशीट टैब का उपयोग वर्कशीट को प्रदर्शित करने के लिए किया जाता है, जिसे उपयोगकर्ता वर्तमान में एडिट कर रहा है।

(vi) वर्कशीट के अन्दर टेबल में सूचनाएँ रॉज और कॉलमों में प्रदर्शित होती हैं।

(vii) रॉज की पहचान संख्याएँ 1, 2, 3......से होती है।

(viii) कॉलमों की पहचान अक्षरों के समूह A, B, C.....AA, AB,.....ZZ आदि से होती है।

(ix) वर्कबुक एक डॉक्यूमेण्ट होता है, जिसमें एक या एक से अधिक वर्कशीट होती हैं।

(x) सेल प्वॉइण्टर एक सेल की बाउण्ड्री होती है, जो यह बताती है कि करण्ट टाइम में कौन-सा सेल एक्टिव है।

(xi) फॉर्मूला (Formula) एक समीकरण (Equation) होता है, जिसका प्रयोग किसी सेल की वैल्यू को कैलकुलेट करने के लिए करते हैं। एक्सेल में कोई भी फॉर्मूला
= चिन्ह के साथ शुरू होता है।

(xii) सेल एड्रेस, रॉज और कॉलमों के अक्षर और संख्याओं के प्रतिच्छेद (Intersection) को दर्शाता है; जैसे—C5 का अर्थ कॉलम C और रॉ 5 है।

(xiii) एक्सेल 2007 वर्कशीट में अधिकतम कॉलमों की संख्या 16384 तथा रॉ की संख्या 1048576 होती है।

(xiv) दो या दो से अधिक सेल को जोड़कर बनाया गया सिंगल सेल, मर्जिंग सेल कहलाता है।

# चार्ट्स

एमएस-एक्सेल में किसी वर्कशीट के डाटा के ग्राफिकल (Graphical) एवं पिक्टोरियल (Pictorial) प्रेजेण्टेशन (Presentation) के लिए चार्ट का प्रयोग करते हैं।

एक्सेल चार्टों (Charts) की यह विशेषता होती है कि जब भी आप उस डाटा में कोई परिवर्तन करते हैं, जिस पर चार्ट आधारित है, तो सम्बन्धित चार्ट में वह परिवर्तन तत्काल कर दिया जाता है या ऐसा करने के लिए पूछा जाता है।

1. **चार्ट विजार्ड** (Chart wizard) का प्रयोग एम एस-एक्सेल में चार्ट बनाने के लिए करते हैं।
2. **एम्बेडेड** (Embedded) एक प्रकार का चार्ट होता है, जो पहले से बनी हुई शीट पर बनाया जाता है।

## चार्ट के प्रकार

*चार्ट निम्न प्रकार के होते हैं*

1. **एरिया चार्ट** (Area Chart) यह चार्ट लाइन चार्ट भी कहलाता है। इनमें विभिन्न मानों को लाइनों के नीचे के क्षेत्र द्वारा दर्शाया जाता है।
2. **कॉलम चार्ट** (Column Chart) इसमें किसी मान को एक ऊर्ध्वाधर कॉलम (Vertical column) के रूप में दर्शाया जाता है। इसमें विभिन्न डाटा श्रेणियों को X-अक्ष पर और उनके मानों को Y-अक्ष पर दर्शाया जाता है।
3. **बार चार्ट** (Bar Chart) यह चार्ट भी कॉलम चार्ट जैसा ही होता है। अन्तर केवल यह है कि इसमें विभिन्न डाटा श्रेणियों के मानों को क्षैतिज बारों (Horizontal bars) द्वारा दर्शाया जाता है।
4. **लाइन चार्ट** (Line Chart) इस चार्ट में विभिन्न डाटा श्रेणियों के मानों को विभिन्न बिन्दुओं द्वारा दर्शाया जाता है, जिन्हें सरल रेखाओं से जोड़ दिया जाता है। इस अन्तर के अतिरिक्त लाइन चार्ट कॉलम चार्टों की भाँति ही होते हैं।
5. **पाई चार्ट** (Pie Chart) इस प्रकार के चार्ट में केवल एक डाटा श्रेणी को दर्शाया जाता है। इसमें विभिन्न मानों को एक वृत्त के विभिन्न भागों या सेक्टरों (Sectors) द्वारा दर्शाया जाता है। प्रत्येक भाग का आकार, उसके मान के अनुपात में होता है। उस मान को भी उस भाग के पास ही प्रदर्शित किया जाता है।
6. **स्कैटर चार्ट** (Scatter Chart) इसे XY चार्ट भी कहते हैं। स्कैटर चार्ट न्यूमैरिक वैल्यू; *जैसे*—वैज्ञानिक, सांख्यिकीय और इंजीनियरिंग डाटा की तुलना तथा प्रदर्शन के लिए प्रयोग किया जाता है।

## चार्ट के तत्त्व

*चार्ट के तत्त्व निम्नलिखित हैं*

1. **चार्ट एरिया** (Chart Area) किसी चार्ट को बनाने में प्रयोग किया गया कुल क्षेत्र चार्ट एरिया होता है। चार्ट एरिया से चार्ट को घेरने के लिए एक आयताकार बॉक्स का प्रयोग करते हैं। इस आयताकार बॉक्स का एरिया, चार्ट एरिया कहलाता है।
2. **प्लॉट एरिया** (Plot Area) वह क्षेत्रफल, जिसमें डाटा को चार्ट के रूप में प्रदर्शित करते हैं, प्लॉट एरिया कहलाता है। प्लॉट एरिया 2D chart में अक्षों से घिरा होता है, जबकि 3D chart में वॉल्स और फ्लोर से घिरा होता है।
3. **चार्ट शीर्षक** (Chart Title) ये चार्ट और दोनों अक्षों (X और Y) के शीर्षक होते हैं। इससे हमें पता चलता है कि चार्ट हमें क्या दिखाना चाहता है और उसके अक्षों के मानों का क्या अर्थ है। अक्ष (Axes) सामान्यत: किसी चार्ट में दो अक्ष होते हैं, जिन्हें क्रमश: X-अक्ष और Y-अक्ष कहा जाता है।

X-अक्ष क्षैतिज अक्ष होता है, जिसे कैटेगरी (Category) अक्ष भी कहते हैं। Y-अक्ष ऊर्ध्वाधर अक्ष होता है, जिसे वैल्यू अक्ष भी कहते हैं।
अक्ष शीर्षक (Axis Title) X, Y और Z-अक्षों के मानों को जिस शीर्षक से प्रस्तुत करते हैं, उसे अक्ष शीर्षक कहते हैं।

4. **डाटा श्रेणियाँ** (Data Series) यह उन सभी मानों की सूची है, जिनको हम चार्ट में दिखाना चाहते हैं।
5. **ग्रिड लाइनें** (Grid Lines) ये कुछ बैकग्राउण्ड लाइनें होती हैं, जिनसे हमें प्रत्येक डाटा श्रेणी के मानों का स्तर पता चलता है।
6. **संकेत** (Legends) ये हमें चार्ट में उपयोग किए गए विभिन्न प्रकार के कॉलमों, रेखाओं, बिन्दुओं और रंगों का अर्थ बताते हैं। सामान्यत: प्रत्येक डाटा श्रेणी के लिए एक संकेत होता है, जो चार्ट में दिखाया जाता है। संकेतों को दाएँ, बाएँ, ऊपर या नीचे या किसी कोने में कहीं भी दिखाया जा सकता है।
7. **डाटा लेबल** (Data Label) ये डाटा श्रेणी के वास्तविक मान होते हैं, जो चार्ट में उस मान को व्यक्त करने वाले कॉलम, रेखा या चिन्ह के पास ही दिखाए जाते हैं।
8. **डाटा सारणी** (Data Table) यह एक साधारण सारणी होती है, जिसमें सभी डाटा श्रेणियों के मान दिखाए जाते हैं। यह सारणी चार्ट में किसी कोने पर दिखाई जा सकता है।

### MS Excel की शॉर्टकट कुंजियाँ और उनका वर्णन

| शॉर्टकट कुंजियाँ | वर्णन |
|---|---|
| F2 | चुने हुए सेल को एडिट करने के लिए |
| F5 | किसी विशेष सेल पर जाने के लिए; जैसे—C6 |
| F7 | किसी चुने हुए टेक्स्ट या डॉक्यूमेण्ट में स्पेलिंग चेक करने के लिए |
| F11 | चार्ट बनाने के लिए |
| Ctrl + Shift + ; | करण्ट टाइम एण्टर करने के लिए |
| Ctrl +; | करण्ट दिनांक एण्टर करने के लिए |
| Alt + Shift + F1 | नई वर्कशीट इन्सर्ट करने के लिए |
| Shift + F3 | एक्सेल फॉर्मूला विण्डो खोलने के लिए |
| Shift + F5 | सर्च बॉक्स लाने के लिए या खोलने के लिए |
| Ctrl + F10 | करेण्टली चुनी हुई वर्कशीट को मैक्सिमाइज करने के लिए |
| Ctrl + F6 | खुली हुई वर्कबुक्स या विण्डोज के मध्य एक वर्कबुक से दूसरी वर्कबुक या एक विण्डो से दूसरी विण्डो पर जाने के लिए |
| Ctrl + Page up | एक ही एक्सेल डॉक्यूमेण्ट की पूर्व वर्कशीट्स में मूव करने के लिए |
| Ctrl + Page down | एक ही एक्सेल डॉक्यूमेण्ट की अगली वर्कशीट बीच में मूव करने के लिए |
| Ctrl + Tab | दो एक्सेल फाइलों के बीच में मूव करने के लिए |
| Alt + = | चुने हुए सेलों (Cells) के सभी डाटा को जोड़कर फॉर्मूला क्रियेट करने के लिए |
| Ctrl + ‘ | चुने हुए सेल के डाटा को करेण्टली चुने हुए सेल में इन्सर्ट कराने के लिए |
| Ctrl + Shift + ! | कोमा (Comma) फॉर्मेट में नम्बर को फॉर्मेट करने के लिए |
| Ctrl + Shift + $ | करेन्सी (Currency) फॉर्मेट में नम्बर फॉर्मेट करने के लिए |
| Ctrl + Shift + # | डेट (Date) फॉर्मेट में नम्बर को फॉर्मेट करने के लिए |
| Ctrl + Shift + % | प्रतिशत फॉर्मेट में नम्बर को फॉर्मेट करने के लिए |
| Ctrl + Shift + @ | टाइम फॉर्मेट में संख्याओं को फॉर्मेट करने के लिए |
| Ctrl + Space | सम्पूर्ण कॉलम चुनने के लिए |
| Shift + Space | सम्पूर्ण रॉ चुनने के लिए |
| Ctrl + W | वर्कबुक बन्द करने के लिए |
| Ctrl + A | वर्कशीट के समस्त टेक्स्ट को चुनने के लिए |
| Ctrl + B | सिलेक्टिड टेक्स्ट को बोल्ड करना |
| Ctrl + I | सिलेक्टिड टेक्स्ट को इटैलिक करना |
| Ctrl + U | सिलेक्टिड टेक्स्ट को अण्डरलाइन करना |
| Ctrl + P | प्रिण्टिंग के लिए प्रिण्ट डायलॉग बाक्स प्रदर्शित करना |
| Home | टेक्स्ट की रॉ के आरम्भ में जाने के लिए |
| End | टेक्स्ट की रॉ के अन्त में जाने के लिए |

### इन्हें भी जानें

- $ चिन्ह के द्वारा किसी सेल की लोकेशन को एक फिक्स्ड पोजीशन पर लॉक करते हैं।
- , चिन्ह का प्रयोग सेल रेफरेन्स को अलग करने के लिए किया जाता है।

## माइक्रोसॉफ्ट पावरप्वॉइण्ट

पावरप्वॉइण्ट एम एस-ऑफिस पैकेज के अन्तर्गत एक प्रेजेण्टेशन (Presentation) सॉफ्टवेयर है, जिसे माइक्रोसॉफ्ट कम्पनी ने विकसित किया था। पावरप्वॉइण्ट प्रोग्राम, विभिन्न प्रकार के प्रेजेण्टेशन को सरलता और शीघ्रता से तैयार करने, उन्हें एडिट करने तथा प्रेजेण्टेशन का अभ्यास करने में हमारी सहायता करता है।

(i) एम एस-पावरप्वॉइण्ट में प्रेजेण्टेशन फाइल का फॉर्मेट .ppt या .pptx होता है।

(ii) एम एस-पावरप्वॉइण्ट को अधिकतम 400% तक जूम (Zoom) किया जा सकता है।

(iii) एम एस-पावरप्वॉइण्ट में हम विभिन्न प्रकार के चित्र और साउण्ड जोड़ सकते हैं, जिसका फॉर्मेट .gif, .bmp, .png, .jpg, .giv, .wav, .mid होता है।

## एम एस-पावरप्वॉइण्ट को प्रारम्भ करना

क्लिक Start बटन → All Programs → Microsoft Office → Microsoft Office PowerPoint 2007

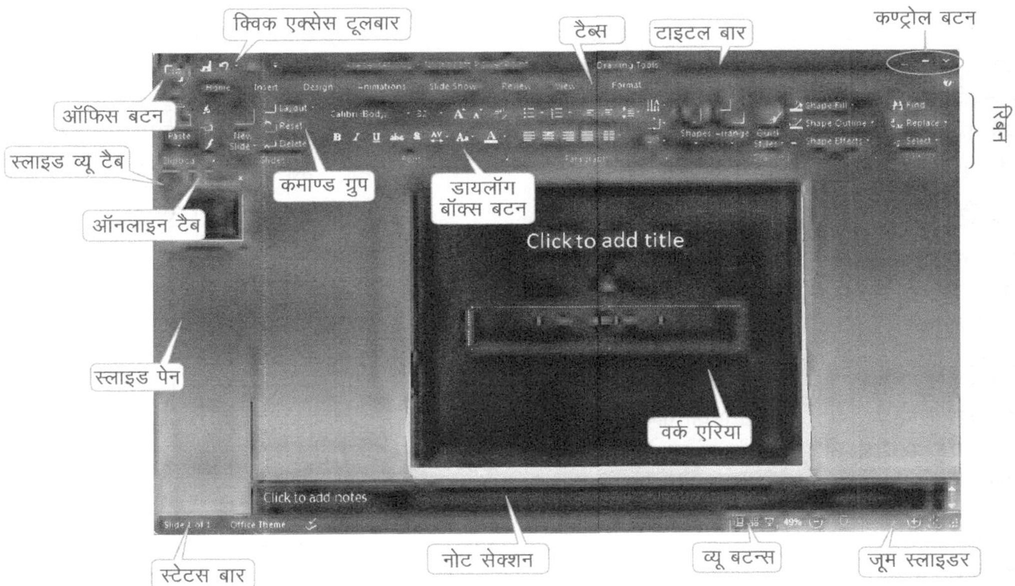


**पावरप्वॉइण्ट 2007 की विण्डो**

## पावरप्वॉइण्ट के अवयव

*पावरप्वॉइण्ट के विभिन्न अवयव निम्नलिखित हैं*

1. **टाइटल बार** (Title Bar) यह सबसे ऊपर स्थित एक रिबन होता है, जो फाइल का नाम और सॉफ्टवेयर का नाम दिखाता है।
2. **रिबन** (Ribbon) यह एक पट्टी होती है, जिस पर विभिन्न टैब्स; *जैसे*—एनीमेशन्स, स्लाइड शो आदि होते हैं।
3. **स्लाइड** (Slide) प्रेजेण्टेशन के प्रत्येक पेज को स्लाइड कहते हैं। प्रत्येक स्लाइड किसी विशेष बात को प्रस्तुत करने के लिए बनाई जाती है।
4. **स्लाइड पेन** (Slide Pane) पावरप्वॉइण्ट विण्डो के इस क्षेत्र में प्रेजेण्टेशन में जोडे जाने वाली सभी स्लाइड्स को प्रदर्शित किया जाता है।
5. **स्लाइड व्यू टैब** (Slide View Tab) यह टैब सभी स्लाइडों के थम्बनेल व्यू को प्रदर्शित करती है।
6. **आउटलाइन व्यू टैब** (Outline View Tab) यह टैब प्रेजेण्टेशन में आउटलाइन फॉर्मेट के टेक्स्ट को प्रदर्शित करती है।

7. **नोट्स बटन** (Notes Button) यह नोट्स बनाने के लिए प्रयोग हो सकती है।
8. **स्टेटस बार** (Status Bar) यह करेण्टली प्रदर्शित स्लाइड के नम्बर को प्रदर्शित करता है।

## पावरप्वॉइण्ट व्यूज

*पावरप्वॉइण्ट में निम्नलिखित व्यूज होते हैं*

### सामान्य व्यू

इसमें पावरप्वॉइण्ट की विण्डो को तीन भागों में बाँटकर दिखाया जाता है, जिन्हें पेन (Pane) कहते हैं। इसके बाएँ भाग को स्लाइड पेन (Slide pane) कहा जाता है। इसमें दो टैब होते हैं-Outline और Slides। स्लाइड्स टैब में सभी स्लाइड छोटे आकार में दिखाई देती हैं। इसमें क्लिक करके आप किसी भी स्लाइड को बड़े आकार में देख सकते हैं। स्लाइड के इस भाग में चित्रों, रंगों आदि पर कार्य किया जाता है। आउटलाइन टैबशीट में प्रत्येक स्लाइड की रूपरेखा को दर्शाया जाता है, जिसमें स्लाइड का शीर्षक और मुख्य बिन्दु शामिल होते हैं।

### स्लाइड सॉर्टर व्यू

इस व्यू में आप प्रेजेण्टेशन की सभी स्लाइडों को एक साथ छोटे रूप में देख सकते हैं। स्लाइड सॉर्टर व्यू में आप अपनी स्लाइडों को अपनी इच्छानुसार किसी भी क्रम में लगा सकते हैं।

### स्लाइड शो व्यू

इस व्यू में पावरप्वॉइण्ट के अन्य सभी तत्त्वों को गायब करके एक बार में केवल एक स्लाइड को पूरी स्क्रीन में उसके पूर्ण रूप में दिखाया जाता है।

### स्लाइड मास्टर व्यू

आउटलाइनिंग (Outlining) टूल्स का प्रयोग मास्टर व्यू में ही होता है। स्लाइड मास्टर व्यू में स्लाइड को बनाने के लिए View टैब के Presentation Views में Slide Master विकल्प पर क्लिक करें।

### हैण्डआउट मास्टर व्यू

इस व्यू पर क्लिक करने से सभी स्लाइड को एक साथ देखा जा सकता है। इस स्लाइड में ऊपरी सिरे के बाईं ओर Header तथा दाईं ओर डेट का कॉलम होता है तथा मध्य में सभी स्लाइडें लगी होती हैं तथा नीचे बाईं ओर Footer तथा दाईं ओर पेज नम्बर प्रदर्शित होता है।

### नोट्स मास्टर व्यू

किसी प्रेजेण्टेशन को इस व्यू में देखने के लिए View टैब पर क्लिक करें, फिर Notes Master के ऑप्शन पर क्लिक करें। इस व्यू को प्रयोग Speaker's Notes बनाने के लिए किया जाता है, जिससे वक्ता को प्रेजेण्टेशन देने में आसानी होती है।

**MS-PowerPoint की शॉर्टकट कुंजियाँ और उनका वर्णन**

| कुंजियाँ | कार्य |
|---|---|
| Ctrl + O | ओपन डायलॉग बॉक्स खोलना |
| Ctrl + N | नई फाइल बनाना |
| Enter | अगली स्लाइड बनाना |
| Ctrl + M | न्यू स्लाइड इन्सर्ट करना |
| Backspace | स्लाइड डिलीट करना |
| F12 | सेव ऐज़ करना |
| Ctrl + S or Shift + F12 | सेव करना |
| Ctrl + P | प्रिण्ट करना |
| F1 | हेल्प डायलॉग बॉक्स खोलना |
| Ctrl + W | प्रेजेण्टेशन को क्लोज करना |
| F5 | स्लाइड शो को देखना |
| Shift + F5 | स्लाइड शो को पुन: आरम्भ करना |
| Backspace or Up arrow key | पिछली स्लाइड पर जाना |
| Ctrl + P | पेन टूल एक्टिवेट करना |
| Ctrl + E | इरेज़र एक्टिवेट करना |
| Shift + F10 | शॉर्टकट मेन्यू देखने के लिए |
| Esc | स्लाइड शो बन्द करना |
| Ctrl + A | प्रेजेन्टेशन के सभी टेक्स्ट को सिलेक्ट करना |
| Ctrl + U | अण्डरलाइन करना |
| Ctrl + L | लेफ्ट |
| Ctrl + J | जस्टिफाई |
| Ctrl + E | सेण्टर |
| Ctrl + F | फाइण्ड डायलॉग बॉक्स खोलना |
| Ctrl + H | रिप्लेस बॉक्स खोलना |
| Ctrl + K | हाइपरलिंक इन्सर्ट करना |
| Ctrl + Shift + F | फॉण्ट चेंज करना |
| Ctrl + Shift + P | फॉण्ट का साइज़ परिवर्तित करना |
| Ctrl + Shift + > | सिलेक्ट टेक्स्ट कर फॉण्ट साइज़ बढ़ाना |
| Ctrl + Shift + < | सिलेक्ट टेक्स्ट का फॉण्ट साइज़ कम करना |
| F7 | स्पेल चेकर |
| Alt + F8 | मैक्रोस |

**नोट** • *ट्रिगर को एक ऑब्जेक्ट या आइटम की तरह परिभाषित करते हैं, जो अपना कार्य स्लाइड पर माउस को क्लिक करने पर करता है।*
• *एनिमेशन पावरप्वॉइण्ट का एक रूप है, जो गेम या मूवी बनाने के लिए माइक्रोसॉफ्ट पावरप्वॉइण्ट प्रोग्राम का उपयोग करता है।*
• *टेम्पलेट एक पूर्व डिजाइन किया हुआ डॉक्यूमेण्ट है, जिसमें पहले से ही फॉण्ट, लेआउट एवं बैकग्राउण्ड होते हैं।*

# माइक्रोसॉफ्ट एक्सेस

माइक्रोसॉफ्ट एक्सेस या माइक्रोसॉफ्ट ऑफिस एक्सेस एक प्रकार का डाटाबेस मैनेजमेण्ट सिस्टम है, जिसे माइक्रोसॉफ्ट कम्पनी में रिलेशनल माइक्रोसॉफ्ट जेट डाटाबेस इंजन को ग्राफिकल यूजर इण्टरफेस और सॉफ्टवेयर डेवलपमेण्ट टूल्स के साथ जोड़कर (Combine) बनाया है।

सॉफ्टवेयर डेवलपर्स, माइक्रोसॉफ्ट एक्सेस का प्रयोग एप्लीकेशन सॉफ्टवेयर (Application software) को डेवलप करने के लिए करते हैं। एम एस-एक्सेस का फाइल फॉर्मेट .accdb होता है। एम एस-एक्सेस को प्रारम्भ करने के लिए

क्लिक Start बटन → All Programs → Microsoft Office → Microsoft Office Access 2007

# माइक्रोसॉफ्ट एक्सेस के अवयव

*एम एस-एक्सेस के अन्तर्गत चार मुख्य अवयव (Components) होते हैं*

1. **सारणी** इसका प्रयोग डाटाबेस में डाटा को स्टोर करने के लिए किया जाता है।
2. **क्वैरीज** सारणी या डाटाबेस से कुछ शर्तों को पूरा करने के लिए जो आदेश दिया जाता है, उसे क्वैरी (Query) कहा जाता है। *एम एस-एक्सेस में मुख्यत: पाँच प्रकार की क्वैरी होती हैं*
   (i) **सिलेक्ट क्वैरी** (Select Query) किसी दी हुई शर्त के अनुसार डाटा ढूँढने या चुनने के लिए सिलेक्ट क्वैरी का प्रयोग करते हैं।
   (ii) **पैरामीटर क्वैरी** (Parameter Query) इस क्वैरी में पहले कुछ पैरामीटर दिया जाता है तथा उस पैरामीटर के आधार पर यह क्वैरी डाटा सर्च करती है।
   (iii) **क्रॉस टैब क्वैरी** (Cross Tab Query) इस क्वैरी का प्रयोग सूचनाओं का सारांश कॉलमों तथा रॉज में प्राप्त करने के लिए होता है।
   (iv) **एक्शन क्वैरी** (Action Query) नई टेबल बनाना या दी गई टेबल में बदलाव करने के लिए एक्शन क्वैरी प्रयोग की जाती है।
   (v) **SQL क्वैरी** (SQL Query) यह एक प्रकार की एडवांस क्वैरी होती है, जो SQL स्टेटमेन्ट का प्रयोग करके तैयार की जाती है।
3. **रिपोर्ट्स** यह उपयोगकर्ता द्वारा बनाई गई क्वैरी या टेबलों के आधार पर डाटा की प्रिण्टिंग की अनुमति देता है।
4. **फॉर्म** यह स्क्रीन पर एक ऐसी विण्डो होती है, जिसकी सहायता से आप किसी सारणी में भरे गए डाटा को देख सकते हैं और नया डाटा जोड़ सकते हैं।

### एम एस-एक्सेस टेम्पलेट्स

यह एक पहले से परिभाषित सारणियों, फॉर्मों, रिपोर्टों, मैक्रोस (Macros) और रिलेशनशिप का एक पूर्ण रूप से ट्रैकिंग एप्लीकेशन (Complete tracking application) है। एम एस-एक्सेस निम्नलिखित प्रकार के डाटाबेस टेम्पलेट का संगठन होता है; *जैसे-* एसेट्स, कॉण्टेक्ट्स, इवेण्ट्स, फैकल्टी, मार्केटिंग, प्रोजेक्ट्स, स्टूडेंट्स आदि।

# एमएस-एक्सेस के तत्त्व

*एमएस-एक्सेस में प्रत्येक कार्य के लिए निम्नलिखित तत्त्व होते हैं*

1. **फील्ड नेम** यह एक लेबल होता है, जो किसी विशेष फील्ड के बारे में बताता है कि इस फील्ड में किस प्रकार की सूचनाएँ या डाटा स्टोर कर सकते हैं। टेबल में फील्ड का नाम अद्वितीय (Unique) होना चाहिए। इसे फील्ड आइडेण्टिटी (Field identity) भी कहते हैं।
2. **फील्ड टाइप/डाटा टाइप** यह बताता है कि फील्ड में किस प्रकार का डाटा स्टोर किया जा सकता है। एम एस-एक्सेस में किसी डाटा टाइप का डिफॉल्ट साइज 50 होता है।

   *इसमें विभिन्न प्रकार के डाटा टाइप होते हैं*

| डाटा टाइप | फील्ड लम्बाई या फील्ड साइज |
|---|---|
| Text | 0-255 characters |
| Memo | 0-65535 characters |
| Date/Time | 8 bytes |
| Number | 1, 2, 4 or 8 bytes |
| Currency | 8 bytes |
| Auto Number | 4 bytes |
| Yes/No | 1 bit (0 या 1) |
| OLE object | upto 1GB |
| Hyperlink | प्रत्येक भाग में 2048 करैक्टर होते हैं |

3. **फील्ड लेन्थ** फील्ड लेन्थ (Field Length) से तात्पर्य है कि किसी फील्ड में अधिक-से-अधिक कितने करैक्टर स्टोर किए जा सकते हैं।
4. **प्राइमरी कुंजी** यह विशेष प्रकार की कुंजी (Key) होती है, जिसका प्रयोग किसी रिकॉर्ड को अद्वितीय रूप से पहचानने के लिए करते हैं।
5. **फिल्टरिंग डाटा** यह किसी विशेष फिल्टर मापदण्ड के आधार पर किसी टेबल से सिर्फ उन रिकॉर्डों को दिखाता है, जो दिए हुए क्राइटेरिया के अन्तर्गत आते हैं।
6. **रिलेशनशिप** यह दो या दो से अधिक टेबल के बीच में अन्तर सम्बन्धों को बताता है। रिलेशनशिप को तीन भागों में बाँटा गया है—वन टू वन (One to One), वन टू मेनी (One to Many) और मेनी टू मेनी (Many to Many)।
7. **एट्रिब्यूट्स** किसी रिकॉर्ड की प्रोपर्टीज को एट्रिब्यूट्स (Attributes) कहते हैं, जिसके प्रयोग से हम किसी रिकॉर्ड को व्यवस्थित तरीके से पहचानते हैं।

### MS-Access की शॉर्टकट कुंजियाँ और उनका वर्णन

| कार्य | कुंजियाँ |
|---|---|
| **डाटाबेस क्रियाएँ** | |
| Ctrl + N | नया डाटाबेस क्रियेट करना |
| Ctrl + O | पहले बने हुए डाटाबेस को खोलना |
| Alt + F4 | एम एस-एक्सेस बन्द करना |
| Down Arrow | एक लाइन नीचे मूव करने के लिए |
| Page Down | एक पेज नीचे मूव करने के लिए |
| Up Arrow | एक लाइन ऊपर मूव करने के लिए |
| Page Up | एक पेज ऊपर मूव करने के लिए |
| **प्रिण्ट और सेव करने के लिए** | |
| Ctrl + P | सिलेक्ट डाटा प्रिण्ट करने के लिए |
| Esc | प्रिण्ट प्रिव्यू और लेआउट प्रिव्यू बन्द करने के लिए |
| Ctrl + S or Shift + F12 | डाटाबेस को सेव करने के लिए |
| F12 | Save As डायलॉग बॉक्स खोलने के लिए |
| **डाटा या टेक्स्ट ढूँढना और स्थापित करना** | |
| Ctrl + F | फाइण्ड एण्ड रिप्लेस डायलॉग बॉक्स में फाइण्ड टैब खोलने के लिए |
| Ctrl + H | फाइण्ड एण्ड रिप्लेस डायलॉग बॉक्स में रिप्लेस टैब खोलने के लिए |

| कार्य | कुंजियाँ |
|---|---|
| **डिज़ाइन व्यू में कार्य करने के लिए** | |
| Shift + Enter | सेक्शन कण्ट्रोल करने के लिए |
| Ctrl + C | क्लिपबोर्ड का सिलेक्ट कण्ट्रोल कॉपी करने के लिए |
| Ctrl + X | क्लिपबोर्ड का सिलेक्ट कण्ट्रोल कट करने के लिए |
| Ctrl + V | क्लिपबोर्ड का सिलेक्ट कण्ट्रोल पेस्ट करने के लिए |
| Ctrl + Right Arrow | क्लिपबोर्ड कण्ट्रोल को राइट में मूव करने के लिए |
| Ctrl + Left Arrow | क्लिपबोर्ड कण्ट्रोल को लेफ्ट में मूव करने के लिए |
| Ctrl + Up Arrow | क्लिपबोर्ड कण्ट्रोल को ऊपर मूव करने के लिए |
| Ctrl + Down Arrow | क्लिपबोर्ड कण्ट्रोल को नीचे मूव करने के लिए |
| Shift + Down Arrow | क्लिपबोर्ड कण्ट्रोल की ऊँचाई बढ़ाने के लिए |
| Shift + Right Arrow | क्लिपबोर्ड कण्ट्रोल की चौड़ाई बढ़ाने के लिए |
| Shift + UP Arrow | क्लिपबोर्ड कण्ट्रोल की ऊँचाई घटाने के लिए |
| Shift + Left Arrow | क्लिपबोर्ड कण्ट्रोल की चौड़ाई घटाने के लिए |
| **प्रोग्राम विण्डो का प्रयोग** | |
| Alt + Tab | अगले प्रोग्राम पर जाने के लिए |
| Alt + Shift + Tab | पिछले प्रोग्राम पर जाने के लिए |
| Ctrl + Esc | विण्डो स्टार्ट मेन्यू दर्शाने के लिए |
| Ctrl + W | वर्तमान डाटाबेस विण्डो को बन्द करने के लिए |
| Enter | सिलेक्ट न्यूनतम विण्डो को रिस्टोर करने के लिए |
| **फॉर्मेटिंग टेक्स्ट** | |
| Ctrl + B | सिलेक्ट किए गए टेक्स्ट को बोल्ड करने के लिए |
| Ctrl + I | सिलेक्ट किए गए टेक्स्ट को इटैलिक करने के लिए |
| Ctrl + U | सिलेक्ट किए गए टेक्स्ट को अण्डरलाइन करने के लिए |

**नोट** *मेमो का प्रयोग बहुत बड़ी संख्या के टेक्स्ट को स्टोर कराने के लिए होता है, लेकिन इसमें सिर्फ टेक्सचुअल (Textual) डाटा ही स्टोर कराते हैं।*

## माइक्रोसॉफ्ट आउटलुक

यह एक प्रकार का पर्सनल इन्फॉर्मेशन मैनेजर और ई-मेल कम्युनिकेशन सॉफ्टवेयर है। इसे माइक्रोसॉफ्ट कम्पनी ने बनाया था और यह एम एस-ऑफिस का एक सॉफ्टवेयर है। इसका मुख्य प्रयोग मेल भेजने के लिए करते हैं।

इसे ई-मेल क्लाइण्ट (E-mail client) के नाम से भी जाना जाता है। इसमें कैलेण्डर, टास्क मैनेजर, कॉण्टेक्ट मैनेजर, नोट मेकिंग, जर्नल और वेब ब्राउजिंग (Web browsing) की सुविधा भी उपलब्ध हैं।

इसे स्टैण्ड अलोन एप्लीकेशन (Stand Alone Application) की तरह प्रयोग किया जा सकता है।
यदि किसी संगठन में एक से अधिक उपयोगकर्ता हों, तो माइक्रोसॉफ्ट एक्सचेंज सर्वर (Microsoft Exchange Server) और माइक्रोसॉफ्ट शेयरप्वॉइण्ट सर्वर (Microsoft Sharepoint Server) का प्रयोग करना अत्यन्त लाभदायी होता है।

# प्रश्न बैंक

## MS-Word

**1.** माइक्रोसॉफ्ट ऑफिस ······· **(SBI Associate 2008)**
(1) शेयरवेयर है
(2) पब्लिक डोमेन सॉफ्टवेयर है
(3) ओपन सोर्स सॉफ्टवेयर है
(4) एक वर्टिकल मार्केट एप्लीकेशन है
(5) एक एप्लीकेशन सूट है

**2.** 'एम एस-वर्ड' क्या है? **(SBI PO 2015)**
(1) यह एक कैलकुलेटिंग टूल है
(2) यह एक प्लानिंग टूल है
(3) यह एक चार्ट है
(4) यह एक नेटवर्किंग टूल है
(5) यह एक डॉक्यूमेण्ट टाइपिंग टूल है

**3.** माइक्रोसॉफ्ट वर्ड ················ का एक उदाहरण है। **(SBI Associate Clerk 2009)**
(1) ऑपरेटिंग सिस्टम
(2) प्रोसेसिंग डिवाइस
(3) एप्लीकेशन सॉफ्टवेयर
(4) इनपुट डिवाइस
(5) इनमें से कोई नहीं

**4.** वर्ड प्रोसेसर का श्रेष्ठ उपयोग किसके लिए होगा? **(IBPS Clerk 2011)**
(1) तस्वीर पेण्ट करने के लिए
(2) आकृति ड्रॉ करने के लिए
(3) कहानी टाइप करने के लिए
(4) आय एवं व्यय का हिसाब लगाने के लिए
(5) उपरोक्त में से कोई नहीं

**5.** टेक्स्ट डॉक्यूमेण्ट को बनाने, एडिट करने, फॉर्मेट करने, स्टोर करने, रिट्रीव और प्रिण्ट करने के लिए कुल मिलाकर एक शब्द कौन-सा है? **(IBPS PO 2012)**
(1) वर्ड प्रोसेसिंग (2) स्प्रेडशीट डिजाइन
(3) वेब डिजाइन (4) डाटाबेस प्रबन्धन
(5) प्रेजेण्टेशन जेनरेशन

**6.** वर्ड डॉक्यूमेण्ट्स के लिए डिफॉल्ट एक्सटेंशन क्या है? **(IBPS Clerk 2014)**
(1) .doc (2) .txt
(3) .wrd (4) .fil
(5) .exe

**7.** माइक्रोसॉफ्ट वर्ड 2013 का डिफॉल्ट एक्सटेंशन क्या है? **(IBPS RRB PO Mains 2017)**
(1) .dcc (2) .docx (3) .xls (4) .ppt
(5) .ycs

**8.** हेल्प मेन्यू किस बटन पर उपलब्ध होता है? **(SBI Clerk 2009)**
(1) एण्ड (2) स्टार्ट
(3) टर्न ऑफ (4) रीस्टार्ट
(5) इनमें से कोई नहीं

**9.** ············ से ऑब्जेक्ट और स्टार्ट प्रोग्राम एक्सेस किए जा सकते हैं। **(RBI Grade B 2013)**
(1) डिफॉल्ट मेन्यू (2) XP मेन्यू
(3) स्टार्ट मेन्यू (4) स्टॉप मेन्यू
(5) इनमें से कोई नहीं

**10.** ............ बार-बार प्रयुक्त कमाण्डों को आसान एक्सेस उपलब्ध कराता है। **(RBI Grade B 2014)**
(1) कमाण्ड टूलबार (2) क्विक एक्सेस टूलबार
(3) स्टैण्डर्ड टूलबार (4) शॉर्टकट टूलबार
(5) इनमें से कोई नहीं

**11.** एक कम्प्यूटर पर उपलब्ध विकल्पों या कार्यों की ऑन-स्क्रीन डिस्प्ले लिस्टिंग क्या है?
(1) डॉक्यूमेण्ट (2) व्यू **(SBI PO 2015)**
(3) टूल (4) फॉर्मेट
(5) मेन्यू

**12.** मेन्यू पर प्रत्येक ............ एक विशेष कार्य करता है। **(RBI Grade B 2013, 14)**
(1) क्लाइण्ट (2) सर्वर (3) नोड (4) कमाण्ड
(5) इनमें से कोई नहीं

**13.** मेन्यू में ............ की लिस्ट होती है। **(RBI Grade B 2014)**
(1) कमाण्ड्स (2) डाटा (3) ऑब्जेक्ट्स (4) रिपोटर्स
(5) इनमें से कोई नहीं

**14.** वर्ड में किसी शब्द पर ............ क्लिक किया जाए, तो यह सिलेक्ट हो जाता है। **(IBPS Clerk 2011)**
(1) एक बार (2) दो बार
(3) तीन बार (4) चार बार
(5) इनमें से कोई नहीं

**15.** डॉक्यूमेण्ट क्रिएट करने के लिए आप फाइल मेन्यू पर ............ कमाण्ड का प्रयोग करते हैं। **(SBI Clerk 2009)**
(1) ओपन (2) क्लोज
(3) न्यू (4) सेव
(5) इनमें से कोई नहीं

**16.** वर्ड डॉक्यूमेण्ट के किस तत्त्व को रंग में दिखाया जा सकता है? **(SBI Clerk 2009, IBPS Clerk 2011)**
(1) केवल ग्राफिक्स
(2) केवल टेक्स्ट
(3) सभी तत्त्व
(4) सभी तत्त्व, लेकिन तभी यदि आपके पास कलर प्रिण्टर हो
(5) उपरोक्त में से कोई नहीं

**17.** कट, कॉपी और पेस्ट करने के लिए कौन-सा मेन्यू सिलेक्ट किया जाता है? **(SBI Clerk 2011)**
(1) फाइल (2) टूल्स
(3) स्पेशल (4) एडिट
(5) इनमें से कोई नहीं

**18.** जब आप किसी जानकारी को कट एवं कॉपी करते हैं, तो वह कहाँ मिलती है? **(IBPS Clerk 2013)**
(1) क्लिपआर्ट (2) क्लिपबोर्ड
(3) मदरबोर्ड (4) ये सभी
(5) इनमें से कोई नहीं

**19.** वर्ड डॉक्यूमेण्ट में एक पैराग्राफ को एक स्थान से दूसरे स्थान पर ले जाने के लिए निम्नलिखित में से किसका प्रयोग किया जाना चाहिए? **(IBPS Clerk 2012)**
(1) कॉपी एण्ड पेस्ट (2) कट एण्ड पेस्ट
(3) डिलीट एण्ड रिटाइप (4) फाइण्ड एण्ड रिप्लेस
(5) इनमें से कोई नहीं

**20.** टेक्स्ट हाइलाइट करके 'Edit' 'Copy' क्लिक करने पर क्या होगा? **(SBI Clerk 2009)**
(1) टेक्स्ट डॉक्यूमेण्ट से कॉपी होकर क्लिपबोर्ड पर रखा जाएगा।
(2) टेक्स्ट डॉक्यूमेण्ट से निकाल करके क्लिपबोर्ड पर रखा जाएगा।
(3) क्लिपबोर्ड टेक्स्ट डॉक्यूमेण्ट में कर्सर ब्लिंक कर रहा है, वह रखा जाएगा।
(4) '2' और '3' दोनों
(5) उपरोक्त में से कोई नहीं

**21.** वर्ड में स्टाइल्स का प्रयोग ............। **(IBPS Clerk 2011)**
(1) डॉक्यूमेण्ट की कॉपियाँ बनाने के लिए किया जाता है
(2) डॉक्यूमेण्ट में परिवर्तन सेव करने के लिए किया जाता है
(3) डॉक्यूमेण्ट में टेक्स्ट को डिलीट करने के लिए किया जाता है
(4) डॉक्यूमेण्ट को फॉर्मेट करने के लिए किया जाता है
(5) उपरोक्त में से कोई नहीं

**22.** वर्ड डॉक्यूमेण्ट में वाक्य के लिए फॉण्ट का चुनाव करना हो, तो ..............। **(IBPS Clerk 2011)**
(1) फॉर्मेट मेन्यू में फॉण्ट सिलेक्ट करें
(2) एडिट मेन्यू में फॉण्ट सिलेक्ट करें
(3) टूल्स मेन्यू में फॉण्ट सिलेक्ट करें
(4) इन्सर्ट मेन्यू मे फॉण्ट सिलेक्ट करें
(5) उपरोक्त में से कोई नहीं

**23.** एम एस-वर्ड एक टेक्स्ट या डॉक्यूमेण्ट एडिटिंग प्रोग्राम है, जोकि एम एस ऑफ़िस सूट के पैकेज में उपलब्ध है, निम्नलिखित में से कौन-सा विकल्प एम एस-वर्ड से सम्बन्धित नहीं है? **(SSC CGL 2016)**
(1) Page Layout (2) Antivirus
(3) Mailings (4) Format Painter

**24.** वर्ड में रिप्लेस ऑप्शन ............ पर उपलब्ध है। **(IBPS Clerk 2011)**

(1) फाइल मेन्यू (2) व्यू मेन्यू
(3) एडिट मेन्यू (4) फॉर्मेट मेन्यू
(5) इनमें से कोई नहीं

**25.** डॉक्यूमेण्ट में पिक्चर या टेक्स्ट जोड़ने या रखने के लिए .......... प्रयोग होता है। **(IBPS Clerk 2012)**

(1) टीवी (2) स्क्वीज इन
(3) पुश इन (4) इन्सर्ट
(5) इनमें से कोई नहीं

**26.** MS-Word की विण्डो को दो या दो से अधिक भागों में बाँटने की विधि को ............ कहते हैं।

(1) Freeze window (2) Page break
(3) Split window (4) Page end

**27.** वर्ड डॉक्यूमेण्ट में पेज ब्रेक इन्सर्ट करने के लिए निम्न विकल्प का प्रयोग किया जाएगा। **(IBPS Clerk 2011)**

(1) इन्सर्ट एण्ड कॉपी (2) इन्सर्ट एण्ड एण्टर
(3) इन्सर्ट एण्ड डिलीट (4) इन्सर्ट एण्ड पेज लेआउट
(5) इन्सर्ट

**28.** डॉक्यूमेण्ट के शीर्षक, पेज नम्बर जैसी सूचना को डिस्प्ले करने के लिए निम्न में से किस ऑप्शन का प्रयोग किया जाता है? **(IBPS Clerk 2011)**

(1) इन्सर्ट टेबल (2) ऑटोकरैक्ट
(3) थिसारस (4) स्पेलिंग एवं ग्रामर
(5) हेडर एवं फुटर

**29.** वर्ड से कोई वर्ड डॉक्यूमेण्ट ई-मेल करना हो, तो **(RBI Grade B 2013)**

(1) फाइल/सेण्ड टू/मेल रेसिपिएण्ट में जाएँ
(2) फाइल को ई-मेल अटैचमेण्ट के रूप में सेव करें
(3) आउटलुक स्टार्ट करें और फाइल अटैच करें जब फाइल खुली हो
(4) यह असम्भव कार्य है
(5) उपरोक्त में से कोई नहीं

**30.** वर्ड प्रोसेसिंग प्रोग्रामों से किस प्रकार की फाइलें बनाई जाती हैं? **(IBPS PO 2015)**

(1) स्टोरेज फाइल (2) डाटाबेस फाइल
(3) वर्कशीट फाइल (4) डॉक्यूमेण्ट फाइल
(5) ग्राफिकल फाइल

**31.** जब एक फाइल को पहली बार सेव करते हैं, तो **(IBPS PO 2015)**

(1) एक कॉपी स्वत: ही प्रिण्ट हो जाती है
(2) फाइल नाम तथा फोल्डर नाम एकसमान होना चाहिए
(3) इसे किसी नाम की आवश्यकता नहीं होती
(4) इसे मात्र एक नाम की आवश्यकता होती है अगर यह प्रिण्ट नहीं हो रही होती है
(5) इसे पहचानने के लिए एक नाम प्रदान किया जाना चाहिए

**32.** किसी डॉक्यूमेण्ट को प्रिण्ट करने के लिए निम्न में से कौन-सा कथन सबसे अधिक उपयुक्त है? **(IBPS PO 2015)**

(1) फाइल मेन्यू में प्रिण्ट कमाण्ड को सिलेक्ट करके, OK को सिलेक्ट करें
(2) रेडी प्रिण्टर कमाण्ड को सिलेक्ट करके, OK को सिलेक्ट करें
(3) प्रिण्ट को टाइप करके Enter दबाएँ
(4) डॉक्यूमेण्ट को बन्द करके कमाण्ड को सिलेक्ट कर, OK को सिलेक्ट करें
(5) उपरोक्त में से कोई नहीं

**33.** माइक्रोसॉफ्ट वर्ड, माइक्रोसॉफ्ट द्वारा विकसित वर्डप्रोसेसर है, एम एस-वर्ड में वर्तनी की जाँच की सुविधा किस टैब के अन्तर्गत होती है? **(IBPS PO 2016)**

(1) File (2) Home
(3) Insert (4) Review
(5) References

**34.** वर्ड में पेज मार्जिन कैसे बदला जाता है? **(IBPS Clerk 2011)**

(1) स्क्रोल बार पर स्क्रोल बॉक्स को ड्रैग करके
(2) रूलर पर मार्जिन सीमाओं को डिलीट करके
(3) रूलर पर मार्जिन सीमाओं को ड्रैग करके
(4) रूलर पर राइट माउस बटन क्लिक करके
(5) उपरोक्त में से कोई नहीं

**35.** कम्प्यूटर में टास्क बार कहाँ पर स्थित होता है? **(IBPS PO 2015)**

(1) स्टार्ट मेन्यू पर
(2) स्क्रीन के निचले वाले भाग पर
(3) क्विक लॉन्च टूलबार पर
(4) स्क्रीन के सबसे ऊपर वाले भाग पर
(5) उपरोक्त में से कोई नहीं

**36.** टेक्स्ट में आपकी पोजीशन कौन दिखाता है? **(IBPS Clerk 2011)**

(1) ब्लिंकर
(2) कर्सर
(3) माउस
(4) प्वॉइण्टर
(5) इनमें से कोई नहीं

**37.** वर्ड में कॉलम डाटा बनाने के लिए आपको क्या करना होगा? **(IBPS Clerk 2011)**
(1) जब तक कर्सर इच्छित स्थान पर न पहुँच जाए, लगातार टैब दबाएँ
(2) टैब सेट करें या टेबल मेन्यू का प्रयोग करें
(3) आपको एक्सेल प्रयोग करना होगा
(4) जब तक कर्सर इच्छित स्थान पर न पहुँच जाए, तब तक स्पेस बार दबाएँ
(5) उपरोक्त में से कोई नहीं

**38.** यदि सेव की हुई फाइल एडिट की गई है, तो **(IBPS PO 2015)**
(1) इसे पुन: सेव नहीं किया जा सकता
(2) किए गए परिवर्तन स्वत: ही फाइल में सेव हो जाते हैं
(3) यदि फाइल में एक से ज्यादा पेज हैं, तो फाइल को तभी सेव करना होगा
(4) इसका नाम अवश्य ही बदला जाएगा
(5) फाइल में किए गए परिवर्तन को स्टोर करने के लिए सेव करना बहुत ही आवश्यक है

**39.** पेज/पृष्ठ पर शब्द कैसे आएँगे, इसके लिए शब्द .......... है।
(1) टेक्स्ट फॉर्मेटिंग (2) करैक्टर फॉर्मेटिंग
(3) प्वॉइण्ट साइज (4) टाइप फेस

**40.** वर्ड में टेक्स्ट की फॉर्मेटिंग करते समय किस ग्रुपिंग में कार्य किया जाता है? **(SBI Clerk 2008)**
(1) टेबल, पैराग्राफ्स और इण्डेक्सेज
(2) पैराग्राफ, इण्डेक्सेज सेक्शन्स
(3) करैक्टर्स, सेक्शन्स और पैराग्राफ्स
(4) इण्डेक्सेज, करैक्टर्स और टेबल्स
(5) उपरोक्त में से कोई नहीं

**41.** फॉर्मेट्स के उस सेट को क्या कहते हैं, जिसका एक नाम होता है और उसे सिलेक्ट किए गए टेक्स्ट पर तेजी से एप्लाई किया जा सकता है? **(IBPS Clerk 2011)**
(1) फॉण्ट (2) स्टाइल (3) फीचर (4) फिनिश
(5) इनमें से कोई नहीं

**42.** वर्ड में जब पैराग्राफ को इण्डेण्ट किया जाता है, तो **(IBPS Clerk 2011, 2012)**
(1) टेक्स्ट मार्जिन के सम्बन्ध में सरक जाता है
(2) पेज पर मार्जिन बदल जाता है
(3) टेक्स्ट एक रॉ ऊपर चला जाता है
(4) टेक्स्ट एक रॉ नीचे चला जाता है
(5) उपरोक्त में से कोई नहीं

**43.** ............ टाइप्ड करैक्टर्स का एपीयरेन्स है। **(RBI Grade B 2014)**
(1) साइज (2) फॉर्मेट (3) प्वॉइण्ट (4) कलर
(5) इनमें से कोई नहीं

**44.** डॉक्यूमेण्ट के टेक्स्ट को दाएँ और बाएँ दोनों हाशियों (मार्जिन) पर कौन-सा जस्टिफिकेशन एलाइन करता है? **(IBPS Clerk 2011, 2012)**
(1) राइट (2) जस्टिफाइड
(3) दोनों साइड (4) बैलेन्स्ड
(5) उपरोक्त में से कोई नहीं

**45.** निम्न में से कौन-सा टेक्स्ट एलाइनमेण्ट वर्ड प्रोसेसिंग सॉफ्टवेयर में उपलब्ध है, जो लेफ्ट मार्जिन को एडजेस्ट करता है, जबकि राइट मार्जिन किसी भी तरह का हो? **(IBPS Clerk Mains 2017)**
(1) जस्टिफाई (2) लेफ्ट जस्टिफाई
(3) राइट जस्टिफाई (4) सेण्टर
(5) ऑरिएण्टेशन

**46.** माइक्रोसॉफ्ट वर्ड में ............ हमें चुने गए पैराग्राफ को दाईं ओर खिसकाने की अनुमति देता है। **(SSC CGL 2017)**
(1) डीक्रीज इण्डेण्ट (2) इनक्रीज इण्डेण्ट
(3) दोगुना इण्डेण्ट (4) एकल इण्डेण्ट

**47.** Portrait + Landscape कहाँ होता है? **(IBPS RRB PO Mains 2018)**
(1) Page Layout → Margins
(2) Page Layout → Orientation
(3) Insert → Table
(4) Page layout → Size
(5) उपरोक्त में से कोई नहीं

**48.** डॉक्यूमेण्ट में शब्द को ढूँढने और सही करने के लिए उपयोगकर्ता .............. कमाण्डों का प्रयोग कर सकता है। **(IBPS Clerk 2011, 2012)**
(1) प्रिण्ट एवं प्रिण्ट प्रिव्यू (2) हेडर एवं फुटर
(3) फाइण्ड एवं रिप्लेस (4) स्पेलिंग एवं ग्रामर
(5) कॉपी एवं पेस्ट

**49.** स्पेल चेक निम्न में से किस गलती का पता लगाएगा? **(IBPS Clerk 2011)**
(1) Today is a rainy day
(2) Today is a rainy aday
(3) is a rainy
(4) Rainy today a day
(5) उपरोक्त में से कोई नहीं

**50.** वर्ड का ............ फीचर कुछ स्पेलिंगों, कैपिटल अक्षरों या व्याकरण की त्रुटियों को अपने आप ठीक कर देता है। **(RBI Grade B 2013, 2014)**

(1) ऑटोफिक्स (2) ऑटोस्पेल
(3) ऑटोमार्क (4) ऑटोकरैक्ट
(5) इनमें से कोई नहीं

**51.** यदि आप एक शब्द टाइप करते हैं जो वर्ड डिक्शनरी में नहीं है, तो उस शब्द के नीचे एक ............ वेवी अण्डरलाइन दिखती है। **(RBI Grade B 2014)**

(1) लाल (2) हरी
(3) नीली (4) काली
(5) इनमें से कोई नहीं

**52.** किसी डॉक्यूमेण्ट में से कोई वाक्य डिलीट करने के लिए आप किसका प्रयोग करेंगे? **(IBPS Clerk 2011, 2012)**

(1) हाइलाइट एण्ड कॉपी
(2) कट एण्ड पेस्ट
(3) कॉपी एण्ड पेस्ट
(4) हाइलाइट एण्ड डिलीट
(5) सिलेक्ट एण्ड पेस्ट

**53.** ......... एक उपयोगी उपकरण है, जो आपको डाटा स्रोत के साथ मुख्य डॉक्यूमेन्ट को मर्ज करके एक बड़ी संख्या में दस्तावेज बनाने की अनुमति देता है। **(IBPS RRB PO Mains 2017)**

(1) मेल मर्ज (2) ट्रैक चेंज
(3) पेज मार्जिन (4) ओरिएण्टेशन
(5) इण्डेण्टेशन

**54.** वह कौन-सी विशेषता है, जिससे स्क्रीन पर डॉक्यूमेण्ट के किसी भाग को देखा जा सकता है? **(IBPS Clerk 2011)**

(1) सर्चिंग (2) पेस्टिंग
(3) स्क्रोलिंग (4) एडिटिंग
(5) फॉण्ट

**55.** विण्डोज में किसी टेक्स्ट को ढूँढने के लिए कुंजी है **(IBPS Clerk 2014)**

(1) Ctrl + E (2) Ctrl + A
(3) Ctrl + S (4) Ctrl + F
(5) Ctrl + D

**56.** किसी डॉक्यूमेण्ट की अन्तिम लाइन पर जाने के लिए शॉर्टकट कुंजी है **(SBI PO 2014)**

(1) Ctrl + Last (2) Ctrl + L
(3) Ctrl + End (4) Alt + End
(5) इनमें से कोई नहीं

**57.** शॉर्टकट कुंजियों के उपयोग से पैराग्राफ को सेण्टर करने के लिए ............ प्रेस कीजिए। **(RBI Grade B 2014)**

(1) Ctrl + C (2) Ctrl + E
(3) Ctrl + L (4) Ctrl + R
(5) इनमें से कोई नहीं

**58.** 'कट' कमाण्ड के लिए कीबोर्ड शॉर्टकट है **(SBI PO 2015)**

(1) Ctrl + W (2) Ctrl + Y
(3) Ctrl + Z (4) Ctrl + X
(5) Ctrl + A

**59.** Ctrl + Home कुंजी (Key) के प्रयोग से Cursor डॉक्यूमेण्ट के .......... में पहुँच जाता है। **(SBI Clerk 2015)**

(1) मध्य (2) ऊपर (3) आरम्भ (4) अन्त
(5) इनमें से कोई नहीं

**60.** समग्र डॉक्यूमेण्ट सिलेक्ट करने के लिए निम्नलिखित में से किसे प्रयुक्त किया जा सकता है?

(1) Ctrl + A (2) Alt + F5
(3) Shift + A (4) Ctrl + K

**61.** टेक्स्ट को ............ बनाने के लिए Ctrl+B क्लिक कीजिए। **(SBI Clerk 2009)**

(1) इटैलिक्स (2) अण्डरलाइण्ड
(3) इटैलिक्स और अण्डरलाइन
(4) बोल्ड
(5) उपरोक्त में से कोई नहीं

**62.** Ctrl + F12 के उपयोग से खुलता है **(IBPS Clerk 2012)**

(1) सेव डायलॉग बॉक्स (2) सेव ऐज डायलॉग बॉक्स
(3) न्यू डायलॉग बॉक्स (4) ओपन डायलॉग बॉक्स
(5) उपरोक्त में से कोई नहीं

**63.** वर्ड में पिछले एक्शन को रिवर्स करने के लिए **(IBPS Clerk 2011)**

(1) कट कमाण्ड का प्रयोग करें
(2) अनडू (Undo) कमाण्ड का प्रयोग करें
(3) डिलीट-की प्रेस करें
(4) रीडू (Redo) कमाण्ड का प्रयोग करें
(5) उपरोक्त में से कोई नहीं

**64.** किसी डॉक्यूमेण्ट को सेव और क्लोज करने के लिए प्रयोग किया जाता है **(IBPS Clerk 2012)**

(1) Ctrl + S (2) Ctrl + Q
(3) Ctrl + C (4) Ctrl + W
(5) Ctrl + Y

**65.** किसी विद्यमान डॉक्यूमेण्ट को अलग नाम सहित सेव करने के लिए आप क्या करेंगे? **(SBI PO 2008, 2009)**
(1) डॉक्यूमेण्ट रिवाइज कर इसे अलग नाम देंगे
(2) Save As ... कमाण्ड को प्रयुक्त करेंगे
(3) मूल डॉक्यूमेण्ट से एक नए डॉक्यूमेण्ट में कॉपी करेंगे और फिर सेव करेंगे
(4) किसी अलग लोकेशन पर डॉक्यूमेण्ट कॉपी करने के लिए विण्डोज एक्सप्लोरर का उपयोग कर उसे नया नाम देंगे
(5) उपरोक्त में से कोई नहीं

**66.** कर्सर की मौजूदा स्थिति के बाईं ओर एक करैक्टर को डिलीट करने के लिए किस कुंजी का प्रयोग किया जाता है? **(IBPS Clerk 2011)**
(1) बैकस्पेस (2) डिलीट (3) इन्सर्ट (4) एस्केप
(5) कण्ट्रोल

## MS-Excel

**1.** ............... सॉफ्टवेयर प्रयोक्ताओं को डाटा की रॉज और कॉलमों पर व्यवस्थित करने देता है।
(1) वर्ड प्रोसेसिंग (2) प्रेजेण्टेशन ग्राफिक्स
(3) डाटाबेस मैनेजमेण्ट (4) इलेक्ट्रॉनिक स्प्रेडशीट
(5) इनमें से कोई नहीं

**2.** एक बिलिंग अकाउण्ट के ट्रैक की देख-रेख के लिए आप किस प्रकार के सॉफ्टवेयर का प्रयोग करना चाहेंगे? **(IBPS PO 2015)**
(1) वेब ऑथरिंग (2) इलेक्ट्रॉनिक पब्लिशिंग
(3) स्प्रेडशीट (4) वर्ड प्रोसेसिंग
(5) पावरप्वॉइण्ट

**3.** संख्याओं की गणनाएँ करने के लिए सबसे उपयुक्त सॉफ्टवेयर निम्नलिखित में से कौन-सा है? **(SBI Clerk 2009)**
(1) डाटाबेस (2) डॉक्यूमेण्ट प्रोसेसर
(3) ग्राफिक्स पैकेट (4) स्प्रेडशीट
(5) इनमें से कोई नहीं

**4.** एक्सेल में वर्कबुक निम्न में से किसका संग्रह है? **(IBPS Clerk 2014)**
(1) डायग्राम्स (2) पेज (3) स्टार्ट-अप (4) वर्कशीट्स
(5) बटन्स

**5.** एक्सेल में फाइल खोलने और बन्द करने के लिए किस बार का प्रयोग किया जा सकता है? **(SBI Clerk 2009)**
(1) फॉर्मेटिंग (2) स्टैण्डर्ड
(3) टाइटल (4) फॉर्मेटिंग या टाइटल
(5) इनमें से कोई नहीं

**6.** उपयोगकर्ता डॉक्यूमेण्ट को जो नाम देता है, उसे कहते हैं **(SBI Clerk 2008, 2009, 2011)**
(1) फाइल नेम (2) प्रोग्राम
(3) रिकॉर्ड (4) डाटा
(5) इनमें से कोई नहीं

**7.** एक एक्सेल वर्कशीट का नाम बदलने के लिए **(IBPS Clerk 2012)**
(1) Ctrl कुंजी को पकड़े हुए वर्कशीट टैब पर क्लिक करें और एक नया नाम टाइप करें
(2) सेव ऐज ऑप्शन का फाइल मेन्यू से चयन करें
(3) वर्कबुक को सेव करते समय फाइल नेम के अन्त में (?) जोड़ें
(4) Ctrl+Shift कुंजी और न्यू नेम को प्रेस करें
(5) वर्कशीट टैब पर डबल क्लिक करें और एक नया नाम टाइप करें

**8.** एक कॉलम टेक्स्ट सामान्यत: किस तरह एलाइन होता है? **(SBI Clerk 2009)**
(1) जस्टिफाइड (2) राइट
(3) सेण्टर (4) लेफ्ट
(5) इनमें से कोई नहीं

**9.** एक्सेल, सेल में टेक्स्ट को बाय डिफॉल्ट ............ करता है। **(RBI Grade B 2014)**
(1) लेफ्ट एलाइण्ड
(2) राइट एलाइण्ड
(3) सेण्टर्ड
(4) जस्टिफाइड
(5) उपरोक्त में से कोई नहीं

**10.** दाएँ मार्जिन का ट्रैक रखने वाली विशेषता ............ कहलाती है। **(IBPS Clerk 2011)**
(1) फाइण्ड एण्ड रिप्लेस (2) वर्ड रैप
(3) राइट जस्टिफाइड (4) लेफ्ट जस्टिफाइड
(5) रेड राइट

**11.** एक्सेल में, जब किसी सेल या सेलों की रेंज में कण्टेण्ट और एट्रिब्यूट को मेन्यू का प्रयोग करके इरेज करना हो, तो प्रयोक्ता (User) को क्या करना होगा? **(IBPS Clerk 2011)**
(1) सेल सिलेक्ट, एडिट चुनें और क्लीयर सिलेक्ट करें
(2) सेल सिलेक्ट और कीबोर्ड पर डिलीट क्लिक करें
(3) सेल सिलेक्ट, टूल्स का चुनाव करें और क्लीयर सिलेक्ट करें, फिर फॉर्मेट
(4) सेल सिलेक्ट, टूल्स का चुनाव करें और फॉर्मूला ऑडिट सिलेक्ट करें, फिर डिलीट करें
(5) उपरोक्त में से कोई नहीं

**12.** एम एस-एक्सेल विण्डो अन्तिम बार क्या कहलाता है। **(IBPS RRB PO Mains 2018)**
(1) शीट टैब (2) स्टेटस बार
(3) टाइटल बार (4) फॉर्मूला बार
(5) इनमें से कोई नहीं

**13.** ............ एक टेक्स्ट है, जिसे आप पेज के बॉटम में प्रिण्ट करना चाहते हैं। **(RBI Grade B 2014)**
(1) हेडर (2) एण्डनोट
(3) फुटनोट (4) फुटर
(5) इनमें से कोई नहीं

**14.** वर्कशीट का डिफॉल्ट हेडर **(IBPS Clerk 2012)**
(1) यूजर नेम (2) डेट और टाइम
(3) शीट नेम (4) वर्कस्पेस नेम
(5) इनमें से कोई नहीं

**15.** एक्सेल में एक्टिव सेल के कण्टेण्ट्स को कौन डिस्प्ले करता है? **(IBPS PO 2011)**
(1) नेम बॉक्स (2) रॉ हैडिंग्स
(3) फॉर्मूला बार (4) टास्कपेन
(5) इनमें से कोई नहीं

**16.** = SUM (B1: B10) किसका एक उदाहरण है? **(IBPS PO 2015)**
(1) फंक्शन (2) सेल एड्रेस
(3) फॉर्मूला (4) वैल्यू
(5) दिए गए विकल्पों के अलावा कोई अन्य

**17.** एक्सेल विण्डो का कौन-सा क्षेत्र मान एवं सूत्र रखता है? **(Allahabad Bank Clerk 2008)**
(1) टाइटल बार (2) मेन्यू बार
(3) फॉर्मूला बार (4) स्टैण्डर्ड टूलबार
(5) इनमें से कोई नहीं

**18.** सेल में एक फॉर्मूले का परिणाम ............ होता है। **(IBPS Clerk 2011)**
(1) लेबल (2) वैल्यू
(3) रेंज (4) डिस्प्ले वैल्यू
(5) इनमें से कोई नहीं

**19.** एक्सेल में प्रीप्रोग्राम्ड फॉर्मूले का एक अन्य नाम है ..............। **(IBPS Clerk 2011)**
(1) रेंज
(2) ग्राफ
(3) फंक्शन
(4) सेल
(5) उपरोक्त में से कोई नहीं

**20.** टेक्स्ट स्टाइल, एलाइनमेण्ट और साइज को चेंज करने वाले बटन निम्नलिखित में से कौन-सा डिस्प्ले करता है? **(SBI PO 2008)**
(1) स्टैण्डर्ड टूलबार (2) स्टेटस बार
(3) ड्रॉइंग टूलबार (4) फॉर्मेटिंग टूलबार
(5) इनमें से कोई नहीं

**21.** किस विशेष विशेषता के माध्यम से एक्सेल डाटा के परिणामों की डायनमिकली गणना कर पाता है? **(IBPS Clerk 2014)**
(1) गो टू (2) टेबल
(3) चार्ट (4) डायग्राम
(5) फॉर्मूला एवं फंक्शन

**22.** सबटोटल्स कमाण्ड के साथ प्रयुक्त मोस्ट कॉमन सबटोटल ............ फंक्शन है, जिसे प्रत्येक बार कण्ट्रोल फील्ड के बदलने पर एक्सेल एक योग डिस्प्ले करता है। **(RBI Grade B 2014)**
(1) ADD (2) SUM
(3) TOTAL (4) UNIQUE
(5) इनमें से कोई नहीं

**23.** एक्सेल में .......... फंक्शन का उपयोग सेलों की संख्या की गिनती करने के लिए किया जाता है। **(SSC CGL 2017)**
(1) Count IF (2) Count
(3) Sum Count (4) Count Sum

**24.** माइक्रोसॉफ्ट एक्सेल में किस फंक्शन का प्रयोग सबसे छोटे मान को ज्ञात करने के लिए किया जाता है। **(SSC CGL 2017)**
(1) LEAST (2) LESS
(3) MIN (4) LOW

**25.** एक्सेल में सेट ऑफ करैक्टर्स, जिसमें एक अक्षर, एक हाइफन या स्पेस होता है, उसे ............ माना जाता है। **(RBI Grade B 2014)**
(1) फॉर्मूला (2) टेक्स्ट
(3) नाम (4) टाइल्स
(5) इनमें से कोई नहीं

**26.** स्प्रेडशीट में डाटा कैसे ऑर्गेनाइज होता है? **(SBI Associate Clerk 2008, IBPS Clerk 2011, IBPS PO 2015)**
(1) लाइन्स एण्ड स्पेसेज (2) लेयर्स एण्ड प्लेन्स
(3) हाइट एण्ड विड्थ (4) पंक्ति एण्ड स्तम्भ
(5) इनमें से कोई नहीं

**27.** वर्कशीट की बेसिक यूनिट, जिसमें आप एक्सेल में डाटा एण्टर करते हैं, उसे कहते हैं
(1) टैब (2) सेल (3) बॉक्स (4) रेंज

**28.** माइक्रोसॉफ्ट ऑफिस एक्सेल डॉक्यूमेण्ट में से प्रत्येक सेल अपने एड्रेस से रेफर किया जाता है, जो है
**(RBI Grade B 2012, SBI Clerk 2007, IBPS Clerk 2011)**
(1) सेल का कॉलम लेबल
(2) सेल का कॉलम लेबल और वर्कशीट टैब
(3) सेल का रॉ लेबल
(4) सेल का रॉ और कॉलम लेबल
(5) उपरोक्त में से कोई नहीं

**29.** एक्सेल 2007 वर्कशीट में अधिकतम कॉलम की संख्या कितनी होती है?
(1) 16387 (2) 16384
(3) 1024 (4) 18384

**30.** एक्सेल में बहुत-सी वर्कशीटों को सिलेक्ट करने के लिए शीट टैब को क्लिक करते समय निम्न कुंजी का प्रयोग भी किया जाना चाहिए
**(IBPS Clerk 2011)**
(1) शिफ्ट (2) ऑल्ट
(3) कण्ट्रोल (4) इन्सर्ट
(5) एस्केप

**31.** एक्सेल विण्डो के बॉटम में क्या देखते हैं?
**(IBPS Clerk 2011)**
(1) शीट टैब (2) नेम बॉक्स
(3) फॉर्मूला बार (4) टाइटल बार
(5) इनमें से कोई नहीं

**32.** एक्सेल वर्कबुक में एक शीट से दूसरी शीट पर जाने के लिए निम्न में से किस पर क्लिक करना होगा?
(1) एक्टिव सेल (2) स्क्रोल बार
(3) शीट टैब (4) टैब बटन

**33.** नीचे दिए गए सभी पद स्प्रेडशीट सॉफ्टवेयर से सम्बद्ध हैं, सिवाय **(SBI Clerk 2008)**
(1) वर्कशीट (2) सेल
(3) फॉर्मूला (4) वायरस डिटेक्शन
(5) इनमें से कोई नहीं

**34.** ...... सेल, दो या अधिक सेल को कम्बाइन कर एक सिंगल सेल बनाता है।
**(Allahabad Bank Clerk 2008)**
(1) फॉर्मेटिंग (2) मर्जिंग (3) एम्बेडिंग (4) स्प्लिटिंग
(5) इनमें से कोई नहीं

**35.** एक्सेल में सेल की पहचान निम्न में से कौन करता है?
**(IBPS Clerk 2011)**
(1) फॉर्मूला (2) नाम (3) लेबल (4) एड्रेस
(5) इनमें से कोई नहीं

**36.** वर्कशीट के डाटा के ग्राफिकल एवं पिक्टोरियल प्रेजेण्टेशन के लिए ........... का प्रयोग करते हैं।
(1) चार्ट (2) एक्सेल (3) वर्कशीट (4) फ्लोचार्ट

**37.** किसी भी चार्ट का वह भाग, जिसमें डाटा को चार्ट के रूप में दर्शाया जाता है, कहलाता है
(1) चार्ट एरिया (2) डाटा एरिया
(3) प्लॉट एरिया (4) शीट एरिया

**38.** पाई चार्ट को निम्न में से किसे दर्शाने के लिए प्रयोग करते हैं?
(1) केवल एक डाटा सीरीज को
(2) दो डाटा सीरीज को
(3) बहुत सी डाटा सीरीज को
(4) उपरोक्त सभी

**39.** निम्न में से किस चार्ट में ग्रिड लाइनें नहीं हो सकतीं?
(1) बार चार्ट (2) पाई चार्ट
(3) लाइन चार्ट (4) कॉलम चार्ट

**40.** वर्कशीट पर होरिजॉण्टल और वर्टिकल लाइनें होती हैं, उन्हें ............ कहते हैं। **(RBI Grade B 2014)**
(1) सेल्स (2) शीट्स
(3) ब्लॉक लाइन्स (4) ग्रिडलाइन्स
(5) इनमें से कोई नहीं

**41.** टेक्स्ट की पंक्ति के आरम्भ में जाने के लिए ........ कुंजी (की) दबाएँ। **(SBI Clerk 2008, 2009)**
(1) होम (2) Esc (3) पेज अप
(4) एण्टर (5) इनमें से कोई नहीं

**42.** एक्सेल की एक रॉ में इन्सर्शन प्वॉइण्ट को पहले सेल में मूव करने के लिए कुंजी प्रेस करें
**(IBPS Clerk 2011, 2012)**
(1) पेजअप (2) पेजडाउन (3) होम
(4) टैब (5) इनमें से कोई नहीं

**43.** सारणी में एक पूरी रॉ चुनने के लिए ............।
**(RBI Grade B 2014)**
(1) पंक्ति के बाएँ क्लिक कीजिए
(2) Shift + space को क्लिक कीजिए
(3) TAB की दबाइए
(4) टेबल मूल हैण्डल्स क्लिक कीजिए
(5) उपरोक्त में से कोई नहीं

**44.** डॉक्यूमेण्ट में गणितीय चिन्हों एवं सूत्रों को इन्सर्ट करने की सुविधा निम्नलिखित में कौन देता है? **(IBPS Clerk 2012)**

(1) सिम्बल (2) ऑब्जेक्ट (3) रेफरेन्स
(4) टेबल (5) इलस्ट्रेशन

**45.** एमएस-एक्सेल में, सिम्बल का प्रयोग किया जाता है। **(IBPS RRB PO Mains 2018)**

(1) फॉर्मूले में सेल रेफरेन्स को कॉपी करने के लिए
(2) फॉर्मूले में सेल रेफरेन्स को अलग करने के लिए
(3) '1' व '2' दोनों फॉर्मूले बार
(4) पेस्ट करने के लिए
(5) उपरोक्त में से कोई नहीं

## MS-PowerPoint, MS-Access and MS-Outlook

**1.** निम्नलिखित में से कौन-सा विकल्प किसी प्रेजेण्टेशन प्रोग्राम को बनाने वाले सॉफ्टवेयर को दर्शाता है?

(1) MS-Excel (2) MS-PowerPoint
(3) Corel Draw (4) MS-Word

**2.** निम्न में से किसका प्रयोग करके स्कैच से प्रेजेण्टेशन को बनाया जा सकता है?

(1) Auto content wizard
(2) Sample Presentation
(3) Blank Presentation
(4) Design Templates

**3.** किसी भी प्रेजेण्टेशन में इलेक्ट्रॉनिक पेज कहलाता है

(1) वेब पेज (2) स्लाइड
(3) ई-स्लाइड (4) प्रेजेण्टेशन

**4.** पावरप्वॉइण्ट के नॉर्मल व्यू के बाएँ भाग को क्या कहते हैं?

(1) बॉर्डर (2) स्लाइड पेन
(3) पेन (4) स्लाइड

**5.** ............ में प्रस्तुतीकरण की विभिन्न स्लाइडों की बाहरी रूपरेखा होती है।

(1) नोट्स भाग (2) स्लाइड भाग
(3) आउटलाइन भाग (4) सॉर्टर भाग

**6.** स्लाइड लेआउट चुनने के लिए .......... का उपयोग किया जाता है। **(RBI Grade B 2014)**

(1) क्विक स्टाइल गैलरी (2) फॉर्मेट गैलरी
(3) लेआउट गैलरी (4) लेआउट कलेक्शन
(5) इनमें से कोई नहीं

**7.** ....... एक पूर्व डिजाइन किया हुआ डॉक्यूमेन्ट है, जिसमें पहले से ही फॉण्ट, लेआउट एवं बैकग्राउण्ट होते हैं। **(RBI Grade B 2012)**

(1) गाइड (2) मॉडल
(3) रूलर (4) टेम्पलेट
(5) डिजाइन प्लेट

**8.** पेज पर कितने मार्जिन होते हैं? **(IBPS Clerk 2012)**

(1) दो (हेडर एवं फुटर)
(2) चार (टॉप, बॉटम, राइट, लेफ्ट)
(3) दो (लैण्डस्केप एवं पोर्ट्रेट)
(4) दो (टॉप एवं बॉटम)
(5) उपरोक्त में से कोई नहीं

**9.** कौन-सी विशेषता टॉप और बॉटम मार्जिन को एडजस्ट करती है, जिससे छपे हुए पृष्ठ पर टेक्स्ट वर्टिकली सेण्टर में हो? **(IBPS PO 2012)**

(1) वर्टिकल जस्टिफाइंग (2) वर्टिकल एडजस्टिंग
(3) ड्यूल सेटिंग (4) होरिजॉण्टल सेटिंग
(5) वर्टिकल सेटिंग

**10.** किस व्यू में आप किसी प्रस्तुतीकरण की स्लाइडों को क्रम में लगा सकते हैं? **(SBI Clerk 2009)**

(1) नॉर्मल व्यू (2) स्लाइड सॉर्टर व्यू
(3) स्लाइड शो व्यू (4) ये सभी
(5) इनमें से कोई नहीं

**11.** निम्न में से कौन-सा पावरप्वॉइण्ट व्यू डिस्प्ले प्रिस्क्यूनेशन, स्लाइड में थम्बनेल जैसी एक आवश्यक रिअरेन्जिंग स्लाइड है? **(IBPS Clerk 2013)**

(1) स्लाइड सॉलटर (2) नोट्स पेज
(3) स्लाइड डिजाइन (4) स्लाइड शो
(5) स्लाइड सॉर्टर

**12.** थम्बनेल के रूप में कौन-सा पावरप्वॉइण्ट व्यू प्रेजेण्टेशन की प्रत्येक स्लाइड डिस्प्ले करता है और स्लाइड्स रिअरेन्ज करने के लिए उपयोगी है? **(IBPS PO 2012)**

(1) स्लाइड सॉर्टर (2) स्लाइड शो
(3) स्लाइड मास्टर (4) नोट्स पेज
(5) स्लाइड डिजाइन

**13.** प्रेजेण्टेशन को ............ भी कहते हैं **(RBI Grade B 2014)**

(1) प्रिव्यू (2) गैलरी
(3) स्लाइड सॉर्टर (4) स्लाइड शो
(5) इनमें से कोई नहीं

**14.** स्लाइड शो व्यू में जब आप एक स्लाइड पर राइट क्लिक करते हैं, तब दिखने वाला ………… मेन्यू एक शॉर्टकट मेन्यू है। **(RBI Grade B 2014)**

(1) पोप-अवे (2) पो-डाउन
(3) पोप-अप (4) डिफॉल्ट
(5) इनमें से कोई नहीं

**15.** प्रोजेक्शन स्क्रीन या इलेक्ट्रॉनिक डिस्प्ले डिवाइस पर इमेजों की एक श्रृंखला कहलाती है **(IBPS RRB PO Mains 2017)**

(1) slide edit (2) slide view
(3) slide show (4) slide movie
(5) slide image

**16.** माउस को मूव करने पर, पिक्चर मूव हो जाए, तो उसे …………… कहते हैं। **(IBPS Clerk 2011)**

(1) मेन्यू (2) आइकन
(3) प्वॉइण्टर (4) टैब
(5) इनमें से कोई नहीं

**17.** यदि एक्सेल वर्कशीट को पावरप्वॉइण्ट प्रेजेण्टेशन में इस्तेमाल करने के लिए लिंक करना हो, तो निम्न को क्लिक करना चाहिए **(IBPS Clerk 2011)**

(1) एडिट, पेस्ट स्पेशल (2) एडिट, पेस्ट
(3) एडिट, कॉपी (4) फाइल, कॉपी
(5) इनमें से कोई नहीं

**18.** ऑप्शन का प्रयोग करते हुए एक ही समय में पूरा पेज या कई सारे पेज दिखाए जा सकते हैं **(IBPS Clerk 2011)**

(1) वर्ड (2) ड्राफ्ट
(3) जूम (4) शो/हाइड
(5) हाइड पेज

**19.** ……… टेक्स्ट या कण्टेण्ट को एप्लाई किया जाने वाला एक विशेष विजुअल व ऑडियो इफेक्ट है **(RBI Grade B 2013)**

(1) एनिमेशन (2) फ्लैश
(3) वाइप (4) डिजॉल्व
(5) इनमें से कोई नहीं

**20.** प्रेजेण्टेशन में एक नई स्लाइड को इन्सर्ट करने के लिए निम्नलिखित में से किसे प्रेस करना होगा? **(IBPS Clerk 2012)**

(1) Ctrl + N (2) Ctrl + M
(3) Ctrl + O (4) Ctrl + S
(5) Ctrl + F

**21.** क्विक एक्सप्रेस टूलबार के ऊपर जो ………… बटन होता है, आपके रिसेण्ट कमाण्ड या एक्शन्स को कैन्सिल कर देता है। **(RBI Grade B 2014)**

(1) सर्च (2) कट
(3) डॉक्यूमेण्ट (4) अनडू
(5) इनमें से कोई नहीं

**22.** यदि आप …………… चाहते हो, तो प्रिण्ट प्रिव्यू उपयोगी होता है। **(IBPS Clerk 2011)**

(1) डॉक्यूमेण्ट को कलर करना
(2) डॉक्यूमेण्ट को सेव करना
(3) डॉक्यूमेण्को डिलीट करना
(4) डॉक्यूमेण्ट को कॉपी करना
(5) प्रिण्ट होने पर डॉक्यूमेण्ट कैसा दिखेगा, देखना

**23.** रिलेशनल डाटाबेस में यह एक डाटा स्ट्रक्चर है, जो एक सिंगल टॉपिक सम्बन्धी इन्फॉर्मेशन को पंक्ति और कॉलमों में ऑर्गेनाइज करता है **(SBI Clerk 2008)**

(1) ब्लॉक (2) रिकॉर्ड
(3) ट्यूपल (4) टेबल
(5) कमाण्ड लाइन इण्टरफेस

**24.** निम्नलिखित में से विषम को चुनें **(IBPS RRB PO Mains 2017)**

(1) वर्ड (2) एक्सेल
(3) एक्सेस (4) कीबोर्ड
(5) पावरप्वॉइण्ट

**25.** निम्नलिखित में से कौन एक्सेस डाटाबेस ऑब्जेक्ट है? **(Allahabad Bank Clerk 2008)**

(1) टेबल, फॉर्म (2) क्वैरीज, रिपोर्ट
(3) मैक्रो, मॉड्यूल (4) ये सभी
(5) इनमें से कोई नहीं

**26.** डाटा को लॉजिकल सिक्वेन्स में व्यवस्थित करने को ……… कहा जाता है। **(SBI PO 2008)**

(1) क्लेरिफाइंग (2) सर्चिंग
(3) सॉर्टिंग (4) रिप्रोड्यूसिंग
(5) इनमें से कोई नहीं

**27.** एम एस-एक्सेस में, एक टेबल में ……… प्राइमरी कुंजी होती है। **(Allahabad Bank Clerk 2008)**

(1) एक (2) दो
(3) तीन (4) चार
(5) इनमें से कोई नहीं

**28.** एम एस-एक्सेस बन्द करने के लिए किस कुंजी का प्रयोग किया जाता है?
(1) Ctrl + F5 (2) Alt + F3
(3) Alt + F2 (4) Alt + F5
(5) Alt + F4

**29.** MS-Outlook क्या है?
(1) वर्ड प्रोसेसिंग सॉफ्टवेयर
(2) पर्सनल इन्फॉर्मेशन मैनेजर
(3) ई-मेल कम्युनिकेशन सॉफ्टवेयर
(4) '2' और '3' दोनों

**30.** एम एस-आउटलुक में ······ की सुविधा उपलब्ध है।
(1) वॉच
(2) नोट मेकिंग
(3) जर्नल
(4) '2' और '3' दोनों

**31.** निम्न में से ई-मेल क्लाइण्ट कौन-सा है?
(1) माइक्रोसॉफ्ट ई-मेल सॉफ्टवेयर
(2) माइक्रोसॉफ्ट आउटलुक
(3) माइक्रोसॉफ्ट एक्सचेंज सर्वर
(4) माइक्रोसॉफ्ट मेल

# उत्तरमाला

**MS-Word**

| | | | | | | | | | | | | | | | | | | | |
|---|---|---|---|---|---|---|---|---|---|---|---|---|---|---|---|---|---|---|---|
| 1. | (5) | 2. | (5) | 3. | (3) | 4. | (3) | 5. | (1) | 6. | (1) | 7. | (2) | 8. | (2) | 9. | (3) | 10. | (3) |
| 11. | (5) | 12. | (4) | 13. | (1) | 14. | (2) | 15. | (3) | 16. | (3) | 17. | (4) | 18. | (2) | 19. | (2) | 20. | (1) |
| 21. | (4) | 22. | (1) | 23. | (4) | 24. | (3) | 25. | (4) | 26. | (2) | 27. | (5) | 28. | (5) | 29. | (1) | 30. | (4) |
| 31. | (5) | 32. | (1) | 33. | (4) | 34. | (3) | 35. | (2) | 36. | (2) | 37. | (4) | 38. | (5) | 39. | (1) | 40. | (3) |
| 41. | (2) | 42. | (2) | 43. | (1) | 44. | (2) | 45. | (2) | 46. | (4) | 47. | (2) | 48. | (3) | 49. | (2) | 50. | (4) |
| 51. | (1) | 52. | (4) | 53. | (1) | 54. | (3) | 55. | (4) | 56. | (3) | 57. | (2) | 58. | (4) | 59. | (3) | 60. | (1) |
| 61. | (4) | 62. | (4) | 63. | (2) | 64. | (4) | 65. | (2) | 66. | (1) | | | | | | | | |

**MS-Excel**

| | | | | | | | | | | | | | | | | | | | |
|---|---|---|---|---|---|---|---|---|---|---|---|---|---|---|---|---|---|---|---|
| 1. | (4) | 2. | (3) | 3. | (4) | 4. | (4) | 5. | (3) | 6. | (1) | 7. | (5) | 8. | (2) | 9. | (1) | 10. | (3) |
| 11. | (1) | 12. | (2) | 13. | (4) | 14. | (5) | 15. | (3) | 16. | (3) | 17. | (3) | 18. | (2) | 19. | (3) | 20. | (4) |
| 21. | (5) | 22. | (2) | 23. | (2) | 24. | (3) | 25. | (2) | 26. | (4) | 27. | (2) | 28. | (4) | 29. | (2) | 30. | (3) |
| 31. | (1) | 32. | (3) | 33. | (4) | 34. | (2) | 35. | (4) | 36. | (1) | 37. | (3) | 38. | (1) | 39. | (2) | 40. | (4) |
| 41. | (1) | 42. | (3) | 43. | (2) | 44. | (1) | 45. | (2) | | | | | | | | | | |

**MS-PowerPoint, MS-Access and MS Outlook**

| | | | | | | | | | | | | | | | | | | | |
|---|---|---|---|---|---|---|---|---|---|---|---|---|---|---|---|---|---|---|---|
| 1. | (2) | 2. | (3) | 3. | (2) | 4. | (2) | 5. | (3) | 6. | (3) | 7. | (4) | 8. | (2) | 9. | (5) | 10. | (2) |
| 11. | (5) | 12. | (1) | 13. | (4) | 14. | (3) | 15. | (3) | 16. | (3) | 17. | (1) | 18. | (3) | 19. | (1) | 20. | (2) |
| 21. | (4) | 22. | (5) | 23. | (4) | 24. | (4) | 25. | (4) | 26. | (3) | 27. | (1) | 28. | (5) | 29. | (4) | 30. | (4) |
| 31. | (2) | | | | | | | | | | | | | | | | | | |

अध्याय 11

# डाटाबेस की धारणाएँ

## CONCEPTS OF DATABASE

डाटाबेस, तार्किक रूप से सम्बन्धित सूचनाओं (या डाटा) का एक ऐसा व्यवस्थित संग्रह (Organised collection) होता है, जिससे हम किसी भी सूचना को सरलता से एक्सेस, मैनेज तथा अपडेट कर सकते हैं। डाटाबेस व्यवस्थित इसलिए होता है, क्योंकि इसमें किसी भी डाटा या सूचना को एक निश्चित स्थान पर पहले से तय किए हुए रूप में रखा जाता है, जिससे कभी भी आवश्यकता पड़ने पर उसे आसानी से ढूँढकर प्रयोग किया जा सके। कुछ अन्य ऑपरेशनों को डाटाबेस में परफॉर्म किया जा सकता है; जैसे— डाटा जोड़ना, अपडेट करना तथा डिलीट करना। यूजर या यूजर्स का एक ऐसा ग्रुप, जो डाटाबेस (Database) को क्रिएट (Create), मॉडिफाई (Modify) और मेण्टेन (Maintain) करने के लिए उत्तरदायी होते हैं और डाटाबेस की एक्सेसिंग (Accessing) को कण्ट्रोल (Control) करते हैं, डाटाबेस एडमिनिस्ट्रेटर (Database Administrator-DBA) कहलाते हैं।

## डाटाबेस के फण्डामेण्टल

डाटाबेस को परिभाषित करने के लिए दो पदों (Terms) की आवश्यकता होती है, *जिनका विवरण निम्न प्रकार हैं*

1. **डाटा** (Data) किसी वस्तु, व्यक्ति या समूह के बारे में किसी तथ्य अथवा जानकारी को डाटा कहा जाता है। किसी व्यक्ति का नाम, किसी वस्तु का वजन तथा मूल्य, किसी कक्षा के विद्यार्थियों की उम्र आदि ये सभी डाटा के उदाहरण हैं।
2. **सूचना** (Information) जब किसी डाटा को सार्थक तथा उपयोगी बनाने के लिए संसाधित (Process) व्यवस्थित, स्ट्रक्चर किया जाता है, तो उसे हम सूचना कहते हैं; जैसे एक कक्षा का औसत स्कोर एक सूचना है, जो उस कक्षा के विद्यार्थियों के स्कोर से प्राप्त हो सकता है।

## डाटाबेस के प्रकार

*डाटाबेस मुख्य रूप से तीन प्रकार का होता है*

1. **नेटवर्क डाटाबेस** (Network Database) इस प्रकार के डाटाबेस में डाटा रिकॉर्ड के समूह के रूप में तथा डाटा के बीच सम्बन्ध को लिंक के माध्यम से दर्शाया जाता है।
2. **हाइरारकिकल डाटाबेस** (Hierarchical Database) इस प्रकार के डाटाबेस में डाटा को ट्री (Tree) के रूप में नोड्स के माध्यम से व्यवस्थित किया जाता है। हाइरारकिकल डाटाबेस में नोड्स आपस में लिंक के माध्यम से जुड़ी होती हैं।
3. **रिलेशनल डाटाबेस** (Relational Database) इस प्रकार के डाटाबेस को संचरित डाटाबेस (Structured database) भी कहा जाता है, जिसमें डाटा को टेबलों के रूप में संगृहीत (Store) किया जाता है, जहाँ कॉलम टेबल में स्टोर होने वाले डाटा के प्रकार को तथा रॉज डाटा की सूचना को दर्शाती हैं।

## डाटाबेस के अवयव

एक डाटाबेस विभिन्न प्रकार के अवयवों (Components) से मिलकर बना होता है। डाटाबेस का प्रत्येक अवयव ऑब्जेक्ट (Object) कहलाता है। प्रत्येक डाटाबेस फाइल में आप अपने डाटा को विभिन्न टेबल में विभाजित कर सकते हैं; फॉर्म (Form) के माध्यम से टेबल के डाटा को देख सकते हैं, नया डाटा जोड़ सकते हैं तथा अपडेट भी कर सकते है; क्वेरी के माध्यम से आवश्यकतानुसार टेबलों में से डाटा को सर्च कर सकते हैं तथा पुन: प्राप्त कर सकते हैं और रिपोर्ट (Report) के माध्यम से डाटा का विश्लेषण तथा डाटा को एक विशेष लेआउट (Layout) में प्रिण्ट कर सकते हैं। *डाटाबेस के अवयवों का विस्तारपूर्वक वर्णन निम्नलिखित हैं*

### टेबल/सारणी

डाटाबेस कई प्रकार के होते हैं, परन्तु सबसे अधिक प्रचलित और डाटाबेस रिलेशनल डाटाबेस है, जिसमें डाटा एक टेबल के रूप में संगृहीत होता है। सारणी (Table), रॉज तथा कॉलमों के कटाव से बने सेलों (Cells) से मिलकर बनी होती है। यही सेल टेबलों में डाटा को स्टोर करने के लिए प्रयोग किए जाते हैं। मुख्य रूप से सारणी, फील्ड तथा रिकॉर्ड से मिलकर बनी होती हैं। *इनका विवरण निम्नलिखित है*

1. **फील्ड** सारणी के प्रत्येक कॉलम को फील्ड (Field) कहते हैं। प्रत्येक फील्ड का एक निश्चित नाम होता है, जिससे उसे पहचाना जाता है। प्रत्येक फील्ड का नाम उस फील्ड में स्टोर होने वाले डाटा के प्रकार को दर्शाता है; *जैसे*—विद्यार्थी का नाम, शहर, देश, टेलीफोन नम्बर आदि फील्ड के नाम हो सकते हैं।
2. **रिकॉर्ड** सारणी की प्रत्येक रॉ को रिकॉर्ड (Record) कहा जा सकता है। दूसरे शब्दों में, "एक रिकॉर्ड एक एंटिटी (*जैसे*-वस्तु, व्यक्ति, आदि) से सम्बन्धित सभी फील्डों में उपस्थित डाटा का संग्रह होता है।"

### क्वैरीज

किसी टेबल या डाटाबेस से आवश्यकतानुसार डाटा को प्रदर्शित करने के लिए जो आदेश दिया जाता है, उसे क्वैरी (Query) कहा जाता है। क्वैरी आपकी आवश्यकतानुसार डाटा को प्रदर्शित करने के लिए आवश्यक फील्डों, शर्तें, सारणी का नाम आदि को दर्शाती है। किसी क्वैरी के परिणाम में जो सूचनाएँ या रिकॉर्ड डाटाबेस से प्राप्त जाते हैं, उन्हें उस क्वैरी का डायनासेट (Dynaset) कहते हैं।

### फॉर्म्स

फॉर्म आपकी स्क्रीन पर एक ऐसी विण्डो होती है, जिसकी सहायता से आप किसी टेबल में भरे गए डाटा को देख सकते हैं, मॉडिफाई कर सकते हैं और नया डाटा जोड़ भी सकते हैं। सामान्यत: फॉर्म एक समय पर एक रिकॉर्ड को देखने तथा मॉडिफाई करने के लिए प्रयोग किया जाता है।

### रिपोर्ट्स

कोई रिपोर्ट (Report) एक ऐसा डायनासेट है, जिसे कागज पर प्रिण्ट किया जाता है। जब आप उन रिकॉर्डों को प्रिण्ट करना चाहते हैं, जिन्हें आपने डाटाबेस से प्राप्त किया है, तब आप रिपोर्ट डिजाइन करेंगे।

## डाटाबेस प्रबन्धन प्रणाली

कम्प्यूटरीकृत डाटाबेस के निर्माण तथा रख-रखाव के लिए हमें एक विशेष प्रकार के सॉफ्टवेयर की आवश्यकता होती है, जिसे डाटाबेस प्रबन्धन प्रणाली (Database Management System-DBMS) कहा जाता है। मुख्यत: यह एक कम्प्यूटर आधारित रिकॉर्ड के रख-रखाव की प्रणाली है अर्थात् यह एक ऐसी प्रणाली है, जिसका उद्देश्य रिकॉर्ड एवं सूचनाओं को सँम्भालकर रखना है। यह उपयोगकर्ता को एक ऐसा वातावरण प्रदान करती है, जिसके माध्यम से डाटा को संगृहीत करना तथा पुन: प्राप्त करना बहुत ही सुविधाजनक हो जाता है। MySQL, INGRES, MS-ACCESS आदि इसके उदाहरण हैं।

*DBMS की मुख्य विशेषताएँ निम्नलिखित हैं*

(i) डाटाबेस का निर्माण करना।
(ii) नए डाटा को शामिल करना या जोड़ना।
(iii) वर्तमान डाटा को सम्पादित (Edit) करना।
(iv) डाटा को अस्थायी एवं स्थायी रूप से मिटाना।
(v) सूचना पद्धति (Information System) को ढूँढना एवं प्राप्त करना।
(vi) डाटा को क्रमबद्ध रूप से व्यवस्थित करना।
(vii) आकर्षक एवं अर्थपूर्ण रिपोर्ट्स को डिजाइन करना एवं प्रिण्ट करना।

## DBMS की संरचना

DBMS की संरचना तीन स्तरों से मिलकर बनी होती है, *जिनका विवरण निम्नलिखित हैं*

1. **आन्तरिक स्तर** (Internal Level) इस स्तर में डाटाबेस के भौतिक संग्रहण की संरचना का वर्णन होता है। यह वर्णित करता है कि वास्तव में डाटा डाटाबेस में कैसे संगृहीत और व्यवस्थित होता है तथा यह भी निर्धारित करता है कि कौन-सी सूची मौजूद हैं, स्टोर किए गए रिकॉर्ड किस क्रम में हैं आदि। इसे भौतिकी स्तर (Physical level) भी कहा जाता है।

2. **विचार सम्बन्धी स्तर** (Conceptual Level) इस स्तर में पूर्ण डाटाबेस की संरचना होती है। यह स्तरों के मध्य जानकारी के रूपान्तरण (Conversion) की प्रक्रिया है। यह डाटाबेस में संगृहीत डाटा के प्रकार को तथा डाटा के बीच सम्बन्ध को प्रदर्शित करता है। इसे लॉजिकल स्तर (Logical level) भी कहा जाता है।

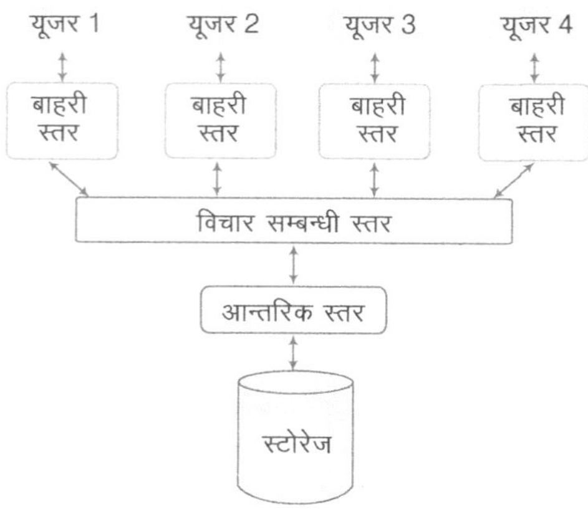


**DBMS की संरचना**

3. **बाहरी स्तर** (External Level) इस स्तर में डाटा व्यक्तिगत उपयोगकर्ता द्वारा उपयोग में लाया जाता है। यह डाटाबेस के उस भाग का वर्णन करता है, जो उपयोगकर्ता के लिए उपयोगी होता है। यह उपयोगकर्ताओं को उनकी आवश्यकतानुसार डाटा को एक्सेस (Access) करने की अनुमति इस प्रकार प्रदान करता है, जिससे एक ही डाटा एक ही समय पर कई उपयोगकर्ताओं (Users) द्वारा प्रयोग किया जा सके। इसे **व्यू स्तर** (View level) भी कहा जाता है।

## DBMS के लाभ

DBMS के कई लाभ हैं, *जो निम्नलिखित हैं*

(i) डाटा के दोहराव में कमी
(ii) डाटा की स्थिरता
(iii) डाटा की साझेदारी
(iv) डाटा की सुरक्षा
(v) डाटा की सम्पूर्णता

## DBMS की सीमाएँ

DBMS के कई लाभ हैं, लेकिन साथ ही इसकी कुछ सीमाएँ भी हैं, *जो निम्नलिखित हैं*

(i) हार्डवेयर और सॉफ्टवेयर की लागत
(ii) कठिनता
(iii) कर्मचारियों के प्रशिक्षण की लागत
(iv) टेक्निकल प्रशिक्षण की नियुक्ति
(v) डाटाबेस की विफलता

## डाटाबेस के अनुप्रयोगी क्षेत्र

डाटाबेस का उपयोग विभिन्न क्षेत्रों में किया जाता है, *जिनमें से कुछ क्षेत्र निम्नलिखित हैं*

1. **बैंकिंग** (Banking) इस क्षेत्र में ग्राहकों की व्यक्तिगत सूचना, उनके खातों की सूचना, लोन (Loans) आदि की सूचना रखने के लिए।
2. **विश्वविद्यालयों** (Universities) इस क्षेत्र में विद्यार्थियों की सूचना, उनके अंक, कोर्स रजिस्ट्रेशन की सूचना आदि रखने के लिए।
3. **रिजर्वेशन** (Reservation) इस क्षेत्र में डाटाबेस का बहुत महत्त्व है, जो ट्रैवलर की जानकारी स्टोर करके रखता है।
4. **क्रेडिट कार्ड के लेन-देन में** (Credit card Transaction) क्रेडिट कार्ड के द्वारा खरीदारी तथा मासिक लेन-देन की रिपोर्ट तैयार करने के लिए।
5. **संचार** (Communication) इस क्षेत्र में कॉल (Call) का मासिक रिकॉर्ड रखने के लिए, मासिक बिल बनाने के लिए।
6. **विक्रय** (Sale) इस क्षेत्र में ग्राहकों, उत्पादों तथा खरीदारी की सूचना रखने के लिए।
7. **वित्तीय** (Finance) इस क्षेत्र में बिक्री तथा खरीद के बारे में जानकारी संगृहीत करने के लिए।
8. **मानव संसाधन** (Human Resource HR) इस क्षेत्र में कर्मचारियों, उनके वेतन, टैक्स आदि के बारे में जानकारी संगृहीत करने के लिए।

# रिलेशनल डाटाबेस

रिलेशनल डाटाबेस में डाटा को द्वि-आयामी सारणियों (2-Dimensional Tables) के रूप में संगृहीत किया जाता है। इन सारणियों को रिलेशन (Relation) भी कहा जाता है। रिलेशन डाटाबेस के रख-रखाव के लिए रिलेशनल डाटाबेस प्रबन्धन प्रणाली (Relational Database Management System-RDBMS) की आवश्यकता होती है। RDBMS, DBMS का ही एक प्रकार है। रिलेशनल डाटाबेस की मुख्य विशेषता यह है कि एक एकल डाटाबेस में एक से अधिक सारणियों को संगृहीत किया जा सकता है और ये सारणियाँ आपस में सम्बन्धित होती हैं।

उदाहरण — Oracle, IBM DB2, Sybase आदि।

**नोट** *Dr. EF Codd ने वर्ष 1970 में रिलेशनल डाटाबेस प्रबन्धन प्रणाली के लिए 12 नियम प्रस्तुत किए थे।*

## रिलेशनल डाटाबेस से सम्बन्धित पद

*रिलेशनल डाटाबेस की कुछ सम्बन्धित पदावली निम्नलिखित हैं*

1. **रिलेशन** इसके अन्तर्गत एक टेबल (Table) तैयार की जाती है,
   जो एक कृमिक (Sequential) फाइल को निरूपित करती है, जिसमें टेबल की रॉल फाइल के रिकॉर्ड को दर्शाती हैं एवं कॉलम रिकॉर्ड के फील्ड को दर्शाते हैं। ये टेबल्स रिलेशन ही होते हैं। रिलेशन को उच्चस्तरीय फाइल्स के रूप में समझा जाता है।
   *निम्न विशेषताएँ रिलेशन को विस्तार से समझने के लिए हमारी सहायता करती हैं*
   (i) **नाम** (Name) यह रिलेशन की पहली विशेषता है, जो एंटिटी आइडेण्टिफायर के द्वारा प्रदर्शित होते हैं।
   (ii) **कार्डिनैलिटी** (Cardinality) रिलेशन के सन्दर्भ में ट्यूपल (रिकॉर्ड्स) की कुल संख्या को कार्डिनैलिटी कहते हैं।
   (iii) **डिग्री** (Degree) रिलेशन के सन्दर्भ में एट्रिब्यूट (फील्ड या कॉलम) की कुल संख्या को रिलेशन की डिग्री कहते हैं।
2. **ट्यूपल** (Tuple) रिलेशन में प्रत्येक रिकॉर्ड को ट्यूपल कहा जाता है, जो एक एट्रिब्यूट के विषय में एक विशेष सूचना है।
3. **एट्रिब्यूट** (Attribute) रिलेशन के सन्दर्भ में प्रत्येक कॉलम (फील्ड) को एट्रिब्यूट कहते हैं।
4. **डोमेन** (Domain) डोमेन को एट्रिब्यूट के लिए सभी अद्वितीय (Unique) मानों के सेट के रूप में परिभाषित किया जाता है। रिलेशन के सन्दर्भ में डोमेन मानों का एक समूह होता है, जिससे किसी कॉलम में दिए गए वास्तविक मानों को व्युत्पन्न किया जा सकता है।

## की-फील्ड

सामान्यत: किसी डाटाबेस के प्रत्येक रिकॉर्ड को उसकी रिकॉर्ड संख्या द्वारा पहचाना जाता है, लेकिन सभी रिकॉर्डों की रिकॉर्ड संख्या को याद रखना सम्भव नहीं है, इसलिए किसी रिकॉर्ड को पहचानने के लिए हम उसके एक फील्ड को मुख्य फील्ड या की-फील्ड मान लेते हैं।

कैण्डिडेट की
ऑल्टरनेट की
रिलेशनशिप (फॉरेन की)
प्राइमरी की

| studentId | firstname | lastname | courseId |
|---|---|---|---|
| L0002345 | Jim | Black | C002 |
| L0001254 | James | Harradine | A004 |
| L0002349 | Amanda | Holiand | C002 |
| L0001198 | Simon | McCloud | S042 |
| L0023487 | Peter | Murray | P301 |
| L0018453 | Anne | Norris | S042 |

प्राइमरी की

Student टेबल

| courseId | courseName |
|---|---|
| A004 | Accounts |
| C002 | Computing |
| P301 | History |
| S042 | Short Course |

Course टेबल

Key कई प्रकार की होती हैं, *जो निम्नलिखित हैं*

1. **प्राइमरी की** (Primary key) यह एक या एक से अधिक एट्रिब्यूट्स का एक सेट है, जो रिलेशन के अन्तर्गत अद्वितीय (Uniquely) रूप से ट्यूपल की पहचान कर सकता है। प्राइमरी की के रूप में चुना गया फील्ड NULL वैल्यू स्वीकार नहीं कर सकता।
2. **कैण्डिडेट की** (Candidate key) कभी-कभी ऐसे रिलेशन भी उत्पन्न होते हैं, जिनमें एक से अधिक एट्रिब्यूट का समूह होता है, जिसमें विशेष निर्धारक गुण होते हैं एवं इसके लिए एक से अधिक कीज़ (Keys) का निर्माण करना आवश्यक हो जाता है। वह की जिस पर विशिष्ट निर्धारक गुण प्रयुक्त किए जाते हैं, कैण्डिडेट की कहलाती है। किसी एक रिलेशन में एक या एक से अधिक कैण्डिडेट की हो सकती हैं।
3. **ऑल्टरनेट की** (Alternate key) ऑल्टरनेट की वह होती है, जो प्राइमरी की नहीं होती। इसकी उपयोगिता उस रिलेशन के लिए होती है, जिसमें एक से अधिक एट्रिब्यूटों का समूह होता है एवं एक से अधिक कैण्डिडेट की होती हैं। इस स्थिति में, किसी विशिष्ट गुण को निर्धारित करने के लिए जब एक से अधिक कीज़ (Keys) के समूहों का उपयोग किया जाता है, तब प्रथम की

को प्राइमरी की एवं द्वितीय की को ऑल्टरनेट की कहा जाता है। ऑल्टरनेट की को सेकेण्डरी की भी कहा जाता है।

4. **फॉरेन की** (Foreign key) यह एक नॉन-की एट्रिब्यूट है जिसका मान उसी टेबल की या अन्य टेबल की प्राइमरी की (Key) से प्राप्त किया जाता है। किसी रिलेशनल डाटाबेस में फॉरेन की एक या एक से अधिक फील्डों का समूह होता है, जो दो सारणियों के डाटा के बीच लिंक (Link) प्रदान करता है। किसी सारणी में एक से अधिक फॉरेन की हो सकती हैं, जो उस सारणी का अलग-अलग सारणियों से सम्बन्ध स्थापित करती हैं।

## डाटाबेस की भाषाएँ

*डाटाबेस की विभिन्न भाषाएँ निम्न प्रकार हैं*

1. **डाटा डेफिनिशन लैंग्वेज** (Data Definition Language-DDL) यह भाषा विभिन्न डाटाबेस ऑब्जेक्ट्स, जैसे- टेबल, व्यू, इण्डेक्स इत्यादि को क्रियेट और मॉडिफाई करने के लिए प्रयोग की जाती है।
2. **डाटा मैनिपुलेशन लैंग्वेज** (Data Manipulation Language-DML) यह भाषा DDL के द्वारा परिभाषित ऑब्जेक्ट्स को मैनिपुलेट या प्रोसेस करती है। इसका प्रयोग डाटा को जोड़ने, मिटाने, सारणी से सूचना को पुनः प्राप्त (Retrieve) करने के लिए होता है।
3. **डाटा कण्ट्रोल लैंग्वेज** (Data Control Language-DCL) इसका प्रयोग प्रयोगकर्ता के डाटाबेस एवं इसके विशिष्ट डाटा तक पहुँचकर कण्ट्रोल करने के लिए किया जाता है।

## एंटिटी-रिलेशनशिप मॉडल

एंटिटी-रिलेशनशिप मॉडल (E-R Model) का प्रयोग डाटाबेस के सन्दर्भ में एंटिटीज (Entities) तथा उनके बीच के सम्बन्ध को ग्राफिकल (Graphical) रूप में प्रदर्शित करने के लिए किया जाता है। इसे एंटिटी-रिलेशनशिप डायग्राम भी कहा जाता है।

*E-R मॉडल से सम्बन्धित पदों का विवरण निम्नलिखित हैं*

### एंटिटी

यह वास्तविक दुनिया की वस्तुओं (Objects) को दर्शाती है। यह उन सभी वस्तुओं को सम्मिलित करती है, जिनके बारे में डाटा एकत्रित किया जाना है, एंटिटी-रिलेशनशिप डायग्राम में इसे आयताकार बॉक्स के द्वारा दर्शाया जाता है *जैसे-* Customer buys items, यहाँ पर Customer और items एंटिटी हैं।

### एट्रिब्यूट्स

यह एंटिटी की विशेषताओं और गुणों का वर्णन करता है। सारणी में एट्रिब्यूट्स (Attributes) को फील्डों द्वारा दर्शाया जाता है। E-R डायग्राम में, एट्रिब्यूट्स को दीर्घ वृत्ताकार बॉक्स में दर्शाया जाता है; *जैसे-* ItemID और Price एंटिटी Item के एट्रिब्यूट्स हो सकते हैं।

### एंटिटी सेट

एक ही प्रकार की विशेषताओं या गुणों वाली एंटिटीज के सेट को एंटिटी सेट कहते हैं;

*जैसे-* Students डाटाबेस में उपस्थित सभी Students एंटिटीज का एक एंटिटी सेट है।

*एंटिटी सेट दो प्रकार के होते हैं*

1. **स्ट्रॉन्ग एंटिटी सेट** (Strong Entity Set) ऐसा एंटिटी सेट, जिसमें प्राइमरी की फील्ड होता है, स्ट्रॉन्ग एंटिटी सेट कहलाता है।
2. **वीक एंटिटी सेट** (Weak Entity Set) ऐसा एंटिटी सेट, जिसमें प्राइमरी की बनाने के लिए पर्याप्त फील्ड नहीं होते हैं, वीक एंटिटी सेट कहलाता है।

### रिलेशनशिप

यह एंटिटीज के मध्य परस्पर सम्बन्धों को दर्शाता है। यह E-R डायग्राम में, डायमण्ड की आकृति वाले बॉक्स के द्वारा दर्शाया जाता है; *जैसे*

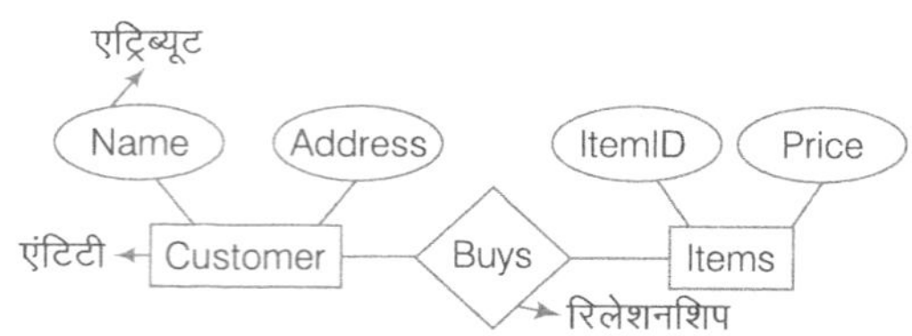


*रिलेशनशिप को तीन भागों में बाँट सकते हैं*

(i) वन टू वन (ii) मैनी टू वन
(iii) वन टू मैनी

### इन्हें भी जानें

- **स्कीमा** (Schema) यह डाटाबेस की एक लॉजिकल संरचना (Logical structure) होती है।
- **इन्स्टैन्स** (Instance) एक विशेष समय पर डाटाबेस में संगृहीत जानकारी का संग्रह डाटाबेस का इन्स्टैन्स कहलाता है।
- **डाटा माइनिंग** (Data Mining) यह अलग-अलग दृष्टिकोण (Perspective) से डाटा का विश्लेषण करने और उपयोगी जानकारी में बदलने की प्रक्रिया है। कभी-कभी इसे **Data or Knowledge Discovery** भी कहा जाता है।

# प्रश्न बैंक

**1.** एक डाटा आइटम के संग्रहण के लिए ............ की आवश्यकता होती है। **(IBPS PO 2012)**
(1) फील्ड (2) फीड
(3) डाटाबेस (4) फैच
(5) इनमें से कोई नहीं

**2.** एक कम्प्यूटर उपयोग करने से पहले यूजरनेम और पासवर्ड के .......... की जाँच करता है। **(SBI Clerk 2011)**
(1) वेबसाइट (2) नेटवर्क
(3) बैकअप फाइल (4) डाटाबेस
(5) इनमें से कोई नहीं

**3.** .......... किसी सिंगल एंटिटी सम्बन्धी डाटा का व्यवस्थित कलेक्शन है।
(1) फाइलें (2) लाइब्रेरी
(3) डाटाबेस (4) डिक्शनरी

**4.** डाटाबेस सूचना को .......... में संगृहीत करता है। **(SBI PO 2011)**
(1) पंक्तियाँ और स्तम्भ (2) ब्लॉक
(3) ट्रैक्स और सेक्टर्स (4) ये सभी
(5) इनमें से कोई नहीं

**5.** निम्नलिखित में से कौन-सा मैनिपुलेशन और अपडेटिंग के लिए उपयोग किया गया एक सार्थक तरीके से संगृहीत इण्टररिलेटिड डाटा की बड़ी मात्रा का संगठित संग्रह है? **(IBPS Clerk Mains 2017)**
(1) डाटाबेस (2) फाइल
(3) फोल्डर (4) डाटा माइनिंग
(5) डाटा सोर्स

**6.** किसी DBA की क्या जिम्मेदारी होती है?
(1) किसी डाटाबेस को डेवलप करना और मेण्टेन करना
(2) एक सारणी बनाना
(3) डाटाबेस को डेवलप करना
(4) (1) और (3)

**7.** इनमें से डाटा का कौन-सा रूप है, जो डाटाबेस में होता है?
(1) स्वतन्त्र (2) सुरक्षित
(3) आदान-प्रदान (4) ये सभी

**8.** ............ डाटाबेस में डाटा को ट्री के रूप में नोड्स के माध्यम से व्यवस्थित किया जाता है।
(1) नेटवर्क (2) हाइरारकिकल
(3) रिलेशनल (4) '1' और '2'

**9.** रिलेशन डाटाबेस में, यह एक डाटा संरचना है, जिसमें एक ही विषय के बारे में जानकारी को पंक्तियों और स्तम्भों के रूप में आयोजित किया जाता है **(RBI Grade B 2011, IBPS PO 2015)**
(1) ब्लॉक (2) रिकॉर्ड
(3) टेबल (4) ट्यूपल
(5) इनमें से कोई नहीं

**10.** एक डाटाबेस में एक रिकॉर्ड के बारे में सूचना की सबसे छोटी इकाई को कहा जाता है **(SBI PO 2010)**
(1) सेल (2) फील्ड
(3) रिकॉर्ड (4) क्वैरी
(5) इनमें से कोई नहीं

**11.** किसी डाटाबेस में पंक्ति का दूसरा नाम क्या है?
(1) रिकॉर्ड (2) फील्ड
(3) रिलेशन (4) कॉलम

**12.** डाटाबेस सारणियों से मिलकर बना होता है तथा सारणियाँ पंक्तियों से, जिन्हें ............ कहते हैं, तथा स्तम्भ, जिन्हें ............ कहते हैं, से मिलकर बने होते हैं।
(1) फील्ड, रिकॉर्ड (2) रिकॉर्ड, फील्ड
(3) एड्रेस, फील्ड (4) रेन्ज, शीट

**13.** निम्न में कौन एक डाटाबेस में एक एकल एंटिटी, जैसे कि व्यक्ति, स्थान या वस्तु आदि के बारे में सूचना संगृहीत करता है? **(SBI PO 2010)**
(1) क्वैरी (2) फॉर्म
(3) रिकॉर्ड (4) सारणी
(5) इनमें से कोई नहीं

**14.** किसी क्वैरी के उत्तर में जो सूचनाएँ या रिकॉर्ड प्राप्त किए जाते हैं, उन्हें उस क्वैरी का ............ कहते हैं।
(1) रिजल्ट (2) डायनासेट
(3) आउटपुट (4) सारणी

**15.** एक प्रोग्राम, जिसका इण्टरफेस उपयोगकर्ता के लिए DBMS में ज्यादा अनुकूल होता है, क्या कहलाता है? **(SBI PO 2010)**
(1) फ्रण्ट एण्ड (2) बैक एण्ड
(3) रिपॉजिटर (4) फॉर्म
(5) इनमें से कोई नहीं

**16.** निम्न में से कौन-सा ऑब्जेक्ट प्रिण्टआउट के फॉर्मेट में होता है?
(1) सारणी (2) क्वैरी (3) फॉर्म (4) रिपोर्ट

**17.** इनमें से कौन-सा डाटाबेस का अवयव नहीं है?
(1) सारणी (2) क्वैरी (3) फॉर्म (4) रिपोर्ट
(5) ट्यूपल

**18.** निम्न में से कौन-सा कॉमन डाटा तत्त्वों का सबसे छोटे से सबसे बड़े तक ही सही क्रम है? **(IBPS Clerk 2014)**
(1) करैक्टर, फील्ड, फाइल, रिकॉर्ड, डाटाबेस
(2) डाटाबेस, फाइल, रिकॉर्ड, फील्ड, करैक्टर
(3) करैक्टर, फील्ड, रिकॉर्ड, फाइल, डाटाबेस
(4) करैक्टर, फाइल, रिकॉर्ड, फील्ड, डाटाबेस
(5) करैक्टर, रिकॉर्ड, फील्ड, डाटाबेस, फाइल

**19.** DBMS का पूरा नाम क्या है?
(1) डाटाबेस मैनेजमेण्ट सिस्टम
(2) डाटाबेस मैनेजमेण्ट सॉफ्टवेयर
(3) डाटा मैनिपुलेशन सॉफ्टवेयर
(4) उपरोक्त सभी

**20.** DBMS .............. प्राप्त करने में मदद करता है।
(1) डाटा इण्डिपेण्डेन्स
(2) डाटा का केन्द्रीकरण
(3) डाटा का चयन करने में
(4) '1' और '2'

**21.** .......... डाटा के दोहराव को, डाटा की अस्थिरता को, निर्भरता को तथा डाटा के अनाधिकृत उपयोग को कम करने के लिए समाधान प्रदान करता है। **(IBPS Clerk 2012)**
(1) DBMS (2) सारणियाँ
(3) डाटाबेस (4) सुरक्षा पासवर्ड
(5) डाटा का केन्द्रीकरण

**22.** निम्न में से कौन-सा DBMS सॉफ्टवेयर नहीं है?
(1) DBASE (2) FOXPRO
(3) ORACLE (4) SYBASE
(5) DATABASE 2000

**23.** डाटाबेस की संरचना ............ के रूप में देखी जा सकती है।
(1) दो स्तरों (2) चार स्तरों
(3) तीन स्तरों (4) एक स्तर

**24.** डाटाबेस के आर्किटैक्चर के किस स्तर में डाटाबेस की पूर्ण संरचना होती है?
(1) आन्तरिक स्तर (2) विचार सम्बन्धी स्तर
(3) बाहरी स्तर (4) उपरोक्त सभी

**25.** डाटाबेस प्रबन्धन प्रणाली का क्या लाभ है?
(1) डाटा, प्रोग्राम्स पर निर्भर होता है
(2) डाटा का दोहराव बढ़ता है
(3) डाटा एकीकृत होता है और कई प्रोग्राम्स द्वारा प्रयोग किया जा सकता है
(4) उपरोक्त सभी

**26.** ......... का अर्थ है- एक तथ्य को एक से अधिक जगह स्टोर करना। **(RBI Grade B 2014)**
(1) प्रोपर्टीज (2) सॉर्टिंग
(3) रिडनडेन्सी (4) होल्डिंग
(5) इनमें से कोई नहीं

**27.** जब डाटा कई सूचियों में परिवर्तित होता है एवं सभी सूचियों को अपडेट नहीं किया जाता है, तो इसके फलस्वरूप उत्पन्न होती है **(RBI Grade B 2012)**
(1) डाटा रिडनडेन्सी (2) सूचना अतिभारण
(3) डुप्लिकेट डाटा (4) डाटा सन्ततता
(5) डाटा असन्ततता

**28.** .............. डाटा की सम्पूर्णता (Data integrity) की समस्याओं के लिए एक कारण है। **(IBPS Clerk 2012)**
(1) डाटा की उपलब्धता की कमी
(2) डाटा की स्थिरता की कमी
(3) सुरक्षा की कमी
(4) डाटा का अनाधिकृत उपयोग
(5) डाटा का दोहराव

**29.** ............. का अर्थ है कि डाटाबेस में संगृहीत डाटा बिल्कुल सही और विश्वसनीय है। **(SBI PO 2010)**
(1) Data redundancy (2) Data integrity
(3) Data reliability (4) Data consistency
(5) Data Management

**30.** डाटाबेस से क्या नुकसान है?
(1) आसान (2) असुरक्षित
(3) अविश्वसनीय (4) अधिक खर्चीला

**31.** समय-समय पर किसी फाइल में डाटा को जोड़ना, डाटा को बदलना तथा डाटा को मिटाना, फाइल का ………… कहलाता है।
(1) अपडेशन (2) अपग्रेडिंग
(3) रिस्ट्रक्चरिंग (4) रिन्यू

**32.** वह डाटाबेस, जो कॉमन फील्ड से जुड़ी टेबलों को रखता है, क्या कहलाता है?
(1) सेण्ट्रलाइज डाटाबेस (2) फ्लैट फाइल डाटाबेस
(3) रिलेशनल डाटाबेस (4) उपरोक्त सभी

**33.** ओरेकल है एक **(IBPS Clerk Mains 2017)**
(1) RDBMS (2) हार्डवेयर
(3) सिस्टम सॉफ्टवेयर (4) हाई लेवल लैंग्वेज
(5) उपरोक्त से कोई नहीं

**34.** रिलेशनल मॉडल में ………… को कार्डिनैलिटी कहते हैं। **(IBPS Clerk 2011)**
(1) ट्यूपल्स की कुल संख्या
(2) एट्रिब्यूट्स की कुल संख्या
(3) सारणियों की कुल संख्या
(4) कन्स्ट्रेण्ट्स की कुल संख्या
(5) उपरोक्त में से कोई नहीं

**35.** एक रिकॉर्ड का एक विशेष फील्ड, जो प्रत्येक रिकॉर्ड को विशिष्ट रूप से पहचान दिलाता है **(SBI PO 2012)**
(1) की-फील्ड (2) प्राइमरी फील्ड
(3) मास्टर फील्ड (4) ऑर्डर फील्ड
(5) इनमें से कोई नहीं

**36.** किसी सारणी में केवल एक ………… हो सकती है।
(1) प्राइमरी की (2) ऑल्टरनेट की
(3) कैण्डिडेट की (4) ये सभी

**37.** ………… एक फाइल की प्राइमरी की होती है, जो दूसरी फाइल में भी उपस्थित होती है। **(IBPS Clerk 2013)**
(1) फिजिकल की (2) प्राइमरी की
(3) फॉरेन की (4) लॉजिकल की
(5) इनमें से कोई नहीं

**38.** वह की, जिसका प्रयोग दो सारणियों के बीच सम्बन्ध को प्रदर्शित करने के लिए किया जाता है, कहलाती है **(SBI Clerk 2013)**
(1) प्राइमरी की (2) सेकेण्डरी की
(3) फॉरेन की (4) कम्पोजिट की
(5) इनमें से कोई नहीं

**39.** इनमें से किस की (Key) के द्वारा किसी सारणी में किसी रॉ को खोजा जा सकता है?
(1) प्राइमरी की (2) ऑल्टरनेट की
(3) कैण्डिडेट की (4) ये सभी

**40.** वह भाषा, जो डाटाबेस ऑब्जेक्ट्स की विशेषताओं को परिभाषित करती है, क्या कहलाती है?
(1) DML (2) DDL
(3) क्वैरी (4) '1' और '2'

**41.** DML क्या है?
(1) डाटा मैजिक लैंग्वेज (2) डाटा मैनिपुलेशन लैंग्वेज
(3) डाटा मॉर्फिंग लैंग्वेज (4) डाटा मॉनीटर लैंग्वेज

**42.** Data Control Language (DCL)
(1) डाटाबेस के यूजर एक्सेस को मैनेज करने के लिए प्रयोग की जाती है।
(2) डाटाबेस के कण्टेण्ट की कुछ फॉर्म में Manipulate करने के लिए
(3) '1' और '2' दोनों
(4) डाटाबेस में डाटा की Inserting, deleting and updating करने के लिए प्रयोग की जाती है

**43.** ई-आर डायग्राम (E-R Diagram) ………… को प्रदर्शित करने का ग्राफिकल तरीका है।
(1) प्राइमरी की और उनका आपस में सम्बन्ध
(2) प्राइमरी की और उनका इन्स्टैन्स से सम्बन्ध
(3) एंटिटी और उनका आपस में सम्बन्ध
(4) एंटिटी और उनका प्राइमरी की से सम्बन्ध

**44.** ई-आर डायग्राम में एक एंटिटी को ………… के द्वारा दर्शाया जाता है।
(1) आयताकार बॉक्स
(2) दीर्घवृत्ताकार बॉक्स
(3) डायमण्ड बॉक्स
(4) वृत्ताकार बॉक्स
(5) इनमें से कोई नहीं

**45.** किसी एंटिटी-रिलेशनशिप डायग्राम में किसी विद्यार्थी का नाम तथा पता क्या माना जाएगा?
(1) रिलेशनशिप (2) एंटिटी
(3) एट्रिब्यूट (4) '2' और '3'

**46.** ई-आर डायग्राम में एट्रिब्यूट्स ………… के द्वारा प्रदर्शित किए जाते हैं।
(1) आयताकार बॉक्स (2) वर्गाकार बॉक्स
(3) दीर्घवृत्ताकार बॉक्स (4) त्रिभुजीय बॉक्स

**47.** एंटिटी सेट, जिसमें प्राइमरी की बनाने के लिए पर्याप्त फील्ड नहीं होते हैं, क्या कहलाता है? **(IBPS Clerk 2011)**
(1) स्ट्रॉन्ग एंटिटी सेट (2) वीक एंटिटी सेट
(3) सिम्पल एंटिटी सेट (4) प्राइमरी एंटिटी सेट
(5) इनमें से कोई नहीं

**48.** ई–आर डायग्राम में रिलेशनशिप टाइप को ········ द्वारा प्रदर्शित किया जाता है। **(IBPS Clerk 2012)**
(1) दीर्घवृत्ताकार बॉक्स (2) धाराशायी दीर्घवृत्ताकार बॉक्स
(3) आयताकार बॉक्स (4) डायमण्ड बॉक्स
(5) उपरोक्त में से कोई नहीं

**49.** यह डाटाबेस की लॉजिकल संरचना है
(1) एंटिटी (2) एट्रिब्यूट
(3) इन्स्टैन्स (4) स्कीमा

**50.** निम्न में से कौन–सा डाटाबेस के साथ प्रयोग किया जाता है?
(1) EDI (2) Credit Card
(3) ATM (4) Data mining

**51.** एक प्रोसेस को ·········· कहते हैं, जो बड़े खुदरा विक्रेताओं द्वारा प्रवृत्तियों का अध्ययन करने के लिए उपयोग किया जाता है। **(IBPS Clerk Mains 2017)**
(1) डाटा माइनिंग (2) डाटा सिलेक्शन
(3) पीओसी (4) डाटा कन्वर्शन
(5) डाटा इन्वर्शन

**52.** E-R डाटा मॉडल किसके द्वारा दिया गया था?
(1) Pascal
(2) CS. Date
(3) Dr. Edgar F Codd
(4) '1' और '2'

**53.** डॉ. EF Codd ने ·········· नियमों का प्रतिनिधित्व किया, जिसका पालन एक डाटाबेस द्वारा किया जाना चाहिए, अगर यह सही मायने में रिलेशनल माना जाता है। **(IBPS Clerk 2012)**
(1) 10 (2) 8
(3) 12 (4) 6
(5) 5

# उत्तरमाला

| | | | | | | | | | |
|---|---|---|---|---|---|---|---|---|---|
| 1. (3) | 2. (4) | 3. (3) | 4. (1) | 5. (1) | 6. (4) | 7. (4) | 8. (2) | 9. (3) | 10. (2) |
| 11. (1) | 12. (2) | 13. (3) | 14. (2) | 15. (4) | 16. (4) | 17. (5) | 18. (3) | 19. (1) | 20. (4) |
| 21. (1) | 22. (5) | 23. (3) | 24. (2) | 25. (3) | 26. (3) | 27. (1) | 28. (1) | 29. (2) | 30. (4) |
| 31. (1) | 32. (3) | 33. (1) | 34. (1) | 35. (1) | 36. (1) | 37. (3) | 38. (3) | 39. (4) | 40. (2) |
| 41. (2) | 42. (1) | 43. (3) | 44. (1) | 45. (3) | 46. (3) | 47. (2) | 48. (4) | 49. (4) | 50. (4) |
| 51. (1) | 52. (3) | 53. (3) | | | | | | | |

अध्याय

12

# डाटा संचार एवं नेटवर्किंग

# DATA COMMUNICATION AND NETWORKING

संचार का अर्थ है— सूचनाओं का आदान-प्रदान करना। वह प्रक्रिया, जिसके द्वारा एक कम्प्यूटर से डाटा, निर्देश तथा सूचनाएँ दूसरे कम्प्यूटरों तक पहुँचती हैं, डाटा संचार कहलाती है। डाटा संचार में दो या दो से अधिक कम्प्यूटरों के मध्य डिजिटल या एनालॉग डाटा का स्थानान्तरण किया जाता है, जो आपस में संचार चैनल से जुड़े होते हैं।

## डाटा संचार

डाटा संचार (Data communication) के माध्यम से दो डिवाइस आपस में एक-दूसरे से जुड़ी होती हैं। इसमें स्थानान्तरण (Transfer) प्रक्रिया के दौरान डाटा या सूचना के स्थानान्तरण और डेटा के संरक्षण की पद्धति शामिल है। डाटा को सिग्नल्स के रूप में एक स्थान से दूसरे स्थान तक पहुँचाया जाता है।

*सिग्नल्स तीन प्रकार के होते हैं*

1. **डिजिटल सिग्नल्स** (Digital Signals) डिजिटल सिग्नल्स में डाटा का इलेक्ट्रॉनिक रूप अर्थात् बाइनरी संख्याओं (0 तथा 1) के रूप में आदान-प्रदान किया जाता है।
2. **एनालॉग सिग्नल्स** (Analog Signals) एनालॉग सिग्नल्स में डाटा का रेडियो तरंगों के रूप में आदान-प्रदान किया जाता है; *जैसे-* टेलीफोन लाइनों में।
3. **हाइब्रिड सिग्नल्स** (Hybrid Signals) हाइब्रिड सिग्नल्स में एनालॉग तथा डिजिटल दोनों प्रकार के सिग्नल्स के गुण होते हैं।

## संचार चैनल

दो जुड़ी हुई डिवाइसों के बीच सिग्नल भेजने की दिशा, संचार चैनल (Communication channel) कहलाती है।

*संचार चैनल तीन प्रकार के होते हैं*

1. **सिम्प्लेक्स चैनल** (Simplex Channel) इसमें डाटा का प्रवाह सदैव एक ही दिशा में होता है अर्थात् यह चैनल केवल एक ही दिशा में डाटा का संचार कर सकता है। इस चैनल के माध्यम से केवल एक संचार युक्ति ही सूचना को भेज सकती है तथा दूसरी संचार युक्ति सूचना को केवल प्राप्त कर सकती है; *जैसे—* रेडियो, टेलीविजन आदि।
2. **हाफ डुप्लेक्स चैनल** (Half Duplex Channel) इस चैनल में डाटा का प्रवाह दोनों दिशाओं में होता है, लेकिन एक समय में केवल एक ही दिशा में डाटा का प्रवाह हो सकता है; *जैसे-* वॉकी-टॉकी।

3. **फुल डुप्लेक्स चैनल** (Full Duplex Channel) इस चैनल में डाटा का संचार दोनों दिशाओं में होता है। दोनों चैनल लगातार डाटा का आदान-प्रदान कर सकते हैं; *जैसे*- वायरलैस हैण्डसेट (मोबाइल फोन)।

## संचार मीडिया

किसी कम्प्यूटर से टर्मिनल या किसी टर्मिनल से कम्प्यूटर तक डाटा के संचार के लिए किसी माध्यम की आवश्यकता होती है, इस माध्यम को कम्युनिकेशन लाइन या डाटा लिंक कहते हैं। *ये दो प्रकार के होते हैं—*

## गाइडेड मीडिया या वायर्ड तकनीकी

इस मीडिया (Media) में डाटा सिग्नल तारों (Wires) के माध्यम से प्रवाहित होते हैं। इन तारों के द्वारा डाटा का संचार किसी विशेष पाथ से होता है। ये तार, कॉपर, टिन या सिल्वर के बने होते हैं। *सामान्यत: ये निम्न प्रकार के होते हैं*

1. **ईथरनेट केबल या ट्विस्टिड पेयर** इस प्रकार के केबल में तार आपस में उलझे (Twisted) होते हैं, जिसके ऊपर एक कुचालक पदार्थ तथा एक अन्य परत का बाहरी आवरण (जिसे जैकेट कहते हैं) लगा होता है। दो में से एक तार सिग्नल्स को प्राप्तकर्ता तक पहुँचाने के लिए तथा दूसरा अर्थिंग के लिए उपयोग किया जाता है। इस केबल का प्रयोग छोटी दूरी के डाटा संचार के लिए करते हैं; *जैसे*- लोकल एरिया नेटवर्क (LAN)।
2. **कोएक्सियल केबल** इस केबल के द्वारा उच्च आवृत्ति वाले डाटा को संचारित (Transmitted) किया जाता है। यह केबल उच्च गुणवत्ता का संचार माध्यम है।

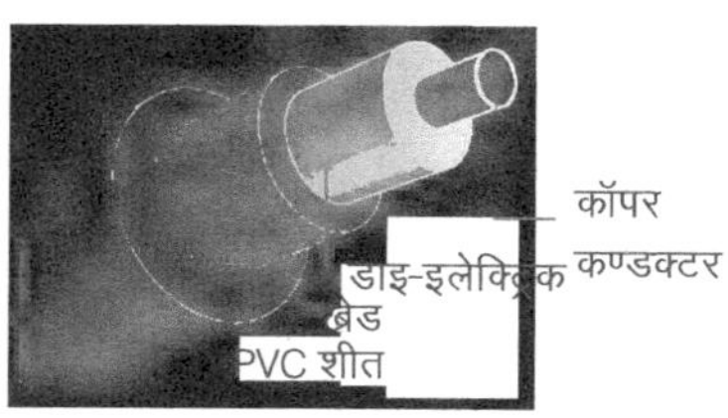


इस तार को ज़मीन या समुद्र के नीचे से ले जाया जाता है। इस केबल के केन्द्र में ठोस तार होता है, जो कुचालक तार से घिरा होता है।

इस कुचालक तार के ऊपर तार की जाली बनी होती है, जिसके ऊपर फिर कुचालक की परत होती है। यह तार अपेक्षाकृत महँगा होता है, किन्तु इसमें अधिक डाटा के संचार की क्षमता होती है। इसका प्रयोग टेलीविज़न नेटवर्क में किया जाता है।

3. **फाइबर ऑप्टिक केबल** यह एक नई तकनीक है, जिसमें धातु के तारों की जगह विशिष्ट प्रकार के ग्लास या प्लास्टिक के फाइबर (Fibre) का उपयोग डाटा संचार के लिए करते हैं। यह केबल हल्की तथा तीव्र गति वाली होती है। इस केबल का प्रयोग टेलीकम्युनिकेशन और नेटवर्किंग के लिए होता है। ऑप्टिकल फाइबर की गति कोएक्सियल केबल से सौ गुना ज्यादा तेज है।

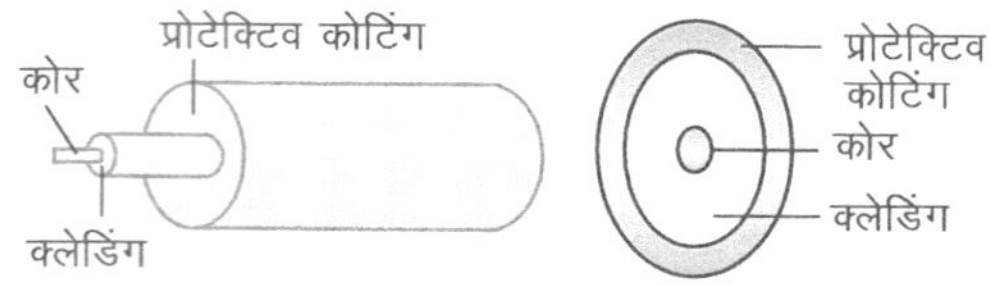


## अनगाइडेड मीडिया या वायरलैस तकनीकी

केबल के महँगा होने तथा इसके रख-रखाव का खर्च अधिक होने के कारण डाटा संचार के लिए इस तकनीक का प्रयोग किया जाता है। अनगाइडेड मीडिया में, डाटा का प्रवाह बिना तारों वाले संचार माध्यमों के द्वारा होता है। इस मीडिया में डाटा का प्रवाह तरंगों के माध्यम से होता है। चूँकि इस माध्यम में डाटा का संचार बिना तारों (तरंगों के द्वारा) के द्वारा होता है, इसलिए इसे 'अनगाइडेड मीडिया या वायरलैस तकनीक' कहा जाता है।

ब्लूटूथ यह एक ऐसी वायरलैस (बिना तार वाली) तकनीक है, जिसमें बहुत छोटी दूरी पर स्थित दो माध्यमों में डाटा का आदान-प्रदान किया जा सकता है; जैसे—पर्सनल एरिया नेटवर्क (PAN) इसका आविष्कार डॉ. जाप होर्त्सेन ने किया था

*सामान्यत: ये निम्न प्रकार के होते हैं*

1. **रेडियोवेव ट्रांसमिशन** जब दो टर्मिनल रेडियो आवृत्तियों (Radio Frequencies) के माध्यम से सूचना का आदान-प्रदान करते हैं, तो इस प्रकार के संचार को रेडियोवेव ट्रांसमिशन कहा जाता है। ये रेडियो तरंगें सर्वदिशात्मक (Omnidirectional) होती हैं तथा लम्बी दूरी के संचार के लिए प्रयोग की जा सकती हैं।
2. **माइक्रोवेव ट्रांसमिशन** इस सिस्टम में सिग्नल्स बिना किसी माध्यम के रेडियो सिग्नल्स की तरह संचारित होते हैं। इस सिस्टम में सूचना का आदान-प्रदान आवृत्तियों के माध्यम से किया जाता है। माइक्रोवेव इलेक्ट्रोमैग्नेटिक (Electromagnetic) तरंगे होती हैं, जिनकी आवृत्ति लगभग 0.3 GHZ से 300 GHZ के बीच में होती है। ये एकल दिशात्मक (Uni-directional) होती है।
3. **इन्फ्रारेड वेव ट्रांसमिशन** इन्फ्रारेड वेव (Infrared wave) छोटी दूरी के संचार के लिए प्रयोग में लाई जाने वाली उच्च आवृत्ति की तरंगें होती हैं। ये तरंगें ठोस

ऑब्जेक्ट (Solid object), जैसे कि दीवार आदि के आर-पार नहीं जा सकती हैं। मुख्यतया ये TV रिमोट, वायरलैस स्पीकर आदि में प्रयोग की जाती है।

4. **सैटेलाइट संचार** यह तीव्र गति का डाटा संचार माध्यम है। यह लम्बी दूरी के संचार के लिए सबसे आदर्श संचार माध्यम होता है। अन्तरिक्ष में स्थित सैटेलाइट (उपग्रह) को ज़मीन पर स्थित स्टेशन से सिग्नल भेजते हैं तथा सैटेलाइट उस सिग्नल को दोबारा ट्रांसमिट करके उसे किसी दूर स्थित दूसरे स्टेशन पर वापस भेज देता है। इसका प्रयोग फोन, टीवी तथा इण्टरनेट आदि के लिए सिग्नल्स भेजने में होता है।

### इन्हें भी जानें

- **बैण्डविड्थ** (Bandwidth) इसका प्रयोग डाटा ट्रांसफर की दर निर्धारित करने में होता है। इसका मात्रक साइकिल/सेकण्ड (CPS) या हर्ट्ज है।
- **थ्रूपुट** (Throughput) यह दो कम्प्यूटरों के मध्य होने वाले डाटा के स्थानान्तरण की मात्रा है। इसका मात्रक बिट्स/सेकेण्ड (B/S) है।
- **बॉड** (Baud) यह डाटा के संचारण की गति मापने का मात्रक है। इसे बिट/सेकण्ड (B/S) भी कहा जाता है।
- **गीगा बिट्स प्रति सेकण्ड** (GbPS) डाटा ट्रांसमिशन की सबसे तेज गति इकाई है।
- GPS (Global Positioning System) आजकल इस टेक्नोलॉजी का उपयोग प्रत्येक स्मार्टफोन में अनिवार्य हो गया है। जिससे आप अपनी लोकेशन और किसी भी जगह का पता कर सकते हैं। यह System Aircraft, ट्रेन, बस जैसी transportation सर्विस में बहुत ही उपयोगी दूरी का है।

## कम्प्यूटर नेटवर्क

कम्प्यूटर नेटवर्क (Computer network) से हमारा तात्पर्य आस-पास या दूर बिखरे हुए कम्प्यूटरों को इस प्रकार जोड़ने से है कि उनमें से प्रत्येक कम्प्यूटर किसी दूसरे कम्प्यूटर के साथ स्वतन्त्र रूप से सम्पर्क बनाकर सूचनाओं या सन्देशों का आदान-प्रदान कर सके और एक-दूसरे के साधनों तथा सुविधाओं को साझा (Share) कर सके।

## कम्प्यूटर नेटवर्क के प्रकार

*नेटवर्कों को उनके कम्प्यूटरों की भौगोलिक स्थिति के अनुसार मुख्यतः निम्न श्रेणियों में बाँटा जाता है*

### लोकल एरिया नेटवर्क

ऐसे नेटवर्कों के सभी कम्प्यूटर्स एक सीमित क्षेत्र में स्थित होते हैं। यह क्षेत्र लगभग एक किलोमीटर की सीमा में होना चाहिए; *जैसे*– कोई बड़ी बिल्डिंग या उनका एक समूह।

लोकल एरिया नेटवर्क (Local Area Network-LAN) में जोड़े गए उपकरणों की संख्या अलग-अलग हो सकती है। इन उपकरणों को किसी संचार केबल द्वारा जोड़ा जाता है।

### मेट्रोपोलिटन एरिया नेटवर्क

जब बहुत सारे लोकल एरिया नेटवर्क अर्थात् लैन किसी नगर या शहर के अन्तर्गत एक-दूसरे से जुड़े रहते हैं, तो इस प्रकार के नेटवर्क को मेट्रोपोलिटन एरिया नेटवर्क (Metropolitan Area Network-MAN) कहा जाता है।

इसे संक्षेप में मैन भी कहते हैं, जिसकी गति 10-100 Mbits/sec होती है। ये काफी महँगे नेटवर्क होते हैं, जो फाइबर ऑप्टिक केबल से जुड़े होते हैं।

### वाइड एरिया नेटवर्क

वाइड एरिया नेटवर्क (Wide Area Network-WAN) से जुड़े हुए कम्प्यूटर तथा उपकरण एक-दूसरे से हजारों किलोमीटर की भौगोलिक दूरी पर भी स्थित हो सकते हैं। इनका कार्यक्षेत्र कई महाद्वीपों तक फैला हो सकता है। अधिक दूरी के कारण प्राय: इनमें माइक्रोवेव स्टेशनों या संचार उपग्रहों (Communication satellites) का प्रयोग सन्देश आगे भेजने वाले स्टेशनों की तरह किया जाता है।

वाइड एरिया नेटवर्क का महत्त्व दिन-प्रतिदिन बढ़ता जा रहा है। ये आजकल के वित्तीय जगत (शेयर मार्केट, बैंक, वित्तीय संस्थाओं आदि) के लिए अनिवार्य हो गए हैं।

### पर्सनल एरिया नेटवर्क

यह बहुत छोटी दूरी के लिए उपयोग होने वाला नेटवर्क है, जिसकी क्षमता कम दूरी पर उपस्थित एक या दो व्यक्तियों तक होती है; *जैसे*- ब्लूटूथ, वायरलैस, USB आदि।

### वर्चुअल प्राइवेट नेटवर्क

यह एक प्रकार का नेटवर्क है, जो किसी प्राइवेट नेटवर्क जैसे कि किसी कम्पनी के आन्तरिक नेटवर्क (Internal Network) से जुडने के लिए इण्टरनेट का प्रयोग करके बनाया जाता है।

यह आजकल का एक तेजी से प्रसारित होने वाला नेटवर्क है, जिसका प्रयोग बड़ी-बड़ी संस्थाओं में तेजी से बढ़ रहा है। यह नेटवर्क आभासी भी है और निजी भी, निजी इसलिए क्योंकि इस नेटवर्क में किसी संस्था की निजी जानकारी की पूरी गारण्टी होती है तथा आभासी इसलिए, क्योंकि यह नेटवर्क वैन का प्रयोग नहीं करता।

*__सर्वर__ (Server) सर्वर वह कम्प्यूटर होता है, जो इण्टरनेट का प्रयोग करने वालों अर्थात् उपयोगकर्ता को सूचनाएँ प्रदान करने की क्षमता रखता है। यह सबसे महत्त्वपूर्ण/शक्तिशाली कम्प्यूटर होता है।*

*__नोड__ (Node) सर्वर के अलावा नेटवर्क के अन्य सभी कम्प्यूटरों को नोड कहा जाता है। ये वे कम्प्यूटर होते हैं, जिन पर उपयोगकर्ता कार्य करते हैं। प्रत्येक नोड का एक निश्चित नाम और पहचान होती है।*

*__प्रोटोकॉल__ (Protocol) वह प्रणाली, जो सम्पूर्ण संचार-प्रक्रिया में विविध डिवाइसों के मध्य कम्युनिकेशन स्थापित करती है, प्रोटोकॉल कहलाती है। यह नियमों का एक समूह है। प्रोटोकॉल की उपस्थिति में ही डाटा तथा सूचनाओं को प्रेक्षक से लेकर प्राप्तकर्ता तक पहुँचाया जाता है।*

## नेटवर्किंग युक्तियाँ

नेटवर्किंग युक्तियों (Devices) का प्रयोग दो या दो से अधिक कम्प्यूटरों को आपस में जोड़ने के लिए किया जाता है।

*कुछ प्रमुख नेटवर्किंग युक्तियाँ निम्न हैं*

- **रिपीटर** ये ऐसे इलेक्ट्रॉनिक उपकरण होते हैं, जो निम्न स्तर (Low level) के सिग्नल्स को प्राप्त करके उन्हें उच्च स्तर का बनाकर वापस भेजते हैं। रिपीटर्स (Repeaters) का प्रयोग कमजोर पड़ चुके सिग्नल्स एवं उनसे होने वाली समस्याओं से बचाता है। यह उस समय उपयोग होता है, जब कम्प्यूटरों को आपस में जोड़ने के लिए काफी लम्बी केबल की आवश्यकता होती है।
- **हब** इसका प्रयोग ऐसे स्थान पर किया जाता है, जहाँ नेटवर्क की सभी केबल मिलती हैं। यह एक प्रकार का रिपीटर होता है, जिसमें नेटवर्क चैनलों को जोड़ने के लिए पोर्ट्स लगे होते हैं। हब (Hub) में कम्प्यूटरों को जोड़ना अथवा हबों को आपस में जोड़ना या हटाना बहुत सरल होता है।
  एक बड़े हब में लगभग 24 कम्प्यूटरों को जोड़ा जा सकता है। इससे अधिक कम्प्यूटरों को जोड़ने के लिए एक अतिरिक्त हब का प्रयोग किया जा सकता है। इस प्रक्रिया (दो या दो से अधिक हबों को आपस में जोड़ना) को डेजी चेनिंग (Daisy Chaining) कहते हैं।
- **गेटवे** यह एक ऐसी डिवाइस है, जिसका प्रयोग दो विभिन्न नेटवर्क प्रोटोकॉल को जोड़ने के लिए किया जाता है। इन्हें प्रोटोकॉल परिवर्तक (Protocol Converters) भी कहते हैं। ये फायरवॉल की तरह कार्य करते हैं।
- **स्विच** ये ऐसे हार्डवेयर होते हैं, जो विभिन्न कम्प्यूटरों को एक लैन (LAN) में जोड़ते हैं। स्विच (Switch) को हब के स्थान पर उपयोग किया जाता है। हब तथा स्विच के मध्य एक महत्त्वपूर्ण अन्तर यह है कि हब स्वयं तक आने वाले डाटा को अपने प्रत्येक पोर्ट पर भेजता है, जबकि स्विच स्वयं तक आने वाले डाटा को केवल उसके गन्तव्य (Destination) स्थान तक भेजता है।
- **राउटर** इसका प्रयोग नेटवर्क में डाटा को कहीं भी भेजने में करते हैं, इस प्रक्रिया को **राउटिंग** कहते हैं। बड़े नेटवर्कों में एक से अधिक रूट होते हैं, जिनके द्वारा सूचनाएँ अपने गन्तव्य स्थान तक पहुँच सकती हैं। ऐसे में राउटर्स यह तय करते हैं कि किस सूचना को किस रास्ते से उसके गन्तव्य तक पहुँचाना है।
- **ब्रिज** ये छोटे नेटवर्कों को आपस में जोड़ने के काम आते हैं, जिससे ये आपस में जुड़कर एक बड़े नेटवर्क की तरह काम कर सकें। ब्रिज (Bridge) एक बड़े या व्यस्त नेटवर्क को छोटे हिस्सों में बाँटने का भी कार्य करते हैं। व्यस्त नेटवर्क को तब बाँटा जाता है, जब नेटवर्क के एक हिस्से को बाकी हिस्सों से अलग रखा जाना हो।
- **मॉडम** यह एनालॉग सिग्नल्स को डिजिटल सिग्नल्स में तथा डिजिटल सिग्नल्स को एनालॉग सिग्नल्स में बदलता है। एक मॉडम (Modem) को हमेशा एक टेलीफोन लाइन तथा कम्प्यूटर के मध्य लगाया जाता है। डिजिटल सिग्नल्स को एनालॉग सिग्नल्स में बदलने की प्रक्रिया को मॉड्यूलेशन (Modulation) तथा एनालॉग सिग्नल्स को डिजिटल सिग्नल्स में बदलने की प्रक्रिया को डिमॉड्यूलेशन (Demodulation) कहते हैं।

## नेटवर्क टोपोलॉजी

कम्प्यूटर नेटवर्क में कम्प्यूटरों को आपस में जोड़ने के तरीके को **टोपोलॉजी** (Topology) कहते हैं। किसी टोपोलॉजी का प्रत्येक कम्प्यूटर, **नोड** या **लिंक स्टेशन** कहलाता है। दूसरे शब्दों में, टोपोलॉजी नेटवर्क में कम्प्यूटरों को जोड़ने की भौगोलिक व्यवस्था होती है। इसके द्वारा विभिन्न कम्प्यूटर एक-दूसरे से परस्पर सम्पर्क स्थापित कर सकते हैं।

*नेटवर्क टोपोलॉजी निम्नलिखित प्रकार की होती है*

- **बस टोपोलॉजी** इस टोपोलॉजी में एक लम्बे केबल से डिवाइसें जुड़ी होती हैं। यह नेटवर्क इन्स्टॉलेशन छोटे अथवा अल्पकालीन (Temporary) ब्रॉडकास्ट के लिए होता है। इस प्रकार के नेटवर्क टोपोलॉजी का प्रयोग ऐसे स्थानों पर किया जाता है, जहाँ अत्यन्त उच्च गति के कम्युनिकेशन चैनल का प्रयोग सीमित क्षेत्र में किया जाना है, परन्तु यदि कम्युनिकेशन चैनल खराब हो जाए, तो पूरा नेटवर्क खराब हो जाता है। यह टोपोलॉजी ईथरनेट डिवाइस का प्रयोग करती है।
- **स्टार टोपोलॉजी** इस टोपोलॉजी के अन्तर्गत एक होस्ट कम्प्यूटर होता है, जिससे विभिन्न लोकल कम्प्यूटरों (नोड) को सीधे जोड़ा जाता है। यह होस्ट कम्प्यूटर हब (Hub) कहलाता है।

- **रिंग टोपोलॉजी** इस टोपोलॉजी के अन्तर्गत कोई हब या एक लम्बी केबल नहीं होती। सभी कम्प्यूटर एक गोलाकार आकृति के रूप में केबल द्वारा जुड़े होते हैं। प्रत्येक कम्प्यूटर अपने अधीनस्थ या पड़ोसी (Neighbour) कम्प्यूटर से जुड़ा होता है। इसमें किसी भी एक कम्प्यूटर के खराब होने पर सम्पूर्ण रिंग बाधित होती है। यह गोलाकार आकृति सर्कुलर नेटवर्क (Circular Network) भी कहलाती है।
- **मैश टोपोलॉजी** इस टोपोलॉजी का प्रत्येक कम्प्यूटर, नेटवर्क में जुड़े अन्य सभी कम्प्यूटरों से सीधे जुड़ा होता है। इसी कारण से इसे Point-to-Point नेटवर्क या Completely connected नेटवर्क भी कहा जाता है। इसमें डाटा के आदान-प्रदान का प्रत्येक निर्णय कम्प्यूटर स्वयं ही लेता है।
- **ट्री टोपोलॉजी** इस टोपोलॉजी में एक नोड से दूसरा नोड तथा दूसरे नोड से तीसरा नोड, किसी पेड़ की शाखाओं की तरह जुड़े होते हैं। यही ट्री टोपोलॉजी (Tree Topology) कहलाती है। ट्री टोपोलॉजी, स्टार टोपोलॉजी का ही विस्तृत रूप है। इस टोपोलॉजी में रूट (Root) नोड सर्वर की तरह कार्य करता है।

## कम्प्यूटर नेटवर्किंग मॉडल

*कम्प्यूटर नेटवर्क के मुख्यत: दो मॉडल होते हैं*

1. **पियर-टू-पियर नेटवर्क** (Peer-to-Peer Network) यह दो अथवा दो से अधिक ऐसे कम्प्यूटरों का नेटवर्क है, जो आपस में कम्युनिकेशन के लिए एक जैसे प्रोग्राम का उपयोग करते हैं। इसे P2P नेटवर्क भी कहा जाता है।
2. **क्लाइण्ट/सर्वर नेटवर्क** (Client/Server Network) ऐसा नेटवर्क, जिसमें एक कम्प्यूटर सर्वर तथा शेष कम्प्यूटर क्लाइण्ट की तरह कार्य करें, क्लाइण्ट/सर्वर नेटवर्क कहलाता है। क्लाइण्ट कम्प्यूटर, सर्वर से किसी सर्विस के लिए रिक्वेस्ट (Request) करता है तथा सर्वर उस रिक्वेस्ट के लिए उचित रेस्पॉन्स (Response) देता है।

इसमें डाटा (ऑडियो, वीडियो आदि) का डिजिटल प्रारूप में आदान-प्रदान होता है। इस नेटवर्क में कम्प्यूटर्स आपस में फाइलें ट्रांसफर करने के लिए यूनिवर्सल सीरियल बस (USB) से जुड़े होते हैं। इस नेटवर्क में सभी कम्प्यूटर क्लाइण्ट तथा सर्वर दोनों की तरह कार्य करते हैं।

## ओपन सिस्टम इण्टरकनेक्शन (OSI मॉडल)

यह कम्प्यूटर नेटवर्क की डिजाइनिंग के लिए विकसित किया गया एक बहुस्तरीय (Layered) ढाँचा है, जो सभी प्रकार के कम्प्यूटरों में संचार के लिए अनुमति देता है।

इसका विकास ISO (International Standards Organisation) के द्वारा दो कम्प्यूटरों के मध्य होने वाले संचरण का मानकीकरण करने के लिए किया गया।

ISO के द्वारा विकसित होने के कारण इसे ISO-OSI रेफरेन्स (Reference) मॉडल भी कहा जाता है।

*OSI मॉडल में कुल सात लेयर होती हैं*

| लेयर नम्बर | लेयर का नाम | प्रमुख कार्य |
|---|---|---|
| पहली | फिज़िकल लेयर | इस लेयर का मुख्य कार्य, नेटवर्क के भौतिक कनेक्शन से सिग्नल्स को प्राप्त करना या भेजना है। |
| दूसरी | डाटा लिंक लेयर | यह लेयर डाटा के एक नोड (सिस्टम) से दूसरे नोड (सिस्टम) तक विश्वसनीय वितरण (Delivery) के लिए प्रयुक्त होती है। |
| तीसरी | नेटवर्क लेयर | यह लेयर डाटा के पैकेटों को स्रोत (Source) से गन्तव्य (Destination) तक पहुँचाती है। |
| चौथी | ट्रांसपोर्ट लेयर | यह लेयर पूरे सन्देश को स्रोत पर चलने वाले प्रोग्राम से गन्तव्य पर चलने वाले प्रोग्राम तक पहुँचाती है। |
| पाँचवीं | सेशन लेयर | यह लेयर दो नोड्स (सिस्टम) को आपस में संवाद स्थापित करने की अनुमति देती है। |
| छठी | प्रेजेण्टेशन लेयर | इस लेयर का प्रयोग डाटा का इन्क्रिप्शन तथा डिक्रिप्शन के लिए किया जाता है। |
| सातवीं | एप्लीकेशन लेयर | यह लेयर यूजर के एप्लीकेशन और नेटवर्क के मध्य इण्टरफेस प्रोवाइड करती है। इसके अन्तर्गत सूचना, लॉगइन, पासवर्ड चेकिंग, पैकेट फिल्टरिंग आदि की फाइलें होती हैं। |

## नेटवर्क से सम्बन्धित पद

1. **मल्टीप्लेक्सिंग** (Multiplexing) यह ऐसी तकनीक है, जिसका प्रयोग सिग्नल्स को एक सामान्य माध्यम से एक साथ प्रसारित करने में किया जाता है।
2. **ईथरनेट** (Ethernet) यह एक LAN तकनीक है, जो कम्प्यूटर को नेटवर्क पर एक्सेस करने की सुविधा देती है। इस नेटवर्क को सेट करना बेहद आसान होता है तथा यह नेटवर्क आज के समय का सबसे लोकप्रिय और सस्ता नेटवर्क है। ईथरनेट (Ethernet) द्वारा सूचनाओं को 10 मेगावाट/सेकण्ड की गति से ट्रांसफर किया जा सकता है।

3. **कोड डिविजन मल्टीपल एक्सेस** (Code Division Multiple Access-CDMA) यह मल्टीप्लेक्सिंग की ऐसी पद्धति है, जो कई सिग्नलों को सिंगल (एकल) ट्रांसमिशन चैनल से प्रसारित होने की अनुमति देती है। इस प्रकार उपलब्ध बैण्डविड्थ का बेहतर उपयोग सम्भव हो जाता है।
4. **पब्लिक स्विच्ड टेलीफोन नेटवर्क** (Public Switched Telephone Network-PSTN) यह कॉपर के तारों द्वारा एनालॉग वॉयस को लाने तथा ले जाने वाला अन्तर्राष्ट्रीय टेलीफोन नेटवर्क है। यह टेलीफोन नेटवर्क, नए टेलीफोन नेटवर्कों (*जैसे*- ISDN तथा FDDI) के विपरीत कार्य करता है।
5. **इण्टीग्रेटेड सर्विसेज डिजिटल नेटवर्क** (Integrated Services Digital Network-ISDN) यह नेटवर्क वॉयस (Voice), वीडियो (Video) तथा डाटा (Data) को संचारित करने के लिए डिजिटल या सामान्य टेलीफोन लाइन्स का प्रयोग करता है। इसमें पैकेट तथा सर्किट दोनों प्रकार की स्विचिंग का प्रयोग होता है।
6. **वायरलैस लोकल लूप** (Wireless Local Loop-WLL) यह ऐसा बिना तार (Wireless) का संचार लिंक है, जिसमें यूजर नेटवर्क से रेडियो आवृत्तियों के द्वारा जुड़ता है। इसे **फिक्सड वायरलैस** कनेक्शन भी कहा जाता है। यह CDMA तकनीक पर आधारित होता है।
7. **पैकेट स्विचिंग** (Packet Switching) यह नेटवर्क से डाटा को संचारित करने की एक विधि है, जिसमें डाटा को छोटे-छोटे पैकेट्स के रूप में बाँट लिया जाता है, जिसके बाद आसानी से उस डाटा को गन्तव्य तक पहुँचा दिया जाता है। पैकेट स्विचिंग लैन तथा वैन नेटवर्क में प्रयोग होता है।

# प्रश्न बैंक

**1.** ………. में डाटा को रेडियो तरंगों के रूप में आदान-प्रदान किया जाता है।
(1) डिजिटल सिग्नल्स (2) एनालॉग सिग्नल्स
(3) हाईब्रिड सिग्नल्स (4) 1 व 2 दोनों

**2.** कम्प्यूटर और कीबोर्ड के मध्य संचार ……. संचरण में शामिल है। **(IBPS Clerk Mains 2017)**
(1) स्वत: (2) हाफ डुप्लेक्स
(3) फुल-डुपलेक्स (4) सिम्प्लेक्स
(5) इनमें से कोई नहीं

**3.** टेलीफोन ब्रॉडकास्ट किस प्रकार के ट्रांसमिशन का उदाहरण है?
(1) सिम्प्लेक्स (2) हाफ डुप्लेक्स
(3) फुल डुप्लेक्स (4) ऑटोमैटिक

**4.** हाफ डुप्लेक्स क्या है?
(1) संचार की एक विधि (2) प्रोटोकॉल
(3) आईपी एड्रेस (4) टोपोलॉजी

**5.** किस प्रकार के केबल में तार आपस में उलझे होते हैं?
(1) ईथरनेट केबल
(2) कोएक्सियल केबल
(3) फाइबर ऑप्टिक केबल
(4) उपरोक्त में से कोई नहीं

**6.** निम्न में से कौन-सी फाइबर ऑप्टिक केबलिंग की विशेषता नहीं है? **(IBPS Clerk Mains 2017)**
(1) कॉपर केबलिंग से ज्यादा ट्रांसफर स्पीड
(2) कॉपर केबलिंग से ज्यादा अच्छी तरह से सिग्नल को कैपचर करना
(3) इण्टरफेरेन्स के लिए बहु प्रतिरोधी
(4) लाइट वेव्स की तरह सिग्नल को कैरी करता है
(5) लैस एटेनुएशन

**7.** उस डिवाइस को क्या कहते हैं, जो केबल के प्रयोग के बिना नेटवर्क से कनैक्ट कर देती है? **(IBPS PO 2012)**
*अथवा* बिना केबल के प्रयोग के नेटवर्क से जुड़ने वाली डिवाइस कहलाती है **(RBI Grade B 2012)**
(1) डिस्ट्रीब्यूटिड (2) वायरलैस (3) सेण्ट्रलाइज्ड
(4) ओपन सोर्स (5) स्कैटर्ड

**8.** ब्लूटूथ का आविष्कार किसने किया था? **(SSC CGL 2017)**
(1) विर्कपैट्रिक (2) बेंजामिन फ्रैंकलिन
(3) डॉ. जाप होर्त्सेन (4) चार्ल्स बेबेज

**9.** वाई-फाई प्रयोग करता है
(1) ऑप्टिकल फाइबर (2) फेज लाइन
(3) रेडियोवेव (4) साउण्ड वेव

**10.** जब दो टर्मिनल रेडियो आवृत्तियों के माध्यम से सूचना का आदान-प्रदान करते हैं, कहलाते हैं
(1) रेडियोवेव ट्रांसमिशन (2) माइक्रोवेव ट्रांसमिशन
(3) इन्फ्रारेड वेव ट्रांसमिशन (4) सैटेलाइट संचार

**11.** रेडियो तरंगें किस दिशा में प्रवाहित होती हैं?
(1) ओमनीडायरेक्शनल (2) यूनिडायरेक्शनल
(3) मल्टीडायरेक्शनल (4) '1' तथा '2'

**12.** TV रिमोट निम्न में से किस ट्रान्समिशन का उदाहरण है?
(1) रेडियोवेव (2) माइक्रोवेव
(3) इन्फ्रारेड (4) सैटेलाइट

**13.** किसी नेटवर्क का बैण्डविड्थ है **(IBPS PO 2012)**
(1) डाटा ट्रांसफर रेट (2) टाइप ऑफ ट्रांसमिशन
(3) नम्बर ऑफ कम्प्यूटर्स (4) आईपी क्लास एड्रेस
(5) केबल्स फंक्शनेलिटी

**14.** बिट्स/सेकण्ड निम्न में से किसका मात्रक है?
(1) ब्लूटूथ (2) बैण्डविड्थ
(3) थ्रूपुट (4) बॉड
(5) इनमें से कोई नहीं

**15.** सूचना शेयर करने के लिए एक-दूसरे से कनैक्टिड दो या दो से अधिक कम्प्यूटर से ............... बनता है।
(1) नेटवर्क (2) राउटर
(3) सर्वर (4) टनल

**16.** ............ एक साथ कनैक्टिड कम्प्यूटर्स और डिवाइसेज का कलेक्शन है। **(RBI Grade B 2014)**
(1) प्रोटोकॉल (2) मैमोरी कार्ड
(3) नेटवर्क
(4) सेण्ट्रल प्रोसेसिंग यूनिट
(5) उपरोक्त में से कोई नहीं

**17.** पर्सनल कम्प्यूटर्स ........... बनाने के लिए एक साथ कनैक्ट किए जा सकते हैं। **(SBI PO 2010, IBPS PO 2011)**
(1) सर्वर (2) सुपर कम्प्यूटर
(3) एण्टरप्राइज (4) नेटवर्क
(5) इनमें से कोई नहीं

**18.** निम्नलिखित में से किसका सम्बन्ध 'नेटवर्क्स' से है? **(SBI PO 2014)**
(1) एम एस-एक्सेल (2) माउस
(3) वर्ड (4) कनैक्टिविटी
(5) प्लॉटर

**19.** नोटबुक से डेस्कटॉप मॉडल का काम लेने के लिए नोटबुक को ............ से कनैक्ट कर उसे मॉनीटर और दूसरे उपकरणों से कनैक्ट किया जा सकता है।
(1) सर्वर (2) वर्कस्टेशन
(3) पार्ट (4) नेटवर्क

**20.** कम्प्यूटर नेटवर्क में कौन-से प्रकार का संसाधन सामान्यत: शेयर किया जाता है?
(1) प्रिण्टर्स (2) स्पीकर्स
(3) फ्लॉपी डिस्क ड्राइव (4) कुंजीपटल

**21.** LAN किसका लघु रूप है? **(SSC CGL 2012, SSC CGL, 2017)**
(1) लोकल एरिया नोड्स (2) लार्ज एरिया नेटवर्क
(3) लार्ज एरिया नोड्स (4) लोकल एरिया नेटवर्क

**22.** निम्न में से कौन-सा एक छोटा सिंगल साइट नेटवर्क है? **(SBI PO 2010)**
(1) LAN (2) DSL (3) RAM (4) USB
(5) WAN

**23.** उस नेटवर्क का नाम क्या है, जो केवल कॉलेज परिसर तक सीमित होता है?
(1) इण्टरनेट
(2) वाइड परिसर नेटवर्क
(3) लोकल एरिया नेटवर्क
(4) एक्सट्रानेट

**24.** LAN से जुड़े कम्प्यूटरों में निम्नलिखित में से कौन-सी विशेषता होती है? **(IBPS PO 2015)**
(1) इससे कम्प्यूटर तेज चलते हैं
(2) इससे ऑनलाइन कार्य भी हो सकता है
(3) इसके माध्यमों से सूचना तथा/या पेरिफेरल्स इक्विपमेण्ट को शेयर किया जा सकता है
(4) ई-मेल भेज सकते हैं
(5) उपरोक्त में से कोई नहीं

**25.** ............ एक बहुत ही सीमित भौगोलिक क्षेत्र, सामान्यत: एक ही बिल्डिंग में पर्सनल कम्प्यूटरों को टिपिकली कनैक्ट करता है।
(1) LAN (2) BAN
(3) TAN (4) NAN

**26.** बैंकों द्वारा उपलब्ध कराई गई एटीएम की सुविधा किस नेटवर्किंग का उदाहरण है?
(1) LAN (2) WAN
(3) मिश्रित नेटवर्किंग (4) MAN

**27.** टेलीफोन लाइनों में प्रयुक्त होने वाला नेटवर्क है **(SBI Clerk 2012)**

(1) WAN (2) LAN
(3) WWAN (4) वायरलैस
(5) ये सभी

**28.** बड़े पैमाने पर भौगोलिक रूप से अलग-अलग फैले हुए ऑफिस LANs एक कॉर्पोरेट ………… के उपयोग से कनैक्ट किए जा सकते हैं। **(RBI Grade B 2012)**

(1) CAN (2) LAN (3) DAN
(4) WAN (5) TAN

**29.** एक यूएसबी कम्युनिकेशन डिवाइस, जो बिना तार के नोटबुक से कम्युनिकेट हो जाती है, डाटा के कई ऑप्शन्स को सपोर्ट करती है, वह कहलाती है

(1) वायरलैस स्विच **(IBPS Clerk 2013)**
(2) राउटर
(3) वायरलैस हब
(4) USB वायरलैस नेटवर्क एडॉप्टर
(5) उपरोक्त में से कोई नहीं

**30.** ब्लूटूथ, USB आदि किस नेटवर्क के उदाहरण हैं?

(1) लोकल एरिया नेटवर्क
(2) वाइड एरिया नेटवर्क
(3) पर्सनल एरिया नेटवर्क
(4) वर्चुअल एरिया नेटवर्क

**31.** सर्वर कम्प्यूटर ………… से जुड़ा हुआ है। **(IBPS RRB PO Mains 2018)**

(1) नेटवर्क (2) कम्युनिकेशन
(3) नोड (4) टोपोलॉजी
(5) इनमें से कोई नहीं

**32.** सर्वर्स वे कम्प्यूटर हैं, जो ………… से कनैक्टिड दूसरे कम्प्यूटरों को रिसोर्सेस प्रदान करते हैं।

(1) नेटवर्क (2) मेनफ्रेम
(3) सुपर कम्प्यूटर (4) क्लाइण्ट

**33.** किसी टिपिकल नेटवर्क में सबसे महत्त्वपूर्ण या शक्तिशाली कम्प्यूटर कौन-सा है? **(SBI PO 2013)**

(1) डेस्कटॉप (2) नेटवर्क स्टेशन
(3) नेटवर्क क्लाइण्ट (4) नेटवर्क सर्वर
(5) इनमें से कोई नहीं

**34.** ………… एक सेण्ट्रल कम्प्यूटर है, जो बहुत से PCs, वर्कस्टेशन और अन्य कम्प्यूटरों के लिए डाटा और प्रोग्रामों के संग्रह को होल्ड करता है।

(1) सुपर कम्प्यूटर **(IBPS PO 2011)**
(2) मिनी कम्प्यूटर (3) लैपटॉप
(4) सर्वर (5) इनमें से कोई नहीं

**35.** सर्वर के अलावा नेटवर्क के अन्य सभी कम्प्यूटर क्या कहलाते हैं?

(1) प्रोटोकॉल (2) नोड
(3) कम्युनिकेशन (4) डाटा

**36.** ………… नियमों का एक सेट है।

(1) संसाधन/रिसोर्स लोकेटर (2) डोमेन
(3) हाइपर टेक्स्ट (4) प्रोटोकॉल

**37.** एक बड़े हब में लगभग कितने कम्प्यूटरों को जोड़ा जा सकता है?

(1) 5 (2) 2
(3) 24 (4) 30

**38.** दो असमान लैन नेटवर्क को जोड़ने के लिए किस उपकरण का प्रयोग होता है?

(1) ब्रिज (2) राउटर
(3) गेटवे (4) ये सभी

**39.** यदि आप सिग्नल को डीग्रेड किए बिना नेटवर्क की लम्बाई बढ़ाना चाहें, तो आप ………… का प्रयोग करेंगे।

(1) रिपीटर (2) रूटर
(3) गेटवे (4) स्विच

**40.** राउटर (Router) को क्या कहते हैं?

(1) इण्टरनेट (2) गेटवे
(3) करण्ट (4) नेटवर्क डिवाइस

**41.** नेटवर्क में ब्रिज का कार्य क्या है?

(1) दो या दो से अधिक कम्प्यूटर को आपस में जोड़ना
(2) दो या अधिक नेटवर्कों को आपस में जोड़ना
(3) दो फाइलों को आपस में जोड़ना
(4) उपरोक्त सभी

**42.** समान प्रोटोकॉल वाले नेटवर्क को जोड़ने के लिए निम्न में से किसका प्रयोग किया जाता है? **(IBPS Clerk 2012)**

(1) राउटर्स (2) ब्रिज्स
(3) गेटवेज़ (4) डायल-अप राउटर्स
(5) इनमें से कोई नहीं

**43.** निम्नलिखित में से कौन-सा उपकरण मॉड्यूलेशन तथा डिमॉड्यूलेशन की प्रक्रिया को करता है?

(1) सैटेलाइट (2) फाइबर ऑप्टिक्स
(3) कोएक्सियल (4) मॉडम

**44.** एनालॉग सिग्नल को डिजिटल सिग्नल में बदलने की क्रिया को ······· कहते हैं?
(1) डिजिटाइजिंग (2) डिमॉड्यूलेशन
(3) मॉड्यूलेशन (4) इनमें से कोई नहीं

**45.** लोकल एरिया नेटवर्क (LAN) में निम्न में से किस पद (Term) का प्रयोग नहीं किया जाता है? **(SSC CGL Tier-I 2012)**
(1) कम्प्यूटर (2) मॉडम
(3) इण्टरफेस कार्ड (4) केबल

**46.** कम्प्यूटर और फोन के बीच की भिन्नता का मिलान करने वाली डिवाइस कौन-सी है? **(SBI Clerk 2012)**
(1) LAN (2) बैण्ड रीडर
(3) TCP/IP (4) स्कैनर
(5) मॉडम

**47.** ············ ऐसी डिवाइस हैं, जिनका प्रयोग टेलीकम्युनिकेशन लाइनों पर डाटा ट्रांसमिट करने के लिए किया जाता है।
(1) ड्राइव्स (2) स्विच
(3) मॉडम (4) प्लेटफॉर्म

**48.** नेटवर्क में कम्प्यूटरों को जोड़ने की भौगोलिक व्यवस्था क्या कहलाती है?
(1) टोपोलॉजी (2) प्रोटोकॉल
(3) मीडिया (4) LAN

**49.** ······· टोपोलॉजी में नेटवर्क कम्पोनेण्ट एक ही केबल से कनैक्ट किए जाते हैं। **(RBI Grade B 2012)**
(1) स्टार (2) रिंग
(3) बस (4) मेश
(5) मिक्स्ड

**50.** कम्प्यूटर में बस (Bus) से क्या अभिप्राय है?
(1) डाटा लाइन का ग्रुप (2) केवल कुछ लाइनें
(3) एड्रेस बसें (4) डाटा बस

**51.** किसी सिस्टम बोर्ड पर विभिन्न इलेक्ट्रॉनिक अवयवों में संचार का समर्थन करने वाले पथों को क्या कहते हैं? **(SBI PO 2014)**
(1) नेटवर्क लाइन्स (2) प्रोसेसर्स
(3) लॉजिक पथ (4) बस लाइन्स
(5) गेटवे

**52.** ईथरनेट प्रयोग करता है
(1) बस टोपोलॉजी (2) रिंग टोपोलॉजी
(3) मैश टोपोलॉजी (4) ये सभी

**53.** हब ············ नेटवर्क से सम्बन्धित है।
(1) बस (2) रिंग
(3) स्टार (4) ट्रेलर

**54.** वह टोपोलॉजी जहाँ प्रत्येक नोड अन्य दो नोड्स से जुड़ी होती है? **(IBPS RRB PO Mains 2018)**
(1) मैश (2) रिंग (3) बस
(4) स्टार (5) ट्री

**55.** सर्कुलर नेटवर्क में किस प्रकार की टोपोलॉजी प्रयोग की जाती है?
(1) रिंग (2) मैश
(3) स्टार (4) ट्री

**56.** पूर्णत: अन्तर संयोजित नेटवर्क टोपोलॉजी के लिए एक अन्य नाम है **(SSC CGL 2012)**
(1) मैश (2) स्टार
(3) ट्री (4) रिंग

**57.** उस नेटवर्क टोपोलॉजी का क्या नाम है, जिसमें प्रत्येक सम्भावित नोड में द्विदिशीय (Bidirectional) लिंक हैं? **(SSC CGL Tier-I 2012)**
(1) रिंग (2) स्टार
(3) ट्री (4) मैश

**58.** कौन-सी उच्चतम विश्वसनीयता टोपोलॉजी है। **(IBPS RRB PO Mains 2018)**
(1) मैश (2) रिंग (3) बस (4) स्टार
(5) ट्री

**59.** P2P एक ·············· एप्लीकेशन आर्किटेक्चर है।
(1) क्लाइण्ट/सर्वर (2) डिस्ट्रीब्यूटेड
(3) सेण्ट्रलाइज्ड (4) 1-टीयर

**60.** OSI का पूर्ण नाम है
(1) ओपन सिस्टम इण्टरकनेक्शन
(2) ओपन सिस्टम इण्टरैक्ट
(3) ओपन सिस्टम इण्टरनेशनल
(4) ओपन सॉफ्टवेयर इण्टरकनेक्शन

**61.** OSI मॉडल में ············ लेयर्स होती हैं।
(1) 7 (2) 9
(3) 11 (4) 13

**62.** OSI की फिजिकल लेयर पर कौन-सी डिवाइस ऑपरेट होती है?
(1) ब्रिज (2) राउटर
(3) रिपीटर (4) ये सभी

**63.** दो नेटवर्क के बीच सम्पर्क के लिए एजेण्ट का कार्य कौन करती है?
(1) नेटवर्क लेयर (2) सेशन लेयर
(3) ट्रांसपोर्ट लेयर (4) डाटा लिंक लेयर

**64.** OSI की कौन-सी लेयर डाटा के पैकेटों को स्रोत से गन्तव्य तक पहुँचाती है?
(1) फिजिकल लेयर (2) ट्रांसपोर्ट लेयर
(3) नेटवर्क लेयर (4) सेशन लेयर

**65.** 'OSI मॉडल' की चौथी लेयर का नाम बताइए **(SBI PO 2014)**
(1) एप्लीकेशन लेयर (2) डाटा लिंक लेयर
(3) ट्रांसपोर्ट लेयर (4) सेशन लेयर
(5) इनमें से कोई नहीं

**66.** इन्क्रिप्शन तथा डिक्रिप्शन OSI की किस लेयर के फंक्शन हैं?
(1) एप्लीकेशन लेयर
(2) ट्रांसपोर्ट लेयर
(3) प्रेजेण्टेशन लेयर
(4) नेटवर्क लेयर

**67.** OSI की किस लेयर में पैकेट फिल्टरिंग फायरवॉल होता है?
(1) एप्लीकेशन लेयर (2) ट्रांसपोर्ट लेयर
(3) नेटवर्क लेयर (4) फिज़िकल लेयर

**68.** ……………ऐसी तकनीक है, जिसका प्रयोग सिंगल लाइन पर एक से अधिक डाटा भेजने के लिए किया जाता है।
(1) डिजिटल ट्रांसमिशन (2) इन्फ्रारेड ट्रांसमिशन
(3) डिजिटाइजिंग (4) स्ट्रीमिंग
(5) मल्टीप्लेक्सिंग

**69.** कम्प्यूटर को डाटा/मैसेज भेजने और प्राप्त करने के लिए, नेटवर्क सॉफ्टवेयर मैसेज की सूचना को किसमें रखता है?
(1) NIC (2) पैकेट
(3) ट्रेलर (4) हेडर

**70.** X.25 ……… पर आधारित है।
(1) Packet Switching
(2) Packet Switching WAN
(3) Message Switching
(4) Packet Switching LAN

## उत्तरमाला

| | | | | | | | | | |
|---|---|---|---|---|---|---|---|---|---|
| 1. (2) | 2. (4) | 3. (2) | 4. (1) | 5. (1) | 6. (3) | 7. (2) | 8. (3) | 9. (3) | 10. (1) |
| 11. (1) | 12. (3) | 13. (1) | 14. (3) | 15. (1) | 16. (3) | 17. (4) | 18. (4) | 19. (4) | 20. (1) |
| 21. (4) | 22. (1) | 23. (3) | 24. (3) | 25. (1) | 26. (2) | 27. (1) | 28. (4) | 29. (4) | 30. (3) |
| 31. (1) | 32. (1) | 33. (4) | 34. (4) | 35. (2) | 36. (4) | 37. (3) | 38. (3) | 39. (4) | 40. (4) |
| 41. (2) | 42. (2) | 43. (4) | 44. (2) | 45. (2) | 46. (5) | 47. (3) | 48. (1) | 49. (3) | 50. (2) |
| 51. (4) | 52. (1) | 53. (3) | 54. (2) | 55. (1) | 56. (1) | 57. (4) | 58. (1) | 59. (2) | 60. (1) |
| 61. (1) | 62. (3) | 63. (1) | 64. (3) | 65. (3) | 66. (3) | 67. (1) | 68. (5) | 69. (2) | 70. (2) |

अध्याय 13

# इण्टरनेट तथा इसकी सेवाएँ

# INTERNET AND ITS SERVICES

इण्टरनेट, कम्युनिकेशन का एक महत्त्वपूर्ण व दक्ष (Efficient) माध्यम है, जिसने काफी लोकप्रियता अर्जित की है। इण्टरनेट के माध्यम से लाखों व्यक्ति सूचनाओं, विचारों, ध्वनि, वीडियो क्लिप्स इत्यादि को कम्प्यूटरों के द्वारा पूरी दुनिया में एक-दूसरे के साथ शेयर कर सकते हैं। यह विभिन्न आकारों व प्रकारों के नेटवर्कों से मिलकर बना होता है।

## इण्टरनेट

इसका पूरा नाम इण्टरनेशनल नेटवर्क है, जिसे वर्ष 1950s में विण्ट कर्फ ने शुरू किया, जिन्हें इण्टरनेट का पिता कहा जाता है। इण्टरनेट 'नेटवर्कों का नेटवर्क' है, जिसमें लाखों निजी व सार्वजनिक, लोकल से ग्लोबल स्कोप वाले नेटवर्क होते हैं। सामान्यत: "नेटवर्क दो या दो से अधिक कम्प्यूटर सिस्टमों को आपस में जोड़कर बनाया गया एक समूह है।"

इण्टरनेट पर उपलब्ध डाटा, प्रोटोकॉल द्वारा नियन्त्रित किया जाता है। TCP/IP प्रोटोकॉल द्वारा एक फाइल को कई छोटे भागों में फाइल सर्वर द्वारा बाँटा जाता है, जिन्हें **पैकेट्स** कहा जाता है। इण्टरनेट पर सभी कम्प्यूटर आपस में इसी प्रोटोकॉल का प्रयोग करके वार्तालाप (Conversation) करते हैं।

## इण्टरनेट का इतिहास

वर्ष 1969 में लॉस एंजिल्स (Los Angeles) में यूनिवर्सिटी ऑफ कैलिफोर्निया (University of California) तथा यूनिवर्सिटी ऑफ यूटा (University of Utah) अरपानेट (ARPANET-Advanced Research Projects Agency Network) की शुरुआत के रूप में जुड़ी। इस परियोजना का मुख्य लक्ष्य विभिन्न विश्वविद्यालयों तथा अमेरिकी रक्षा मन्त्रालय के कम्प्यूटरों को आपस में जोड़ना करना था। यह दुनिया का पहला पैकेट स्विचिंग नेटवर्क था।

1980 के दशक के मध्य एक और संघीय एजेंसी राष्ट्रीय विज्ञान फाउण्डेशन (National Science Foundation) ने एक नया उच्च क्षमता वाला नेटवर्क NSFnet बनाया, जो ARPANET से अधिक सक्षम था। NSFnet में केवल यही कमी थी कि यह अपने नेटवर्क पर केवल शैक्षिक अनुसन्धान की ही अनुमति देता था, किसी भी प्रकार के निजी व्यापार की अनुमति नहीं देता था। इसी कारण निजी संगठनों (Private organisations) तथा लोगों ने अपने स्वयं के नेटवर्क का निर्माण करना शुरू कर दिया, जिसने बाद में ARPANET तथा NSFnet से जुड़कर इण्टरनेट का निर्माण किया।

## इण्टरनेट के लाभ

(i) दूसरे व्यक्तियों से आसानी से सम्पर्क बनाने की अनुमति देता है।

(ii) इसके माध्यम से दुनिया में कहीं भी, किसी से भी सम्पर्क बनाया जा सकता है।

(iii) इण्टरनेट पर डॉक्यूमेण्ट को प्रकाशित करने पर पेपर इत्यादि की बचत होती है।

(iv) यह कम्पनियों के लिए कीमती संसाधन है, जिस पर वे व्यापार का विज्ञापन तथा लेन-देन भी कर सकती हैं।

(v) एक ही जानकारी को कई बार एक्सेस करने के बाद उसे पुनः सर्च करने में कम समय लगता है।

## इण्टरनेट की हानियाँ

(i) कम्प्यूटर में वायरस के लिए यह सर्वाधिक उत्तरदायी है।

(ii) इण्टरनेट पर भेजे गए सन्देशों को आसानी से चुराया जा सकता है।

(iii) बहुत-सी जानकारी जाँची नहीं जाती। जो गलत या असंगत भी हो सकती है।

(iv) अनैच्छिक (Unsuitable) तथा अनुचित डॉक्यूमेण्ट/तत्त्व कभी-कभी गलत लोगों (आतंकवादी) द्वारा इस्तेमाल कर लिए जाते हैं।

(v) साइबर धोखेबाज (Cyber frauds) क्रेडिट/डेबिट कार्ड की समस्त जानकारी को चुराकर उसे गलत तरीके से इस्तेमाल कर सकते हैं।

## इण्टरनेट कनेक्शन्स

बैण्डविड्थ (Bandwidth) व कीमत (Cost) इन दो घटकों के आधार पर ही कौन-से इण्टरनेट कनेक्शन को उपयोग में लाना है, यह सर्वप्रथम निश्चित किया जाता है। इण्टरनेट की गति बैण्डविड्थ पर निर्भर करती है। *इण्टरनेट एक्सेस के लिए कुछ इण्टरनेट कनेक्शन निम्न प्रकार हैं*

### डायल-अप कनेक्शन्स

डायल-अप पूर्व उपस्थित टेलीफोन लाइन की सहायता से इण्टरनेट से जुड़ने का एक माध्यम है। जब भी उपयोगकर्ता डायल-अप कनेक्शन को चलाता है, तो पहले मॉडम **इण्टरनेट सर्विस प्रोवाइडर** (ISP) का फोन नम्बर डायल करता है, जिसे डायल-अप कॉल्स को प्राप्त करने के लिए तैयार किया गया है व फिर ISP कनेक्शन स्थापित करता है, जिसमें सामान्य रूप से दस सेकण्ड्स लगते हैं। सामान्यतः शब्द ISP उन कम्पनियों के लिए प्रयोग किया जाता है, जो उपयोगकर्ताओं को इण्टरनेट कनेक्शन प्रदान करती हैं।

### ब्रॉडबैण्ड कनेक्शन्स

ब्रॉडबैण्ड का इस्तेमाल हाई स्पीड इण्टरनेट एक्सेस के लिए सामान्य रूप से होता है। यह इण्टरनेट से जुड़ने के लिए टेलीफोन लाइनों को प्रयोग करता है। ब्रॉडबैण्ड उपयोगकर्ता को डायल-अप कनेक्शन से तीव्र गति पर इण्टरनेट से जुड़ने की सुविधा प्रदान करता है। ब्रॉडबैण्ड में विभिन्न प्रकार की हाई स्पीड संचरण तकनीकें भी सम्मिलित हैं, *जो निम्न प्रकार हैं*

1. **डिजिटल सब्सक्राइबर लाइन** (Digital Subscriber Line-DSL) यह एक लोकप्रिय ब्रॉडबैण्ड कनेक्शन है, जिसमें इण्टरनेट एक्सेस डिजिटल डाटा को लोकल टेलीफोन नेटवर्क के तारों (ताँबे के) द्वारा संचरित किया जाता है। यह डायल-अप सेवा की तरह, किन्तु उससे अधिक तेज गति से कार्य करता है। इसके लिए DSL मॉडम की आवश्यकता होती है, जिससे टेलीफोन लाइन तथा कम्प्यूटर को जोड़ा जाता है।
2. **केबल मॉडम** (Cable Modem) इसके अन्तर्गत केबल ऑपरेटर्स कोएक्सियल केबल के माध्यम से इण्टरनेट इत्यादि की सुविधाएँ भी प्रदान कर सकते हैं। इसकी ट्रांसमिशन गति 1.5 Mbps या इससे भी अधिक हो सकती है।
3. **फाइबर ऑप्टिक** (Fibre Optic) फाइबर ऑप्टिक तकनीक वैद्युतीय संकेतों के रूप में उपस्थित डाटा को प्रकाशीय रूप में बदलकर, उस प्रकाश को पारदर्शी ग्लास फाइबर, जिसका व्यास मनुष्य के बाल के लगभग बराबर होता है, के द्वारा प्राप्तकर्ता तक भेजती है।
4. **ब्रॉडबैण्ड ओवर पावर लाइन** (Broadband over Power Line-BPL) निम्न तथा मध्यम वोल्टेज के इलेक्ट्रिक पॉवर डिस्ट्रिब्यूशन नेटवर्क पर ब्रॉडबैण्ड कनेक्शन की सर्विस को ब्रॉडबैण्ड ओवर पॉवर लाइन कहते हैं। यह उन क्षेत्रों के लिए उपयुक्त है, जहाँ पर पॉवर लाइन के अतिरिक्त कोई और माध्यम उपलब्ध नहीं होता, *जैसे*— ग्रामीण क्षेत्र इत्यादि।

### वायरलैस कनेक्शन्स

वायरलैस ब्रॉडबैण्ड ग्राहक के स्थान और सर्विस प्रोवाइडर के बीच रेडियो लिंक का प्रयोग करके घर या व्यापार इत्यादि को इण्टरनेट से जोड़ता है।

वायरलैस ब्रॉडबैण्ड स्थिर या गतिशील होता है। इसे केबल या मॉडम इत्यादि की आवश्यकता नहीं होती व इसका प्रयोग हम किसी भी क्षेत्र में, जहाँ DSL व केबल इत्यादि नहीं पहुँच सकते, कर सकते हैं।

*इण्टरनेट को हम निम्न तरीकों से वायरलैस से जोड़ सकते हैं*

1. **वायरलैस फिडेलिटी** (Wireless Fidelity- Wi-Fi) यह एक विश्वव्यापी वायरलैस तकनीक है, जिसमें रेडियो आवृत्तियों को डाटा ट्रांसफर करने में प्रयोग किया जाता है। Wi-Fi केबल या तारों के बिना ही उच्च गति से इण्टरनेट सेवा प्रदान करती है। इसका प्रयोग हम रेस्टोरेण्ट, कॉफी शॉप, होटल, एयरपोर्ट्स, और सिटी पार्कों इत्यादि में कर सकते हैं।
2. **वर्ल्ड वाइड इण्टरऑपरेबिलिटी फॉर माइक्रोवेव एक्सेस** (Worldwide Interoperability for Microwave Access-WiMax) WiMax सिस्टम आवासीय (Residential) तथा इण्टरप्राइजेज ग्राहकों को एण्टरनेट की सेवाएँ प्रदान करने के लिए बनाया गया है। यह वायरलैस मैक्स तकनीक पर आधारित है। वाईमैक्स मुख्यत: बड़ी दूरियों व ज्यादा उपयोगकर्ता के लिए Wi-Fi की भाँति, किन्तु उससे भी ज्यादा गति से इण्टरनेट सुविधा प्रदान करने के लिए प्रयुक्त होता है। WiMax को WiMax forum ने बनाया था, जिसकी स्थापना जून, 2001 में हुई थी।
3. **मोबाइल वायरलैस ब्रॉडबैण्ड सर्विसेज** (Mobile Wireless Broadband Services) ब्रॉडबैण्ड सेवाएँ, मोबाइल व टेलीफोन सर्विस प्रोवाइडर से भी उपलब्ध हैं। इस प्रकार की सेवाएँ सामान्य रूप से मोबाइल ग्राहकों के लिए उचित होती हैं। इससे प्राप्त होने वाली गति बहुत कम होती है।
4. **सैटेलाइट** (Satellite) सैटेलाइट, टेलीफोन तथा टेलीविजन सेवाओं के लिए आवश्यक लिंक उपलब्ध कराते हैं। इसके साथ ब्रॉडबैण्ड सेवाओं में भी इसकी महत्त्वपूर्ण भूमिका है।

### इण्ट्रानेट

एक संगठन के अन्तर्गत निजी कम्प्यूटर नेटवर्कों का समूह इण्ट्रानेट कहलाता है। इण्ट्रानेट डाटा साझा करने की क्षमता तथा संगठन के कर्मचारियों के समग्र ज्ञान को बेहतर बनाने के लिए नेटवर्क प्रौद्योगिकियों (Network technologies) के प्रयोग द्वारा व्यक्तियों या व्यक्तियों के समूह के बीच संचार की सुविधा को आसान करता है।

### एक्सट्रानेट

एक्सट्रानेट एक निजी नेटवर्क है, जो सुरक्षित रूप से विक्रेताओं (Vendors), भागीदारों (Partners), ग्राहकों (Customers) या अन्य व्यवसायों के साथ व्यापार की जानकारी साझा करने के लिए इण्टरनेट प्रौद्योगिकी (Internet technologies) तथा सार्वजनिक दूरसंचार प्रणाली (Public telecommunication system) का उपयोग करता है।

### इण्टीग्रेटेड सर्विसेज डिजिटल नेटवर्क

यह एक डिजिटल टेलीफोन सेवा है, जिसका उपयोग ध्वनि, डाटा व कण्ट्रोल सूचनाओं इत्यादि को एकल टेलीफोन लाइन पर संचरित करने में किया जाता है।

## इण्टरकनैक्टिंग प्रोटोकॉल्स

प्रोटोकॉल नियमों का वह सेट है, जो डाटा कम्युनिकेशन्स की देखरेख करता है। *कुछ प्रोटोकॉल्स निम्न प्रकार हैं*

1. **TCP/IP** (Transmission Control Protocol/Internet Protocol)

   TCP/IP, end to end कनैक्टिविटी (जिसमें डाटा की फॉर्मेटिंग, एड्रेसिंग संचरण के रूट्स और इसे प्राप्त करने की विधि इत्यादि सम्मिलित हैं) प्रदान करता है।

   *TCP/IP का पूर्ण विवरण निम्न प्रकार है*

   (i) **TCP** यह सन्देश को प्रेषक (Sender) के पास ही पैकेटों के एक सेट में बदल देता है, जिसे प्राप्तकर्ता (Receiver) के पास पुन: इकट्ठा कर सन्देश को वापस प्राप्त कर लिया जाता है। इसे कनेक्शन ऑरिएण्टेड (Connection oriented) प्रोटोकॉल भी कहते हैं।

   (ii) **IP** इण्टरनेट पर प्रत्येक होस्ट कम्प्यूटर का एक अन्य आईपी एड्रेस होता है। यह विभिन्न कम्प्यूटरों को नेटवर्क स्थापित करके आपस में संचार करने की अनुमति प्रदान करता है।

   IP नेटवर्क पर पैकेट भेजने का कार्य सँभालता है। यह अनेक मानकों (Standard) के आधार पर पैकेटों के एड्रेस को बनाए रखता है। प्रत्येक IP पैकेट में स्रोत तथा गन्तव्य का एड्रेस होता है।

   आईपी एड्रेस का फॉर्मेट 32 बिट का होता है। एक IP एड्रेस में चार नम्बर होते हैं, प्रत्येक नम्बर में एक से तीन अंक होते हैं। प्रत्येक नम्बर या अंकों के समूह को डॉट (.) द्वारा अलग किया जाता है। प्रत्येक चार नम्बर 0 से 255 के बीच हो सकते हैं। **उदाहरण** 193.167.13.1
2. **फाइल ट्रांसफर प्रोटोकॉल** (File Transfer Protocol-FTP) इस प्रोटोकॉल के द्वारा इण्टरनेट उपयोगकर्ता अपने कम्प्यूटरों से फाइलों को विभिन्न वेबसाइटों पर अपलोड कर सकते हैं या वेबसाइट से अपने पीसी में डाउनलोड कर सकते हैं। FTP सॉफ्टवेयर के उदाहरण हैं– FileZilla, Kasablanca, gFTP, Konqueror इत्यादि।
3. **हाइपर टेक्स्ट ट्रांसफर प्रोटोकॉल** (HyperText Transfer Protocol-HTTP) यह इस बात को सुनिश्चित करता है कि सन्देशों को किस प्रकार फॉर्मेट (Format) व संचरित किया जाता है व विभिन्न कमाण्डों के रेस्पॉन्स में वेब सर्वर तथा ब्राउजर क्या कार्य करेंगे। HTTP एक स्टेटलेस प्रोटोकॉल (Stateless protocol) है, क्योंकि इसमें प्रत्येक निर्देश स्वतन्त्र होकर क्रियान्वित होता है।

**हाइपर टेक्स्ट मार्कअप लैंग्वेज**

*इसका प्रयोग वेब पेजों के डिजाइन बनाने में होता है। मार्कअप लैंग्वेज, मार्कअप टैग का एक सेट होता है, जो वेब ब्राउजर को यह बताता है कि वेब पेज पर शब्दों, इमेजों इत्यादि को उपयोगकर्ता के लिए किस प्रकार प्रदर्शित करना है।*

4. **टेलनेट प्रोटोकॉल** (Telnet Protocol) टेलनेट सेशन वैध (Authorized) यूजरनेम तथा पासवर्ड को प्रविष्ट करने पर शुरू हो जाता है। यह एक नेटवर्क प्रोटोकॉल है, जिसमें वर्चुअल कनेक्शन का इस्तेमाल करके द्विदिशीय टेक्स्ट ऑरिएण्टेड कम्युनिकेशन को लोकल एरिया नेटवर्क पर प्रदान किया जाता है।
5. **यूजनेट प्रोटोकॉल** (Usenet Protocol) इसके अन्तर्गत कोई केन्द्रीय सर्वर या एडमिनिस्ट्रेटर नहीं होता। इस सेवा के अन्तर्गत इण्टरनेट उपयोगकर्ताओं का एक समूह किसी भी विशेष विषय पर अपने विचार/सलाह आदि का आपस में आदान-प्रदान कर सकता है।
6. **प्वॉइण्ट-टू-प्वॉइण्ट प्रोटोकॉल** (Point-to-Point Protocol) यह एक डायल अकाउण्ट है, जिसमें कम्प्यूटर को इण्टरनेट पर सीधे जोड़ा जाता है। इस आकार के कनेक्शन में एक मॉडम की आवश्यकता होती है, जिसमें डाटा को 9600 बिट्स/सेकण्ड से भेजा जाता है।
7. **वायरलैस एप्लीकेशन प्रोटोकॉल** (Wireless Application Protocol-WAP) वैप ब्राउजर, मोबाइल डिवाइसों में प्रयोग होने वाले वेब ब्राउजर हैं। यह प्रोटोकॉल वेब ब्राउजर को सेवाएँ प्रदान करता है।
8. **वॉयस ओवर इण्टरनेट प्रोटोकॉल** (Voice over Internet Protocol-VoIP) यह IP नेटवर्कों पर ध्वनि संचार का वितरण करने में प्रयोग होता है; *जैसे-* IP कॉल्स।

## इण्टरनेट से सम्बन्धित पद

1. **वर्ल्ड वाइड वेब** (World Wide Web-WWW) वर्ल्ड वाइड वेब एक सिंगल इण्टरफेस पर कई इण्टरनेट प्रोटोकॉल एक्सेस करने के लिए हाइपर टेक्स्ट और मल्टीमीडिया का समर्थन करने वाला एक इण्टरनेट सर्वर है। इसे वेब या www भी कहा जाता है। यह 13 मार्च, 1989 को टिम बर्नर्स ली द्वारा प्रस्तावित किया गया था। उपयोगकर्ता फ्रैण्डली, इण्टरएक्टिव, मल्टीमीडिया डॉक्यूमेण्टों (ग्राफिक्स, ऑडियो, वीडियो, एनिमेशन और टेक्स्ट) इत्यादि इसके विशिष्ट फीचर्स हैं।
2. **वेब पेज** (Web Page) वेब बहुत सारे कम्प्यूटर डॉक्यूमेण्टों या वेब पेजों का संग्रह है। ये डॉक्यूमेण्ट्स HTML में लिखे जाते हैं तथा वेब ब्राउजर द्वारा प्रदर्शित किए जाते हैं। ये दो प्रकार के होते हैं—स्टैटिक (Static) तथा डायनमिक (Dynamic)। स्टैटिक वेब पेज हर बार एक्सेस करने पर एक ही कण्टेण्ट दिखाते हैं तथा डायनमिक वेब पेज के कण्टेण्ट हर बार बदल सकते हैं।

**नोट** *बुकमार्क वेब पेज का लिंक है, जो कुछ महत्त्वपूर्ण सूचनाएँ भविष्य में प्रयोग के लिए स्टोर करता है। यह आपके फेवरेट फोल्डर में एड्रेस स्टोर रखता है।*

3. **वेबसाइट** (Website) एक वेबसाइट वेब पेजों का संग्रह होता है, जिसमें सभी वेब पेज हाइपरलिंक द्वारा एक-दूसरे से जुड़े होते हैं। किसी भी वेबसाइट का पहला पेज होमपेज कहलाता है; *जैसे-* http://iete.org इत्यादि।
4. **वेब ब्राउजर** (Web Browser) वेब ब्राउजर एक सॉफ्टवेयर एप्लीकेशन है, जिसका प्रयोग वर्ल्ड वाइड वेब के कण्टेण्ट को ढूँढने, प्रदर्शित करने में होता है। *ये प्रायः दो प्रकार के होते हैं*
   (i) **टेक्स्ट वेब ब्राउजर** (Text Web Browser) इस वेब ब्राउजर में टेक्स्ट आधारित सूचना को प्रदर्शित किया जाता है; *जैसे-* Lynx, जो केवल टेक्स्ट मोड में इण्टरनेट को एक्सेस प्रदान करता है।
   (ii) **ग्राफिकल वेब ब्राउजर** (Graphical Web Browser) यह टेक्स्ट तथा ग्राफिक सूचना दोनों को सपोर्ट करता है; *जैसे-* Mozilla Firefox, Google Chrome, Netscape, Internet Explorer इत्यादि। पहला ग्राफिकल वेब ब्राउजर NCSA मोजोइक (Mosaic) था।
5. **वेब सर्वर** (Web Server) यह एक कम्प्यूटर प्रोग्राम है, जो HTML पेजों या फाइलों की जरूरतों को पूरा करता है। वेब क्लाइण्ट उपयोगकर्ता से सम्बन्धित Requested प्रोग्राम है। प्रत्येक वेब सर्वर, जो इण्टरनेट से जुड़ा होता है, उसका एक अद्वितीय (Unique) एड्रेस होता है, जिसे IP एड्रेस कहते हैं;
   *जैसे-* Apache HTTP Server, Internet Information Services इत्यादि।

**नोट** *कुकी एक छोटा सन्देश है, जो वेब सर्वर द्वारा वेब ब्राउजर को दिया जाता है। ब्राउजर सन्देश को हार्ड ड्राइव की टेक्स्ट फाइल में संगृहीत करता है।*

6. **वेब एड्रेस तथा URL** (Web Address and URL) इण्टरनेट पर वेब एड्रेस किसी विशिष्ट वेब पेज की लोकेशन को पहचानता है। वेब एड्रेस को URL (Uniform Resource Locator) भी कहते हैं। URL इण्टरनेट से जुड़े होस्ट कम्प्यूटर पर फाइलों के इण्टरनेट एड्रेस को दर्शाते हैं। टिम बर्नर्स ली (Tim Berners Lee) ने वर्ष 1991 में पहला URL बनाया, जो वर्ल्ड वाइड वेब पर हाइपरलिंक्स को प्रकाशित करने में इस्तेमाल होता है।

*जैसे*–
"http://www.google.com/services/index.htm"

| | | |
|---|---|---|
| http | — | प्रोटोकॉल आइडेण्टिफायर |
| www | — | वर्ल्ड वाइड वेब |
| google.com | — | डोमेन नेम |
| /services/ | — | डायरेक्टरी |
| index.htm | — | वेब पेज |

7. **डोमेन नेम** (Domain Name) डोमेन नेटवर्क संसाधनों का एक समूह है, जिसे उपयोगकर्ता के समूह को असाइन (Assign) किया जाता है। डोमेन नेम इण्टरनेट पर जुड़े हुए कम्प्यूटरों को पहचानने व लोकेट करने के काम में आता है। डोमेन नेम सदैव अद्वितीय होना चाहिए। इसमें हमेशा डॉट (.) द्वारा अलग किए गए दो या दो से अधिक भाग होते हैं; *जैसे*- google.com, yahoo.com इत्यादि।

डोमेन संगठनों तथा देशों के प्रकार द्वारा व्यवस्थित किए जाते हैं। डोमेन नेम में अन्तिम भाग संगठन या देश के प्रकार को अंकित करता है। सामान्यत: यदि डोमेन नेम के अन्तिम भाग में तीन अक्षर है, तो वह संगठन को दर्शाता है तथा दो अक्षर हैं, तो वह देश को दर्शाता है। *संगठन के कुछ प्रमुख डोमेन नेम निम्न हैं*

.info — सूचना संगठन (Informational Organisation)
.com — वाणिज्यिक (Commercial) संस्थान
.gov — सरकारी (Government) संस्थान
.edu — शैक्षणिक (Educational) संस्थान
.mil — सैन्य (Military) संस्थान
.net — नेटवर्क संसाधन (Network Resource)
.org — गैर-लाभकारी संगठन (Non-profit Organisation)

*देशों के लिए कुछ प्रमुख डोमेन नेम निम्न हैं*

.in — भारत (India)
.au — ऑस्ट्रेलिया (Australia)
.fr — फ्रांस (France)
.nz — न्यूजीलैण्ड (New Zealand)
.uk — यूनाइटेड किंगडम (United Kingdom)

**डोमेन नेम सिस्टम**

*यह डोमेन नेम को आई पी एड्रेस में अनुवादित (Translate) करता है। सर्वर्स को पहचानने के लिए डोमेन नेम सिस्टम का प्रयोग होता है। सर्वर्स की एड्रेसिंग, नम्बरों पर भी आधारित होती है।*

8. **ब्लॉग्स** (Blogs) यह एक वेब पेज या वेबसाइट होती है, जिसमें किसी व्यक्ति विशेष की राय/सलाह, दूसरी साइटों के लिंक नियमित रूप से रिकॉर्ड होते हैं। किसी भी सामान्य ब्लॉग में टेक्स्ट, इमेजस व अन्य ब्लॉगों, वेब पेजों या किसी अन्य टॉपिक से सम्बन्धित मीडिया के लिंक होते हैं।

   इनमें मुख्य रूप से टेक्सचुअल, कलात्मक (Art) इमेज, फोटोग्राफ, वीडियो, संगीत इत्यादि सम्मिलित हैं।
9. **न्यूज़ग्रुप्स** (Newsgroups) यह एक ऑनलाइन डिस्कशन ग्रुप होता है, जिसके अन्तर्गत इलेक्ट्रॉनिक बुलेटिन बोर्ड सिस्टम तथा चैट सेशन्स के द्वारा बातचीत करने की अनुमति प्रदान की जाती है। यह न्यूज़ग्रुप विषयों को उनके हाइरारकी में संगठित करने के काम में आता है, जिसमें न्यूजग्रुप का पहला अक्षर प्रमुख विषय की श्रेणी को तथा उपश्रेणियाँ उपविषय द्वारा दर्शाई जाती हैं।
10. **सर्च इंजन** (Search Engine) सर्च इंजन इण्टरनेट पर किसी भी विषय के बारे में सम्बन्धित जानकारियों के लिए प्रयोग होता है। यह एक प्रकार की ऐसी वेबसाइट होती है, जिसके सर्च बार में किसी भी टॉपिक को लिखते हैं, जिससे सम्बन्धित सभी जानकारियाँ प्रदर्शित हो जाती हैं। *इनमें से कुछ निम्नलिखित हैं*—

    Google - http:// www.google.com
    Yahoo - http:// www.yahoo.com
    AltaVista - http://www.altavista.com
    Hotbot - http://www.hotbot.com
    Lycos - http://www.lycos.com
    Excite - http://www.excite.com

**नोट** *गूगल सर्च इंजन पर किसी तथ्य को सर्च करना गूगलिंग (Googling) कहलाता है।*

## इण्टरनेट सेवाएँ

इण्टरनेट से उपयोगकर्ता कई प्रकार की सेवाओं का लाभ उठा सकता है, जैसे कि इलेक्ट्रॉनिक मेल, मल्टीमीडिया डिस्प्ले, शॉपिंग, रियल टाइम ब्रॉडकास्टिंग इत्यादि। *इनमें से कुछ महत्त्वपूर्ण सेवाएँ निम्न प्रकार हैं*

1. **चैटिंग** (Chatting) यह बड़े स्तर पर उपयोग होने वाली टेक्स्ट आधारित संचारण है, जिससे इण्टरनेट के द्वारा आपस में बातचीत कर सकते हैं। इसके माध्यम से उपयोगकर्ता इमेज, वीडियो, ऑडियो इत्यादि भी एक-दूसरे के साथ शेयर कर सकते हैं। *जैसे*— Skype, yahoo, messenger इत्यादि।
2. **ई-मेल** (Electronic mail) ई-मेल के माध्यम से कोई भी उपयोगकर्ता किसी भी अन्य व्यक्ति को इलेक्ट्रॉनिक रूप में सन्देश भेज सकता है तथा प्राप्त भी कर सकता है। ई-मेल को भेजने के लिए किसी भी उपयोगकर्ता का ई-मेल एड्रेस होना

बहुत आवश्यक है, जो विश्वभर में उस ई-मेल सर्विस पर अद्वितीय होता है। ई-मेल में SMTP (Simple Mail Transfer Protocol) का भी इस्तेमाल किया जाता है। ई-मेल में टेक्स्ट फॉर्मेटिंग, Cc(Carbon copy), Bcc (Blind carbon copy) के विकल्प भी उपलब्ध होते हैं।

ई-मेल एड्रेस छोटे अक्षरों के रूप में होता है। ई-मेल एड्रेस में दो भाग होते हैं, जो एक प्रतीक @ द्वारा अलग होते हैं—पहला भाग यूजरनेम तथा दूसरा भाग डोमेन नेम होता है; *जैसे*- arihantbooks@gmail.com। यहाँ पर arihantbooks यूजरनेम तथा gmail.com डोमेन नेम है। वेबमेल इण्टरफेस ई-मेल क्लाइण्ट के अतिरिक्त वेब ब्राउजर से ई-मेल भेजने और प्राप्त करने का एक तरीका है।

3. **वीडियो कॉन्फ्रेन्सिंग** (Video Conferencing) इसके माध्यम से कोई व्यक्ति या व्यक्तियों का समूह किसी अन्य व्यक्ति या समूह के साथ दूर होते हुए भी आमने-सामने रहकर वार्तालाप कर सकते हैं। इस कम्युनिकेशन में उच्च गति के इण्टरनेट कनेक्शन की आवश्यकता होती है व इसके साथ एक कैमरे, एक माइक्रोफोन, एक वीडियो स्क्रीन तथा एक साउण्ड सिस्टम की भी जरूरत होती है। जैसे— ऑनलाइन टेनिंग, वीडियो मीटिंग इत्यादि।
4. **ई-लर्निंग** (E-learning) इसके अन्तर्गत कम्प्यूटर आधारित प्रशिक्षण, इण्टरनेट आधारित प्रशिक्षण, ऑनलाइन शिक्षा इत्यादि सम्मिलित हैं, जिसमें उपयोगकर्ता को किसी विषय पर आधारित जानकारी को इलेक्ट्रॉनिक रूप में प्रदान किया जाता है। इस जानकारी को वह किसी भी आउटपुट माध्यम पर देखकर स्वयं को प्रशिक्षित कर सकता है। जैसे—IT सर्टिफिकिशन ट्रेनिंग, वर्ड गेम इत्यादि।
5. **ई-बैंकिंग** (E-banking) इसके माध्यम से उपयोगकर्ता विश्वभर में कहीं से भी अपने बैंक अकाउण्ट को मैनेज कर सकता है। यह एक स्वचालित प्रणाली का अच्छा उदाहरण है, जिसमें उपयोगकर्ता की गतिविधियों (पूँजी निकालने, ट्रांसफर करने, मोबाइल रिचार्ज करने इत्यादि) के साथ उसका बैंक अकाउण्ट भी मैनेज होता रहता है। ई-बैंकिंग से किसी भी इलेक्ट्रॉनिक डिवाइस (पीसी, मोबाइल आदि) पर इण्टरनेट की सहायता की जा सकती है।

   इसके मुख्य व व्यावहारिक उदाहरण *हैं*-बिल पेमेण्ट सेवा, फण्ड ट्रांसफर, रेलवे रिजर्वेशन, शॉपिंग इत्यादि।
6. **ई-शॉपिंग** (E-shopping) इसे ऑनलाइन शॉपिंग भी कहते हैं, जिसके माध्यम से उपयोगकर्ता कोई भी सामान; *जैसे*- किताबें, कपड़े, घरेलू सामान, खिलौने, हार्डवेयर, सॉफ्टवेयर तथा हेल्थ इन्श्योरेन्स इत्यादि को खरीद सकता है। इसमें खरीदे गए सामान की कीमत चुकाने के लिए कैश ऑन डिलीवरी व ई-बैंकिंग (कम्प्यूटर पर ही वेबसाइट से भुगतान) का प्रयोग करते हैं। यह विश्वभर में कहीं से भी की जा सकती है। *जैसे*-Naaptol, Flipkart, Yebbi, Homeshop18 इत्यादि।
7. **ई-रिजर्वेशन** (E-reservation) यह किसी भी वेबसाइट पर किसी भी वस्तु या सेवा के लिए स्वयं को या किसी अन्य व्यक्ति को आरक्षित करने के लिए प्रयुक्त होती है; इसकी सहायता से उपयोगकर्ता को टिकट काउण्टर पर खड़े रहकर प्रतीक्षा नहीं करनी होती। *जैसे*- रेलवे रिजर्वेशन में, एयरवेज, टिकट बुकिंग में, होटल रूम्स की बुकिंग इत्यादि में।
8. **सोशल नेटवर्किंग** (Social Networking) यह एक ऐसी वेबसाइट है, जो समान रुचियों (Interest) वाले लोगों को एक साथ सूचना, इमेज और वीडियो साझा करने की अनुमति देती है। यह इण्टरनेट के माध्यम से बना हुआ सोशल नेटवर्क (कुछ विशेष व्यक्ति या अन्य असम्बन्धित व्यक्तियों का समूह) होता है। इसके माध्यम से उस सोशल नेटवर्क के अन्तर्गत आने वाला कोई व्यक्ति किसी अन्य व्यक्ति से सम्पर्क रख सकता है। कुछ सोशल नेटवर्किंग साइट्स इस प्रकार हैं- facebook, Twitter, Myspace इत्यादि।
9. **ई-कॉमर्स** (E-commerce) इसके अन्तर्गत सामानों का लेन-देन, व्यापारिक सम्बन्धों को बनाए रखना व व्यापारिक जानकारियों को शेयर करना इत्यादि सम्मिलित हैं, इसमें धनराशि का लेन-देन इत्यादि भी सम्मिलित हैं। दूसरे शब्दों में, यह इण्टरनेट से सम्बन्धित व्यापार है।
10. **एम-कॉमर्स** (M-commerce) यह किसी भी वस्तु या सामान इत्यादि को वायरलैस कम्युनिकेशन के माध्यम से खरीदने तथा बेचने के लिए प्रयोग होता है। इसमें वायरलैस उपकरणों; *जैसे*- मोबाइल, टैबलेट इत्यादि का प्रयोग होता है। संक्षेप में, जो कार्य ई-कॉमर्स के अन्तर्गत होते हैं, वही सब कार्य मोबाइल इत्यादि पर करने को एम-कॉमर्स कहते हैं।

## इन्हें भी जानें

- **RFID** का पूर्ण नाम Radio Frequency Identification है। एक ऐसी वायरलेस कम्युनिकेशन तकनीक है जिसमें रेडियो तरंगों का प्रयोग सूचना को पढ़ने तथा स्टोर करने में होता है।
- जब सर्च इंजन सर्च किए गए तत्त्वों के आधार पर जो वेब पेज के लिंक प्रदान करता है, उसे **हिट** (Hit) कहा जाता है, अन्यथा मिस (miss) कहलाता है।
- **सर्फिंग** (Surfing) इण्टरनेट का प्रयोग करते समय यादृच्छिक रूप से एक वेबसाइट से दूसरी वेबसाइट पर मूव करना सर्फिंग कहलाता है।
- **पॉडकास्ट** (Podcast) म्यूजिक, न्यूज या अन्य मीडिया की डिजिटल रिकॉर्डिंग, जिसे इण्टरनेट से पोर्टेबल मीडिया प्लेयर में डाउनलोड किया जा सकता है।

# प्रश्न बैंक

**1.** नेटवर्कों के नेटवर्क को क्या कहा जाता है?
(1) कम्प्यूटर नेटवर्क (2) यूजनेट
(3) इण्ट्रानेट (4) इण्टरनेट

**2.** इण्टरनेट का पिता कहा जाता है
(1) लॉस एंजिल्स (2) विण्ट कर्फ
(3) नैपियर बोन्स (4) नेटवर्कों का नेटवर्क

**3.** निम्नलिखित में से कनेक्टिविटी का उदाहरण कौन-सा है?
(1) इण्टरनेट
(2) फ्लॉपी डिस्क
(3) पावर कार्ड
(4) डाटा

**4.** इण्टरनेट को कब बनाया गया?
(1) 1950 के दशक में (2) 1960 के दशक में
(3) 1970 के दशक में (4) 1980 के दशक में

**5.** डायल-अप इण्टरनेट एक्सेस का एक लाभ निम्नलिखित में से है **(RBI Grade B 2012)**
(1) यह ब्रॉडबैण्ड टेक्नोलॉजी का उपयोग करता है
(2) यह विद्यमान टेलीफोन सेवा का उपयोग करता है
(3) यह सुरक्षा के लिए राउटर का उपयोग करता है
(4) मॉडम स्पीड बहुत तेज होती है
(5) उपरोक्त में से कोई नहीं

**6.** एक स्थानीय टेलिफोन नेटवर्क के तारों पर डिजिटल डेटा संचारित करके इण्टरनेट का उपयोग निम्न प्रकार से प्रदान किया जाता है?
(1) लीज्ड लाइन **(IBPS RRB PO Mains 2018)**
(2) डिजिटल सब्सक्राइबर लाइन
(3) डिजिटल सिग्नल लाइन
(4) मॉडम
(5) उपरोक्त में से कोई नही

**7.** कोएक्सियल केबल के माध्यम से इण्टरनेट की सुविधा को उपलब्ध कराने की प्रक्रिया के लिए क्या प्रयोग होता है?
(1) डायल-अप कनेक्शन (2) मॉडम
(3) सेट-अप बॉक्स (4) केबल मॉडम

**8.** किस तकनीक के माध्यम से वैद्युतीय संकेतों के रूप से डाटा को प्रकाशीय रूप में परिवर्तित कर सूचना को संचारित किया जाता है?
(1) ब्रॉडबैण्ड ओवर पॉवर लाइन
(2) वाई-फाई
(3) वाई-मैक्स
(4) फाइबर ऑप्टिक

**9.** निम्न तथा मध्यम वोल्टेज के इलेक्ट्रिक पॉवर डिस्ट्रीब्यूशन नेटवर्क पर ब्रॉडबैण्ड कनेक्शन की सर्विस को ………… कहते हैं।
(1) ब्रॉडबैण्ड ओवर पावर लाइन
(2) केबल मॉडम
(3) डिजिटल सब्सक्राबर लाइन
(4) फाइबर ऑप्टिक

**10.** Wi-Fi का पूरा नाम क्या है?
(1) वायरलैस फ्लैक्सिबिलिटी
(2) वायरलैस फिडेलिटी
(3) वायरड फीचर्स
(4) उपरोक्त सभी

**11.** WiMax को WiMax forum ने कब बनाया था?
(1) वर्ष 2000 (2) वर्ष 2002
(3) वर्ष 2001 (4) वर्ष 2003

**12.** टेलीफोन तथा टेलीफोन सेवाओं के लिए आवश्यक लिंक उपलब्ध कराते हैं
(1) फाइबर ऑप्टिक (2) इण्ट्रानेट
(3) सैटेलाइट (4) एक्सट्रानेट

**13.** किसी संगठन के उस आन्तरिक निजी नेटवर्क को क्या कहते हैं, जो इण्टरनेट तथा वेब के इन्फ्रास्ट्रक्चर तथा स्टैण्डडर्स का प्रयोग करता है? **(SBI PO 2015)**
(1) एक्सट्रानेट (2) चोक
(3) गेट (4) इण्ट्रानेट
(5) फायरवॉल

**14.** निम्न में से किसका प्रयोग बड़े स्तर पर व्यापारिक उद्देश्यों के लिए किया जाता है?
(1) इण्ट्रानेट (2) एक्सट्रानेट
(3) ISDN (4) '1' और '2' दोनों

**15.** इण्टरनेट पर प्रयुक्त होने वाला मानक प्रोटोकॉल है **(SBI PO 2010)**

(1) TCP/IP (2) Java
(3) PHP (4) SMTP
(5) PoP3

**16.** प्रत्येक IP पैकेट में होता है **(IBPS Clerk 2012)**

(1) केवल स्रोत एड्रेस
(2) केवल गन्तव्य एड्रेस
(3) स्रोत या गन्तव्य एड्रेस
(4) स्रोत और गन्तव्य एड्रेस दोनों
(5) उपरोक्त सभी

**17.** इण्टरनेट पर प्रत्येक होस्ट कम्प्यूटर में एक होता है **(IBPS Clerk 2014)**

(1) अनन्य आईपी एड्रेस
(2) अनन्य 15-अंकीय संख्या
(3) उपयोगकर्ता द्वारा दिया गया एड्रेस
(4) कॉमन नेम और नम्बर
(5) समान आईपी एड्रेस

**18.** आईपी एड्रेस के प्रत्येक चार नम्बर में कौन-से नम्बर प्रयोग किए जाते हैं?

(1) 0-255 (2) 0-155
(3) 1-255 (4) 0-256

**19.** निम्नलिखित में से कौन एक वैलिड आईपी एड्रेस है?

(1) 192-168-11-1111 (2) 192-168-1-1
(3) 192-168-900-1 (4) 192-900-168-1

**20.** FTP का पूर्णरूप है

(1) फास्ट टेक्स्ट प्रोसेसिंग
(2) फाइल ट्रांसमिशन प्रोग्राम
(3) फास्ट ट्रांसमिशन प्रोसेसर
(4) फाइल ट्रांसफर प्रोटोकॉल

**21.** FileZilla निम्न में से किस प्रोटोकॉल का उदाहरण है?

(1) HTTP (2) SMTP
(3) FTP (4) HTML

**22.** निम्नलिखित में से कौन-सा कम्युनिकेशन प्रोटोकॉल प्रत्येक कम्प्यूटर के लिए मानक सेट करता है, जोकि वेब आधारित सूचनाओं को एक्सेस करता है? **(SBI PO 2010)**

(1) XML (2) DML
(3) HTTP (4) HTML
(5) इनमें से कोई नहीं

**23.** ······· का प्रयोग करते हुए वेब पेज का कोड लिखा जाता है। **(RBI Grade B 2012)**

(1) फिफ्थ जनरेशन लैंग्वेज
(2) विनजिप (WinZip )
(3) पर्ल (Perl)
(4) हाइपर टेक्स्ट मार्कअप लैंग्वेज
(5) URL

**24.** ······· में परिवर्तित डॉक्यूमेण्ट्स को वेब पर प्रकाशित किया जा सकता है। **(IBPS PO 2015)**

(1) एक .doc फाइल (2) http
(3) मशीन भाषा (4) HTML
(5) दिए गए विकल्पों के अलावा कोई अन्य

**25.** HTML में टैग्स, जिसमें कीवर्ड होते हैं, ·········· के बीच होते हैं। **(SSC CGL 2013)**

(1) फ्लोअर ब्रैकेट्स
(2) एंगूलर ब्रैकेट्स (< >)
(3) पैरेनथैसिस ()
(4) स्क्वायर ब्रैकेट्स [ ]

**26.** HTML द्वारा कोडिंग करके बनाए जाने वाले वेब पृष्ठों का क्या extension होता है?

(1) .html (2) .htm
(3) '1' और '2' (4) .xls

**27.** वेब में वेब पेजों और प्रोग्रामों के अनुरोध के लिए और उन्हें पूरा करने के लिए ········ का प्रयोग करते हैं। **(SSC CGL 2017)**

(1) हाइपर टेक्स्ट मार्केटिंग लैंग्वेज
(2) हाइपर टेक्स्ट मार्कअप लैंग्वेज
(3) हॉटमेल टेक्स्ट मार्कअप लैंग्वेज
(4) होम टेक्स्ट मार्कअप लैंग्वेज

**28.** टेलनेट ············ आधारित कम्प्यूटर प्रोटोकॉल है। **(IBPS Clerk 2012)**

(1) ध्वनि (2) टेक्स्ट
(3) इमेज (4) एनिमेशन
(5) डिजिट्स

**29.** इण्टरनेट पर बिना किसी सेण्ट्रल सर्वर के किसी विषय पर विचारों के आदान-प्रदान करने के लिए प्रयुक्त प्रोटोकॉल को क्या कहते हैं?

(1) VoIP (2) HTTP
(3) Gopher (4) FTP
(5) Usenet

**30.** इस प्रोटोकॉल के अन्तर्गत कम्प्यूटर को इण्टरनेट से सीधे जोड़ा जाता है व इसमें एक डायल अकाउण्ट व मॉडम की आवश्यकता होती है
(1) Telnet
(2) Usenet-प्रोटोकॉल
(3) प्वॉइण्ट-टू-प्वॉइण्ट प्रोटोकॉल
(4) WAP

**31.** इस प्रोटोकॉल का प्रयोग हैण्डहेल्ड डिवाइसों पर इण्टरनेट को एक्सेस करने में होता है
(1) TCP/IP (2) VoIP (3) ARP
(4) WAP (5) HTTP

**32.** VoIP का पूरा नाम क्या है? **(IBPS Clerk Mains 2017)**
(1) वॉयस ऑफ इण्टरनेट पावर
(2) वॉयस ओवर इण्टरनेट प्रोटोकॉल
(3) वॉयस ऑन इण्टरनेट प्रोटोकॉल
(4) वैरी ऑप्टीमाइण्ड इण्टरनेट प्रोटोकॉल
(5) वैरी ऑफिशियल इण्टरनेट प्रोटोकॉल

**33.** यह प्रोटोकॉल IP आधारित नेटवर्क्स पर ध्वनि को वितरित कर संचार हेतु प्रयोग में लाया जाता है
(1) TCP/IP (2) VoIP (3) SMTP (4) ATP

**34.** WWW से क्या तात्पर्य है? **(IBPS Clerk 2013)**
(1) वर्ल्ड वर्क वेब
(2) वाइड वर्क वेब
(3) वर्ल्ड वाइल
(4) वर्ल्ड वाइड वेब
(5) उपरोक्त में से कोई नहीं

**35.** ······· जिसे वेब भी कहते हैं, में कई बिलियन डॉक्यूमेण्ट होते हैं। **(RBI Grade B 2014)**
(1) वर्ल्ड वाइड वेब (2) HTTP
(3) वेब पोर्टल (4) डोमेन
(5) इनमें से कोई नहीं

**36.** वर्ल्ड वाइड वेब या विश्वव्यापी वेब के आविष्कार के लिए किसे जाना जाता है? **(SSC CGL 2017)**
(1) टिम बर्नर्स ली (2) मैक्सवेल
(3) मार्टिन कपूर (4) एस ए फोर्ब्स

**37.** ········· द्वारा एड्रेसिंग का प्रयोग किया जाता है, जिसे URL के नाम से जाना जाता है, जो यह बताता है कि वेब पर फाइल कहाँ है। **(SSC CGL 2017)**
(1) जावास्क्रिप्ट (2) वर्ल्ड वाइड वेब
(3) SRL (4) स्ट्रिंग

**38.** उपलब्ध संसाधनों को मल्टीमीडिया इण्टरफेस प्रदान करने वाली इण्टरनेट सेवा कौन-सी है?
(1) वर्ल्ड वाइड वेब (2) गोफर
(3) टेलनेट (4) FTP

**39.** वेब पेज पर दिखने वाले ······ को क्लिक किया जाए, तो उससे दूसरा डॉक्यूमेण्ट खुलता है। **(SBI PO 2013)**
(1) एंकर (2) URL
(3) हाइपरलिंक (4) रेफरेन्स
(5) हैडिंग

**40.** हाइपरलिंक क्या है? **(IBPS RRB PO Mains 2015)**
(1) यह एक टेक्स्ट या इमेज है, जिसे आप किसी नए डॉक्यूमेन्ट पेज पर जाने के लिए क्लिक कर सकते है
(2) यह मल्टीमीडिया फाइलों के लिए एक इनपुट प्रकार है
(3) यह वेब पेजों का एक संग्रह है
(4) यह एक साइट का होम पेज है
(5) उपरोक्त में से कोई नहीं

**41.** टेक्स्ट और फोल्डर नेम जैसे अण्डरलाइण्ड टेक्स्ट को ······· कहते हैं। **(RBI Grade B 2014)**
(1) आइकन (2) हाइपरलिंक
(3) मेन्यू (4) सोर्स ड्राइव
(5) इनमें से कोई नहीं

**42.** वेब पेज को रीलोड करने के लिए ······· बटन दबाइए।
(1) रीडू (2) रीलोड (3) रिस्टोर (4) कण्ट्रोल

**43.** कौन महत्त्वपूर्ण सूचनाओं को भविष्य के लिए स्टोर करता है?
(1) प्लॉटर (2) बुकमार्क
(3) पाई चार्ट (4) प्रेजेण्टेशन

**44.** वेब ······· में एक से ज्यादा वेब पेज होते हैं, जो वेब सर्वर पर स्थित होते हैं।
(1) हब (2) साइट (3) स्टोरी (4) टेम्पलेट

**45.** वेबसाइट एड्रेस एक ऐसा यूनिक नाम है, जो वेब पर किसी विशेष ······· को पहचानता है। **(SBI PO 2010, 2014)**
(1) वेब ब्राउजर (2) वेबसाइट (3) PDA
(4) लिंक (5) इनमें से कोई नहीं

**46.** निम्न में से कौन-सा पद ब्राउजर या वेबसाइट का पहला या मुख्य वेब पेज है? **(IBPS RRB PO Mains 2017, 2018)**
(1) यूआरएल (2) डोमेन
(3) गूगल (4) सर्च इंजन
(5) होमपेज

**47.** जिस सॉफ्टवेयर से उपयोगकर्ता इण्टरनेट सर्फ कर लेते हैं, उसे ······ कहते हैं।
(1) सर्च इंजन
(2) इण्टरनेट सर्विस प्रोवाइडर (ISP)
(3) मल्टीमीडिया एप्लीकेशन
(4) ब्राउजर

**48.** हम ······ का प्रयोग करके 'वर्ल्ड वाइड वेब' पर पहुँचते हैं। **(IBPS Clerk 2014)**
(1) हाई बैण्डविड्थ
(2) इन्स्टेण्ट मैसेजिंग एप्लीकेशन
(3) मेल क्लाइण्ट
(4) ब्राउजर
(5) सर्च इंजन

**49.** विशिष्ट प्रोग्राम, जो वेब पर इन्फॉर्मेशन लोकेट करने के लिए यूजर्स की सहायता करता है, उसे ······ कहते हैं। **(IBPS PO 2013)**
(1) इन्फॉर्मेशन इंजन (2) सर्च इंजन
(3) वेब ब्राउजर्स (4) रिसोर्स लोकेटर्स
(5) इनमें से कोई नहीं

**50.** यह वेब ब्राउजर टेक्स्ट तथा ग्राफिक्स दोनों को सपोर्ट करता है
(1) टेक्स्ट ब्राउजर (2) ग्राफिकल वेब ब्राउजर
(3) वेब सर्वर (4) HTML

**51.** एक वेबसाइट से दूसरी वेबसाइट पर जाना ······ कहलाता है।
(1) डाउनलोडिंग (2) अपलोडिंग
(3) ब्राउजिंग (4) रिफ्रेशिंग

**52.** यह इण्टरनेट पर उपलब्ध प्रचलित सेवाओं में से एक है, जिसमें अरबों की संख्या में वेब पेज संगृहीत होते हैं **(SBI PO 2014)**
(1) वेब सर्वर (2) टेलनेट
(3) वेब (4) कलेक्शन
(5) न्यूजनेट

**53.** एक कूकी (Cookie) **(IBPS Clerk 2012)**
(1) उपयोगकर्ता की वेब गतिविधियों के बारे में सभी जानकारी संगृहीत करता है
(2) उपयोगकर्ता द्वारा बनाए गए सॉफ्टवेयर को संगृहीत करता है
(3) उपयोगकर्ता द्वारा पासवर्ड संगृहीत करता है
(4) उपयोगकर्ता द्वारा प्रयोग की गई कमाण्ड को संगृहीत करता है
(5) उपरोक्त में से कोई नहीं

**54.** निम्न में से कौन वेबसाइट पर वापसी Visitors की पहचान करने के लिए सबसे अधिक उपयोग किया जाता है? **(IBPS RRB PO Mains 2017)**
(1) Logged-in Visitors
(2) Digital Certificates
(3) Electronic time stamping
(4) Cookies
(5) उपरोक्त में से कोई नहीं

**55.** जब यूजर किसी वेबसाइट का प्रयोग करते हैं, तो उनकी हार्ड ड्राइव पर संगृहीत छोटी फाइलों को क्या कहा जाता है? **(IBPS Clerk 2014)**
(1) प्रोफाइल्स (2) कूकीज
(3) ट्रैकर्स (4) कोड्स
(5) साइट एड्रेस

**56.** यूआरएल (URL) क्या है? **(IBPS PO 2012)**
(1) एक कम्प्यूटर सॉफ्टवेयर प्रोग्राम
(2) एक प्रकार का प्रोग्रामिंग ऑब्जेक्ट
(3) हार्डवेयर का भाग
(4) किसी भी डॉक्यूमेण्ट या पेज का WWW पर एड्रेस
(5) उपरोक्त में से कोई नहीं

**57.** निम्नलिखित में से URL में इस पैरामीटर का होना आवश्यक है
(1) एक प्रोटोकॉल आइडेण्टिफायर
(2) अक्षर WWW
(3) अद्वितीय डोमेन नेम
(4) WWW, अद्वितीय डोमेन नेम
(5) प्रोटोकॉल आइडेण्टिफायर WWW और अद्वितीय डोमेन नेम

**58.** निम्न में से कौन-सा पद पेज के वेब एड्रेस को सन्दर्भित करता है? **(IBPS RRB PO Mains 2017)**
(1) SMTP (2) IP
(3) HTTP (4) URL
(5) MAC

**59.** .org से क्या तात्पर्य है? **(IBPS RRB PO Mains 2017)**
(1) Government (2) Commercial Site
(3) Organisation (4) Orientation
(5) Website

**60.** निम्न में से कौन-सा डोमेन लाभान्वित व्यापार में प्रयोग किया जाता है? **(SBI Clerk 2012)**
(1) .com (2) .edu (3) .mil (4) .net
(5) .org

**61.** किसी भी डोमेन नेम के अन्तिम तीन अक्षर क्या दर्शाते हैं? **(SSC FCI 2012)**
(1) ऑर्गेनाइजेशन (2) कनैक्टिविटी
(3) सर्वर (4) प्रोटोकॉल

**62.** किसी भी शैक्षणिक संस्थान को सामान्य रूप से दर्शाने के लिए निम्न में से कौन-सा डोमेन नेम प्रयुक्त होता है? **(IBPS Clerk 2010)**
(1) .org (2) .mil (3) .in
(4) .edu (5) .com

**63.** वेब ब्राउजर में अंकित होने वाले वेब एड्रेस को आगे आईपी एड्रेस में अनुवादित कर लिया जाता है, यह कार्य किया जाता है
(1) ट्रांसलेटर द्वारा
(2) वेब ब्राउजर द्वारा
(3) इण्टरनेट सर्विस प्रोवाइडर द्वारा
(4) डोमेन नेम सिस्टम द्वारा

**64.** किस प्रकार की वेब तकनीक एक ऑनलाइन सुमदाय बनाती है जहाँ लोग अपने कथन दे सकते हैं और कथनों को पढ़ सकते हैं। **(IBPS RRB PO Mains 2018)**
(1) आई. जर्नल (2) पॉडकास्ट
(3) SSP (4) ब्लॉग
(5) इनमें से कोई नहीं

**65.** वेब पर सूचना की स्थिति बताने में प्रयोक्ता की सहायता करने वाला विशिष्ट प्रोग्राम क्या कहलाता है? **(RBI Grade B 2013)**
(1) इन्फॉर्मेशन इंजन (2) सर्च इंजन
(3) वेब ब्राउजर (4) रिसोर्स लोकेटर
(5) इनमें से कोई नहीं

**66.** Google, Yahoo MSN, Netscape Navigator इत्यादि वेबसाइट हैं
(1) वायरस (2) हॉट बॉट्स
(3) यूजर के नाम (4) सर्च इंजन

**67.** गूगल सर्च इंजन पर किसी तथ्य को सर्च करना ........... कहलाता है।
(1) हॉस्टिंग (2) कूकिंग
(3) गूगलिंग (4) क्रॉपिंग

**68.** चैट क्या है? **(RBI Grade B 2013)**
(1) एक इण्टरनेट मानक, जिससे प्रयोक्ता फाइलों को अपलोड और डाउनलोड कर सकते हैं
(2) टाइप की हुई बातचीत, जो कम्प्यूटर पर घटित होती है
(3) एक ऑनलाइन एरिया, जिसमें प्रयोक्ता किसी विशेष विषय के बारे में लिखित चर्चा करते हैं
(4) कम्प्यूटर नेटवर्क के द्वारा सन्देश व फाइलों का संचार
(5) उपरोक्त में से कोई नहीं

**69.** ई-मेल (इलेक्ट्रॉनिक मेल) क्या होती है?
(1) एक इण्टरनेट स्टैण्डर्ड, जो यूजर को फाइल्स अपलोड और डाउनलोड करने देता है
(2) एक रियल टाइम टाइप्ड कन्वर्सेशन, जो कम्प्यूटर पर होता है
(3) एक ऑनलाइन एरिया, जिसमें यूजर किसी विशेष विषय के बारे में लिखित रूप से चर्चा करते हैं
(4) कम्प्यूटर नेटवर्क के माध्यम से सन्देशों और फाइलों का ट्रांसमिशन

**70.** सम्भवत: ई-मेल की क्या कमी हो सकती है? **(IBPS Clerk Mains 2017)**
(1) ई-मेल को भौतिक रूप से उपयोगकर्ता को दिया जाना आवश्यक है
(2) ई-मेल कम्प्यूटर को संक्रमित करता है
(3) ई-मेल संचारित करने के लिए बहुत महँगी हैं
(4) ई-मेल धीमी गति से लोड होती हैं
(5) नियमित रूप से लोग ई-मेल की जाँच नहीं करते हैं

**71.** निम्न में से कौन-सा ई-मेल एड्रेस मान्य या वैध है? **(IBPS Clerk Mains 2017)**
(1) name.website@info@ed
(2) name.website@info.in
(3) name@website.info.com
(4) website.name@website.com
(5) website@onfo@info.com

**72.** निम्न में से कौन ई-मेल सर्विस प्रोवाइडर नहीं है? **(IBPS RRB PO Mains 2017)**
(1) Hotmail (2) Gmail (3) Bing
(4) Yahoo Mail (5) Outlook

**73.** निम्न में से कौन-सा ई-मेल एड्रेस का हमेशा एक हिस्सा होता है? **(IBPS RRB PO Mains 2017)**
(1) Period (–) (2) At sign (@)
(3) Space( ) (4) Underscore (_)
(5) Angular Bracket (<)

**74.** निम्न में से कौन-सा ई-मेल का क्षेत्र है, जो सन्देश का संक्षिप्त विवरण है? **(IBPS RRB PO Mains 2017)**
(1) Subject (2) Cc (3) Bcc
(4) Attachment (5) Spam

**75.** निम्न में से कौन प्राप्तकर्ता की पहचान को छिपाता है? **(IBPS RRB PO Mains 2017)**

(1) To (2) From (3) Cc
(4) Bcc (5) Subject

**76.** किसी को ई-मेल भेजना एक प्रकार से है **(SBI Clerk 2011)**

(1) किसी को पत्र लिखना (2) पिक्चर को बनाना
(3) फोन पर बातें करना (4) पैकेज को भेजना
(5) इनमें से कोई नहीं

**77.** यूजरनेम व उसके बाद डोमेन नेम निम्न में से क्या दर्शाता है? **(IBPS Clerk 2011)**

(1) वेब एड्रेस (2) आईपी एड्रेस
(3) डोमेन नेमिंग सिस्टम (4) ई-मेल एड्रेस
(5) इनमें से कोई नहीं

**78.** सामान्यत: ई-मेल एड्रेस निम्न में से किस रूप में होता है? **(IBPS Clerk 2014)**

(1) इटैलिक अक्षरों में (2) छोटे अक्षरों में
(3) बड़े अक्षरों में (4) मध्यम अक्षरों में
(5) बोल्ड अक्षरों में

**79.** अपने E-mail account से बाहर आने के लिए निम्नलिखित में से कौन-सी विधि का प्रयोग किया जाता है?

(1) sign in (2) sign up
(3) sign out (4) sign down

**80.** ई-मेल अटैचमेण्ट सन्दर्भित करता है **(IBPS RRB PO Mains 2017)**

(1) ई-मेल की बॉडी (2) प्रेषक का एड्रेस
(3) एक डॉक्यूमेण्ट जो ई-मेल के साथ अटैच होता है
(4) रिसीवर का एड्रेस
(5) कोई भी डॉक्यूमेण्ट जो ई-मेल के साथ अटैच तथा सैण्ड होता है

**81.** ……… आपकी ई-मेल को कहीं से भी एक्सेस करने की अनुमति देता है। **(IBPS RRB PO Mains 2017)**

(1) Forum (2) Webmail interface
(3) Message Board (4) Weblog
(5) EEPROM

**82.** ई-मेल एड्रेस में दो भाग होते हैं, पहला भाग यूजरनेम होता है, जो दूसरे भाग से @ के द्वारा अलग रहता है, तो इसमें दूसरा भाग क्या होता है?

(1) पासवर्ड (2) मेल प्रोवाइडर
(3) वेबसाइट का नाम (4) डोमेन नेम

**83.** निम्न में से कौन-सा इण्टरनेट के पर्सनल कम्युनिकेशन का साधन नहीं है? **(IBPS Clerk 2013)**

(1) इलेक्ट्रॉनिक मेल (2) चैट
(3) इन्स्टेण्ट मैसेजिंग (4) इन्स्टेण्ट्स
(5) इनमें से कोई नहीं

**84.** इण्टरनेट पर सर्वर से कम्प्यूटर द्वारा सूचना प्राप्त किए जाने की प्रक्रिया को ……… कहते हैं। **(RBI Grade B 2013)**

(1) पुलिंग (2) पुशिंग
(3) डाउनलोडिंग (4) ट्रांसफरिंग
(5) इनमें से कोई नहीं

**85.** आधुनिक व्यवसाय, जो कम्प्यूटर और इण्टरनेट के सहयोग से किया जाता है

(1) ई-बिजनेस (2) ई-मेल
(3) ई-मीडिया (4) ये सभी

**86.** इण्टरनेट द्वारा किसी भी सर्विस के लिए आरक्षण करना है

(1) ई-लर्निंग (2) ई-गवर्नेंस
(3) ई-ट्रेडिंग (4) ई-रिजर्वेशन

**87.** वर्तमान में, भारत में नम्बर 1 सोशल नेटवर्किंग वेबसाइट 'फेसबुक' के खोजकर्ता हैं **(SSC CGL 2013)**

(1) मार्क जुकरबर्ग (2) बिल गेट्स
(3) मार्टिन कूपर (4) स्टीव वॉजनियेक

**88.** इण्टरनेट पर सामान या वस्तुओं के लेन-देन की प्रक्रिया को क्या कहते हैं? **(IBPS Clerk 2012)**

(1) ई-सेलिंग (2) ई-ट्रेडिंग
(3) ई-फाइनेन्स (4) ई-सेल्समेनशिप
(5) ई-कॉमर्स

**89.** ई-कॉमर्स का पूर्ण नाम क्या है?

(1) इलेक्ट्रिकल कॉमर्स (2) इलेक्ट्रॉनिक कॉमर्स
(3) इलेक्ट्रिड कॉमर्स (4) इलेक्ट्रॉनिक्स कॉमर्स

**90.** एम-कॉमर्स में, एम से क्या तात्पर्य है?

(1) मोबाइल (2) मनी
(3) मैनेजमेण्ट (4) माई

**91.** किसी भी वस्तु या सामान इत्यादि को वायरलैस कम्युनिकेशन के माध्यम से खरीदने तथा बेचने के लिए प्रयोग किया जाता है।

(1) ई-कॉमर्स (2) एम-कॉमर्स
(3) '1' तथा '2' (4) ई-बैंकिंग

**92.** RFID का पूर्ण रूप है
(1) Ratio Frequency Identifier
(2) Radio Free Identification
(3) Raw Frequency Identification
(4) Radio Frequency Identification

**93.** सर्च इंजन पर सर्च किए गए तत्त्वों के आधार पर जो वेब पेज खुलकर आता है, उसे जिस पद से सम्बोधित किया जाता है, वह क्या है? **(IBPS PO 2011)**
(1) ब्लॉग (2) हिट (3) लिंक (4) व्यू
(5) सक्सेस

**94.** यदि प्रेषक भेजी जाने वाली ई-मेल को बोल्ड (Bold), इटैलिक (Italic) इत्यादि टेक्स्ट में परिवर्तित करना चाहे, तो वह निम्न में से क्या प्रयोग करेगा? **(IBPS Clerk 2012)**
(1) रिच टेक्स्ट (Rich text)
(2) रीच सिग्नेचर (Reach signature)
(3) रीच फॉर्मेट (Reach format)
(4) प्लेन फॉर्मेट (Plain format)
(5) प्लेन टेक्स्ट (Plain text)

**95.** ........ से तात्पर्य ब्राउज या यादृच्छिक रूप से एक वेबसाइट से दूसरी वेबसाइट पर मूव करने की प्रक्रिया से है।
(1) ट्रॉलिंग (2) मूविंग
(3) लुकिंग (4) सर्फिंग

**96.** एक प्रोग्राम, जिसमें टेबल एक न्यूमेरिकल करने के लिए डिजिटल फॉर्मेट पर उपलब्ध है, ऑटोमैटिकली इण्टरनेट पर डाउनलोड हो जाता है, उसे क्या कहते हैं? **(IBPS Clerk 2013, IBPS RRB PO Mains 2018)**
(1) ब्रोडकास्ट (2) ब्लॉग
(3) पोडकास्ट (4) विकीपीडिया
(5) ब्रोडेस्ट

## उत्तरमाला

| | | | | | | | | | |
|---|---|---|---|---|---|---|---|---|---|
| 1. (4) | 2. (2) | 3. (1) | 4. (1) | 5. (2) | 6. (2) | 7. (4) | 8. (4) | 9. (1) | 10. (2) |
| 11. (3) | 12. (3) | 13. (4) | 14. (3) | 15. (1) | 16. (4) | 17. (1) | 18. (1) | 19. (2) | 20. (4) |
| 21. (3) | 22. (3) | 23. (4) | 24. (4) | 25. (2) | 26. (3) | 27. (2) | 28. (2) | 29. (5) | 30. (3) |
| 31. (4) | 32. (2) | 33. (2) | 34. (4) | 35. (1) | 36. (1) | 37. (2) | 38. (1) | 39. (3) | 40. (1) |
| 41. (2) | 42. (2) | 43. (2) | 44. (2) | 45. (2) | 46. (5) | 47. (4) | 48. (4) | 49. (3) | 50. (2) |
| 51. (3) | 52. (1) | 53. (3) | 54. (4) | 55. (2) | 56. (4) | 57. (5) | 58. (4) | 59. (3) | 60. (1) |
| 61. (1) | 62. (4) | 63. (4) | 64. (4) | 65. (2) | 66. (4) | 67. (3) | 68. (2) | 69. (4) | 70. (2) |
| 71. (4) | 72. (3) | 73. (2) | 74. (1) | 75. (4) | 76. (1) | 77. (4) | 78. (2) | 79. (3) | 80. (5) |
| 81. (2) | 82. (4) | 83. (4) | 84. (3) | 85. (1) | 86. (4) | 87. (1) | 88. (5) | 89. (2) | 90. (1) |
| 91. (2) | 92. (4) | 93. (2) | 94. (1) | 95. (4) | 96. (3) | | | | |

अध्याय

14

# कम्प्यूटर सिक्योरिटी

## COMPUTER SECURITY

कम्प्यूटर सिक्योरिटी को साइबर सिक्योरिटी या IT सिक्योरिटी के नाम से भी जाना जाता है। यह सूचना प्रौद्योगिकी की एक शाखा है, जिसे विशेष तौर पर कम्प्यूटरों की सुरक्षा के लिए बनाया गया है। इससे कम्प्यूटर सिस्टम तथा डाटा की सुरक्षा होती है, जिसे ये स्टोर या एक्सेस करते हैं।

### सुरक्षा प्रदान करने की विधि

*सुरक्षा प्रदान करने के लिए निम्नलिखित चार विधियाँ उपयोग की जाती हैं*

1. **सिस्टम एक्सेस कण्ट्रोल** यह एक ऐसी प्रणाली है, जो किसी कम्प्यूटर में डाटा का उपयोग या उसमें कुछ परिवर्तन करने की अनुमति प्रदान करती है। आमतौर पर एक उपयोगकर्ता किसी कम्प्यूटर में लॉग-इन (log-in) करता है, जिसके पश्चात् एक्सेस कण्ट्रोल तय करता है कि उस उपयोगकर्ता के लिए (उपयोगकर्ता ID के आधार पर) कौन-सा डाटा एक्सेस में होना चाहिए और कौन-सा नहीं।
2. **डाटा एक्सेस कण्ट्रोल** इस कण्ट्रोल के अन्तर्गत इस बात पर विशेष ध्यान दिया जाता है कि कौन-सा डाटा, कौन नियन्त्रित कर सकता है? सिस्टम किसी भी व्यक्ति विशेष, फाइलों तथा अन्य किसी भी ऑब्जेक्ट्स की सुरक्षा के स्तरों पर आधारित होकर ही एक्सेस नियमों को बनाता है।
3. **सिस्टम तथा सिक्योरिटी प्रशासन** इसके अन्तर्गत ऑफ लाइन प्रक्रिया का निष्पादन (Execution) होता है, जिससे कोई भी सिस्टम या तो सुरक्षित बनाया जाता है या फिर उसकी सुरक्षा को तोड़ा जाता है।
4. **सिस्टम डिजाइन** यह कम्प्यूटर के हार्डवेयर तथा सॉफ्टवेयर की बेसिक सुरक्षा की विशेषताओं से लाभ लेती है।

## कम्प्यूटर सुरक्षा के घटक

कम्प्यूटर सुरक्षा कई प्रकार के क्षेत्रों से सम्बन्धित होती है। *कम्प्यूटर सुरक्षा सिस्टम के बेसिक घटक निम्न प्रकार हैं*

1. **गोपनीयता** (Confidentiality) किसी भी जानकारी/डाटा के अन्य अवैध व्यक्ति द्वारा एक्सेस न होने की घटना को सुनिश्चित करना, इसके अन्तर्गत आता है।
2. **नॉन-रेपुडिएशन** (Non-Repudiation) मैसेज को भेजने वाला ऑरिजिनल व्यक्ति कहीं अपने मैसेज को स्वयं का होने से न इनकार कर दे, इस प्रकार की सुनिश्चितता को नॉन-रेपुडिएशन कहते हैं।

3. **प्रमाणीकरण** (Authentication) यह कम्प्यूटर सिस्टम को इस्तेमाल करने वाले व्यक्ति के वैध अथवा अवैध होने को सुनिश्चित करता है।
4. **एक्सेस कण्ट्रोल** (Access Control) जिस उपयोगकर्ता को जिन संसाधनों का प्रयोग करने की अनुमति प्राप्त हो वह केवल उन्हीं संसाधनों को इस्तेमाल करे। इस बात की सुनिश्चितता को एक्सेस कण्ट्रोल कहा जाता है।
5. **उपलब्धता** (Availability) सभी सिस्टमों के कार्य करने की प्रणाली का सही होना व किसी भी वैध उपयोगकर्ता को सेवाएँ देने से न मना करना। इस बात को उपलब्धता के नाम से जाना जाता है।
6. **प्राइवेसी** (Privacy) यह सुनिश्चित करता है कि व्यक्ति को सूचना का उपयोग करने का अधिकार है और किसी अन्य को उस सूचना का उपयोग करने की अनुमति देता है।
7. **स्टेनोग्राफी** (Stenography) सन्देश को उसके अस्तित्व सहित छुपाने की कला को स्टेनोग्राफी कहते हैं। यह डाटा की गोपनीयता तथा एकीकरण में मदद करती है।
8. **एकीकरण** (Integrity) यह सुनिश्चित करता है कि सूचना को किसी अवैध व्यक्ति द्वारा इस प्रकार तो बदला नहीं गया कि उसे वैध उपयोगकर्ता भी न पहचान सके। एकीकरण कम्प्यूटर सुरक्षा का एक अत्यन्त महत्त्वपूर्ण घटक है।
9. **क्रिप्टोग्राफी** (Cryptography) किसी सूचना को छिपाकर या गुप्त तरीके से लिखने की तकनीक को क्रिप्टोग्राफी कहा जाता है। इसके माध्यम से इण्टरनेट पर डाटा संचरण के दौरान डाटा को सुरक्षित रखा जाता है। *क्रिप्टोग्राफी में सामान्यतया प्रयुक्त होने वाले तत्त्व निम्नलिखित हैं*
   (i) **प्लेन टेक्स्ट** (Plain Text) यह इनपुट के रूप में दिया जाने वाला वास्तविक (Original) सन्देश होता है।
   (ii) **साइफर** (Cipher) यह बिट-बाई-बिट या करैक्टर-बाई-करैक्टर परिवर्तन करने की प्रक्रिया है, जिसमें सन्देश का अर्थ नहीं बदलता।
   (iii) **साइफर टेक्स्ट** (Cipher Text) यह कोडेड सन्देश या इन्क्रिप्टिड डाटा होता है, जिसे उपयोगकर्ता सीधे-सीधे नहीं पढ़ सकता।
   (iv) **इन्क्रिप्शन** (Encryption) प्लेन टेक्स्ट को साइफर टेक्स्ट में परिवर्तित करने की प्रक्रिया को इन्क्रिप्शन कहते हैं। इसके अन्तर्गत एक इन्क्रिप्शन एल्गोरिथ्म का प्रयोग होता है।
   (v) **डिक्रिप्शन** (Decryption) यह इन्क्रिप्शन प्रक्रिया का रिवर्स होता है अर्थात् इसमें साइफर टेक्स्ट को प्लेन टेक्स्ट में परिवर्तित किया जाता है।

## साइबर आक्रमण के स्रोत

कम्प्यूटर पर मुख्य रूप से सक्षम तथा भेद्य हमलावर, वायरस प्रोग्राम है। कम्प्यूटर वायरस एक छोटा सॉफ्टवेयर प्रोग्राम है, जो एक कम्प्यूटर से दूसरे कम्प्यूटर में फैलता है तथा कम्प्यूटर ऑपरेशनों में भी हस्तक्षेप करने की क्षमता रखता है। *साइबर आक्रमण के स्रोत निम्न प्रकार हैं*

1. **डाउनलोडेबल प्रोग्राम्स** (Downloadable Programs) डाउनलोडेबल फाइल्स वायरस का सबसे प्रमुख तथा सम्भव स्रोत है। किसी भी प्रकार की एक्जीक्यूटेबल फाइल; *जैसे*- गेम्स, स्क्रीन सेवर इत्यादि इसके प्रमुख स्रोत हैं। यदि आप किसी प्रोग्राम को इण्टरनेट से डाउनलोड करना चाहते हैं, तो डाउनलोड करने से पहले प्रत्येक प्रोग्राम को स्कैन करना आवश्यक है।
2. **क्रैक्ड सॉफ्टवेयर** (Cracked Software) ये सॉफ्टवेयर वायरस अटैकों के अन्य स्रोत हैं। इस प्रकार के क्रैक्ड सॉफ्टवेयर में वायरस तथा बग्स के होने की सम्भावना अत्यधिक होती है, जिन्हें ढूँढकर सिस्टम से दूर करना बेहद कठिन है, इसलिए इण्टरनेट से सूचना को किसी भी विश्वसनीय स्रोत से ही डाउनलोड करना चाहिए।
3. **ई-मेल अटैचमेण्ट्स** (E-mail Attachments) ये अटैचमेण्ट्स वायरसों के मुख्य स्रोत होते हैं। इन ई-मेल अटैचमेण्ट्स को आसानी से हैण्डल किया जा सकता है।
4. **इण्टरनेट** (Internet) सभी कम्प्यूटर के यूजर्स, कम्प्यूटर सिस्टमों पर वायरस अटैकों से अनभिज्ञ होते हैं। इण्टरनेट पर उपलब्ध क्लिक या डाउनलोड इत्यादि तत्त्व ही वायरसों के फैलने के लिए उत्तरदायी होते हैं।
5. **अज्ञात सीडी से बूटिंग करना** (Booting from Unknown CD) जब भी कम्प्यूटर कार्य नहीं कर रहा होता है, तो उस समय कम्प्यूटर में रखी सीडी को निकाल लेना ही ठीक माना जाता है। यदि हम कम्प्यूटर से सीडी नहीं निकालते हैं, तो यह स्वत: ही डिस्क में बूट होने लगती है, जिससे वायरस अटैक की सम्भावना बढ़ जाती है।

# मालवेयर : कम्प्यूटर सिक्योरिटी के लिए खतरा

मालवेयर का अर्थ है—द्वेषपूर्ण (दुष्ट) सॉफ्टवेयर (Malicious software)। ये उस प्रकार के प्रोग्रामों का सम्मिलित रूप हैं, जिनका प्रमुख कार्य कम्प्यूटर को हानि पहुँचाना होता है, *जैसे*- वायरस, वॉमर्स, स्पाईवेयर इत्यादि।

*इनमें से कुछ प्रमुख तत्त्वों का विवरण निम्न प्रकार हैं*

## वायरस

वायरस वे प्रोग्राम हैं, जो कम्प्यूटर पर नकारात्मक प्रभाव डालते हैं। ये पीसी पर कण्ट्रोल हासिल करके उनसे असामान्य व विनाशकारी कार्यों को करवाते हैं। वायरस (Virus) स्वत: ही अपने आप को सिस्टम में कॉपी कर लेते हैं व आगे संक्रमण (Infection) हेतु अन्य प्रोग्रामों के साथ स्वत: ही जुड़ जाते हैं।

वायरस का पूरा नाम वाइटल इन्फॉर्मेशन रिसोर्स अण्डर सेज (Vital Information Resource Under Seize) है। वायरस कम्प्यूटर सॉफ्टवेयर के किसी भी हिस्से; *जैसे*- बूट ब्लॉक, ऑपरेटिंग सिस्टम, सिस्टम एरिया, फाइल्स तथा अन्य एप्लीकेशन प्रोग्राम इत्यादि को क्षति पहुँचा सकते हैं।

### वायरस के प्रकार

*कुछ सामान्य वायरसों के प्रकार निम्नलिखित हैं*

1. **डायरेक्ट एक्शन वायरस** (Direct Action Virus) यह वायरस किसी फाइल में होता है और जब उस फाइल का उपयोग किया जाता है तब यह स्वयं को क्रियान्वित कर देता है। यह वायरस केवल उन्हीं फाइलों को संक्रमित करता है, जिनके फोल्डर autoexec. bat फाइल पाथ पर निर्दिष्ट होते हैं; *जैसे* - Vienna Virus
2. **ओवर राइट वायरस** (Over Write Virus) यह संक्रमित फाइलों में रखे हुए डाटा व सूचना को डिलीट कर देता है; जैसे- Way, Trivial. 88-D इत्यादि।
3. **बूट सेक्टर वायरस** (Boot Sector Virus) इसे मास्टर बूट सेक्टर वायरस या मास्टर बूट रिकॉर्ड वायरस भी कहा जाता है। यह सामान्यत: कम्प्यूटर के बूट्स-अप होने पर फैलता है, क्योंकि यह वायरस हार्ड डिस्क या फ्लॉपी डिस्क के मास्टर बूट रिकॉर्ड के बूट सेक्टर में होता है; *जैसे*-AntiEXE, Polyboot.B इत्यादि।

**नोट** *सबसे पहला बूट सेक्टर पीसी वायरस ब्रेन नाम का था जिसकी पहचान वर्ष 1986 में की गई।*

4. **मैक्रो वायरस** (Macro Virus) ये केवल उन्हीं एप्लीकेशनों तथा प्रोग्रामों को संक्रमित करता है, जिनमें .doc, .xls, .ppt इत्यादि मैक्रोस होते हैं; *जैसे*- Melissa.A।
5. **फाइल सिस्टम वायरस** (File System Virus) यह किसी भी फाइल के डायरेक्टरी पाथ को बदलकर मैमोरी प्रबन्धन में गड़बड़ कर देता है। इसे क्लस्टर वायरस या डायरेक्टरी वायरस भी कहते हैं; *जैसे*- Dir-2 Virus।
6. **पॉलीमॉर्फिक वायरस** (Polymorphic Virus) यह जब भी किसी सिस्टम को संक्रमित (Infects) करता है, तो अपने आपको प्रत्येक बार एनकोड या एनक्रिप्ट करता है। इस प्रकार वायरस की ज्यादा-से-ज्यादा कॉपी तैयार हो जाती हैं; *जैसे*- Elkern, Tuareg इत्यादि।
7. **फैट वायरस** (Fat Virus) यह फाइलों की लोकेशन व व्यर्थ (Unusable) मैमोरी स्थान के बारे में सभी प्रकार की जानकारियों को संगृहीत करने के लिए प्रयोग होता है, *जैसे* Link Virus इत्यादि।
8. **वेब स्क्रिप्टिंग वायरस** (Web Scripting Virus) कई वेबसाइटों में रोचक (Interesting) सूची को डालने के लिए कठिन कोड का इस्तेमाल होता है। यह इन्हीं कोड्स को संक्रमित करता है; *जैसे*- JS Fortnight इत्यादि।
9. **मल्टीपार्टाइट वायरस** (Multipartite Virus) यह वायरस कई तरीकों से फैलता है; *जैसे*- ऑपरेटिंग सिस्टम इन्स्टॉल्ड करने पर। इस वायरस का उदाहरण Flip इत्यादि हैं।
10. **रेजिडेण्ट वायरस** (Resident Virus) यह अपने आप को सिस्टम की मैमोरी में स्थिर कर लेता है तथा ऑपरेटिंग सिस्टम के चलने पर सक्रिय हो जाता है और खोले जाने वाली सभी फाइलों को प्रभावित करता है। यह रैम (RAM) में छुपा होता है तथा द्वेषपूर्ण कोड (Malicious code) के निष्पादन के बाद भी वहीं रहता है; *जैसे*- Randex, Meve इत्यादि।

*कुछ प्रमुख कम्प्यूटर वायरस निम्नलिखित हैं*

| वर्ष | नाम | वर्ष | नाम |
|---|---|---|---|
| 1971 | क्रीपर | 2003 | ब्लास्टर |
| 1982 | ईलक क्लोनर | 2004 | सैसर |
| 1988 | द मॉरीस इण्टरनेट वॉर्म | 2010 | स्टक्सनेट |
| 1999 | मेल्लिसा | 2011 | ट्रॉजन |
| 2000 | आई लव यू | 2012 | रूटकिट |
| 2001 | कोड रेड | 2014 | जैनेरिक पीयूपी |
| 2003 | एसक्यूएल स्लैमर | 2014 | नेट वॉर्म |

**नोट** *क्रीपर, वर्ष 1971 में वी बी एन टेक्नोलॉजिस पर बॉब थॉमस द्वारा लिखित एक सेल्फ रेपलिकेटिंग वायरस प्रोग्राम था।*

## वायरस के प्रभाव

कम्प्यूटर पर वायरस विभिन्न प्रकार के प्रभाव डाल सकते हैं। वायरसों के प्रकार पर निर्भर होते हुए, *कुछ वायरसों के प्रभाव निम्न प्रकार हैं*

(i) उपयोगकर्ता के कार्य की निगरानी करना।
(ii) कम्प्यूटरों की दक्षता को कम करना।
(iii) लोकल डिस्क पर उपस्थित सभी डाटा को नष्ट करना।
(iv) कम्प्यूटर नेटवर्क्स व इण्टरनेट कनेक्शन को प्रभावित करना।
(v) मैमोरी के आकार को बढ़ाना या घटाना।
(vi) विभिन्न प्रकार के त्रुटि सन्देशों को डिस्प्ले करना।
(vii) PC सेटिंग्स को बदलना।
(viii) अनचाहे एडवरटाइजों के ऐरे को डिस्प्ले करना।
(ix) बूट टाइम को बढ़ाना इत्यादि।

## वॉर्म

कम्प्यूटर वॉर्म (Worm) एक अकेला ऐसा मालवेयर प्रोग्राम है, जो दूसरे कम्प्यूटरों में अपने आप को फैलाने के लिए कॉपी करता है। वॉर्म को ढूँढ पाना अत्यन्त कठिन है, क्योंकि ये अदृश्य फाइलों के रूप में होता है। यह कम्प्यूटर नेटवर्क में बैण्डविड्थ को नष्ट करके भी क्षति पहुँचाता है; *जैसे-* Bagle, I love you, Morris, Nimda इत्यादि।

**नोट** *'पे लोड' एक वॉर्म के रूप में तैयार किया गया एक कोड है, जिसका डिजाइन वॉर्म से भी बड़े पैमाने पर विस्तार के उद्देश्य से किया गया है।*

## ट्रॉजन

ट्रॉजन या ट्रॉजन हॉर्स (Trojan horse) एक प्रकार का नॉन-सेल्फ रेपलिकेटिंग मालवेयर है, जो किसी भी इच्छित कार्य को पूरा करते हुए प्रतीत होता है, लेकिन यह उपयोगकर्ता के कम्प्यूटर सिस्टम पर अनाधिकृत उपयोग (Unauthorised access) की सुविधा प्रदान करता है। ये कम्प्यूटर वायरस की भाँति अपने आप को दूसरी फाइलों में सम्मिलित करने का प्रयास नहीं करते। ये सॉफ्टवेयर इण्टरनेट ड्रीवन एप्लीकेशनों द्वारा टारगेट कम्प्यूटरों तक पहुँच सकते हैं; *जैसे-* Beast, Sub7. Zeus, ZeroAccess Rootkit इत्यादि।

## स्पाईवेयर

यह प्रोग्राम किसी भी कम्प्यूटर सिस्टम पर इन्स्टॉल्ड होता है, जो सिस्टम के मालिक की सभी गतिविधियों की निगरानी तथा गलत तरीके से आगे प्रयोग होने वाली सभी जानकारियों को एकत्रित करता है। इनका प्रयोग हम कानूनी या गैर-कानूनी उद्देश्यों के लिए कर सकते हैं। स्पाईवेयर (Spyware) व्यक्तिगत सूचनाओं को दूसरे व्यक्ति के कम्प्यूटर पर इण्टरनेट के माध्यम से संचरित कर सकते हैं; *जैसे-* CoolWeb Search, Zango, Keyloggers, Zlob Trojan इत्यादि।

## मालवेयर आक्रमण के लक्षण

*किसी भी सिस्टम के मालवेयर द्वारा प्रभावित होने को निम्न लक्षणों द्वारा पहचाना जा सकता है*

(i) अजीब सन्देशों (Odd messages) को कम्प्यूटर स्क्रीन पर डिस्प्ले करना।
(ii) कुछ फाइलों का खो जाना।
(iii) सिस्टम का धीमा चलना।
(iv) PC का क्रैश होकर बार-बार रीस्टार्ट होना।
(v) माउस के प्वॉइण्टर का ग्राफिक बदलना।
(vi) ड्राइव्स का प्रवेश योग्य न होना।
(vii) एण्टीवायरस सॉफ्टवेयर का क्रियान्वयन या इन्स्टॉलेशन न होना।

# कम्प्यूटर सिक्योरिटी के लिए कुछ अन्य खतरें

*कम्प्यूटर सिक्योरिटी के लिए कुछ अन्य खतरे निम्न हैं*

1. **स्पूफिंग** (Spoofing) अनाधिकृत (Unauthorised) डाटा को उसके अधिकृत (Authorised) उपयोगकर्ता की जानकारी के बिना एक्सेस करने की तकनीक को स्पूफिंग कहते हैं। यह नेटवर्क पर विभिन्न संसाधनों को एक्सेस करने के लिए भी इस्तेमाल होती है। आईपी स्पूफिंग (IP spoofing) भी इसका एक प्रकार है।
2. **सलामी तकनीक** (Salami Technique) इसके अन्तर्गत सिस्टम द्वारा सँभाली गई धनराशि के एक बड़े हिस्से से छोटे हिस्से को अलग किया जाता है।
3. **हैकिंग** (Hacking) नेटवर्क से जुड़े कम्प्यूटर में घुसपैठ (Intrusion) करने की प्रक्रिया को हैकिंग कहते हैं। हैकिंग DOS (Denial-of-Service) अटैक का परिणाम भी हो सकता है। यह कम्प्यूटर के सभी संसाधनों को वैध यूजरों द्वारा इस्तेमाल करने से दूर रखती है।
   इस प्रक्रिया को अन्तिम चरण तक पहुँचाने वाले व्यक्ति को **हैकर** कहते हैं।
4. **क्रैकिंग** (Cracking) यह कम्प्यूटर में किसी भी प्रकार के सॉफ्टवेयर या उनके घटकों को तोड़ने की प्रक्रिया है। इसमें पासवर्ड क्रैकर, ट्रॉजन्स, वार डायलर इत्यादि सम्मिलित हैं।

5. **फिशिंग** (Phishing) कम्प्यूटर की संवेदनशील जानकारियों को धोखेबाजी से प्राप्त करने की कोशिश करना इत्यादि विशेषताओं को फिशिंग कहते हैं। इसके अन्तर्गत पासवर्ड्स, क्रेडिट कार्ड डिटेल्स इत्यादि सम्मिलित हैं। यह एक प्रकार का इण्टरनेट फ्रॉड (धोखा) है, जिसमें उपयोगकर्ता को बहकाकर उसके सभी क्रेडन्शियलों को प्राप्त कर लिया जाता है।
6. **स्पैम** (Spam) यह एक प्रकार से मैसेजिंग सिस्टम्स का दुरुपयोग है, जिसके अन्तर्गत अनचाहे सन्देशों को ई-मेलों के रूप में भेजा जाता है। ये सन्देश Spam फोल्डर के अन्तर्गत संगृहित किए जाते हैं।
7. **एडवेयर** (Adware) यह एक ऐसा सॉफ्टवेयर पैकेज है, जो एडवरटाइजमेण्ट को स्वत: ही टुकड़े-टुकड़े कर स्क्रीन पर दिखाता है। इसे अधिकांशत: अनचाहे एडवरटाइजमेण्टों को दिखाने के लिए इस्तेमाल किया जाता है।
8. **रूटकिट्स** (Rootkits) यह एक प्रकार का मालवेयर है, जिसके द्वारा किसी कम्प्यूटर सिस्टम में एडमिनिस्ट्रेटिव स्तर की नियन्त्रितता प्राप्त की जाती है व इसकी जानकारी किसी को भी नहीं होती। रूटकिट्स को रिमूव करना बेहद मुश्किल होता है तथा कभी-कभी पूर्णत: ऑपरेटिंग सिस्टम के पुन: इन्स्टॉलेशन की भी आवश्यकता होती है।

***नोट*** *'सॉफ्टवेयर पायरेसी' का अर्थ मालिकों की अनुमति के बिना डाटा या कम्प्यूटर सॉफ्टवेयर की कॉपी बनाना है।*

## कम्प्यूटर सिक्योरिटी से सम्बन्धित खतरों का समाधान

कम्प्यूटर सिस्टम को अवैध उपयोगकर्ता से बचाने के लिए कुछ रक्षा बचाव बनाए गए हैं, जो *निम्न प्रकार हैं*

### एण्टीवायरस सॉफ्टवेयर

ये उस प्रकार के सॉफ्टवेयर होते हैं, जिनका प्रयोग कम्प्यूटर को वायरस, स्पाईवेयर, वॉर्म, ट्रॉजन इत्यादि से बनाने के लिए होता है। इसमें वे प्रोग्राम भी सम्मिलित होते हैं, जिनका कार्य वायरस या अन्य मालवेयर को ढूँढकर खत्म करना होता है। Avast, Avg, Kaspersky, Symantec, Norton, McAfee इत्यादि लोकप्रिय एण्टीवायरस सॉफ्टवेयर हैं।

### डिजिटल सिग्नेचर

यह सिग्नेचर (हस्ताक्षर) का डिजिटल रूप है, जिसे प्रेषित किए गए सन्देश को प्रमाणित करने के लिए प्रयोग किया जाता है तथा यह डॉक्यूमेण्ट के ऑरिजिनल होने को भी सुनिश्चित करता है।

### फायरवॉल

फायरवॉल या तो सॉफ्टवेयर या फिर हार्डवेयर आधारित हो सकता है, जो नेटवर्क को सुरक्षित रखने में सहायताप्रद होता है। इसका प्राथमिक उद्देश्य इनकमिंग तथा आउटगोइंग नेटवर्क ट्रैफिक को, डाटा पैकेट्स विश्लेषण द्वारा नियन्त्रित करना है।

फायरवॉल में प्रॉक्सी सर्वर (Proxy server) के साथ कार्य करना या सम्मिलित होना भी उल्लेखनीय है, जिससे वह नेटवर्क की सभी जरूरतों को वर्कस्टेशन यूजर्स के लिए पूरा कर सके।

फायरवॉल दो प्रकार के होते हैं-हार्डवेयर फायरवॉल और सॉफ्टवेयर फायरवॉल।

### डिजिटल सर्टिफिकेट

डिजिटल सर्टिफिकेट सिक्योरिटी उद्देश्यों के लिए इलेक्ट्रॉनिक सन्देशों में प्रयुक्त होने वाली कॉपी है। डिजिटल सर्टिफिकेट किसे प्रेषित किया गया था व इसे किसने प्रेषित किया था इत्यादि जानकारियाँ इसमें सम्मिलित होती हैं।

### पासवर्ड

यह एक प्रकार का गोपनीय शब्द या करैक्टर्स की एक स्ट्रिंग है, जिसे उपयोगकर्ता को प्रमाणित करने के लिए प्रयोग किया जाता है, जिससे उपयोगकर्ता की पहचान या एक्सेस स्वीकृति को सत्यापित किया जा सके व संसाधनों के एक्सेस को प्राप्त किया जा सके।

### फाइल एक्सेस परमिशन

अधिकांश रूप से वर्तमान फाइल सिस्टम में अनुमति को प्रदान करने के कई तरीके या अधिकार होते हैं, जिन्हें केवल कुछ विशेष उपयोगकर्ता और उपयोगकर्ताओं का ग्रुप ही एक्सेस कर सकता है।

*ये तीन विशेष परमिशन निम्न हैं*

1. **रीड परमिशन** (Read Permission) यदि आप को किसी फाइल को रीड करने की अनुमति है, तो आप सिर्फ उसके कण्टेण्ट्स को देख सकते हैं।
2. **राइट परमिशन** (Write Permission) यह उपयोगकर्ता को फाइल के कण्टेण्टों को रिमूव या उनमें बदलाव इत्यादि करने की अनुमति देती है।
3. **एक्जीक्यूट परमिशन** (Execute Permission) यह उपयोगकर्ता को केवल फाइल क्रियान्वित करने की अनुमति देती है।

## कम्प्यूटर सिक्योरिटी सम्बन्धित पद

1. **प्रॉक्सी सर्वर** (Proxy Server) प्रॉक्सी सर्वर को 'प्रॉक्सी अथवा एप्लीकेशन-लेवल गेटवे' भी कहा जाता है। यह उपयोगकर्ता एवं सर्वर के मध्य कार्य करता है। यह नेटवर्क के सही एड्रेस को छिपाता है और नेटवर्क में आने-जाने वाले सभी सन्देशों को इण्टरसेप्ट (Intercept) करता है।
2. **एप्लीकेशन गेटवे** (Application Gateway) यह कुछ विशिष्ट एप्लीकेशनों पर सुरक्षा कार्यविधि को एप्लाई करता है। इन विशिष्ट एप्लीकेशनों में फाइल ट्रांसफर प्रोटोकॉल (FTP) तथा टेलनेट सेवाएँ इत्यादि सम्मिलित हैं।
3. **टाइम बॉम्ब** (Time Bomb) यह सॉफ्टवेयर का हिस्सा है, जो किसी विशेष समय पर सक्रिय होता है।
4. **लॉजिक बॉम्ब** (Logic Bomb) यह एक कोड होता है, जिसे कम्प्यूटर की मैमोरी में जान-बूझकर डाला जाता है, जो अनुकूल परिस्थितियों के मिलते ही हानिकारक रूप से सक्रिय हो जाता है। ये कोड अपनी कॉपी तैयार करने में सक्षम नहीं होते।
5. **पैचेस** (Patches) यह सॉफ्टवेयर का एक ऐसा भाग होता है, जिसे उस सॉफ्टवेयर में मॉडिफाई करने के लिए बनाया जाता है।
6. **मास्क्वेर्डिंग** (Masquerading) इसमें हमलावार वैध उपयोगकर्ता होने का अभिनय करता है व अवैध रूप से विशेषाधिकार प्राप्त कर लेता है।
7. **निगरानी रखना** (Eavesdropping) इसमें हमलावर संचरित होने वाले सन्देशों के कण्टेण्ट की निगरानी करता है।

# प्रश्न बैंक

**1.** ऐसी प्रणाली, जो कम्प्यूटर में डाटा का उपयोग या उसमें कुछ परिवर्तन करने की अनुमति प्रदान करती है
(1) डाटा एक्सेस कण्ट्रोल
(2) सिस्टम एक्सेस कण्ट्रोल
(3) सिस्टम डिजाइन
(4) सिस्टम तथा सिक्योरिटी प्रशासन

**2.** यदि आप क्रेडन्शियल पर आधारित नेटवर्क पर एक व्यक्ति को अपने नेटवर्क की सुरक्षा को बनाए रखने के लिए अनुमति देते हैं, यह कार्य ······ की प्रक्रिया को दर्शाता है। **(IBPS Mains 2016)**
(1) प्रमाणीकरण (2) स्वचालन
(3) फायरवॉल (4) इन्क्रिप्शन
(5) डिक्रिप्शन

**3.** 'लॉग-इन नेम' तथा 'पासवर्ड' के सत्यापन की प्रक्रिया क्या कहलाती है? **(IBPS Clerk 2014)**
(1) लॉगिंग-इन
(2) आइडेण्टिफिकेशन
(3) एक्सेसिबिलिटी
(4) ऑथेण्टिकेशन
(5) कॉन्फिगरेशन

**4.** सन्देश को उसके अस्तित्व सहित छुपाने की कला कहलाती है
(1) प्रमाणीकरण (2) गोपनीयता
(3) एक्सेस कण्ट्रोल (4) स्टेनोग्राफी

**5.** ········ सुनिश्चित करता है कि सूचना को किसी अवैध व्यक्ति द्वारा इस प्रकार तो बदला नही गया कि उसे वैध उपयोगकर्ता भी न पहचान सकें।
(1) नॉन-रेपुडिएशन (2) उपलब्धता
(3) प्रमाणीकरण (4) एकीकरण

**6.** निम्न में कौन-सा डाटा इन्क्रिप्टिड डाटा होता है?
(1) साइफर (2) साइफर टेक्स्ट
(3) एक्सेस कण्ट्रोल (4) कूटलेखन

**7.** किसी फाइल को इन्क्रिप्शन करने का मुख्य कारण क्या है?
(1) फाइल के आकार को कम करना
(2) इसके संचरण को सुरक्षित रखना
(3) इसे बैकअप के लिए तैयार करना
(4) इसमें स्टार्टअप क्रम को सम्मिलित करना

**8.** कोड को सांकेतिक शब्दों में बदलना कहलाता है **(IBPS Clerk Mains 2017)**
(1) इन्क्रिप्शन (2) फायरवॉलिंग
(3) स्क्रैम्बलिंग (4) डिसेप्शन
(5) इनमें से कोई नहीं

9. साइबर आक्रमण के किस स्रोत में प्रोग्राम को डाउनलोड करने से पहले स्कैन करना आवश्यक है?
(1) क्रैक्ड सॉफ्टवेयर (2) ई-मेल अटैचमेन्ट्स
(3) डाउनलोडेबल प्रोग्राम्स (4) '2' तथा '3' दोनों

10. यह शब्द वायरसों, वॉर्म, ट्रॉजन हॉर्स अटैक, ऐप्पलेट तथा अटैक स्क्रिप्ट को वर्णित करता है, यह क्या है?
(1) मालवेयर (2) स्पैम
(3) फिशिंग (4) वायरस

11. कम्प्यूटर वायरस है (IBPS Clerk 2011)
(1) एक हार्डवेयर (2) विण्डोज टूल
(3) एक कम्प्यूटर प्रोग्राम (4) एक सिस्टम सॉफ्टवेयर
(5) इनमें से कोई नहीं

12. Virus का विस्तारित रूप होगा
(1) Very Important Resource Under Search
(2) Vital Information Resources Under Seize
(3) Verify Interchange Result Unit Source
(4) Very Important Record Use Searched

13. यदि कम्प्यूटर अपने आप रीबूट हो रहा हो, तो यह प्राय: हो सकता है (SBI Clerk 2012)
(1) वायरस के कारण
(2) प्रिण्टर न होने के कारण
(3) CD-ROM की आवश्यकता होने पर
(4) पर्याप्त मैमोरी न होने के कारण
(5) पावर बन्द होने के कारण

14. आपके कम्प्यूटर में वायरस पहुँचने का सर्वाधिक सामान्य तरीका क्या है? (RBI Grade B 2013)
(1) CD-ROMS से गेम्स इन्स्टॉल करने से
(2) मोबाइल फोन से पिक्चर को कम्प्यूटर में अपलोड करने से
(3) ई-मेल खोलने से
(4) ई-मेल भेजने से
(5) उपरोक्त में से कोई नहीं

15. निम्न में से कौन इण्टरनेट तथा ई-मेल से सम्बन्धित है? (IBPS RRB PO Mains 2017)
(1) बूटअप (2) मैग्नेटिक टेप
(3) एप्लीकेशन सॉफ्टवेयर (4) पेजिंग
(5) वायरस

16. वायरस सिग्नेचर का प्रयोग क्यों किया जाता है?
(1) वायरस पहचानने के लिए
(2) वायरस डालने के लिए
(3) वायरस समाप्त करने के लिए
(4) खेलने के लिए

17. निम्न में से कौन-सा वायरस एप्लीकेशन सॉफ्टवेयर में फैलता है?
(1) मैक्रो वायरस (2) बूट वायरस
(3) फाइल वायरस (4) एण्टीवायरस

18. एक वायरस जो अनाधिकृत ई-मेल उपयोगकर्ता की बड़ी जनसंख्या के अन्तर्गत स्वतन्त्र रूप से माइग्रेट करता है, उसे कहा जाता है (IBPS RRB PO Mains 2018)
(1) वॉर्म (2) फ्लेम वार
(3) मैक्रो वायरस (4) प्लेजिरिज्म
(5) इनमें से कोई नहीं

19. एण्टीवायरस सॉफ्टवेयर द्वारा पता लगाए जाने से बचने के लिए निम्नलिखित में से कौन-सा जब भी स्थापित किया जाता है, परिवर्तित होता है? (SSC CGL 2016)
(1) पॉलिमॉर्फिक वायरस (2) वॉर्म
(3) लॉजिक बॉम्ब (4) ट्रोजन हॉर्स

20. पहला कम्प्यूटर वायरस कौन-सा है?
(1) क्रीपर (2) परम
(3) द फैमस (4) हाला

21. ARPANET ने किस वायरस का पता लगाया था?
(1) एण्टीवायरस (2) क्रीपर
(3) ईलक क्लोनर (4) मेल्लिसा

22. यह एक स्वत: नकलीय प्रोग्राम है, जो कम्प्यूटर को संक्रमित करता है व अन्य डॉक्यूमेण्टो या एक्जीक्यूटेबल कोड में अपनी कॉपियों को डालकर फैलाता है
(1) की लॉगर (2) वॉम
(3) वायरस (4) क्रैकर

23. Morris निम्न में से किसका उदाहरण है?
(1) स्पाईवेयर (2) वॉर्म
(3) ट्रॉजन (4) फायरवॉल

24. निम्न में से कौन-सा सॉफ्टवेयर सेल्फ रेपलिकेटिंग सॉफ्टवेयर है, जो फाइल्स और सिस्टम को क्षति पहुँचाता है? (IBPS Clerk Mains 2017)
(1) वायरस (2) ट्रॉजन हॉर्स (3) बोट्स
(4) वॉर्म (5) बैकडोर्स

25. एक कम्प्यूटर वायरस सामान्यत: स्वयं को अन्य कम्प्यूटर प्रोग्राम से जोड़ लेता है, (IBPS PO 2015)
(1) होस्ट प्रोग्राम (2) टारगेट प्रोग्राम
(3) बैकडोर प्रोग्राम (4) ट्रॉजन हॉर्स
(5) ब्लूटूथ

**26.** वायरस, ट्रॉजन हॉर्सेस तथा वॉर्म **(IBPS Clerk 2012)**
(1) कम्प्यूटर सिस्टम को नुकसान पहुँचाने में सक्षम होते हैं
(2) को कम्प्यूटर सिस्टम पर ढूँढना मुश्किल होता है, यदि ये सिस्टम पर उपस्थित हैं
(3) उपयोगकर्ता फ्रैण्डली एप्लीकेशन्स
(4) कम्प्यूटर पर उपस्थित अहानिकारक एप्लीकेशन्स
(5) उपरोक्त में से कोई नहीं

**27.** यह एक प्रकार का प्रोग्राम है, जो GIF इमेज के अन्तर्गत उपस्थित पड़ा होता है
(1) वेब बग (2) कूकी
(3) स्पाईवेयर एप्लीकेशन (4) स्पैम

**28.** उपयोगकर्ता होने का बहाना करके उपयोगकर्ता प्रणाली या जानकारी तक अनाधिकृत एक्सेस प्राप्त करने का प्रयास करना कहलाता है **(IBPS RRB PO Mains 2018)**
(1) आइडेण्टिटी थेफ्ट (2) फोर्जिंग
(3) स्पूफिंग (4) फार्मिंग
(5) फिशिंग

**29.** Denial of Service अटैक का परिणाम भी हो सकता है
(1) क्रैकिंग (2) फिशिंग
(3) स्पैम (4) हैकिंग

**30.** एक व्यक्ति जो अपने ज्ञान का प्रयोग दूसरे व्यक्तियों के कम्प्यूटरों से अवैध तरीके से जानकारी को प्राप्त करने या उसे नष्ट करने के लिए करता है, क्या कहलाता है? **(Allahabad Bank PO 2011)**
(1) स्पैमर (2) हैकर
(3) इन्स्टेण्ट मैसेंजर (4) ये सभी
(5) इनमें से कोई नहीं

**31.** जब हैकर आपके फोन या ई-मेल पर सम्पर्क करके आपका पासवर्ड अधिग्रहित करने की कोशिश करता है, तो इस प्रक्रिया को क्या कहते हैं?
(1) स्पूफिंग (2) फिशिंग
(3) स्पैमिंग (4) बगिंग

**32.** ई-मेल को भेजने या वेब पेजेज को बनाने का तरीका, जिसका निर्माण किसी व्यक्ति के ऑनलाइन बैंक, क्रेडिट कार्ड या अन्य लॉगिन जानकारी एकत्र करने के लिए किया जाता है **(IBPS Clerk Mains 2017)**
(1) फिशिंग (2) स्पैम
(3) हैकिंग (4) क्रैकिंग
(5) मालवेयर

**33.** निम्न में से कौन-सी एक आपराधिक गतिविधि है, जिसमें संवेदनशील जानकारियों; *जैसे*- पासवर्ड्स, क्रेडिट कार्ड्स व डेबिट कार्ड्स इत्यादि छद्मवेश के द्वारा एक विश्वसनीय व्यक्ति या व्यापारिक बनकर इलेक्ट्रॉनिक कम्युनिकेशन पर अधिग्रहण करने की कोशिश की जाती है? **(IBPS Clerk 2010)**
(1) स्पूफिंग (2) फिशिंग (3) स्टॉकिंग
(4) हैकिंग (5) इनमें से कोई नहीं

**34.** अपनी पहचान को गलत बताकर आपसे गोपनीय जानकारियों को प्राप्त करने के प्रयास क्या कहलाते हैं? **(IBPS PO 2011)**
(1) फिशिंग ट्रिक (2) कम्प्यूटर वायरस
(3) स्पाईवेयर स्कैम्स (4) वायरस
(5) फिशिंग स्कैम्स

**35.** अनसॉलिसिटेड ई-मेल को क्या कहते हैं? **(RBI Grade B 2012)**
(1) न्यूजग्रुप (2) यूजनेट (3) बैकबोन
(4) फ्लेमिंग (5) स्पैम

**36.** घृणित मैसेजिंग सिस्टम से अनैच्छिक मैसेज भेजने को क्या कहते हैं?
(1) फिशिंग (2) स्पैम
(3) मालवेयर (4) फायरवॉल

**37.** ......... इलेक्ट्रॉनिक स्पैम का प्रकार है, जहाँ अवांछित सन्देश ई-मेल द्वारा भेजे जाते हैं। **(IBPS RRB PO Mains 2017)**
(1) ट्रैश मेल (2) क्रैम मेल (3) ड्रॉफ्ट मेल
(4) स्पैम मेल (5) स्टेण्यर्ड मेल

**38.** जहाँ Virus Suspected फाइलों को रखा जाता है, उस फोल्डर को क्या कहते हैं?
(1) स्पैम मेल (2) जंक मेल
(3) '1' और '2' दोनों (4) वायरस मेल

**39.** निम्नलिखित में इसके अतिरिक्त सभी रियल सिक्योरिटी तथा प्राइवेसी खतरों से सम्बन्धित हैं **(SBI PO 2011)**
(1) हैकर्स (2) स्पैम
(3) वायरस (4) चोर की पहचान करना
(5) इनमें से कोई नहीं

**40.** यह एडवरटाइजमेण्ट को स्वत: ही टुकड़े-टुकड़े कर स्क्रीन पर दिखाता है
(1) स्पैम (2) रूटकिट्स
(3) फिशिंग (4) हैकिंग
(5) एडवेयर

**41.** ········ एक प्रकार का मालवेयर है, जिसके द्वारा किसी कम्प्यूटर सिस्टम में एडमिनिस्ट्रेटिव स्तर की नियन्त्रितता प्राप्त की जाती है।
(1) फिशिंग (2) रूटकिट्स
(3) एडवेयर (4) क्रैकिंग

**42.** गैरकानूनी प्रतिलिपि और सॉफ्टवेयर का वितरण करना कहलाता है। **(IBPS RRB PO Mains 2018)**
(1) फायरवॉल (2) सॉफ्टवेयर पायरेसी
(3) डिजिटल हस्ताक्षर (4) स्क्रिप्ट
(5) उपरोक्त में से कोई नहीं

**43.** ट्रेण्ड माइक्रो एक है
(1) वायरस प्रोग्राम (2) एण्टीवायरस प्रोग्राम
(3) सिर्फ एक प्रोग्राम (4) ये सभी

**44.** एक एण्टीवायरस है
(1) कम्प्यूटर (2) प्रोग्राम कोड
(3) एप्लीकेशन सॉफ्टवेयर (4) कम्पनी का नाम

**45.** डिजिटल हस्ताक्षर एक प्रकार से है **(SBI Clerk 2011)**
(1) स्कैण्ड सिग्नेचर
(2) सिग्नेचर का बाइनरी रूप
(3) सूचना को इन्क्रिप्ट करना
(4) हस्तलिखित सिग्नेचर
(5) उपरोक्त में से कोई नहीं

**46.** फायरवॉल क्या है?
(1) वह सिस्टम, जो कम्प्यूटर के वायरस को स्कैन करता है
(2) वह सिस्टम जो निजी नेटवर्क को अनाधिकृत एक्सेस से रोकता है
(3) वह सिस्टम, जो प्रयोक्ताओं को सुरक्षित मनी ट्रांसफर करता है
(4) वह सिस्टम जिसमें अनेक कम्प्यूटर एक-दूसरे से जुड़े होते हैं
(5) उपरोक्त में से कोई नहीं

**47.** कम्प्यूटर हैकर के आक्रमण से अपने आपको बचाने के लिए किसे इन्स्टॉल करना चाहिए? **(RBI Grade B 2012)**
(1) फायरवॉल (2) मेलर
(3) मैक्रो (4) स्क्रिप्ट
(5) इनमें से कोई नहीं

**48.** निम्नलिखित में से यह फायरवॉल का प्रमुख कार्य है **(SBI PO 2010)**
(1) निगरानी करना
(2) डिलीट करना
(3) कॉपी करना
(4) मूव करना
(5) उपरोक्त में से कोई नहीं

**49.** एक फायरवॉल संचालित होती है **(SBI Clerk 2010)**
(1) पूर्व क्रय फेस द्वारा
(2) इण्टरनेट को एक्सट्रानेट से अलग करके
(3) पैकेटों को नेटवर्क से/में जाँचना तथा नेटवर्क ट्रैफिक को नियन्त्रित फिल्टरिंग करवाना
(4) उपरोक्त सभी
(5) उपरोक्त में से कोई नहीं

**50.** फायरवॉल का प्रयोग क्या है? **(IBPS RRB PO Mains 2018)**
(1) नेटवर्क की भौतिक सीमा
(2) कम्प्यूटर नेटवर्क का एक ऑपरेटिंग सिस्टम
(3) अनाधिकृत पहुँच को रोकने के लिए
(4) वेब ब्राउजिंग सॉफ्टवेयर
(5) उपरोक्त में से कोई नहीं

**51.** निम्न में से कौन संख्याओं और अल्फाबेट्स का संयोजन है, जो यूजर अकाउण्ट को एक्सेस करने के लिए यूजर नेम का उपयोग करता है? **(IBPS Clerk Mains 2017)**
(1) पासवर्ड (2) यूजरनेम
(3) टाइटलनेम (4) होस्ट आईडी
(5) स्क्रीन नेम

**52.** कोडित प्रविष्टियाँ, जिनका प्रयोग कम्प्यूटर सिस्टम को एक्सेस करने के लिए किया जाता है, कहलाता हैं **(IBPS Clerk Mains 2017)**
(1) एण्ट्री कोड्स (2) पासवर्ड
(3) सिक्योरिटी कमाण्ड्स (4) कोर्ड वर्ड
(5) इनमें से कोई नहीं

**53.** इससे थ्रेट के सक्षम दुष्प्रभावों को मापा जाता है, यह क्या है? **(IBPS Clerk 2011)**
(1) भेद्यता (Vulnerabilities)
(2) काउण्टर उपाय
(3) संवेदनशीलता (WSusceptibility)
(4) नुकसान की डिग्री (Degree of Harm)
(5) उपरोक्त में से कोई नहीं

**54.** यह कुछ भी हो सकता है, जोकि कम्प्यूटर सिस्टम को नुकसान पहुँचा सकता है, यह सामान्य रूप से है
(1) भेद्यता (2) फिशिंग (3) थ्रेट (4) स्पूफ

**55.** निम्न में से फाइल एक्सेस की किस परमिशन में उपयोगकर्ता को फाइल के कण्टेण्टों को रिमूव या बदलाव करने की अनुमति होती है?
(1) रीड परमिशन (2) एक्जीक्यूट परमिशन
(3) राइट परमिशन (4) '1' तथा '2' दोनों

**56.** कुछ विशिष्ट एप्लीकेशन; जैसे- फाइल ट्रांसफर प्रोटोकॉल निम्न में से किसमें सम्मिलित होता है?

(1) प्रॉक्सी सर्वर (2) लॉजिक बॉम्ब
(3) एप्लीकेशन गेटवे (4) पैचेस

**57.** कुछ वायरसों में विलम्बित पेलोड होता है, इसे क्या कहते हैं?

(1) टाइम (2) एण्टीवायरस
(3) बॉम्ब (4) ये सभी

**58.** निम्नलिखित में से कौन कम्प्यूटर मैमोरी में प्रवेश होता है, परन्तु यह न तो वायरस है और न ही अपने को मैमोरी में कॉपी करता है? **(SBI PO 2011)**

(1) ट्रॉजन हॉर्स
(2) लॉजिक बॉम्ब
(3) क्रैकर
(4) फायरवॉल
(5) उपरोक्त में से कोई नहीं

**59.** वेण्डर द्वारा बनाए गए प्रोग्राम मॉडिफिकेशन्स (बदलाव) को कहा जाता है **(Allahabad Bank PO 2011)**

(1) पैचेस (Patches)
(2) एण्टीवायरस (Antivirus)
(3) हैल्स (Hales)
(4) फिक्सेस (Fixes)
(5) ओवरलेप्स (Overlaps)

**60.** हैकर सामान्यतया वैध उपयोगकर्ता होने का अभिनय करके किसी नेटवर्क में प्रवेश अर्जित करते हैं, इस प्रक्रिया को क्या कहते हैं?

(1) स्पूफिंग (2) फॉर्जिंग
(3) IP स्पूफिंग (4) मास्क्वेर्डिंग

# उत्तरमाला

| | | | | | | | | | |
|---|---|---|---|---|---|---|---|---|---|
| 1. *(2)* | 2. *(1)* | 3. *(4)* | 4. *(4)* | 5. *(4)* | 6. *(2)* | 7. *(2)* | 8. *(1)* | 9. *(3)* | 10. *(1)* |
| 11. *(3)* | 12. *(2)* | 13. *(1)* | 14. *(3)* | 15. *(5)* | 16. *(1)* | 17. *(1)* | 18. *(3)* | 19. *(1)* | 20. *(1)* |
| 21. *(2)* | 22. *(2)* | 23. *(2)* | 24. *(4)* | 25. *(4)* | 26. *(1)* | 27. *(3)* | 28. *(3)* | 29. *(4)* | 30. *(2)* |
| 31. *(2)* | 32. *(1)* | 33. *(2)* | 34. *(1)* | 35. *(5)* | 36. *(2)* | 37. *(4)* | 38. *(3)* | 39. *(4)* | 40. *(5)* |
| 41. *(2)* | 42. *(2)* | 43. *(2)* | 44. *(3)* | 45. *(3)* | 46. *(2)* | 47. *(1)* | 48. *(1)* | 49. *(3)* | 50. *(3)* |
| 51. *(1)* | 52. *(2)* | 53. *(4)* | 54. *(3)* | 55. *(3)* | 56. *(3)* | 57. *(3)* | 58. *(2)* | 59. *(1)* | 60. *(4)* |

# प्रैक्टिस सेट्स
## (1-5)

# प्रैक्टिस सेट 1

## कम्प्यूटर जागरूकता के लिए

**1.** कम्प्यूटर का नियन्त्रण केन्द्र किसे कहते हैं?
(1) कीबोर्ड (2) मॉनीटर
(3) प्रिण्टर (4) सेण्ट्रल प्रोसेसिंग यूनिट

**2.** C भाषा का विकास किसके द्वारा किया गया था?
(1) पीटर नार्टन (2) डेनिस रिची
(3) केन थॉम्पसन (4) बिल गेट्स

**3.** मैमोरी सेल क्या है?
(1) एक कोशिका
(2) एक बैटरी
(3) मुख्य मैमोरी में स्टोरेज की आधारभूत इकाई
(4) '1' और '2' दोनों

**4.** प्राइमरी मैमोरी को ·········· भी कहते हैं।
(1) कैशे मैमोरी (2) सेल मैमोरी
(3) मेन मैमोरी (4) दोनों (2) और (3)

**5.** निम्नलिखित में से कौन-सा प्रोग्रामिंग का प्रथम चरण है?
(1) इनपुट डाटा का परीक्षण
(2) समस्या को समझना
(3) आउटपुट की योजना बनाना
(4) प्रोग्राम लिखना

**6.** डाटा कहाँ भेजना है या कहाँ से लिखा जाता है, इसके लिए कौन-सी बस प्रयुक्त होती है?
(1) डाटा बस (2) कण्ट्रोल बस
(3) एयर बस (4) एड्रेस बस

**7.** कीबोर्ड एक प्रमुख इनपुट डिवाइस है, इसकी मदद से क्या करते हैं?
(1) कम्प्यूटर को ऑन करते हैं
(2) समस्त सूचना कम्प्यूटर को भेजते हैं
(3) मनपसन्द धुन बजाते हैं
(4) '2' और '3' दोनों

**8.** माउस को अन्य किस नाम से जाना जाता हैं?
(1) माइस (2) कण्ट्रोल डिवाइस
(3) रैट (4) प्वॉइण्टिंग डिवाइस

**9.** मैमोरी, इनपुट और आउटपुट डिवाइसेज को कौन नियन्त्रित करता है?
(1) CPU (2) CU
(3) ALU (4) Memory

**10.** CD-ROM निम्नलिखित में से किसका उदाहरण है?
(1) ऑप्टिकल मैमोरी (2) ऑप्टिकल डिस्क
(3) मैग्नेटिक टेप (4) मैग्नेटिक डिस्क

**11.** पैराग्राफ, स्टाइल्स और एडिटिंग किस टैब के अन्तर्गत होते हैं?
(1) होम (2) इन्सर्ट
(3) रिव्यू (4) पेज लेआउट

**12.** ios किस प्रकार का ऑपरेटिंग सिस्टम है?
(1) लाइनक्स OS (2) यूनिक्स OS
(3) मोबाइल OS (4) सोलेरिस OS

**13.** कौन-सा ऑपरेटिंग सिस्टम कार्य होने के बाद अन्य प्रोग्रामों को अस्थायी रूप से CPU का प्रयोग करने की अनुमति देता है?
(1) कोऑपरेटिव मल्टीटास्किंग
(2) प्रीम्पटिव
(3) सिंगल यूजर
(4) मल्टी यूजर

**14.** निम्न में से किसके अन्तर्गत सामानों का लेन-देन इत्यादि सम्मिलित हैं
(1) ई-कॉमर्स (2) एन-कॉमर्स
(3) '1' और '2' दोनों (4) NEFT

**15.** स्कैनर से सम्बन्धित कौन-सा तथ्य सही है?
(1) यह डिजिटल इमेज को ऑप्टिकल इमेज में परिवर्तित करता है
(2) यह प्रत्येक इमेज को डिजिटल इमेज में परिवर्तित करता है
(3) दोनों ही काम करता है
(4) दोनों ही काम नहीं करता

**16.** OMR से सम्बन्धित कौन-सा तथ्य सही है?
(1) कम्प्यूटर द्वारा पढ़े जाने योग्य कागज पर लगे निशान को पहचानता है
(2) कागज पहचानता है
(3) चित्र पहचानता है
(4) रंग पहचानता है

**17.** Dir-2 Virus किस वायरस का उदाहरण है?
(1) फाइल सिस्टम
(2) वेब स्क्रिप्टिंग
(3) फैट
(4) रेजिडेंज

**18.** कम्प्यूटर के द्वारा भेजी गई सूचनाएँ और निर्देश जिस मशीन के द्वारा कागज पर प्रिण्ट होते हैं, उसे क्या कहते हैं?
(1) नोटबुक (2) टाइप फेस
(3) टाइपराइटर (4) प्रिण्टर
(5) इनमें से कोई नहीं

**19.** निम्न में से कौन विण्डोज 7 की विशेषता को दर्शाता है?
(1) यह NT कर्नेल और इण्टरफेस फीचर्स पर बना हुआ है
(2) इसके साथ आप अपने कम्प्यूटर को रिस्टोर कर सकते हैं।
(3) यह डॉस का बिल्ट-इन विकसित वर्जन है
(4) यह ऐरो स्नैप फीचर प्रदान करता है
(5) यह प्रीमिटीव मल्टीटास्किंग का प्रयोग करता है

**20.** स्टार्ट मेन्यू का कौन-सा विकल्प वर्तमान उपयोगकर्ता का सत्र समाप्त कर देता है?
(1) प्रोग्राम (2) फेवरेट
(3) डॉक्यूमेण्ट (4) सेटिंग
(5) लॉग ऑफ

**21.** माइक्रोसॉफ्ट एक्सेस में क्वैरी के उत्तर में जो सूचनाएँ या रिकॉर्ड प्राप्त होता है उसे क्या कहते हैं?
(1) डायनासेट (2) इवेण्ट्स
(3) फैकलटी (4) फॉर्म

**22.** CPU का वह भाग, जो हार्डवेयर की क्रियाओं को नियन्त्रित और संचालित करता है, क्या कहलाता है?
(1) CU (2) ALU
(3) Memory (4) AMU
(5) ये सभी

**23.** वह भाग, जो कम्प्यूटर की वास्तविक गणनाओं (जोड़, घटाव, गुणा, भाग) और तुलना का कार्य करता है, क्या कहलाता है?
(1) CU (2) ALU (3) Memory (4) CPU

**24.** एयरक्राफ्ट कण्ट्रोल सिस्टम में कौन-सा ऑपरेटिंग सिस्टम प्रयोग होता है?
(1) हार्ड रियल टाइम (2) सॉफ्ट रियल टाइम
(3) टाइम शेयरिंग (4) मल्टी यूजर

**25.** CPU के माइक्रोप्रोसेसर पर तीन भागों का परिपथ होता है, वे क्या हैं?
(1) CU (2) ALU
(3) Register (4) '1' और '2' दोनों
(5) ये सभी

**26.** फैक्स के लिए किस नेटवर्क का प्रयोग किया जाता है?
(1) VAD (2) PSTN
(3) VAN (4) PSDN
(5) इनमें से कोई नहीं

**27.** वायरस कम्प्यूटर सिस्टम को किस प्रकार संक्रमित करता है?
(1) तापक्रम बढ़ने से
(2) संक्रमित प्रोग्राम या डिस्क चलाने से
(3) पर्याप्त मात्रा में बिजली आपूर्ति नहीं होने से
(4) '2' और '3' दोनों
(5) उपरोक्त में से कोई नहीं

**28.** फाइलों तथा फोल्डरों को एक्सेस करने तथा उनको व्यवस्थित करने के लिए किसका प्रयोग होता है?
(1) डॉक्यूमेण्ट (2) पिक्चर
(3) लाइब्रेरी (4) म्यूजिक
(5) वीडियो

**29.** ज्ञात सॉफ्टवेयर बग के लिए रिपेयर जो सामान्यत: इण्टरनेट पर बिना चार्ज उपलब्ध होता है, उसे ……… कहते हैं।
(1) वर्जन (2) पैच
(3) ट्यूटोरियल (4) FAQ
(5) इनमें से कोई नहीं

**30.** कम्प्यूटर सम्बन्धी गतिविधियों में प्रयुक्त USB का पूरा रूप क्या है?
(1) Universal Security Block
(2) Ultra Serial Block
(3) United Service Block
(4) Universal Serial Bus
(5) उपरोक्त में से कोई नहीं

**31.** प्रेजेण्टेशन/स्लाइड शो तैयार करने के लिए सामान्यत: कौन-सी एप्लीकेशन इस्तेमाल की जाती है?
(1) फोटोशॉप (2) पावरप्वॉइण्ट
(3) आउटलुक एक्सप्रेस (4) इण्टरनेट एक्सप्लोरर
(5) ये सभी

**32.** स्लाइड शो व्यू में पिछली स्लाइड पर जाने के लिए कौन-सा बटन दबाया जाता है?
(1) एण्टर कुंजी (2) पेजअप कुंजी
(3) स्पेस बार (4) N कुंजी
(5) इनमें से कोई नहीं

**33.** .......... वायरलैस मोबाइल डिवाइसेज को इण्टरनेट और उसकी सर्विसेज; जैसे— वेब और ई-मेल प्राप्त करने की आज्ञा देता है।
(1) TCP/IP (2) इण्टरनेट
(3) WAP (4) टोकेन रिंग
(5) इनमें से कोई नहीं

**34.** 'DOS', फ्लॉपी डिस्क में निम्न में से क्या नहीं होता?
(1) एक बूट रिकॉर्ड (2) एक रूट डायरेक्टरी
(3) फाइल एलोकेशन टेबल (4) वर्चुअल मैमोरी
(5) उपरोक्त में से कोई नहीं

**35.** डाटाबेस डेवलपमेण्ट के दौरान एकत्र की गई सभी सूचना .......... में स्टोर होती है।
(1) रिपॉजट्री (2) RAD
(3) डाटा वेयर हाउस (4) CASE
(5) इनमें से कोई नहीं

**36.** लो-पॉवर USB डिवाइस में पॉवर सप्लाई कैसे होती है?
(1) पावर केबल द्वारा
(2) कम्प्यूटर पावर सप्लाई से सीधे
(3) बाहरी पावर सप्लाई से
(4) USB केबल द्वारा
(5) उपरोक्त में से कोई नहीं

**37.** नैनो शब्द निम्न में से किससे सम्बन्धित है?
(1) $10^{-6}$ m (2) $10^{-10}$ m
(3) $10^{-9}$ m (4) $10^{-2}$ m
(5) इनमें से कोई नहीं

**38.** ब्राउजर पर http://doc.org निम्न में से किसे प्रदर्शित करता है?
(1) वेब पेज (2) वेब ब्राउजर
(3) वेबसाइट (4) वेब सर्वर
(5) वेब एड्रेस

**39.** पेण्ट प्रोग्राम को ड्रॉइंग बनाने या डिजिटल चित्रों को एडिट करने के लिए प्रयोग किया जाता है। पेण्ट फाइल का एक्सटेंशन क्या है?
(1) .doc (2) .txt
(3) .bmp (4) .png
(5) '3' और '4' दोनों

**40.** कम्प्यूटर में डाटा किसे कहा जाता है?
(1) संख्या को
(2) चिन्ह को
(3) दी गई सूचनाओं को
(4) चिन्ह व संख्यात्मक सूचना को
(5) इनमें से कोई नहीं

**41.** एक पेण्टियम-4 में .......... ट्रांजिस्टर होते हैं।
(1) 10 मिलियन (2) 20 मिलियन
(3) 5 मिलियन (4) 42 मिलियन
(5) इनमें से कोई नहीं

**42.** बाइनरी को डेसीमल में एक्सप्रेस करने के लिए निम्नलिखित में से किस की घात लेनी पड़ती है?
(1) 1 (2) 2 (3) 3
(4) 4 (5) इनमें से कोई नहीं

**43.** किसी डोमेन नेम में fr किस संगठन या देश को प्रदर्शित करता है?
(1) फ्रांस (2) फ्रीडा
(3) फर्मवेयर (4) यूरोप
(5) इनमें से कोई नहीं

**44.** ऐसी वेबसाइट जिस पर कम्युनिकेशन टेक्स्ट, पिक्चर्स, वीडियो आदि पब्लिकली डाले जाते हैं ......... कहलाती है।
(1) पब्लिक साइट (2) कम्युनिकेशन साइट
(3) कॉमर्स साइट (4) सोशल नेटवर्किंग साइट
(5) उपरोक्त में से कोई नहीं

**45.** डायनासेट में सूचनाओं को किसी कागज पर क्रमबद्ध प्रिण्ट किया जाता है यह प्रक्रिया क्या कहलाती है?
(1) फॉर्म (2) क्वैरी
(3) रिपोर्ट (4) फील्ड
(5) रिकॉर्ड

**46.** ग्राहकों को इण्टरनेट की सुविधा प्रदान करने के लिए कौन-सा कनेक्शन अधिक उपयोगी है?
(1) डायल-अप (2) ब्रॉडबैण्ड
(3) केबल मॉडम (4) वायरलैस
(5) डिजिटल सब्सक्राइबर

**47.** गूगल द्वारा इण्टरनेट पर चलाई जा रही सामाजिक नेटवर्क सेवा का निम्नलिखित में से क्या नाम है?
(1) ऑनलाइन स्पेस (2) ऑरकुट (Orkut)
(3) नेट-स्पेस (4) विकीपीडिया
(5) इनमें से कोई नहीं

**48.** प्वॉइण्ट-टू-प्वॉइण्ट प्रोटोकॉल के लिए सही विकल्प चुनिए।
(1) यह एक प्रकार का वेब ब्राउजर है
(2) यह IP नेटवर्कों पर ध्वनि संचार का वितरण करने में प्रयोग होता है
(3) यह एक डायल अकाउण्ट है
(4) उपरोक्त सभी
(5) उपरोक्त में से कोई नहीं

**49.** नेटवर्किंग शब्दावली 'Hand Shaking' का क्या अर्थ है?
(1) कम्प्यूटरों को हब के साथ जोड़ना
(2) वितरित नेटवर्क
(3) विभिन्न कम्प्यूटरों में समान परिचालन प्रणाली का होना
(4) ई-मेल भेजना
(5) उपरोक्त में से कोई नहीं

**50.** ऑपरेटिंग सिस्टम किस सॉफ्टवेयर का सामान्य प्रकार है?
(1) कम्युनिकेशन (2) वर्ड प्रोसेसिंग
(3) एप्लीकेशन (4) सिस्टम
(5) इनमें से कोई नहीं

## उत्तरमाला

| | | | | | | | | | |
|---|---|---|---|---|---|---|---|---|---|
| 1. (4) | 2. (2) | 3. (3) | 4. (3) | 5. (2) | 6. (4) | 7. (2) | 8. (4) | 9. (1) | 10. (1) |
| 11. (1) | 12. (3) | 13. (1) | 14. (1) | 15. (2) | 16. (1) | 17. (1) | 18. (4) | 19. (4) | 20. (5) |
| 21. (1) | 22. (1) | 23. (2) | 24. (1) | 25. (5) | 26. (2) | 27. (2) | 28. (3) | 29. (1) | 30. (4) |
| 31. (2) | 32. (2) | 33. (3) | 34. (4) | 35. (3) | 36. (4) | 37. (3) | 38. (3) | 39. (5) | 40. (4) |
| 41. (4) | 42. (2) | 43. (1) | 44. (4) | 45. (3) | 46. (4) | 47. (2) | 48. (3) | 49. (1) | 50. (4) |

# प्रैक्टिस सेट 2

## कम्प्यूटर जागरूकता के लिए

**1.** कम्प्यूटरों में अनाधिकृत पहुँच प्राप्त करने के लिए उपयोग की जाने वाली तकनीक क्या है, जिससे अधिकृत तरीके से पहुँचने वाले व्यक्ति किसी कम्प्यूटर को सन्देश भेजते हैं, जिससे यह संकेत मिलता है कि सन्देश एक विश्वसनीय होस्ट से आ रहा है?

(1) आइडेंटिटी थेफ्ट
(2) फोर्जिंग
(3) स्पूफिंग
(4) फार्मिंग
(5) फिशिंग

**2.** इनपुट, आउटपुट और प्रोसेसिंग डिवाइसों का एक साथ समूह बना दिया जाए, तो निम्न में से किसे निरूपित करता है?

(1) मोबाइल डिवाइस
(2) इन्फॉर्मेशन प्रोसेसिंग साइकिल
(3) सर्किट बोर्ड
(4) कम्प्यूटर सिस्टम
(5) उपरोक्त में से कोई नहीं

**3.** अधिकांश वेबसाइटों में मेन पेज ………… होता है, जो वेबसाइट के शेष पेजों के लिए लिंक (Link) का काम करता है।

(1) सर्च इंजन (2) होम पेज
(3) ब्राउजर (4) URL
(5) इनमें से कोई नहीं

**4.** कम्प्यूटर फाइलों के बारे में निम्न में से कौन-सा कथन सत्य नहीं है?

(1) वह एक स्टोरेज माध्यम से सेव किया गया डाटा संग्रह होता है
(2) प्रत्येक फाइल का एक नाम होता है
(3) फाइल की विषय-वस्तु को प्रदर्शित करने के लिए प्रयोक्ता फाइल एक्सटेंशन देता है
(4) फाइलों में सामान्यत: डाटा होता है
(5) उपरोक्त में से कोई नहीं

**5.** ………एक बॉक्स है, जिसमें कम्प्यूटर सिस्टम का सर्वाधिक महत्त्वपूर्ण भाग होता है।

(1) सॉफ्टवेयर (2) हार्डवेयर
(3) इनपुट डिवाइस (4) सिस्टम यूनिट
(5) इनमें से कोई नहीं

**6.** इरेजेबल ऑप्टिकल डिस्क की विशेषता क्या है?

(1) इस पर बार-बार मिटाकर बार-बार लिखना सम्भव है
(2) इस पर सिर्फ पढ़ना सम्भव है
(3) इस पर एक बार लिखना सम्भव है
(4) इस पर लिखना ही सम्भव नहीं है
(5) उपरोक्त में से कोई नहीं

**7.** एण्ड्रॉयड ऑपरेटिंग सिस्टम को निम्न में से किसके द्वारा प्रस्तुत किया गया था?

(1) याहू (2) गूगल
(3) माइक्रोमैक्स (4) माइक्रोसॉफ्ट
(5) आईबीएम

**8.** निम्न में से कौन-सा विकल्प केवल टेक्स्ट आधारित होता है?

(1) ग्राफिकल यूजर इण्टरफेस
(2) करैक्टर यूजर एन्वायर्नमेन्ट
(3) कमाण्ड लाइन इण्टरफेस
(4) यूजर च्वॉइस इण्टरफेस
(5) उपरोक्त में से कोई नहीं

**9.** ………एक यूनिट के रूप में सेव किया गया सूचना का संग्रह है।

(1) फोल्डर (2) फाइल
(3) पाथ (4) फाइल एक्सटेंशन
(5) इनमें से कोई नहीं

**10.** प्रिण्टर एवं मॉनीटर जैसे पेरिफेरल उपकरणों को ……… माना जाता है।

(1) हार्डवेयर (2) सॉफ्टवेयर
(3) डाटा (4) सूचना
(5) इनमें से कोई नहीं

**11.** निम्न में से कौन-सा कम्पोनेण्ट कम्प्यूटर का मस्तिष्क होता है?
(1) सर्किट बोर्ड (2) CPU
(3) मैमोरी (4) नेटवर्क कार्ड
(5) इनमें से कोई नहीं

**12.** निम्न में से किस टोपोलॉजी में प्रत्येक नोड को दो अन्य नोड से जोड़ने की आवश्यकता होती है?
(1) स्टार (2) मैश
(3) रिंग (4) बस
(5) ट्री

**13.** नई डायरेक्टरी बनाने के लिए कौन-सा आदेश दिया जाता है?
(1) RD (2) MD
(3) CD (4) ND
(5) इनमें से कोई नहीं

**14.** सामान्यत: रिसाइकिल बिन के द्वारा रन होती है।
(1) डेस्कटॉप (2) हार्ड ड्राइव
(3) शॉर्टकट मेन्यू (4) प्रॉपर्टी डायलॉग बॉक्स
(5) इनमें से कोई नहीं

**15.** प्रोसेसिंग कार्य किस प्रकार करना है, ऐसा कम्प्यूटर को बताने वाले इंस्ट्रक्शन्स को कम्प्यूटर .......... कहते हैं।
(1) प्रोग्राम (2) प्रोसेसर्स
(3) इनपुट डिवाइस (4) मैमोरी मॉड्यूल्स
(5) इनमें से कोई नहीं

**16.** कम्प्यूटर मदरबोर्ड में क्या सम्मिलित है, जो हाउस सेटिंग कॉन्फिगरेशन और ऑनबोर्ड बैटरी द्वारा संचालित है?
(1) CMOS (2) RAM
(3) DRAM (4) CPU
(5) इनमें से कोई नहीं

**17.** C, BASIC, COBOL और JAVA .......... भाषाओं के उदाहरण हैं।
(1) लो लेवल (2) कम्प्यूटर
(3) सिस्टम प्रोग्रामिंग (4) हाई लेवल
(5) इनमें से कोई नहीं

**18.** .........कम्प्यूटर का वह एरिया है, जो प्रोसेस होने वाले डाटा को अस्थायी रूप से होल्ड करता है।
(1) CPU (2) मैमोरी
(3) स्टोरेज (4) फाइल
(5) इनमें से कोई नहीं

**19.** .........एक माइक्रोप्रोसेसर आधारित कम्प्यूटर डिवाइस है।
(1) पर्सनल कम्प्यूटर (2) मेनफ्रेम
(3) वर्कस्टेशन (4) सर्वर
(5) इनमें से कोई नहीं

**20.** इन्फॉर्मेशन इनपुट करने के लिए आप कीबोर्ड या माउस जैसे .......... का उपयोग करते हैं।
(1) आउटपुट (2) इनपुट डिवाइस
(3) स्टोरेज डिवाइस (4) प्रोसेसिंग डिवाइस
(5) इनमें से कोई नहीं

**21.** कम्प्यूटर सिस्टम में निमोनिक कोड (Mnemonic Code) से मुक्त प्रोग्राम की भाषा क्या कहलाती है?
(1) उच्च स्तरीय भाषा (2) कम्प्यूटर लॉजिक
(3) मशीनी भाषा (4) असेम्बली भाषा
(5) इनमें से कोई नहीं

**22.** निम्न में से कौन-सी एक उच्च स्तरीय भाषा व्यावसायिक संक्रियाओं में उपयोग नहीं की जाती है?
(1) कोबोल (2) पास्कल
(3) स्प्रेडशीट (4) सी
(5) पीएलआई

**23.** बिजनेस परपज हेतु ग्रेस हूपर ने किस भाषा को विकसित किया था?
(1) लिस्प (2) एल्गोल
(3) फोरट्रॉन (4) कोबोल
(5) सी

**24.** अधिकांश भारतीय सुपर/मिनी कम्प्यूटर द्वारा किस ऑपरेटिंग प्रणाली को अपनाया गया है?
(1) सी (2) मार्वेल
(3) एडा (4) यूनिक्स
(5) मॉड्यूला

**25.** कम्प्यूटर में सूचना के प्रत्येक करैक्टर के लिए कितने बिटों का इस्तेमाल होता है?
(1) 4 बिट (2) 8 बिट
(3) 12 बिट (4) 16 बिट
(5) 18 बिट

**26.** दो असमान लैन नेटवर्क को जोड़ने के लिए किस उपकरण का प्रयोग होता है?
(1) ब्रिज (2) रूटर
(3) गेटवे (4) ये सभी
(5) इनमें से कोई नहीं

**27.** डाटा परिवर्तन एवं कोड अनुवाद के लिए कौन-सी लेयर जिम्मेदार है?
(1) प्रेजेण्टेशन लेयर (2) एप्लीकेशन लेयर
(3) डाटा लिंक लेयर (4) फिजिकल लेयर
(5) इनमें से कोई नहीं

**28.** लेजर किरणों की मदद से प्रिन्टिंग करने वाला प्रिण्टर क्या कहलाता है?
(1) लेजर प्रिण्टर (2) डेजी व्हील प्रिण्टर
(3) इंकजेट प्रिण्टर (4) डॉट मैट्रिक्स प्रिण्टर
(5) इनमें से कोई नहीं

**29.** निम्न में से कौन हार्डवेयर तथा सॉफ्टवेयर का संयोजन है?
(1) टपल (2) कम्पाइलर
(3) इण्टरप्रेटर (4) फर्मवेयर
(5) असेम्बलर

**30.** एन्हैन्स, शैडो, ग्लो जैसे इफेक्ट किन सॉफ्टवेयर द्वारा दिए जाते हैं?
(1) मल्टीमीडिया
(2) ग्राफिक्स
(3) डाटाबेस मैनेजमेण्ट सिस्टम
(4) प्रेजेण्टेशन
(5) उपरोक्त में से कोई नहीं

**31.** ई-मेल अटैचमेण्ट क्या होता है?
(1) प्राप्तकर्ता द्वारा भेजी गई फाइल
(2) ई-मेल सन्देश के साथ भेजा गया किसी दूसरे प्रोग्राम से एक अलग डॉक्यूमेन्ट
(3) आपके सन्देशों से फीड ऑफ होने वाला मैलिशियस पैरासाइट, जो कण्टेण्ट को नष्ट कर देता है
(4) Cc या Bcc प्राप्तकर्ताओं की सूची
(5) उपरोक्त में से कोई नहीं

**32.** प्रथम पीढ़ी के कम्प्यूटर में ......... का उपयोग करके प्रोग्रामिंग की जाती थी?
(1) असेम्बली भाषा (2) मशीनी भाषा
(3) सोर्स कोड (4) ऑब्जेक्ट कोड
(5) इनमें से कोई नहीं

**33.** ई-कॉमर्स की सहायता से कम्पनियाँ
(1) महत्त्वपूर्ण बिजनेस रिपोर्ट जारी कर सकती हैं
(2) इण्टरनेट पर बिजनेस कर सकती हैं
(3) निर्णय लेने की प्रक्रियाओं को सपोर्ट कर सकती हैं
(4) पेपर-बेस्ड ट्रान्जेक्शन्स का ट्रैक रख सकती हैं
(5) उपरोक्त में से कोई नहीं

**34.** डिजिटल सिग्नेचर सन्देश के लिए ......... नहीं दे पाते हैं।
(1) इण्टिग्रेटी (2) नॉन-रेपुडिएशन
(3) ऑथेण्टिकेशन (4) कॉन्फिडेंशिएलिटी
(5) इनमें से कोई नहीं

**35.** टिपिकल नेटवर्क में सबसे महत्त्वपूर्ण या शक्तिशाली कम्प्यूटर कौन-सा है?
(1) डेस्कटॉप (2) नेटवर्क क्लाइण्ट
(3) नेटवर्क सर्वर (4) नेटवर्क स्टेशन
(5) इनमें से कोई नहीं

**36.** वर्ड प्रोसेसिंग में, तीसरे पैराग्राफ को पाँचवें पैराग्राफ के बाद ले जाने का अच्छा तरीका कौन-सा है?
(1) कॉपी एण्ड पेस्ट
(2) कॉपी, कट एण्ड पेस्ट
(3) कट, कॉपी एण्ड पेस्ट
(4) कट एण्ड पेस्ट
(5) इनमें से कोई नहीं

**37.** निम्नलिखित में से कण्ट्रोल यूनिट का फंक्शन कौन-सा नहीं है?
(1) रीड इन्स्ट्रक्शन (2) एक्जीक्यूट इन्स्ट्रक्शन
(3) इण्टरप्रेट इन्स्ट्रक्शन्स (4) डायरेक्ट ऑपरेशन
(5) उपरोक्त में से कोई नहीं

**38.** =SUM (B1:B8) ......... का एक उदाहरण है।
(1) फंक्शन (2) फॉर्मूला (3) सेल एड्रेस (4) वैल्यू
(5) इनमें से कोई नहीं

**39.** यदि कोई उपयोगकर्ता CPU में उपलब्ध जानकारी को तुरन्त प्राप्त करना चाहे, तो इसे ......... में स्टोर किया जाना चाहिए।
(1) CD (2) सेकेण्डरी स्टोरेज
(3) CPU (4) RAM
(5) इनमें से कोई नहीं

**40.** स्प्रेडशीट में ......... एक नंबर होता है, जिसे आप कैलकुलेशन में उपयोग करते हैं।
(1) लेबल (2) सेल
(3) फील्ड (4) वैल्यू
(5) इनमें से कोई नहीं

**41.** एक ही समय में कई प्रोग्राम खोले जा सकते हैं, लेकिन केवल ......... प्रोग्राम एक्टिव हो सकता है।
(1) चार (2) तीन
(3) दो (4) एक
(5) इनमें से कोई नहीं

**42.** डिजिटल फोटो और स्कैण्ड इमेजे को .bmp, .png, .jpg, .tif तथा .gif जैसे एक्सटेंशन्स के साथ ………. ग्राफिक के रूप में टिपिकल स्टोर किया जाता है।
(1) वेक्टर
(2) बिटमैप
(3) या तो वेक्टर या बिटमैप
(4) न तो वेक्टर और न ही बिटमैप
(5) उपरोक्त में से कोई नहीं

**43.** ………. एक प्रकार के सस्ते कैमरे होते हैं, जो कम्प्यूटर के साथ लगे रहते हैं और उनका उपयोग वीडियो कॉन्फ्रेन्सिंग, वीडियो चैटिंग और लाइव वेब ब्रॉडकास्ट के लिए होता है।
(1) वेबकैम्स (2) वेबपिक्स
(3) ब्राउजरकैम्स (4) ब्राउजरपिक्स
(5) इनमें से कोई नहीं

**44.** सामान्यत: एक हब में कम-से-कम कितने पोर्ट होते हैं?
(1) 1 (2) 2
(3) 3 (4) 4
(5) इनमें से कोई नहीं

**45.** चैट क्या है?
(1) एक इण्टरनेट स्टैण्डर्ड है, जो यूजर को फाइल्स अपलोड और डाउनलोड करने देता है
(2) टाइप्ड कन्वर्सेशन, जो इण्टरनेट के द्वारा होता है
(3) एक ऑनलाइन एरिया, जिसमें यूजर किसी विशेष विषय पर लिखित रूप में चर्चा करते हैं
(4) कम्प्यूटर नेटवर्क के माध्यम से सन्देशों और फाइलों का ट्रांसमिशन
(5) उपरोक्त में से कोई नहीं

**46.** स्क्रीन का आयताकार क्षेत्र, जो प्रोग्राम, डाटा और इन्फॉर्मेशन प्रदर्शित करता है, निम्नलिखित में से क्या हैं
(1) टाइटल बार (2) बटन
(3) डायलॉग बॉक्स (4) विण्डो
(5) इनमें से कोई नहीं

**47.** डिजिटल बैंकिंग ………. के माध्यम से की जाती है।
(1) मोबाइल फोन (2) इण्टरनेट
(3) टेलीफोन (4) ये सभी
(5) इनमें से कोई नहीं

**48.** एक प्रेजेण्टेशन में स्लाइड को प्रस्तुत करने के लिए प्रयुक्त विशेष इफेक्ट को ………. कहते हैं।
(1) इफेक्ट
(2) कस्टम एनिमेशन
(3) ट्रांजिशन
(4) एनिमेशन
(5) प्रीसेट एनिमेशन

**49.** एम एस-डॉस में किसी नई या पुरानी फ्लॉपी पर कार्य करने के लिए किस कमाण्ड का प्रयोग किया जाता है?
(1) TYPE (2) FORMAT
(3) EDIT (4) CHKDSK
(5) VER

**50.** वह गोपनीय कोड क्या है, जो कुछ प्रोग्रामों में प्रविष्टि प्रतिबन्धित करता है?
(1) पासवर्ड (2) पासपोर्ट
(3) एण्ट्री कोड (4) एक्सेस कोड
(5) इनमें से कोई नहीं

## उत्तरमाला

| | | | | | | | | | |
|---|---|---|---|---|---|---|---|---|---|
| 1. (3) | 2. (4) | 3. (2) | 4. (3) | 5. (4) | 6. (1) | 7. (2) | 8. (3) | 9. (2) | 10. (1) |
| 11. (2) | 12. (3) | 13. (2) | 14. (1) | 15. (1) | 16. (1) | 17. (4) | 18. (2) | 19. (1) | 20. (2) |
| 21. (4) | 22. (3) | 23. (4) | 24. (4) | 25. (2) | 26. (3) | 27. (1) | 28. (1) | 29. (4) | 30. (2) |
| 31. (2) | 32. (2) | 33. (2) | 34. (4) | 35. (3) | 36. (4) | 37. (4) | 38. (2) | 39. (4) | 40. (4) |
| 41. (4) | 42. (2) | 43. (1) | 44. (4) | 45. (2) | 46. (4) | 47. (4) | 48. (3) | 49. (2) | 50. (1) |

# प्रैक्टिस सेट 3

## कम्प्यूटर जागरूकता के लिए

**1.** किस प्रकार की मैमोरी को सामान्यत: टेम्पेररी या वॉलेटाइल स्टोरेज कहते हैं?

(1) ROM (2) फ्लैश मैमोरी
(3) वर्चुअल मैमोरी (4) RAM
(5) इनमें से कोई नहीं

**2.** स्क्रीन को होल्ड करने वाला उपकरण कौन-सा है?

(1) वीडियो (2) डेस्कटॉप
(3) मॉडम (4) मॉनीटर
(5) इनमें से कोई नहीं

**3.** ⋯⋯बनाने के लिए पर्सनल कम्प्यूटरों को एक साथ जोडा जा सकता है।

(1) सर्वर (2) सुपर कम्प्यूटर
(3) नेटवर्क (4) एण्टरप्राइज
(5) इनमें से कोई नहीं

**4.** ⋯⋯में स्पेसिफिक नियम और शब्द होते हैं, जो एल्गोरिथ्म के लॉजिकल स्टेप्स व्यक्त करते हैं।

(1) प्रोग्रामिंग लैंग्वेज
(2) सिण्टैक्स
(3) प्रोग्रामिंग स्ट्रक्चर
(4) लॉजिक चार्ट
(5) उपरोक्त में से कोई नहीं

**5.** डॉक्यूमेन्ट में अगले पृष्ठ पर जाने के लिए किस कुंजी को दबाया जाता है?

(1) Page Up (2) Page Down
(3) Up Arrow (4) Down Arrow
(5) ये सभी

**6.** किसी शब्द को हाइलाइट करने के लिए आप क्या करेंगे?

(1) बटन डाउन होल्ड करते हुए माउस ड्रैग करते हैं
(2) माउस एक बार क्लिक करते हैं
(3) माउस को इर्द-गिर्द रोल करते हैं
(4) माउस को रोल करके क्लिक करते हैं
(5) उपरोक्त में से कोई नहीं

**7.** टेलीफोन सिस्टम द्वारा ट्रांसमिशन करने के लिए और पुन: वापसी हेतु डिजिटल कम्प्यूटर सिग्नलों को एनालॉग सिग्नलों में परिवर्तित करने वाला डिवाइस कौन-सा है?

(1) मॉडम (2) मॉनीटर
(3) डिजिटल कैमरा (4) स्कैनर
(5) इनमें से कोई नहीं

**8.** बिना केबल के प्रयुक्त किए नेटवर्क को जोड़ने वाली डिवाइस को ⋯⋯ कहते हैं।

(1) डिस्ट्रीब्यूटेड (2) सेण्ट्रलाइज्ड
(3) ओपन सोर्स (4) वायरलैस
(5) इनमें से कोई नहीं

**9.** स्प्रेडशीट में सेल को निम्नानुसार परिभाषित किया जाता है

(1) रॉ और कॉलम का इण्टरसेक्शन
(2) टेबल और ट्यूपल का इण्टरसेक्शन
(3) फाइल और डाटाबेस का इण्टरसेक्शन
(4) फील्ड और रिकॉर्ड का इण्टरसेक्शन
(5) उपरोक्त में से कोई नहीं

**10.** वर्कशीटों के संग्रह को क्या कहा जाता है?

(1) वर्कबुक
(2) एक्सेस दस्तावेज
(3) एक्सेस दस्तावेज
(4) उपरोक्त सभी
(5) उपरोक्त में से कोई नहीं

**11.** प्रोग्राम के लिए एक दूसरा शब्द क्या हो सकता है?

(1) सॉफ्टवेयर (2) डिस्क
(3) फ्लॉपी (4) हार्डवेयर
(5) इनमें से कोई नहीं

**12.** बाइनरी को दशमलव में बदलने के लिए क्या करते हैं?

(1) 2 से गुणा (2) 8 से गुणा
(3) 2 से भाग (4) 10 से गुणा
(5) 10 से भाग

**13.** वह डिवाइस जो न केवल वृद्धि संरक्षण उपलब्ध कराता है बल्कि, पॉवर आउटेज के दौरान कम्प्यूटर को बैटरी बैकअप पॉवर भी उपलब्ध कराता है, वह है
(1) बैटरी स्ट्रीप (2) UPS
(3) सर्ज स्ट्रीप (4) USB
(5) मैमोरी

**14.** फ्लॉपी डिस्क का उपयोग किस लिए होता है?
(1) कम्प्यूटर स्क्रीन को इरेज करने के लिए
(2) प्रिण्टर को कार्यरत करने के लिए
(3) कम्प्यूटर को अनलॉक करने के लिए
(4) सूचना स्टोर करने के लिए
(5) उपरोक्त में से कोई नहीं

**15.** 'नोटिफिकेशन एरिया' डेस्कटॉप के किस भाग में दर्शाया जाता है?
(1) मेन्यू बार (2) टास्क बार
(3) टाइटल बार (4) मेन्यू बार
(5) स्क्रॉल बार

**16.** उपयोगकर्ता प्रोग्राम को एक्जीक्यूट करना चाहता है उसे कम्प्यूटर द्वारा एक्जीक्यूट किए जाने वाले इन्स्ट्रक्शन्स में ट्रांसलेट करने की प्रक्रिया को .......... कहते हैं।
(1) प्रोग्रामिंग
(2) डिबगिंग
(3) मॉडलिंग
(4) सिस्टम टेस्टिंग
(5) इनमें से कोई नहीं

**17.** ........ इनपुट डिवाइस का एक उदाहरण है।
(1) कीबोर्ड
(2) मॉनीटर
(3) स्पीकर्स
(4) सेण्ट्रल प्रोसेसिंग यूनिट
(5) उपरोक्त में से कोई नहीं

**18.** वेबसाइट एड्रेस एक यूनिक नाम होता है, जो वेब पर एक स्पेसिफिक ........ को आइडेण्टिफाई करता है।
(1) वेब ब्राउजर (2) वेबसाइट
(3) PDA (4) लिंक
(5) इनमें से कोई नहीं

**19.** ........ में ऐसी कमाण्ड्स होती हैं, जिन्हें सिलेक्ट किया जा सकता है।
(1) प्वॉइण्टर (2) मेन्यू
(3) आइकन (4) बटन
(5) इनमें से कोई नहीं

**20.** वर्ड प्रोसेसिंग प्रोग्रामों द्वारा किस प्रकार की फाइल क्रिएट की जाती है?
(1) डाटाबेस फाइल (2) स्टोरेज फाइल
(3) वर्कशीट फाइल (4) डॉक्यूमेण्ट फाइल
(5) इनमें से कोई नहीं

**21.** कम्प्यूटर कौन-सी भाषा समझता है?
(1) असेम्बली भाषा (2) मशीनी भाषा
(3) उच्चस्तरीय भाषा (4) (1) और (2) दोनों
(5) ये सभी

**22.** जोरेक्स स्टार नामक कम्प्यूटर किस पर आधारित है?
(1) CUI (2) GUI (3) BUI (4) HFI
(5) इनमें से कोई नहीं

**23.** DBMS के किस स्तर में डाटाबेस के भौतिक संग्रहण की संरचना का वर्णन होता है?
(1) आन्तरिक स्तर (2) विचार सम्बन्धी स्तर
(3) बाहरी स्तर (4) दोनो (1) तथा (2)
(5) इनमें से कोई नहीं

**24.** 4 bits किसके बराबर होता है?
(1) 1 byte (2) 2 nibble
(3) 1 nibble (4) 2 byte
(5) 1/2 nibble

**25.** मैमोरी किसे कहते हैं?
(1) माउस (2) हार्ड डिस्क
(3) कीबोर्ड (4) मदरबोर्ड
(5) इनमें से कोई नहीं

**26.** निम्न में से कौन माइक्रोसॉफ्ट विण्डोज का नवीनतम वर्जन है?
(1) माइक्रोसॉफ्ट ऑफिस 365
(2) विण्डोज 9.1
(3) विण्डोज 10
(4) विण्डोज 8.1
(5) उपरोक्त में से कोई नहीं

**27.** .............. यूनिट के रूप में सॉर्टेड और डाटा रिलेटेड इन्फॉर्मेशन का कलेक्शन है।
(1) डिस्क (2) डाटा (3) फाइल (4) फ्लॉपी
(5) इनमें से कोई नहीं

**28.** इण्टरनेट पर सर्वर से सूचना प्राप्त करने के लिए कम्प्यूटर के प्रोसेस को ........ कहते हैं।
(1) पुलिंग (2) पुशिंग
(3) डाउनलोडिंग (4) ट्रांसफरिंग
(5) इनमें से कोई नहीं

**29.** निम्न में से कौन-सा विकल्प बुक-मार्कड वेब पेजों का समूह दिखाता है?
(1) प्रोग्राम (2) फेवरेट
(3) डॉक्यूमेण्ट्स (4) सेटिंग
(5) फाइण्ड

**30.** कौन-सा प्रोटोकॉल स्टेटलेस प्रोटोकॉल के नाम से जाना जाता है?
(1) फाइल ट्रांसफर प्रोटोकॉल
(2) हाइपर टेक्स्ट ट्रांसफर प्रोटोकॉल
(3) टेलनेट प्रोटोकॉल
(4) वायरलेस एप्लीकेशन प्रोटोकॉल
(5) वॉयस ऑवर इण्टरनेट प्रोटोकॉल

**31.** निम्नलिखित में कौन-सा एक बस का प्रकार नहीं है?
(1) डाटा बस (2) एड्रेस बस
(3) कण्ट्रोल बस (4) सॉफ्टवेयर बस
(5) इनमें से कोई नहीं

**32.** केबल मॉडम के अन्तर्गत केबल ऑपरेटर किस केबल के माध्यम से इण्टरनेट आदि की सुविधा प्रदान करता है?
(1) DSL (2) कोएक्सियल
(3) फाइबर ऑप्टिक (4) ब्रॉडबैण्ड
(5) इनमें से कोई नहीं

**33.** कम्प्यूटर भाषा में मूल प्रोग्राम को क्या कहा जाता है?
(1) टारगेट (2) सोर्स
(3) ऑब्जेक्ट (4) मेनफ्रेम
(5) इनमें से कोई नहीं

**34.** DSL ………… कनेक्शन का उदाहरण है।
(1) नेटवर्क (2) वायरलैस
(3) धीमा (4) ब्रॉडबैण्ड
(5) इनमें से कोई नहीं

**35.** यह सॉफ्टवेयर का कौन-सा मुख्य भाग होता है जो कम्प्यूटर को कण्ट्रोल करता है?
(1) डिवाइस ड्राइवर (2) यूटिलिटीज
(3) ऑपरेटिंग सिस्टम (4) एप्लीकेशन
(5) इनमें से कोई नहीं

**36.** कौन-सा सॉफ्टवेयर केवल टेक्स्ट टाइप करने की अनुमति देता है?
(1) यूटिलिटी (2) टेक्स्ट एडिटर
(3) कम्प्रेशन (4) ऑपरेटिंग सिस्टम
(5) इनमें से कोई नहीं

**37.** ट्रॉजन एक प्रकार का नॉन-सेल्फ रेपलिकेटिंग मालवेयर है, जिसका एक उदाहरण ……… है।
(1) Zlib (2) Beast
(3) Tuareg (4) Nimda
(5) Fort

**38.** ……… परिभाषित ऑब्जेक्ट्स को मैनिपुलेट या प्रोसेस करती है।
(1) DDL (2) DML
(3) DCL (4) '1' और '2' दोनों
(5) इनमें से कोई नहीं

**39.** 'Status bar' होता है एक सॉफ्टवेयर विण्डो में
(1) Taskbar के ठीक ऊपर
(2) Menubar के ठीक नीचे
(3) Scroll bar के ठीक ऊपर
(4) उपरोक्त सभी
(5) उपरोक्त में से कोई नहीं

**40.** इनमें से कौन-सा एक font type है?
(1) Times New roman
(2) Arial
(3) Comic sans
(4) उपरोक्त सभी
(5) उपरोक्त में से कोई नहीं

**41.** निम्न में से कौन-सा ऑपरेटिंग सिस्टम का उदाहरण है?
(1) विण्डोज 7 (2) विण्डोज 8
(3) उबन्तू (4) ये सभी
(5) इनमें से कोई नहीं

**42.** इंकजेट प्रिण्टर से बनी इंक की बूँदों का व्यास कितना होता है?
(1) 100 माइक्रोन (2) 1000 माइक्रोन
(3) 50 माइक्रोन (4) 10 माइक्रोन
(5) इनमें से कोई नहीं

**43.** एमएस-डॉस में कितने प्रकार के आदेश होते हैं?
(1) 2 (2) 3 (3) 4 (4) 5
(5) 6

**44.** 'जावा' प्रोग्रामिंग भाषा ………… द्वारा बनाई गई।
(1) जैक सिमप्लाट
(2) जॉर्ज हैमिल्टन
(3) जॉन मैरी
(4) जेम्स गोसलिंग
(5) उपरोक्त में से कोई नहीं

**45.** ऐसा प्रोग्राम, जो एक उच्च स्तरीय भाषा को दूसरी उच्च स्तरीय भाषा में बदलता है, क्या कहलाता है?
(1) कम्पाइलर
(2) डिकम्पाइलर
(3) इण्टरप्रेटर
(4) डिइण्टरप्रेटर
(5) उपरोक्त में से कोई नहीं

**46.** निम्न में से कौन-सा इण्टरनेट के लाभ को दर्शाता है?
(1) दूसरे व्यक्तियों से आसानी से सम्पर्क बनाने की अनुमति देता है
(2) पेपर की बचत होती है
(3) कम्पनियों में सर्वाधिक प्रयोग होता है
(4) उपरोक्त सभी
(5) उपरोक्त में से कोई नहीं

**47.** निर्णय लेने के लिए फ्लोचार्ट में किस आकृति का उपयोग किया जाता है?
(1) आयत (2) वृत्त
(3) डायमण्ड (4) समान्तर चतुर्भुज
(5) इनमें से कोई नहीं

**48.** किसी एक्जीक्यूटिव डायरेक्टरी या फाइल का पाथ जानने के लिए किस कमाण्ड का प्रयोग किया जाता है?
(1) EXE (2) PATH
(3) ERASE (4) SORT
(5) MOVE

**49.** उस फ्रांसीसी का क्या नाम था, जिसने वस्त्र बनाने वाली मशीन के डिजाइन से पंच कार्ड मशीन बनाई?
(1) जोसेफ जैकार्ड
(2) जोस मार्क
(3) स्टीलिन
(4) हेनरी
(5) उपरोक्त में से कोई नहीं

**50.** निम्नलिखित में कौन एक जनरल पर्पज प्रोग्रामिंग भाषा है, जो सन माइक्रोसिस्टम्स द्वारा निर्मित है और वेब पर भली-भाँति सूट करती है?
(1) UB स्क्रिप्ट (2) जावा स्क्रिप्ट
(3) CSS (4) जावा
(5) इनमें से कोई नहीं

## उत्तरमाला

| | | | | | | | | | |
|---|---|---|---|---|---|---|---|---|---|
| 1. *(4)* | 2. *(4)* | 3. *(3)* | 4. *(1)* | 5. *(2)* | 6. *(1)* | 7. *(1)* | 8. *(4)* | 9. *(1)* | 10. (1) |
| 11. *(1)* | 12. *(1)* | 13. *(2)* | 14. *(4)* | 15. *(2)* | 16. *(1)* | 17. *(1)* | 18. *(2)* | 19. *(2)* | 20. (4) |
| 21. *(2)* | 22. *(2)* | 23. *(1)* | 24. *(3)* | 25. *(2)* | 26. *(3)* | 27. *(2)* | 28. *(3)* | 29. *(2)* | 30. (2) |
| 31. *(4)* | 32. *(2)* | 33. *(2)* | 34. *(4)* | 35. *(3)* | 36. *(2)* | 37. *(2)* | 38. *(2)* | 39. *(1)* | 40. (4) |
| 41. *(4)* | 42. *(3)* | 43. *(1)* | 44. *(4)* | 45. *(1)* | 46. *(4)* | 47. *(3)* | 48. *(2)* | 49. *(1)* | 50. *(4)* |

# प्रैक्टिस सेट 4

## कम्प्यूटर जागरूकता के लिए

**1.** यदि किसी मौजूद डॉक्यूमेण्ट को किसी दूसरे नाम से सेव करना हो, तो क्या करना चाहिए?
(1) डॉक्यूमेण्ट को फिर से टाइप करें और दूसरा नाम दें
(2) सेव एज कमाण्ड का प्रयोग करें
(3) मूल डॉक्यूमेण्ट को नए डॉक्यूमेण्ट में कॉपी और पेस्ट करें और फिर सेव करें
(4) डॉक्यूमेण्ट को दूसरे स्थान पर कॉपी करने के लिए विण्डोज एक्सप्लोरर का प्रयोग करें, तब दूसरा नाम दें
(5) उपरोक्त में से कोई नहीं

**2.** दशमलव संख्या प्रणाली का आधार कितना होता है?
(1) 2 (2) 10
(3) 8 (4) 16
(5) इनमें से कोई नहीं

**3.** प्रोग्राम में त्रुटि सही करने को क्या कहते हैं?
(1) कम्पाइलिंग (2) डिबगिंग
(3) ग्राइडिंग (4) सॉफ्टवेयर
(5) इनमें से कोई नहीं

**4.** सिस्टम के .............. में प्रोग्राम या इन्स्ट्रक्शन्स शामिल होते हैं।
(1) हार्डवेयर (2) आइकन
(3) इन्फॉर्मेशन (4) इण्टरप्रेटिंग
(5) इनमें से कोई नहीं

**5.** LCD का पूरा नाम क्या है?
(1) लो डिस्प्ले
(2) लिक्विड क्रिस्टल डिस्प्ले
(3) लो क्रिस्टल डाइट
(4) लिक्विड क्रोमियम डिस्प्ले
(5) उपरोक्त में से कोई नहीं

**6.** विश्व का प्रथम कम्प्यूटर नेटवर्क कौन-सा है?
(1) I Net (2) ARPANET
(3) NSFNet (4) V-Net
(5) Internet

**7.** इनमें कौन कम्प्यूटर का आवश्यक भाग नहीं है?
(1) प्रिण्टर
(2) हार्डडिस्क
(3) मॉडम
(4) जिपड्राइव
(5) उपरोक्त में से कोई नहीं

**8.** संख्याओं और सांख्यिकी की गणनाएँ करने के लिए सबसे उपयुक्त सॉफ्टवेयर निम्न में से कौन-सा होगा?
(1) डाटाबेस
(2) डॉक्यूमेण्ट प्रोसेसर
(3) ग्राफिक्स पैकेज
(4) स्प्रेडशीट
(5) उपरोक्त में से कोई नहीं

**9.** किसी भी वर्ड डॉक्यूमेण्ट का बैकग्राउण्ड
(1) हमेशा सफेद रंग का होता है
(2) उस रंग का होता है, जिसे ऑप्शन मेन्यू में प्रीसेण्ट करते हैं
(3) सभी डॉक्यूमेण्ट के लिए एक जैसा होता है
(4) किसी भी रंग का हो सकता है, जिसे आप चुनें
(5) उपरोक्त में से कोई नहीं

**10.** एक कॉलम में टेक्स्ट सामान्यत: किस तरह एलाइन होता है?
(1) जस्टिफाइड (2) राइट
(3) सेण्टर (4) लेफ्ट
(5) इनमें से कोई नहीं

**11.** डाटा फाइल्स के बैकअप से निम्न में से किसके बचाव में सहायता मिलती है?
(1) गोपनीयता के खत्म होने से
(2) डाटा के डुप्लिकेशन से
(3) वायरस इन्फेक्शन से
(4) डाटा के लॉस होने से
(5) उपरोक्त में से कोई नहीं

**12.** पेज प्रिव्यू मोड में ............।
(1) आप अपने डॉक्यूमेन्ट के सभी पेज देख सकते हैं
(2) आप केवल उसी पेज को देख सकते हैं, जिस पर आप उस समय काम कर रहे हैं
(3) आप केवल वही पेज देख सकते हैं, जिसमें ग्राफिक्स न हो
(4) आप केवल अपने डॉक्यूमेण्ट का टाइटल पेज देख सकते हैं
(5) उपरोक्त में से कोई नहीं

**13.** फाइल एक्सटेंशन किस लिए इस्तेमाल होते हैं?
(1) फाइल को नाम देने के लिए
(2) यह सुनिश्चित करने के लिए फाइल का नाम गुम न हो जाए
(3) फाइल को आइडेण्टिफाई करने के लिए
(4) फाइल टाइप को आइडेण्टिफाई करने के लिए
(5) उपरोक्त में से कोई नहीं

**14.** ................ को कम्प्यूटर द्वारा सूचना में प्रोसेस किया जाता है।
(1) डाटा (2) नम्बरों
(3) अल्फाबेट्स (4) पिक्चरों
(5) इनमें से कोई नहीं

**15.** .......... सबसे सामान्य प्रकार की स्टोरेज डिवाइसें हैं।
(1) परसिस्टेण्ट (2) ऑप्टिकल
(3) मैग्नेटिक (4) फ्लैश
(5) इनमें से कोई नहीं

**16.** एक ऐसी डिवाइस, जो किसी कागज पर पेन्सिल या पेन के चिन्हों की उपस्थिति को जाँचती है, क्या कहलाती है?
(1) ऑप्टिकल मार्क रीडर
(2) न्यूमैरिक पैड
(3) माउस
(4) प्रिण्टर
(5) उपरोक्त में से कोई नहीं

**17.** पत्र लिखने जैसे कार्य करने के लिए प्रयुक्त सॉफ्टवेयर के प्रकार को .......... कहते हैं।
(1) GUI सॉफ्टवेयर
(2) सिस्टम सॉफ्टवेयर
(3) एप्लीकेशन सॉफ्टवेयर
(4) यूटिलिटी सॉफ्टवेयर
(5) इनमें से कोई नही

**18.** ई-आर डायग्राम में, एक एंटिटी को .......... के द्वारा दर्शाया जाता है।
(1) आयताकार बॉक्स
(2) दीर्घवृत्ताकार बॉक्स
(3) डायमण्ड बॉक्स
(4) वृत्ताकार बॉक्स
(5) उपरोक्त में से कोई नहीं

**19.** किसी डायरेक्टरी को हटाने के लिए कौन-सा आदेश दिया जाता है?
(1) MD (2) CD
(3) RD (4) ND
(5) AD

**20.** एक प्रिण्टर को दो अलग-अलग कम्प्यूटरों के साथ जोड़ने वाला उपकरण क्या कहलाता है?
(1) कनेक्शन
(2) प्रिण्टर शेयर
(3) केबल
(4) '1' और '2' दोनों
(5) उपरोक्त में से कोई नहीं

**21.** अनुदेशों का सेट, जो कम्प्यूटर को क्या करना यह बताता है, उसे .......... कहते हैं।
(1) मेण्टर (2) इन्स्ट्रक्शन
(3) कम्पाइलर (4) प्रोग्राम
(5) डीबग्गर

**22.** आपको ऐसी कोई ई-मेल प्राप्त होती है, जिसे आप नहीं जानते हैं, आपको क्या करना चाहिए?
(1) इसे सीधा पुलिस को भेजना चाहिए
(2) बिना खोले इसे मिटा देना चाहिए
(3) मेल खोलकर आप उन्हें नहीं जानते हैं, बताते हुए उसका उत्तर देना चाहिए
(4) उत्तर देकर उनकी व्यक्तिगत जानकारी माँगनी चाहिए
(5) उत्तर देकर बताइए कि आप उनसे सम्पर्क बनाए रखना चाहते हैं

**23.** ऑपरेटिंग सिस्टम द्वारा सीधे हैण्डल नहीं किए जाने वाले अधिकांश कार्य निम्नलिखित में से कौन-सा हैण्डल कर सकता है?
(1) वर्टिकल-मार्केट एप्लीकेशन्स
(2) यूटिलिटीज
(3) एल्गोरिथ्म्स
(4) इण्टीग्रेटेड सॉफ्टवेयर
(5) कम्पाइलर्स

**24.** एमएस-एक्सेस में एक टेबल बनाने के लिए
(1) टेबल टेम्पलेट का उपयोग कर टेबल बनाई जा सकती है
(2) आपको एक टेबल में कम से कम एक प्राइमरी कुंजी को अनुमति देनी होगी
(3) टेबल बनाने से पूर्व आपको एक डाटा तैयार करना होगा
(4) उपरोक्त सभी
(5) उपरोक्त में से कोई नहीं

**25.** डिफॉल्ट रूप में कोई तारीख एक्सेल में किस फॉर्मेट में प्रविष्ट की जाती है?
(1) YY/DD/MM (2) DD/MM/YY
(3) MM/DD/YY (4) YY/MM/DD
(5) इनमें से कोई नहीं

**26.** आपके कम्प्यूटर में निम्नलिखित में से कौन-सा मैमोरी को दर्शाता है?
(1) RAM (2) DSL (3) USB (4) LAN
(5) CPU

**27.** माइक्रोप्रोग्राम क्या है?
(1) किसी प्रोसेसर की कण्ट्रोल यूनिट के लिए अनुक्रमण प्रोग्राम
(2) माइक्रो कम्प्यूटरों के लिए एक प्रोग्राम
(3) मध्य स्तर भाषा में लिखा गया प्रोग्राम
(4) उच्च स्तर भाषा में लिखा गया प्रोग्राम
(5) उपरोक्त में से कोई नहीं

**28.** निम्न में से कौन-सी कुंजी NULL वैल्यू स्वीकार नहीं कर सकती?
(1) प्राइमरी कुंजी
(2) कैंडिडेट कुंजी
(3) ऑल्टरनेट कुंजी
(4) फॉरेन कुंजी
(5) उपरोक्त में से कोई नही

**29.** मॉनीटर के डिस्प्ले आकार को कैसे मापा जाता है?
(1) जिग-जैग
(2) होरिजॉण्टली
(3) वर्टिकली
(4) केन्द्र से सबसे दूर कोने तक
(5) डायगनली

**30.** एक्सेल में डिफॉल्ट व्यू .......... होता है।
(1) वर्क (2) ऑटो
(3) नॉर्मल (4) रोमन
(5) इनमें से कोई नहीं

**31.** आप अधिक जानकारी देकर सर्च को ............ कर सकते हैं, जिससे सर्च इंजन छोटे, अधिक उपयोगी परिणाम समूहों का प्रयोग कर सकें।
(1) रिफाइन (2) एक्सपैण्ड
(3) लोड (4) क्वैरी
(5) स्लोडाउन

**32.** इलेक्ट्रॉनिक कम्पोनेण्ट वाली थिन प्लेट या बोर्ड को ............ कहते हैं।
(1) हार्ड डिस्क (2) स्कैनर
(3) RAM (4) ROM
(5) सर्किट बोर्ड

**33.** टीवी में सिग्नल भेजने के लिए किस संचार मीडिया का प्रयोग किया जाता है?
(1) रेडियोवेव ट्रांसमिशन (2) माइक्रोवेव ट्रांसमिशन
(3) इन्फ्रारेड वेव ट्रांसमिशन
(4) सेटेलाइट संचार
(5) ये सभी

**34.** माउस के दो मानक बटनों के बीच स्थित व्हील का क्या प्रयोग होता है?
(1) वेब पेजों पर क्लिक करना
(2) शट डाउन करना
(3) सिलेक्ट आइटमों को क्लिक करना
(4) विभिन्न वेब पेजों पर जम्प करना
(5) स्क्रॉल करना

**35.** किसी नेटवर्क पर ऑनलाइन लिखित वार्तालाप को क्या कहा जाता है?
(1) टेक्स्टफोन (2) चैटिंग
(3) ई-मेल (4) सर्फिंग
(5) इनमें से कोई नहीं

**36.** किसी टोपोलॉजी के प्रत्येक कम्प्यूटर नोड को और क्या कहा जाता है?
(1) वर्क प्रोसेस (2) डॉक्यूमेण्ट स्टेशन
(3) लिंक स्टेशन (4) वैल्यू स्टेशन
(5) इनमें से कोई नहीं

**37.** वाई-मैक्स सिस्टम आवासीय तथा एण्टरप्राइजेज ग्राहकों को इण्टरनेट की सेवाएँ प्रदान करता है। इसका पूर्ण रूप क्या है?
(1) वर्ल्ड वाइड इण्टरऑपरेबिलिटी फॉर माइक्रोवेव एक्सेस
(2) वर्ल्ड वाइड इण्टरफेयर फॉर माइक्रोवेव एक्सेस
(3) वर्ल्ड वायर इण्टरफेयर फॉर माइक्रोवेव एक्सेस
(4) वायर्ड वॉर्म इण्टरफेयर फॉर माइक्रोवेव एक्सेस
(5) उपरोक्त में से कोई नहीं

**38.** कम्प्यूटर को शट डाउन करने का प्रोसेस किसके अन्तर्गत होता है?
(1) सेटिंग (2) फेवरेट
(3) माई कम्प्यूटर (4) लॉग ऑफ
(5) टर्न ऑफ

**39.** होमग्रुप्स के माध्यम से नेटवर्किंग में सुधार किस विण्डोज में किया गया?
(1) विण्डोज 98 (2) विण्डोज 2000
(3) विण्डोज विस्टा (4) विण्डोज 7
(5) विण्डोज XP

**40.** कितने किलोबाइट से एक मेगाबाइट बनता है?
(1) 128 (2) 1024
(3) 256 (4) 512
(5) 64

**41.** निम्न में से कौन-सा कम्पाइलर के बारे में सत्य नहीं है?
(1) उच्च स्तरीय भाषा के इन्स्ट्रक्शन का मशीन की भाषा में अनुवाद करता है
(2) सभी सोर्स प्रोग्राम का मशीन की भाषा के प्रोग्राम में अनुवाद करता है
(3) यह प्रोग्राम के एक्जीक्यूशन में शामिल होता है
(4) यह अनुवाद का प्रोग्राम है
(5) यह प्रोग्राम रन करने के लिए उपयोगी है

**42.** कोएक्सियल केबल के माध्यम से इण्टरनेट की सुविधा को उपलब्ध कराने की प्रक्रिया को क्या कहा जाता है?
(1) डायल अप कनेक्शन (2) मॉडेम
(3) सेट अप बॉक्स (4) केबल मॉडेम
(5) ये सभी

**43.** रेडियो तरंगें किस दिशा में प्रवाहित होती हैं?
(1) ओमनीडायरेक्शनल (2) यूनिडायरेक्शनल
(3) मल्टीडायरेक्शनल (4) 'a' और 'b' दोनों
(5) इनमें से कोई नहीं

**44.** निम्नलिखित में से कौन-सा सर्च इंजन है?
(1) Yahoo (2) LAN (3) RAM (4) PROM
(5) ROM

**45.** वर्ड डॉक्यूमेण्ट में पेज ब्रेक इन्सर्ट करने के लिए निम्न विकल्प का प्रयोग किया जाएगा
(1) इन्सर्ट एण्ड कॉपी (2) इन्सर्ट एण्ड एण्टर
(3) इन्सर्ट एण्ड डिलीट (4) इन्सर्ट एण्ड पेज लेआउट
(5) इन्सर्ट एण्ड ब्रेक

**46.** उस फाइल को क्या कहते हैं, जो ई-मेल से जुड़ी होती है और ई-मेल करने वाले को भेजी जाती है?
(1) एनेक्शर (2) एपैंडेज (3) ऐड-ऑन (4) अटैचमेण्ट
(5) आर्टिकल

**47.** इण्टरनेट से सम्बन्धित शब्द 'होस्ट' का क्या अर्थ है?
(1) वह कम्प्यूटर, जो स्टैण्ड अलोन कम्प्यूटर हो
(2) वह कम्प्यूटर, जो इण्टरनेट से जुड़ा हो
(3) होस्ट द्वारा प्रयोग करने के लिए आरक्षित कम्प्यूटर
(4) कम्प्यूटरों का बड़ा संग्रह
(5) हाइपर लिंक

**48.** सूचना को गुप्त तरीके से लिखने की तकनीक को क्या कहा जाता है?
(1) प्रमाणीकरण (2) स्टेनोग्राफी
(3) क्रिप्टोग्राफी (4) एक्सेस कण्ट्रोल
(5) इण्टिग्रिटी

**49.** हेक्साडेसीमल संख्या 9A बाइनरी में किसके बराबर है?
(1) 10011010 (2) 10101001
(3) 10011100 (4) 10101010
(5) 10110110

**50.** निम्न में कौन-सी लैपटॉप कम्प्यूटर में बनी हुई प्वॉइण्टिग डिवाइस नहीं हो सकती है?
(1) माउस (2) ट्रैकबॉल
(3) टच पैड (4) प्वॉइण्टिग डिवाइस
(5) इनमें से कोई नहीं

## उत्तरमाला

| | | | | | | | | | |
|---|---|---|---|---|---|---|---|---|---|
| 1. (2) | 2. (2) | 3. (2) | 4. (4) | 5. (2) | 6. (2) | 7. (1) | 8. (4) | 9. (4) | 10. (4) |
| 11. (4) | 12. (1) | 13. (4) | 14. (1) | 15. (2) | 16. (1) | 17. (3) | 18. (1) | 19. (3) | 20. (3) |
| 21. (4) | 22. (2) | 23. (2) | 24. (4) | 25. (3) | 26. (1) | 27. (3) | 28. (1) | 29. (5) | 30. (3) |
| 31. (1) | 32. (5) | 33. (4) | 34. (5) | 35. (2) | 36. (3) | 37. (1) | 38. (5) | 39. (4) | 40. (2) |
| 41. (2) | 42. (4) | 43. (1) | 44. (1) | 45. (5) | 46. (4) | 47. (2) | 48. (3) | 49. (1) | 50. (1) |

# प्रैक्टिस सेट 5

## कम्प्यूटर जागरूकता के लिए

**1.** टेक्स्ट हाइलाइट करके 'Edit', 'Copy' क्लिक करने पर क्या होगा?
(1) टेक्स्ट डॉक्यूमेण्ट से कॉपी होकर क्लिपबोर्ड पर रखा जाएगा।
(2) टेक्स्ट डॉक्यूमेण्ट से निकालकर क्लिपबोर्ड पर रखा जाएगा।
(3) क्लिपबोर्ड से टेक्स्ट डॉक्यूमेण्ट में, जहाँ पर कर्सर ब्लिंक कर रहा है, वहाँ रखा जाएगा
(4) '2' और '3' दोनों
(5) उपरोक्त में से कोई नहीं

**2.** वर्ड में किसी शब्द पर .......... क्लिक किया जाए, तो वह सिलेक्ट हो जाता है।
(1) एक बार (2) दो बार
(3) तीन बार (4) चार बार
(5) इनमें से कोई नहीं

**3.** आउटपुट देखने के लिए .......... का प्रयोग किया जाता है।
(1) मॉनीटर (2) कीबोर्ड
(3) माउस (4) स्कैनर
(5) इनमें से कोई नहीं

**4.** CDs का आकार कैसा होता है?
(1) वर्गाकार (2) आयताकार
(3) गोलाकार (4) षट्कोणीय
(5) इनमें से कोई नहीं

**5.** DTP में निम्नलिखित में कौन-से सॉफ्टवेयर सम्मिलित हैं?
(1) Corel Draw
(2) Page maker
(3) Photoshop
(4) उपरोक्त सभी
(5) उपरोक्त में से कोई नहीं

**6.** डायरेक्टरी के भीतर की डायरेक्टरी को .............. कहते हैं।
(1) मिनी डायरेक्टरी (2) जूनियर डायरेक्टरी
(3) पार्ट डायरेक्टरी (4) सब डायरेक्टरी
(5) इनमें से कोई नहीं

**7.** एक्सेल में फाइल खोलने और बन्द करने के लिए किस टूलबार का प्रयोग किया जा सकता है?
(1) फॉर्मेटिंग (2) स्टैण्डर्ड
(3) टाइटल (4) फॉर्मेटिंग या टाइटल
(5) इनमें से कोई नहीं

**8.** यूजर और ऑपरेटिंग सिस्टम के बीच के इण्टरफेस को निम्नलिखित में से कौन कण्ट्रोल करता है?
(1) यूजर इण्टरफेस (2) लैंग्वेज ट्रांसलेटर
(3) प्लेटफॉर्म (4) स्क्रीन सेवर
(5) इनमें से कोई नहीं

**9.** इण्टरनेट पर प्रयुक्त कम्प्यूटर लैंग्वेज कौन-सी है?
(1) बेसिक (2) कोबोल
(3) जावा (4) पास्कल
(5) इनमें से कोई नहीं

**10.** टेक्स्ट को .......... बनाने के लिए B पर क्लिक करते हैं।
(1) इटैलिक (2) अण्डरलाइन
(3) '1' और '2' दोनों (4) बोल्ड
(5) इनमें से कोई नहीं

**11.** .......... तथ्यों और अव्यवस्थित आँकड़ों का समूह है। यह कम्प्यूटर में एक निश्चित स्थान पर स्टोर होता है।
(1) डाटा (2) हार्डवेयर
(3) सॉफ्टवेयर (4) सूचना
(5) निर्देश

**12.** यदि आप विण्डोज 98 को विण्डोज XP से बदल दें, तो आप वास्तव में विण्डोज को ………… कर रहे हैं।
(1) अपस्टार्ट (2) अपग्रेड
(3) अपडेट (4) पैच
(5) इनमें से कोई नहीं

**13.** WWW का दूसरा नाम ………… है।
(1) W3C (2) Network
(3) Wedding (4) Web sphere
(5) Web

**14.** कम्प्यूटर का मुख्य सिस्टम बोर्ड ………… कहलाता है।
(1) इण्टीग्रेटेड सर्किट (2) मदरबोर्ड
(3) प्रोसेसर (4) माइक्रो चिप
(5) इनमें से कोई नहीं

**15.** ………… एक सेण्ट्रल कम्प्यूटर है, जो बहुत से PCs वर्कस्टेशनों और अन्य कम्प्यूटरों के लिए डाटा और प्रोग्रामों का संग्रह रखता है।
(1) सुपर कम्प्यूटर (2) मिनी कम्प्यूटर
(3) लैपटॉप (4) सर्वर
(5) इनमें से कोई नहीं

**16.** असेम्बली भाषा किस लेवल की भाषा है?
(1) लो लेवल (2) मध्यम लेवल
(3) उच्च लेवल (4) '1' और '2' दोनों
(5) इनमें से काई नहीं

**17.** UNIX एक प्रकार का ……… ऑपरेटिंग सिस्टम है।
(1) मल्टी प्रोसेसर (2) मल्टीटास्किंग
(3) '1' और '2' दोनों (4) सिम्लीफाइड
(5) इनमें से कोई नहीं

**18.** इसे सामान्यतया PC में ई-मेल अटैचमेण्ट द्वारा स्थानान्तरित करते हैं, जिससे उसे हानि पहुँचाई जा सके।
(1) वायरस (2) स्पैम
(3) पोर्टल्स (4) ई-मेल सन्देश
(5) इनमें से कोई नहीं

**19.** किस नेटवर्क मॉडल में कम्प्यूटर्स आपस में फाइलें ट्रांसफर करने के लिए USB से जुड़े होते हैं?
(1) क्लाइण्ट नेटवर्क
(2) सर्वर नेटवर्क
(3) पियर-टू-पियर नेटवर्क
(4) डिजिटल नेटवर्क
(5) इण्टरनेट

**20.** कम्प्यूटर को ठीक ढंग से स्विच ऑफ करने के तरीके को ……… कहते हैं।
(1) Shut Down (2) Switch Off
(3) Turn Off (4) ये सभी
(5) इनमें से कोई नहीं

**21.** EBC DIC में कुल कितने प्रकार के करैक्टर होते हैं?
(1) 132 (2) 164
(3) 178 (4) 256
(5) 312

**22.** ……… के माध्यम से उपयोगकर्ता विश्वभर में कहीं से भी अपने बैंक अकाउण्ट को मैनेज कर सकता है।
(1) ई-लर्निंग (2) ई-बैंकिंग
(3) चैटिंग (4) ई-शॉपिंग
(5) इनमें से कोई नहीं

**23.** एक्सेल $= 20 \times 10 / 4 \times 8$ फॉर्मूले का मूल्यांकन करेगा, तो क्या उत्तर आएगा?
(1) 400 (2) 40 (3) 6.25 (4) 232
(5) 600

**24.** वर्ड प्रोसेसिंग का एप्लीकेशन प्रोग्राम कौन-सा है?
(1) एक्सेस (2) पावरप्वॉइण्ट
(3) एक्सेल (4) वर्ड
(5) टैली

**25.** रोम मुख्य मैमोरी का ही एक अन्य हिस्सा है। इसका पूर्ण रूप क्या है?
(1) रिट्रीट ओनली मैमोरी (2) रीड ओनली मैमोरी
(3) रिपीट ओनली मैमोरी (4) रेड ऑफ मैमोरी
(5) इनमें से कोई नहीं

**26.** प्रोग्राम में ऑप्शनों की स्क्रीन सूची को क्या कहते हैं, जो बताती है कि उस प्रोग्राम में क्या है?
(1) स्क्रीन (2) आइकन
(3) मेन्यू (4) बैकअप
(5) इनमें से कोई नहीं

**27.** सेकेण्डरी मैमोरी नॉन-वॉलेटाइल होती है। यह स्थायी तौर पर डाटा स्टोर करने में सक्षम हो सकती है और जरूरत पड़ने पर डाटा सप्लाई कर सकती है, इसलिए इसे ……… भी कहा जाता है।
(1) स्टोरेज मीडिया सेण्टर
(2) सेकेण्डरी स्टोरेज मीडिया
(3) डाटा सप्लायर
(4) प्राइमरी स्टोरेज मीडिया
(5) उपरोक्त में से कोई नहीं

**28.** कम्प्यूटर सिस्टम में एक्सेस प्राप्त करने के लिए प्रयुक्त कोडिड एण्ट्रीज को ………… कहते हैं।

(1) एण्ट्री कोड (2) पासवर्ड
(3) सिक्योरिटी कमाण्ड (4) कोडवर्ड
(5) इनमें से कोई नहीं

**29.** IC का वर्गीकरण ……… पर आधारित होता है।

(1) मैन्यूफैक्चरिंग कम्पनीज
(2) टाइप्स ऑफ कम्प्यूटर
(3) ट्रांजिस्टर की संख्या
(4) '1' और '2' दोनों
(5) उपरोक्त में से कोई नहीं

**30.** ……………तब होती है, जब कम्प्यूटर को ऑन किया जाता है और ऑपरेटिंग सिस्टम लोड हो रहा होता है।

(1) बूटिंग (2) फ्लैशिंग
(3) ट्रैकिंग (4) टेपिंग
(5) इनमें से कोई नहीं

**31.** कम्पाइलर्स और ट्रांसलेटर्स एक तरह के …………… होते हैं।

(1) ROM
(2) RAM
(3) हार्ड डिस्क
(4) सॉफ्टवेयर
(5) उपरोक्त में से कोई नहीं

**32.** लाइनक्स ……… सॉफ्टवेयर है।

(1) शेयर वेयर (2) कॉमर्शियल
(3) प्रोपराइटर (4) ओपन सोर्स
(5) हिडन टाइप

**33.** सेकेण्डरी मैमोरी

(1) सिस्टम प्रोग्राम और डाटा फाइल संग्रह करती है
(2) मेन मैमोरी का शेष काम करती है
(3) कैलकुलेटर का काम करती है
(4) कुछ नहीं करती है
(5) उपरोक्त में से कोई नहीं

**34.** किसी भी विण्डो में मैक्सिमाइज बटन, मिनिमाइज बटन और क्लोज बटन …………… पर दिखते हैं।

(1) टाइटल बार (2) मेन्यू बार
(3) स्टेटस बार (4) रूलर बार
(5) टूल बार

**35.** निम्न में से कौन-सा शब्द ''व्यक्तिगत लाभ के लिए सॉफ्टवेयर की अनाधिकृत कॉपी के अतिरिक्त व्यक्तिगत बैकअप के लिए इस्तेमाल किया जाएगा'' के लिए प्रयोग होता है?

(1) प्रोग्राम पायरेसी (2) डाटा स्नैचिंग
(3) सॉफ्टवेयर पायरेसी (4) प्रोग्राम बूटिंग
(5) डाटा बूटिंग

**36.** MICR प्रणाली का उपयोग निम्नलिखित में से किस क्षेत्र में होता है?

(1) बैंक (2) होटल
(3) अस्पताल (4) पार्क
(5) घर

**37.** किन कुंजियों से नम्बर जल्दी टाइप किए जा सकते हैं?

(1) कण्ट्रोल, शिफ्ट एवं ऑल्ट
(2) फंक्शन कुंजियाँ
(3) न्यूमैरिक की पैड
(4) ऐरो कुंजियाँ
(5) उपरोक्त सभी

**38.** कम्प्यूटर ………… सिग्नलों के रूप में डाटा भेजते एवं प्राप्त करते हैं।

(1) एनालॉग (2) डिजिटल
(3) मॉड्यूलेटिड (4) डिमॉड्यूलेटिड
(5) ये सभी

**39.** बिट्स/सेकण्ड निम्न में से किसका मात्रक है?

(1) बैण्डविड्थ (2) थ्रूपुट
(3) बॉड (4) ब्लूटूथ
(5) इनमें से कोई नहीं

**40.** बाइट 0 और …………… के बीच किसी भी संख्या को निरूपित कर सकता है।

(1) 2 (2) 255 (3) 256 (4) 1024
(5) 1025

**41.** निम्नलिखित में से 192.9.200.155 किससे सम्बन्धित है?

(1) हार्डवेयर एड्रेस
(2) मॉनीटर एड्रेस
(3) आईपी एड्रेस
(4) उपरोक्त सभी
(5) उपरोक्त में से कोई नहा

**42.** Windows + E शॉर्टकट निम्न में से क्या खोला जा सकता है?

(1) My Computer (2) My Document
(3) Recycle Bin (4) Control Panel
(5) Windows Media Player

**43.** फ्रीवेयर अधिकांशत: कॉपीराइट सॉफ्टवेयर होते हैं, इनका एक उदाहरण ········· है।
(1) स्यूडो कोड (2) गूगल टूलबार
(3) प्रोम (4) एक्सेल
(5) कोरेल प्रेजेण्टेशन

**44.** पिक्सल क्या है?
(1) स्क्रीन पर पिक्चर एलीमेण्ट या डॉट
(2) लेजर-प्रिण्टिड पेज पर स्याही का बिन्दु
(3) इंकजेट प्रिण्टिड पेज पर स्याही का बिन्दु
(4) इनपुट डिवाइस के रूप में प्रयुक्त लाइट बीम
(5) उपरोक्त में से कोई नहीं

**45.** वेब पेज ··············· फॉर्मेट में सेव किए जाते हैं।
(1) http:// (2) HTML
(3) DOC (4) URL
(5) इनमें से कोई नहीं

**46.** किसी समस्या को विभिन्न चरणों से क्रमबद्ध करके लिखने की प्रक्रिया क्या कहलाती है?
(1) फ्लोचार्ट (2) एल्गोरिथ्म
(3) फर्मवेयर (4) फ्रीवेयर
(5) इनमें से कोई नहीं

**47.** आपके ई-मेल अकाउण्ट को होस्ट करने वाले कम्प्यूटर को ················ कहते हैं।
(1) होस्ट
(2) ई-मेल क्लाइण्ट
(3) ई-मेल सर्वर
(4) लिस्ट सर्व
(5) उपरोक्त में से कोई नहीं

**48.** फ्लोचार्ट का प्रारम्भ तथा अन्त को दर्शाने के लिए निम्न में से क्या उपयोगी होता है?
(1) डिसीजन (2) फ्लोलाइन
(3) टर्मिनल (4) कनैक्टर
(5) इनमें से कोई नहीं

**49.** पेजमेकर किस प्रकार का सॉफ्टवेयर है?
(1) वर्ड प्रोसेसर
(2) ड्रॉइंग
(3) डीटीपी
(4) '1' और '2' दोनों
(5) उपरोक्त में से कोई नहीं

**50.** उच्चस्तरीय भाषा में सर्वप्रथम कम्पाइल्ड प्रकृति की भाषा कौन-सी है?
(1) फोरट्रॉन
(2) एल्गॉल
(3) लिस्प
(4) कोबोल
(5) पास्कल

## उत्तरमाला

| | | | | | | | | | |
|---|---|---|---|---|---|---|---|---|---|
| 1. (1) | 2. (2) | 3. (1) | 4. (3) | 5. (4) | 6. (4) | 7. (2) | 8. (1) | 9. (3) | 10. (4) |
| 11. (1) | 12. (2) | 13. (5) | 14. (2) | 15. (4) | 16. (1) | 17. (3) | 18. (2) | 19. (3) | 20. (4) |
| 21. (4) | 22. (2) | 23. (1) | 24. (4) | 25. (2) | 26. (3) | 27. (2) | 28. (2) | 29. (3) | 30. (1) |
| 31. (4) | 32. (4) | 33. (1) | 34. (1) | 35. (3) | 36. (1) | 37. (3) | 38. (2) | 39. (2) | 40. (2) |
| 41. (3) | 42. (1) | 43. (2) | 44. (1) | 45. (2) | 46. (2) | 47. (1) | 48. (3) | 49. (3) | 50. (1) |

# शब्द-संक्षेप

# शब्द-संक्षेप (ABBREVIATION)

## A

**ABC** Atanasoff Berry Computer
एबीसी एटानासॉफ बैरी कम्प्यूटर

**AD** Active Directory
एडी एक्टिव डायरेक्टरी

**ADC** Analog to Digital Converter
एडीसी एनालॉग टू डिजिटल कन्वर्टर

**ARP** Address Resolution Protocol
एआरपी एड्रेस रेजोल्यूशन प्रोटोकॉल

**AI** Artificial Intelligence
एआई आर्टिफिशियल इण्टेलिजेंस

**ALGOL** Algorithmic Language
एल्गॉल एल्गोरिथ्मिक लैंग्वेज

**ALU** Arithmetic Logic Unit
एएलयू अर्थमैटिक लॉजिक यूनिट

**API** Application Programming Interface
एपीआई एप्लीकेशन प्रोग्रामिंग इण्टरफेस

**ARPANET** Advanced Research Projects Agency Network
अरपानेट एडवांस्ड रिसर्च प्रोजेक्ट्स एजेन्सी नेटवर्क

**ASCII** American Standard Code for Information Interchange
एएससीआईआई अमेरिकन स्टैण्डर्ड कोड फॉर इन्फॉर्मेशन इण्टरचेंज

**ASP** Application Service Provider
एएसपी एप्लीकेशन सर्विस प्रोवाइडर

**ATM** Asynchronous Transfer Mode/ Automated Teller Machine
एटीएम असिंक्रोनस ट्रांसफर मोड/ऑटोमेटिड टैलर मशीन

## B

**BASIC** Beginner's All Purpose Symbolic Instruction Code
बेसिक बिगिनर्स ऑल पर्पज सिम्बोलिक इन्स्ट्रक्शन कोड

**BBS** Bulletin Board System
बीबीएस बुलेटिन बोर्ड सिस्टम

**Bcc** Blind Carbon Copy
बीसीसी ब्लाइण्ड कार्बन कॉपी

**BMP** Bitmap
बीएमपी बिटमैप

**BCD** Binary Coded Decimal
बीसीडी बाइनरी कोडेड डेसीमल

**BCR** Bar Code Reader
बीसीआर बार कोड रीडर

**BD** Blu Ray Disc
बीडी ब्लू रे डिस्क

**Bin** Binary
बिन बाइनरी

**BIOS** Basic Input Output System
बीआईओएस बेसिक इनपुट आउटपुट सिस्टम

**B2C** Business to Commerce
बी 2 सी बिजनेस टू कॉमर्स

**Bit** Binary Digit
बिट बाइनरी डिजिट

**BLOG** Web Log
ब्लॉग वेब लॉग

**BPI** Bits Per Inch
बीपीआई बिट्स पर इंच

**BPL** Broadband over Power Line
बीपीएल ब्रॉडबैण्ड ओवर पॉवर लाइन

**BPS** Bits Per Second
बीपीएस बिट्स पर सेकण्ड

## C

**Cc** Carbon Copy
सीसी कार्बन कॉपी

**CMOS** Complementary Metal Oxide Semi conductor
सीमोस कॉम्पलीमेण्टरी मेटल ऑक्साइड सेमीकण्डक्टर

**CAD** Computer Aided Design
कैड कम्प्यूटर एडेड डिजाइन

**COBOL** Common Business Oriented Language
कोबोल कॉमन बिजनेस ऑरिएण्टेड लैंग्वेज

**CD** Compact Disc
सी डी कॉम्पैक्ट डिस्क

**C-DAC** Centre for Development of Advanced Computing
सी-डैक सेण्टर फॉर डेवलपमेण्ट ऑफ एडवांस्ड कम्प्यूटिंग

**CPU** Central Processing Unit
सी पी यू सेण्ट्रल प्रोसेसिंग यूनिट

**CRT** Cathode Ray Tube
सी आर टी कैथोड रे ट्यूब

**CSS** Cascading Style Sheets
सी एस एस कैस्केडिंग स्टाइल शीट्स

**CU** Control Unit
सी यू कण्ट्रोल यूनिट

**CTCP** Client-To-Client Protocol
सी टी सी पी क्लाइण्ट-टू-क्लाइण्ट प्रोटोकॉल

**CD-R** Compact Disc-Recordable
सी डी - आर कॉम्पैक्ट डिस्क-रिकॉर्डेबल

**CD-ROM** Compact Disc-Read Only Memory
सी डी - रोम कॉम्पैक्ट डिस्क-रीड ओनली मैमोरी

**CD-RW** Compact Disc-Rewritable
सी डी-आर डब्ल्यू कॉम्पैक्ट डिस्क-रीराइटेबल

**CG** Computer Graphics
सी जी कम्प्यूटर ग्राफिक्स

**CGI** Common Gateway Interface
सी जी आई कॉमन गेटवे इण्टरफेस

**COM** Common Object Mode
कॉम कॉमन ऑब्जेक्ट मोड

**CLI** Command Line Interface
सी एल आई कमाण्ड लाइन इण्टरफेस

**CLR** Common Language Runtime
सी एल आर कॉमन लैंग्वेज रनटाइम

**CDMA** Code Division Multiple Access
सी डी एम ए कोड डिविजन मल्टीपल एक्सेस

## D

**DB** Database
डी बी डाटाबेस

**DBA** Database Administrator
डी बी ए डाटाबेस एडमिनिस्ट्रेटर

**DBMS** Database Management System
डी बी एम एस डाटाबेस मैनेजमेण्ट सिस्टम

**DCL** Data Control Language
डी सी एल डाटा कण्ट्रोल लैंग्वेज

**DDL** Data Definition Language
डी डी एल डाटा डेफिनेशन लैंग्वेज

**DFD** Data Flow Diagram
डी एफ डी डाटा फ्लो डायग्राम

**DFS** Distributed File System
डी एफ एस डिस्ट्रीब्यूटेड फाइल सिस्टम

**DHTML** Dynamic HyperText Markup Language
डी एच टी एम एल डायनमिक हाइपरटेक्स्ट मार्कअप लैंग्वेज

**DLP** Digital Light Processing
डी एल पी डिजिटल लाइट प्रोसेसिंग

**DML** Data Manipulation Language
डी एम एल डाटा मैनिपुलेशन लैंग्वेज

**DNS** Domain Name System
डी एन एस डोमेन नेम सिस्टम

**DPI** Dots Per Inch
डी पी आई डॉट्स पर इंच

**DRAM** Dynamic Random Access Memory
डी रैम डायनमिक रैण्डम एक्सेस मैमोरी

**DSL** Digital Subscriber Line/ Domain Specific Language
डी एस एल डिजिटल सब्सक्राइबर लाइन/डोमेन स्पेसिफिक लैंग्वेज

**DSN** Data Source Name
डी एस एन डाटा सोर्स नेम

**DTP** Desktop Publishing
डी टी पी डेस्कटॉप पब्लिशिंग

**DVD** Digital Video Disc/Digital Versatile Disc
डी वी डी डिजिटल वीडियो डिस्क/डिजिटल वर्सेटाइल डिस्क

**DVD-R** DVD-Recordable
डी वी डी-आर डी वी डी-रिकॉर्डेबल

| | |
|---|---|
| **DVD-ROM** | DVD-Read Only Memory |
| डीवीडी–रोम | डी वी डी–रीड ओनली मैमोरी |
| **DVD-RW** | DVD-Rewritable |
| डीवीडी–आरडब्ल्यू | डी वी डी–रीराइटेबल |
| **DVR** | Digital Video Recorder |
| डीवीआर | डिजिटल वीडियो रिकॉर्डर |
| **DOS** | Disk Operating System |
| डॉस | डिस्क ऑपरेटिंग सिस्टम |

## E

| | |
|---|---|
| **EBCDIC** | Extended Binary Coded Decimal Interchange Code |
| ईबीसीडीआईसी | एक्सटेण्डेड बाइनरी कोडेड डेसीमल इण्टरचेंज कोड |
| **E-Commerce** | Electronic Commerce |
| ई–कॉमर्स | इलेक्ट्रॉनिक कॉमर्स |
| **EDP** | Electronic Data Processing |
| ईडीपी | इलेक्ट्रॉनिक डाटा प्रोसेसिंग |
| **EDSAC** | Electronic Delay Storage Automatic Calculator |
| एडसैक | इलेक्ट्रॉनिक डिले स्टोरेज ऑटोमैटिक कैलकुलेटर |
| **EPROM** | Erasable Programming ROM |
| ईप्रोम | इरेजेबल प्रोग्रामिंग रोम |
| **EEPROM** | Electrically Erasable Programmable Read Only Memory |
| ईईपीरोम | इलेक्ट्रिकली इरेजेबल प्रोग्रामेबल रीड ओनली मैमोरी |
| **E-Mail** | Electronic Mail |
| ई–मेल | इलेक्ट्रॉनिक मेल |
| **ENIAC** | Electronic Numerical Integrator and Computer |
| एनिएक | इलेक्ट्रॉनिक न्यूमैरिकल इण्टीग्रेटर एण्ड कम्प्यूटर |
| **EPROM** | Erasable Programmable Read Only Memory |
| ईपीरोम | इरेजेबल प्रोग्रामेबल रीड ओनली मैमोरी |
| **EXE** | Executable |
| ईएक्सई | एक्जीक्यूटेबल |
| **EDI** | Electronic Data Interchange |
| ईडीआई | इलेक्ट्रॉनिक डाटा इण्टरचेंज |

## F

| | |
|---|---|
| **FAX** | Far Away Xerox/Facsimile |
| फैक्स | फार अवे जेरॉक्स/फैक्सिमाइल |
| **FDC** | Floppy Disk Controller |
| एफडीसी | फ्लॉपी डिस्क कण्ट्रोलर |
| **FDD** | Floppy Disk Drive |
| एफडीडी | फ्लॉपी डिस्क ड्राइव |
| **FORTRAN** | Formula Translation |
| फोरट्रॉन | फॉर्मूला ट्रांसलेशन |
| **FTP** | File Transfer Protocol |
| एफटीपी | फाइल ट्रांसफर प्रोटोकॉल |
| **FLOPS** | Floating Point Operations Per Second |
| फ्लॉप्स | फ्लॉटिंग प्वॉइण्ट ऑपरेशन्स पर सेकण्ड |

## G

| | |
|---|---|
| **Gb** | Gigabit |
| जीबी | गीगाबिट |
| **GB** | GigaByte |
| जीबी | गीगाबाइट |
| **GIF** | Graphics Interchange Format |
| जीआईएफ | ग्राफिक्स इण्टरचेंज फॉर्मेट |
| **GIGO** | Garbage In Garbage Out |
| जीआईजीओ/गीगो | गारबेज इन गारबेज आउट |
| **GPU** | Graphics Processing Unit |
| जीपीयू | ग्राफिक्स प्रोसेसिंग यूनिट |
| **GSM** | Global System for Mobile Communications |
| जीएसएम | ग्लोबल सिस्टम फॉर मोबाइल कम्युनिकेशन्स |
| **GUI** | Graphical User Interface |
| जीयूआई | ग्राफिकल यूजर इण्टरफेस |

## H

| | |
|---|---|
| **HLL** | High Level Language |
| एचएलएल | हाई लेवल लैंग्वेज |
| **HPFS** | High Performance File System |
| एचपीएफएस | हाई परफॉर्मेंस फाइल सिस्टम |
| **HDD** | Hard Disk Drive |
| एचडीडी | हार्ड डिस्क ड्राइव |
| **HTML** | HyperText Markup Language |

एच टी एम एल हाइपरटेक्स्ट मार्कअप लैंग्वेज
HTTP HyperText Transfer Protocol
एच टी टी पी हाइपरटेक्स्ट ट्रांसफर प्रोटोकॉल

## I

IBM International Business Machines
आई बी एम इण्टरनेशनल बिजनेस मशीन्स
IM Instant Messaging
आई एम इन्स्टेण्ट मैसेजिंग
IMAP Internet Message Access Protocol
आई एम ए पी इण्टरनेट मैसेज एक्सेस प्रोटोकॉल
iOS iphone Operating System
आई ओ एस आईफोन ऑपरेटिंग सिस्टम
IP Internet Protocol
आई पी इण्टरनेट प्रोटोकॉल
ISDN Integrated Services Digital Network
आई एस डी एन इण्टीग्रेटेड सर्विसेस डिजिटल नेटवर्क
ISP Internet Service Provider
आई एस पी इण्टरनेट सर्विस प्रोवाइडर
ISR Interrupt Service Routine
आई एस आर इण्टरप्ट सर्विस रूटीन
IT Information Technology
आई टी इन्फॉर्मेशन टेक्नोलॉजी

## J

JPEG Joint Photographic Experts Group
जे पी ई जी ज्वॉइण्ट फोटोग्राफिक एक्सपर्ट्स ग्रुप

## K

Kb Kilobit
के बी किलोबिट
KB Kilobyte
के बी किलोबाइट
Kbps Kilobits Per Second
के बी पी एस किलोबिट्स पर सेकण्ड

## L

LAN Local Area Network
लैन लोकल एरिया नेटवर्क
LCD Liquid Crystal Display
एल सी डी लिक्विड क्रिस्टल डिस्प्ले
LED Light Emitting Diode
एल ई डी लाइट एमीटिंग डायोड
LPI Lines Per Inch
एल पी आई लाइन्स पर इंच

## M

MAN Metropolitan Area Network
मैन मेट्रोपोलिटन एरिया नेटवर्क
MB Megabyte
एम बी मेगाबाइट
MBR Master Boot Record
एम बी आर मास्टर बूट रिकॉर्ड
MAC Media Access Control
एम ए सी मीडिया एक्सेस कण्ट्रोल
MPEG Moving Picture Experts Group
एम पी ई जी मूविंग पिक्चर एक्सपर्ट्स ग्रुप
MDI Multiple Document Interface
एम डी आई मल्टीपल डॉक्यूमेण्ट इण्टरफेस
MICR Magnetic Ink Character Recognition
एम आई सी आर मैग्नेटिक इंक करैक्टर रिकॉग्निशन
MIPS Million Instructions Per Second
एम आई पी एस मिलियन इन्स्ट्रक्शन्स पर सेकण्ड
MIDI Musical Instrument Digital Interface
एम आई डी आई म्यूजिकल इन्स्ट्रूमेण्ट डिजिटल इण्टरफेस
MSB Most Significant Bit
एम एस बी मोस्ट सिग्निफिकेन्ट बिट

## N

NFS Network File System
एन एफ एस नेटवर्क फाइल सिस्टम
NIC Network Interface Card
एन आई सी नेटवर्क इण्टरफेस कार्ड
NOS Network Operating System
एन ओ एस नेटवर्क ऑपरेटिंग सिस्टम

## O

OCR Optical Character Recognition
ओ सी आर ऑप्टिकल करैक्टर रिकॉग्निशन
OMR Optical Mark Reader
ओ एम आर ऑप्टिकल मार्क रीडर
OOP Object Oriented Programming

| | |
|---|---|
| ओ ओ पी | ऑब्जेक्ट ऑरिएण्टेड प्रोग्रामिंग |
| **OS** | Operating System |
| ओ एस | ऑपरेटिंग सिस्टम |
| **OSS** | Open Source Software |
| ओ एस एस | ओपन सोर्स सॉफ्टवेयर |
| **OLE** | Object Linking and Embedding |
| ओ एल ई | ऑब्जेक्ट लिंकिंग एण्ड एम्बेडिंग |

# P

| | |
|---|---|
| **P2P** | Peer-to-Peer |
| पी 2 पी | पीयर–टू–पीयर |
| **PAN** | Personal Area Network |
| पैन | पर्सनल एरिया नेटवर्क |
| **PAP** | Password Authentication Protocol |
| पी ए पी | पासवर्ड ऑथेण्टिकेशन प्रोटोकॉल |
| **PC** | Personal Computer |
| पी सी | पर्सनल कम्प्यूटर |
| **PDA** | Personal Digital Assistant |
| पी डी ए | पर्सनल डिजिटल असिस्टेण्ट |
| **PDF** | Portable Document Format |
| पी डी एफ | पोर्टेबल डॉक्यूमेण्ट फॉर्मेट |
| **PIO** | Programmed Input/Output |
| पी आई ओ | प्रोग्राम्ड इनपुट/आउटपुट |
| **PnP** | Plug and Play |
| पी एन पी | प्लग एण्ड प्ले |
| **PPM** | Pages Per Minute |
| पी पी एम | पेजेस पर मिनट |
| **PPP** | Point-to-Point Protocol |
| पी पी पी | प्वॉइण्ट–टू–प्वॉइण्ट प्रोटोकॉल |
| **PPTP** | Point-to-Point Tunneling Protocol |
| पी पी टी पी | प्वॉइण्ट–टू–प्वॉइण्ट टनलिंग प्रोटोकॉल |
| **PROM** | Programmable Read Only Memory |
| पी रोम | प्रोग्रामेबल रीड ओनली मैमोरी |
| **PSTN** | Public Switched Telephone Network |
| पी एस टी एन | पब्लिक स्विच्ड टेलीफोन नेटवर्क |
| **PSU** | Power Supply Unit |
| पी एस यू | पावर सप्लाई यूनिट |
| **POST** | Power On Self Test |
| पोस्ट | पावर ऑन सेल्फ टेस्ट |

# Q

| | |
|---|---|
| **QoS** | Quality of Service |
| क्यू ओ एस | क्वालिटी ऑफ सर्विस |

# R

| | |
|---|---|
| **RAM** | Random Access Memory |
| रैम | रैण्डम एक्सेस मैमोरी |
| **RDBMS** | Relational Database Management System |
| आर डी बी एम एस | रिलेशनल डाटाबेस मैनेजमेण्ट सिस्टम |
| **ROM** | Read Only Memory |
| रोम | रीड ओनली मैमोरी |
| **RTOS** | Real Time Operating System |
| आर टी ओ एस | रियल टाइम ऑपरेटिंग सिस्टम |
| **RTF** | Rich Text Format |
| आर टी एफ | रिच टेक्स्ट फॉर्मेट |

# S

| | |
|---|---|
| **SCSI** | Small Computer System Interface |
| एस सी एस आई | स्मॉल कम्प्यूटर सिस्टम इण्टरफेस |
| **SMTP** | Simple Mail Transfer Protocol |
| एस एम टी पी | सिम्पल मेल ट्रांसफर प्रोटोकॉल |
| **SQL** | Structured Query Language |
| एस क्यू एल | स्ट्रक्चर्ड क्वैरी लैंग्वेज |
| **SRAM** | Static Random Access Memory |
| एस रैम | स्टैटिक रैण्डम एक्सेस मैमोरी |
| **SNMP** | Simple Network Management Protocol |
| एस एन एम पी | सिम्पल नेटवर्क मैनेजमेण्ट प्रोटोकॉल |
| **SIM** | Subscriber Identity Module |
| सिम | सब्सक्राइबर आइडेण्टिटी मॉड्यूल |

# T

| | |
|---|---|
| **TCP** | Transmission Control Protocol |
| टी सी पी | ट्रांसमिशन कण्ट्रोल प्रोटोकॉल |
| **TDMA** | Time Division Multiple Access |
| टी डी एम ए | टाइम डिविजन मल्टीपल एक्सेस |
| **TFT** | Thin-Film Transistor |
| टी एफ टी | थिन फिल्म ट्रांजिस्टर |
| **TB** | Tera Byte |
| टी बी | टेरा बाइट |

## U

| | |
|---|---|
| **UI** | User Interface |
| यू आई | यूजर इण्टरफेस |
| **UPS** | Uninterruptible Power Supply |
| यू पी एस | अनइण्टरप्टेबल पावर सप्लाई |
| **URI** | Uniform Resource Identifier |
| यू आर आई | यूनिफॉर्म रिसोर्स आइडेण्टिफायर |
| **URL** | Uniform Resource Locator |
| यू आर एल | यूनिफॉर्म रिसोर्स लोकेटर |
| **USB** | Universal Serial Bus |
| यू एस बी | यूनिफॉर्म सीरियल बस |
| **ULSI** | Ultra Large Scale Integration |
| यू एल एस आई | अल्ट्रा लार्ज स्केल इण्टिग्रेशन |
| **UNIVAC** | Universal Automatic Computer |
| यूनिवेक | यूनिवर्सल ऑटोमैटिक कम्प्यूटर |
| **UTP** | Unshielded Twisted Pair |
| यू टी पी | अनशील्डेड ट्विस्टेड पेयर |

## V

| | |
|---|---|
| **VAR** | Variable |
| वैर | वैरिएबल |
| **VGA** | Video Graphics Array |
| वी जी ए | वीडियो ग्राफिक्स ऐरे |
| **VLAN** | Virtual Local Area Network |
| वीलैन | वर्चुअल लोकल एरिया नेटवर्क |
| **VM** | Virtual Memory |
| वी एम | वर्चुअल मैमोरी |
| **VMS** | Virtual Memory System |
| वी एम एस | वर्चुअल मैमोरी सिस्टम |
| **VPN** | Virtual Private Network |
| वी पी एन | वर्चुअल प्राइवेट नेटवर्क |
| **VT** | Video Terminal |
| वी टी | वीडियो टर्मिनल |
| **VDU** | Visual Display Unit |
| वी डी यू | विजुअल डिस्प्ले यूनिट |
| **VLSI** | Very Large Scale Integration |
| वी एल एस आई | वेरी लार्ज स्केल इण्टीग्रेशन |

## W

| | |
|---|---|
| **WAN** | Wide Area Network |
| वैन | वाइड एरिया नेटवर्क |
| **WAP** | Wireless Application Protocol |
| वैप | वायरलेस एप्लीकेशन प्रोटोकॉल |
| **Wi-Fi** | Wireless Fidelity |
| वाई–फाई | वायरलेस फिडेलिटी |
| **Wi-Max** | Worldwide Interoperability for Microwave Access |
| वाई–मैक्स | वर्ल्डवाइड इण्टरऑपरेबिलिटी फॉर माइक्रोवेव एक्सेस |
| **WLAN** | Wireless Local Area Network |
| डब्लू–लैन | वायरलैस लोकल एरिया नेटवर्क |
| **WMA** | Wireless Media Audio |
| डब्ल्यू एम ए | वायरलैस मीडिया ऑडियो |
| **WWAN** | Wireless Wide Area Network |
| डब्ल्यू वैन | वायरलैस वाइड एरिया नेटवर्क |
| **WWID** | World Wide Identifier |
| डब्ल्यू विड | वर्ल्ड वाइड आइडेण्टिफायर |
| **WWW** | World Wide Web |
| डब्ल्यू डब्ल्यू डब्ल्यू | वर्ल्ड वाइड वेब |
| **WLL** | Wireless Local Loop |
| डब्ल्यू एल एल | वायरलैस लोकल लूप |
| **WORM** | Write Once Read Many |
| वॉर्म | राइट वन्स रीड मैनी |

## X

| | |
|---|---|
| **XHTML** | eXtensible HyperText Markup Language |
| एक्स एच टी एम एल | एक्सटेंशिबल हाइपरटेक्स्ट मार्कअप लैंग्वेज |
| **XML** | eXtensible Markup Language |
| एक्स एम एल | एक्सटेंशिबल मार्कअप लैंग्वेज |

## Y

| | |
|---|---|
| **YB** | YottaByte |
| वाई बी | योटाबाइट |

## Z

| | |
|---|---|
| **ZIP** | Zone Information Protocol |
| जिप | जोन इन्फॉर्मेशन प्रोटोकॉल |
| **ZB** | Zetta Byte |
| जेड बी | जेटा बाइट |

# शब्दावली

# शब्दावली (GLOSSARY)

**अबेकस** (Abacus) यह गणना करने के लिए प्रयोग में लाया जाने वाला अतिप्राचीन यन्त्र है, जिसके द्वारा अंकों को जोड़ा व घटाया जा सकता है। अबेकस का आविष्कार चीन में हुआ था।

**एक्सेस टाइम** (Access Time) जब यूजर मैमोरी से डाटा प्राप्त करने के लिए कोई निर्देश देता है, तब निर्देश देने तथा डाटा प्राप्त होने तक के बीच के समय को एक्सेस टाइम कहा जाता है।

**एक्युमूलेटर** (Accumulator) यह एक ऐसा रजिस्टर होता है, जिसमें अर्थमैटिक तथा लॉजिकल परिणाम स्टोर किए जाते हैं।

**एक्टिव सेल** (Active Cell) MS-Excel में प्रयुक्त होने वाला वह सेल (cell), जिसमें यूजर वर्तमान समय में कार्य कर रहा होता है, एक्टिव सेल कहलाता है।

**एक्टिव विण्डो** (Active Window) कम्प्यूटर में उपस्थित वह विण्डो, जो यूजर द्वारा वर्तमान समय में सक्रिय (Active) है, एक्टिव विण्डो कहलाती है।

**एल्गोरिथ्म** (Algorithm) कम्प्यूटर को दिए जाने वाले अनुदेशों का वह क्रम, जिसके द्वारा किसी कार्य को पूरा किया जाता है, एल्गोरिथ्म कहलाता है।

**एल्फान्यूमैरिक** (Alphanumeric) Alphabets + Numbers के समूह को एल्फान्यूमैरिक कहते हैं। इसमें (A-Z) अक्षरों तथा (0-9) अंकों के समुच्चय होते हैं।

**एनालॉग कम्प्यूटर** (Analog Computer) वह कम्प्यूटर, जिसमें डाटा भौतिकीय (जैसे– दाब, तापमान, लम्बाई) रूप में प्रयुक्त किया जाता है, एनालॉग कम्प्यूटर कहलाता है।

**एनिमेशन** (Animation) एनिमेशन डिजाइन, ड्रॉइंग तथा लेआउट बनाने की प्रक्रिया है, जो मल्टीमीडिया और गेमिंग उत्पादों में एकीकृत (Integrate) है।

**एण्टीवायरस** (Antivirus) यह निर्देशों का समूह अथवा प्रोग्राम होता है, जिसके द्वारा कम्प्यूटर को वायरस से होने वाली क्षति से बचाया जाता है।

**एप्लीकेशन सॉफ्टवेयर** (Application Software) किसी विशेष कार्य के लिए बनाए गए एक या अधिक प्रोग्रामों का समूह एप्लीकेशन सॉफ्टवेयर कहलाता है।

**आर्चिव** (Archieve) यह सुरक्षा के लिए कम्प्यूटर फाइल की बैकअप कॉपी बनाने के लिए प्रयोग किया जाता है।

**अर्थमैटिक लॉजिक यूनिट** (Arithmetic Logic Unit-ALU) यह CPU के कम्पोनेण्ट का मुख्य एक्जीक्यूशन भाग है। यह अधिक संख्या में अर्थमैटिक तथा लॉजिकल गणनाएँ कर सकता है।

**आर्टिफिशियल इण्टेलिजेंस** (Artificial Intelligence) मानवीय गुणों के अनुरूप सोचने, समझने एवं तर्क करने की क्षमता के विकास को, कम्प्यूटर में आर्टिफिशियल इण्टेलिजेंस कहते हैं।

**ASCII** (American Standard Code for Information Interchange) यह ऐसा प्रचलित कोड है, जिसके द्वारा अक्षरों तथा संख्याओं को 8 बिट के रूप में प्रदर्शित किया जाता है।

**असेम्बलर** (Assembler) कम्प्यूटर में प्रयुक्त वह प्रोग्राम, जो असेम्बली भाषा को मशीनी भाषा में परिवर्तित करता है, असेम्बलर कहलाता है।

**एट्रिब्यूट** (Attribute) टेबल में किसी एण्टिटी (Entity) का गुण एट्रिब्यूट कहलाता है।

**ऑथेण्टिकेशन** (Authentication) वह पद्धति, जिसके द्वारा कम्प्यूटर के उपयोगकर्ता की वैधता की पहचान की जाती है।

**ऑक्जिलरी मैमोरी** (Auxiliary Memory) इस मैमोरी को सेकेण्डरी मैमोरी (Secondary Memory) भी कहा जाता है। यह प्राइमरी मैमोरी (Primary Memory) से अधिक क्षमता वाली तथा उसकी सहायक होती है।

**बैकस्पेस की** (Backspace Key) यह की टेक्स्ट को डिलीट करने के लिए प्रयोग की जाती है। बैकस्पेस की टेक्स्ट को बाएँ कर्सर से डिलीट करती है।

**बैकअप** (Backup) कम्प्यूटर द्वारा डिस्क पर उपस्थित सभी सूचना की एक कॉपी बना दी जाती है, जिसे बैकअप कहते हैं। भविष्य में जरूरत पड़ने पर बैकअप में स्टोर डाटा को रिस्टोर कर उपयोग किया जाता है।

**बैण्डविड्थ** (Bandwidth) डाटा संचारण में प्रयोग की जाने वाली आवृत्ति (Frequency) की उच्चतम और निम्नतम सीमा का अन्तर बैण्डविड्थ कहलाता है। इसे बिट्स प्रति सेकण्ड (BPS) में मापते हैं।

**बार कोड** (Bar Code) मुख्य रूप से बार कोड विभिन्न चौड़ाई की ऊर्ध्वाधर पट्टियाँ होती हैं, जोकि एल्फान्यूमैरिक डाटा को व्यक्त करती हैं। बार कोड किसी भी उत्पाद के कोड (Code) को प्रदर्शित करती है।

**बैच फाइल** (Batch File) डॉस (DOS) ऑपरेटिंग सिस्टम में प्रोग्राम की वह फाइल, जो स्वयं सम्पादित (Edit) होती है, बैच फाइल कहलाती है।

**बाइनरी कोडेड डेसीमल** (Binary Coded Decimal-BCD) यह एक कोडिंग सिस्टम है, जिसके अन्तर्गत बाइनरी नम्बर को 4 डिजिट में दर्शाया जाता है, प्रत्येक डेसीमल डिजिट 0 से 9 तक होती है।

**बिट** (Bit) बाइनरी अंक अर्थात् 0 और 1 को संयुक्त रूप से बिट कहा जाता है। यह कम्प्यूटर की सबसे छोटी इकाई है।

**ब्लॉग** (Blog) यह वर्ल्ड वाइड वेब पर एक डिस्कशन या जानकारी वाली साइट होती है, जिसमें टेक्स्ट प्रविष्टियाँ (Entries) शामिल हैं।

**बॉम्ब** (Bomb) यह कम्प्यूटर में एक वायरस होता है, जिसे एक निश्चित दिनांक तथा टाइम पर एक्टिवेट किया जाता है।

**ब्लूटूथ** (Bluetooth) यह एक ऐसी वायरलैस तकनीक है, जिसमें बहुत छोटी दूरी पर स्थित दो माध्यमों (medium) में डाटा का आदान-प्रदान किया जा सकता है।

**बूटिंग** (Booting) ऑपरेटिंग सिस्टम द्वारा किया जाने वाला सबसे प्रारम्भिक कार्य बूटिंग कहलाता है।

**ब्राउजर** (Browser) यह वह सॉफ्टवेयर है, जिसके द्वारा इण्टरनेट पर उपलब्ध सूचना को इच्छानुसार प्राप्त करते हैं।

**बफरिंग** (Buffering) यह एक मैमोरी डिवाइस का ऐसा प्रोसेस है, जिसमें डाटा को एक स्थान से दूसरे स्थान पर ले जाते समय अस्थायी रूप से स्टोर किया जाता है।

**बग** (Bug) यह एक प्रकार की एरर होती है, जो कम्प्यूटर में उपस्थित प्रोग्रामों में उपस्थित होती है। बग को हटाने की क्रिया डिबगिंग कहलाती है।

**बस** (Bus) यह एक प्रकार का मार्ग है, जो डाटा या इलेक्ट्रॉनिक सिग्नल को एक स्थान से दूसरे स्थान तक लेकर जाता है।

**बाइट** (Byte) 8 बिटों को सम्मिलित रूप से बाइट कहा जाता है। एक किलोबाइट में 1024 बाइट होते हैं। कम्प्यूटर की मैमोरी को मेगाबाइट में मापा जाता है।

**सेल** (Cell) रॉ और कॉलम से निर्मित भाग को सेल कहा जाता है।

**सेण्ट्रल प्रोसेसिंग यूनिट** (Central Processing Unit-CPU) यह कम्प्यूटर में होने वाली सभी क्रियाओं की प्रोसेसिंग करता है। यह कम्प्यूटर का मस्तिष्क कहलाता है।

**चैटिंग** (Chatting) इण्टरनेट के द्वारा दूर स्थित अपने मित्र या सगे-सम्बन्धियों से कम्युनिकेट करना, चैटिंग कहलाता है।

**चिप** (Chip) यह सामान्यत: सिलिकॉन अथवा अन्य अर्द्धचालकों से बना छोटा टुकड़ा होता है, जिस पर विभिन्न प्रकार के कार्यों को पूरा करने के लिए इलेक्ट्रॉनिक सर्किट बने होते हैं।

**कोडिंग** (Coding) प्रोग्रामिंग भाषा में अनुदेशों को लिखने की क्रिया कोडिंग कहलाती है।

**कमाण्ड** (Command) कम्प्यूटर में किसी कार्य को पूरा करने के लिए जब कोई निर्देश दिया जाता है, तो उसे कमाण्ड कहते हैं।

**कम्पाइल** (Compile) उच्च स्तरीय तथा निम्न स्तरीय भाषाओं को मशीनी भाषा में बदलना कम्पाइल करना कहलाता है।

**कम्पाइलर** (Compiler) इसका प्रयोग उच्च स्तरीय भाषा को मशीनी भाषा में बदलने के लिए किया जाता है।

**कम्युनिकेशन प्रोटोकॉल** (Communication Protocol) कम्युनिकेशन को सरल तथा सुविधाजनक बनाने के लिए कई प्रकार के नियम बनाए जाते हैं, जिन्हें कम्प्यूटर भाषा में कम्युनिकेशन प्रोटोकॉल कहते हैं।

**कम्प्यूटर नेटवर्क** (Computer Network) दो या दो से अधिक कम्प्यूटरों को एक साथ जोड़कर बनाए जाने वाले यन्त्र को कम्प्यूटर नेटवर्क कहते हैं।

**कम्प्यूटर ग्राफिक्स** (Computer Graphics) यह कम्प्यूटर की स्क्रीन पर प्रदर्शित होने वाला प्रजेण्टेशन होता है। उदाहरण के लिए; फोटोग्राफ्स, ड्रॉइंग्स, लाइन आर्ट्स, ग्राफ्स, डायग्राम्स या अन्य इमेजें।

**कोल्ड बूट** (Cold Boot) कम्प्यूटर को स्टार्ट करते समय होने वाली बूटिंग कोल्ड बूटिंग कहलाती है।

**कण्ट्रोल पैनल** (Control Panel) यह विण्डोज मेन्यू का भाग होता है, जिसे स्टार्ट मेन्यू से एक्सेस किया जा सकता है। यह यूजर्स को सिस्टम सेटिंग देखने तथा मैनिपुलेट करने की सुविधा देता है; जैसे— हार्डवेयर को जोड़ना, सॉफ्टवेयर को जोड़ना/हटाना, यूजर अकाउण्ट को कण्ट्रोल करना आदि।

**कण्ट्रोल यूनिट** (Control Unit) यह सीपीयू का भाग होता है जो इसके ऑपरेशन को संचालित करता है। इस यूनिट का कार्य कम्प्यूटर के सभी भागों के कार्यों पर नजर रखना है।

**कोरल ड्रॉ** (Corel Draw) डिजाइन तैयार करने के लिए प्रयोग किए जाने वाले सॉफ्टवेयर को कोरल ड्रॉ कहा जाता है। इसका प्रयोग मुख्यत: DTP (डेस्कटॉप पब्लिशिंग) के लिए किया जाता है।

**क्रिप्टोग्राफी** (Cryptography) किसी डाटा तथा निर्देशों को सिफर (Cipher) टेक्स्ट के द्वारा संरक्षित कर देने तथा आवश्यकता पड़ने पर पुन: प्राप्त करने की प्रक्रिया को क्रिप्टोग्राफी कहा जाता है।

**क्रॉलर** (Crawler) यह एक प्रकार का इण्टरनेट बोट (Internet Bot) होता है, जो क्रमानुसार वर्ल्ड वाइड वेब को ब्राउज करता है। आमतौर पर इसका उद्देश्य वेब इण्डेक्सिंग से होता है। इसे वेब स्पाइडर भी कहा जाता है।

**कट** (Cut) इस कमाण्ड का प्रयोग डॉक्यूमेण्ट पर उपस्थित डाटा को डिलीट करने के लिए किया जाता है।

**डाटा** (Data) यह तथ्यों और अव्यवस्थित आँकड़ों का समूह होता है, जिन्हें कम्प्यूटर में स्टोर या अन्य कार्यों को करने के लिए प्रयोग किया जाता है।

**डाटाबेस** (Database) यह सूचनाओं तथा महत्त्वपूर्ण डाटा का संग्रह होता है, जिसकी सहायता से आवश्यकता पड़ने पर डाटा को आसानी से प्राप्त किया जा सकता है व अपडेट तथा मैनेज किया जा सकता है।

**डाटा एण्ट्री** (Data Entry) डाटा तथा निर्देशों को कम्प्यूटर में प्रविष्ट करना डाटा एण्ट्री कहलाता है।

**डाटाबेस मैनेजमेण्ट सिस्टम** (Database Management System-DBMS) यह बहुत से प्रोग्रामों का समूह होता है, जिसके द्वारा डाटा को व्यवस्थित करने, सूचना देने अथवा उसमें परिवर्तन करने आदि कार्य सरलतापूर्वक किए जाते हैं।

**डाटा प्रोसेसिंग** (Data Processing) डाटा तथा निर्देशों को आवश्यकतानुसार प्रयोग में लाकर आउटपुट प्राप्त करना अथवा डाटा को व्यवस्थित करना डाटा प्रोसेसिंग कहलाता है।

**डाटा रिडण्डेन्सी** (Data Redundancy) एक फाइल को एक या एक से अधिक बार अलग-अलग नामों से कम्प्यूटर सिस्टम में संगृहीत करना डाटा रिडण्डेन्सी कहलाता है।

**डिबगिंग** (Debugging) दिए गए प्रोग्राम में गलतियों को ढूँढने तथा उन्हें सही करने की क्रिया डिबगिंग कहलाती है।

**डेस्कटॉप पब्लिशिंग** (Desktop Publishing-DTP) यह एक एप्लीकेशन सॉफ्टवेयर है, जिसका प्रयोग आमतौर पर पब्लिशिंग कार्यों में किया जाता है।

**डिवाइस ड्राइवर** (Device Driver) एक डिवाइस ड्राइवर को संक्षिप्त में ड्राइवर भी कहा जाता है। कम्प्यूटर प्रोग्राम में यह ऑपरेटिंग सिस्टम को हार्डवेयर डिवाइस से जोड़ने का कार्य करता है।

**डायल अप लाइन** (Dial Up Line) वह लाइन, जिसके द्वारा संचार व्यवस्था स्थापित की जाती है, डायल अप लाइन कहलाती है।

**डिजिटल क्लॉक** (Digital Clock) यह मदरबोर्ड पर स्थित डिजिटल संकेतों को उत्पन्न करने वाली घड़ी है।

**डायरेक्ट्री** (Directory) यह फाइलों के समूह या अन्य डायरेक्टरियों को संगृहित रखती है। साथ ही डायरेक्टरियाँ एक अनुक्रम (Hierarchy) या ट्री स्ट्रक्चर के रूप में होती हैं।

**डोमेन नेम** (Domain Name) यह इण्टरनेट पर जुड़े हुए कम्प्यूटरों को पहचानने व लोकेट करने के लिए प्रयोग किया जाता है।

**डॉट्स प्रति इंच** (Dots Per Inch-DPI) डॉट मैट्रिक्स प्रिण्टर में DPI का प्रयोग आवश्यक रूप से किया जाता है। यह प्रति एक इंच में उपस्थित बिन्दुओं की संख्या है, जो ऊर्ध्वाधर (Vertical) तथा क्षैतिज (Horizontal) रूप में होती है।

**डाउनलोड** (Download) इण्टरनेट या किसी अन्य कम्प्यूटर से प्राप्त सूचनाओं को अपने कम्प्यूटर में संगृहीत करने की क्रिया को डाउनलोड कहते है।

**ड्रैग-एण्ड-ड्रॉप** (Drag-and-Drop) माउस द्वारा डाटा को सिलेक्ट करके एक स्थान से दूसरे स्थान पर स्थानान्तरित करने की क्रिया ड्रैग-एण्ड-ड्रॉप कहलाती है।

**डम्ब टर्मिनल** (Dumb Terminal) वह टर्मिनल, जिसकी स्वत: प्रोसेसिंग नहीं होती, बल्कि सहायक टर्मिनल्स के द्वारा इसकी प्रोसेसिंग की जाती है।

**डिजिटल वीडियो डिस्क** Digital Video Disk (DVD) यह एक भण्डारण युक्ति है, जिसमें सूचनाओं को पढ़ने तथा लिखने के लिए लेजर किरणों का प्रयोग किया जाता है, जिस कारण इसे प्रकाशीय डिस्क भी कहते हैं।

**डायनमिक रैम** (Dynamic RAM-DRAM) इसका संक्षिप्त रूप DRAM है। DRAM रैण्डम एक्सेस मैमोरी (RAM) का एक प्रकार है, जो डाटा को अलग-अलग कैपेसिटर में संरक्षित करता है।

**EBCDIC** इसका विस्तृत रूप एक्सटेण्डेड बाइनरी कोडेड डेसीमल इण्टरचेंज कोड है। यह 8 बिट का एन्कोडिंग करैक्टर है, जो IBM मेनफ्रेम ऑपरेटिंग सिस्टम में प्रयोग होता है; *जैसे*— z/OS, S/390, AS/400 और i5/OS

**ई-कॉमर्स** (E-Commerce) इलेक्ट्रॉनिक कॉमर्स एक ऐसा व्यवसाय है, जहाँ खरीदने तथा बेचने की सर्विसेज को इलेक्ट्रॉनिक सिस्टम के माध्यम; जैसे— इण्टरनेट तथा अन्य कम्प्यूटर नेटवर्क द्वारा प्रदान कराया जाता है।

**एडिटिंग** (Editing) डाटा अथवा दिए गए निर्देश में किसी भी प्रकार का परिवर्तन करना एडिटिंग कहलाता है।

**इलेक्ट्रॉनिक डाटा प्रोसेसिंग** (Electronic Data Processing-EDP) इलेक्ट्रॉनिक माध्यम अथवा कम्प्यूटर की सहायता से डाटा तथा निर्देशों को व्यवस्थित करना इलेक्ट्रॉनिक डाटा प्रोसेसिंग कहलाता है।

**इलेक्ट्रॉनिक मेल** (Electronic Mail) ई-मेल के माध्यम से कोई भी उपयोगकर्ता किसी भी अन्य व्यक्ति को इलेक्ट्रॉनिक रूप में सन्देश भेज और प्राप्त कर सकता है।

**इनक्रिप्शन** (Encryption) पूर्व निर्धारित नियमों के अनुसार सूचना या निर्देशों को गुप्त कोड में बदलने की क्रिया इनक्रिप्शन कहलाती है।

**एण्ड यूजर** (End User) यह वह व्यक्ति होता है, जिसे सॉफ्टवेयर प्रोग्राम या हार्डवेयर डिवाइस के लिए डिजाइन किया गया है। एण्ड यूजर को किसी भी हार्डवेयर या सॉफ्टवेयर के निर्माण की जानकारी नहीं दी जाती, वह सीधे ही उसका उपयोग करता है।

**एण्टिटी** (Entity) ऐसा पद, जो किसी एट्रिब्यूट या प्रोपर्टी को निर्धारित वैल्यू संरक्षित करता हो।

**एरर मैसेज** (Error Message) यूजर द्वारा कम्प्यूटर पर कार्य करते समय किसी त्रुटि को बताने वाला सन्देश एरर मैसेज कहलाता है।

**एस्केप की** (Escape Key) यह वह की (Key) है, जो वर्तमान प्रक्रिया या रन हो रहे प्रोग्राम को निरस्त करने या पॉप-अप विण्डो को बन्द करने के लिए प्रयोग की जाती है।

**ईथरनेट** (Ethernet) यह एक आधुनिक तकनीक है, जिसका प्रयोग LAN (Local Area Network) में स्थानीय कम्प्यूटरों को जोड़ने के लिए किया जाता है।

**एक्सेल** (Excel) एक्सेल एक स्प्रैडशीट सॉफ्टवेयर है, जिसे माइक्रोसॉफ्ट द्वारा डिजाइन किया गया है। यह डाटा को व्यवस्थित, संगृहीत तथा कैलकुलेशन करने में मदद करता है।

**ईएक्सई** (Exe/.exe) डॉस, एम एस-विण्डोज में यह एक सामान्य फाइल नेम एक्सटेंशन है, जो एक्जीक्यूटेबल फाइल को दर्शाता है।

**एक्जीक्यूशन टाइम** (Execution Time) किसी एक प्रोग्राम या निर्देश को कम्प्यूटर द्वारा क्रियान्वित (Execute) करने में लगा कुल समय एक्जीक्यूशन टाइम कहलाता है।

**ऐक्सपेंशन स्लॉट** (Expansion Slot) मदरबोर्ड के ऊपर का स्थान, जिस पर अन्य सहायक उपकरण जोड़कर, कम्प्यूटर की क्षमता बढ़ाई जाती है, एक्सपेंशन स्लॉट कहलाता है।

**एक्सट्रानेट** (Extranet) एक ऐसी टेक्नोलॉजी है, जो यूजर्स को एक ऑर्गेनाइजेशन के इण्ट्रानेट को दूसरी ऑर्गेनाइजेशन के इण्ट्रानेट से जोड़ती है।

**फैक्स** (Fax) इसका पूर्ण रूप 'फेसिमाइल' (Fascimile) है। इसका प्रयोग डॉक्यूमेण्ट की कॉपी को इलेक्ट्रॉनिकली संचारित करने में किया जाता है।

**फील्ड** (Field) किसी एण्टिटी के एट्रिब्यूट को टेबल में फील्ड के रूप में लिखा जाता है।

**फाइल** (File) बहुत से रिकॉर्डों एवं सूचनाओं को एक साथ सम्मिलित रूप से फाइल कहा जाता है। फाइल द्वारा कई प्रकार की सूचनाओं को एक साथ रखा जाता है।

**फाइल एलोकेशन टेबल** (File Allocation Table-FAT) इसका प्रयोग एम एस-विण्डोज अथवा डॉस में फाइल को संगृहीत करने के लिए किया जाता है।

**फाइल मैनेजर** (File Manager) यह ऑपरेटिंग सिस्टम यूटिलिटी है, जो फाइल सिस्टम्स के साथ कार्य करने के लिए यूजर इण्टरफेस प्रदान करता है।

**फायरवॉल** (Firewall) यह हार्डवेयर तथा सॉफ्टवेयर का समूह होता है, जिसका प्रयोग नेटवर्क की सुरक्षा की दृष्टि से किया जाता है। यह कम्प्यूटर नेटवर्क में प्रयुक्त सभी डाटा तथा सूचनाओं का विश्लेषण (Analysis) करता है।

**फ्लोचार्ट** (Flowchart) किसी डाटा अथवा प्रोग्राम के क्रियान्वयन की दिशा एवं चरण बताने वाले चार्ट को फ्लोचार्ट कहते हैं। फ्लोचार्ट पूर्व निर्धारित चिन्हों पर आधारित होता है।

**फॉरेन की** (Foreign Key) यह डाटाबेस टेबल में एक फील्ड होता है, जो किसी अन्य सम्बन्धित टेबल को लिंक करता है।

**फॉर्मेट** (Format) भण्डारण युक्ति; *जैसे*— डिस्क को प्रयोग में लाने से पूर्व सेक्टर तथा ट्रैक में विभाजित करना फॉर्मेट कहलाता है।

**फोरट्रॉन** (FORTRAN) इसका पूर्ण रूप फॉर्मूला ट्रांसलेटिंग सिस्टम है। यह एक उच्च स्तरीय भाषा है, जिसका प्रयोग मुख्यत: वैज्ञानिक और गणितीय रूप में किया जाता है।

**फ्रीवेयर** (Freeware) यह एक सॉफ्टवेयर डिस्ट्रीब्यूशन का रूप है, जो अधिकतर बिना किसी शुल्क के उपलब्ध होता है।

**फंक्शन की** (Function Key) यह कम्प्यूटर कीबोर्ड या टर्मिनल डिवाइस कीबोर्ड में एक स्पेशल की होती है, जो एक विशेष फंक्शन का उपयोग करती है। अधिकतर कीबोर्ड में फंक्शन कीज F1 से F12 तक लेबल रहती हैं।

**गारबेज इन गारबेज आउट** (Garbage In Garbage Out-GIGO) GIGO वह त्रुटि है, जो इनपुट किए गए गलत डाटा तथा प्रोग्राम के कारण आउटपुट में आती है।

**गेटवे** (Gateway) गेटवे एक नेटवर्क नोड है, जो विभिन्न प्रोटोकॉल का उपयोग करके दो नेटवर्क को जोड़ता है।

**गीगाबाइट** (Gigabyte-GB) यह कम्प्यूटर स्टोरेज की एक यूनिट है, जो 1024 मेगाबाइट के बराबर होती है।

**गीगाहर्ट्ज** (Giga Hertz-GHz) यह सीपीयू की गति को मापने के लिए प्रयोग होता है।

**ग्राफिक इण्टरचेंज फॉर्मेट** (Graphic Interchange Format-GIF) यह पिक्चर और फोटोग्राफ के लिए साधारण फाइल फॉर्मेट है। यह फाइल को कम्प्रैस्ड करता है, जिससे उसे शीघ्र भेजा जा सकता है।

**ग्राफिक टेबलेट** (Graphic Tablet) यह एक इनपुट डिवाइस है, जिसकी सहायता से यूजर टेबलेट की स्क्रीन पर टच करके इमेज बना सकते हैं।

**ग्राफिकल यूजर इण्टरफेस** (Graphical User Interface -GUI) GUI को विजुअल इण्टरफेस कहा जाता है, क्योंकि इसके द्वारा सभी प्रकार की फाइलों, कमाण्ड्स एवं सॉफ्टवेयर इत्यादि को आइकन (Icon) के रूप में प्रदर्शित किया जाता है।

**हैकर** (Hacker) किसी अन्य के कम्प्यूटर पर अनाधिकृत (Unauthorized) प्रवेश करने वाला व्यक्ति हैकर कहलाता है।

**हैंग** (Hang) कम्प्यूटर पर कार्य करते समय अनावश्यक नियमों का पालन करते हुए कम्प्यूटर का अचानक रुक जाना, हैंग होना कहलाता है।

**हार्ड कॉपी** (Hard Copy) यह कम्प्यूटर द्वारा प्रस्तुत स्थायी आउटपुट होता है, *जैसे*— पेपर पर प्राप्त प्रिण्ट आउटपुट।

**हार्ड डिस्क** (Hard Disk) यह एक गोल, पतली भण्डारण युक्ति है। यह सूचनाओं को स्थायी रूप से स्टोर करने का बहुत विश्वसनीय (Reliable) माध्यम है।

**हार्डवेयर** (Hardware) कम्प्यूटर का वह भाग जिसे हम छू सकते हैं, हार्डवेयर कहलाता है; *जैसे*— माउस।

**हाईलेवल लैंग्वेज** (High-Level Language-HLL) यह कम्प्यूटर की वह भाषा है, जिसमें अंग्रेजी के चुने हुए शब्दों और साधारण गणित में प्रयोग किए जाने वाले चिन्हों का प्रयोग किया जाता है। आधुनिक कम्प्यूटरों में हाई लेवल लैंग्वेज का ही प्रयोग किया जाता है।

**होम पेज** (Home Page) वेबसाइट को खोलने पर सबसे पहले खुलने वाला पेज होम पेज होता है। होम पेज वेबसाइट में प्रयुक्त सूचनाओं को कण्टेण्ट्स के रूप में प्रदर्शित करता है।

**होस्ट कम्प्यूटर** (Host Computer) वह कम्प्यूटर, जो इन्फॉर्मेशन तथा सर्विसेज को इण्टरनेट के माध्यम से दूसरे कम्प्यूटर पर दर्शाता है। प्रत्येक होस्ट कम्प्यूटर का अपना एक यूनिक होस्ट नेम होता है।

**हब** (Hub) यह एक नेटवर्क डिवाइस है, जो लैन पर विभिन्न कम्प्यूटर को जोड़ती है। इससे ये एक-दूसरे से कम्युनिकेट कर सकते हैं।

**हाइब्रिड कम्प्यूटर** (Hybrid Computer) एनालॉग व डिजिटल दोनों प्रकार के कम्प्यूटरों का मिश्रित रूप हाइब्रिड कम्प्यूटर कहलाता है।

**हाइपरलिंक** (Hyperlink) किसी पेज या डॉक्यूमेण्ट को किसी अन्य पेज या डॉक्यूमेण्ट से जोड़ना, हाइपरलिंक कहलाता है।

**हाइपर टेक्स्ट मार्कअप लैंग्वेज** (Hypertext Markup Language- HTML) इसे संक्षेप में HTML कहते हैं। यह मुख्यतः वेबसाइट तथा डिजाइनिंग के लिए प्रयोग होती है।

**हाइपरटेक्स्ट ट्रांसफर प्रोटोकॉल** (Hypertext Transfer Protocol-HTTP) यह वर्ल्ड वाइड वेब पर एक महत्त्वपूर्ण प्रोटोकॉल है, जो इण्टरनेट पर फाइलों को मूव करने के लिए प्रयोग किया जाता है।

**आइकन** (Icon) ये छोटे ग्राफिकल चिन्ह होते हैं, जो कम्प्यूटर स्क्रीन पर प्रदर्शित होते हैं।

**इन्फॉर्मेशन** (Information) इन्फॉर्मेशन या सूचना वह डाटा है, जिसे इस प्रकार प्रोसेस किया जाता है कि वह यूजर के लिए उपयोगी हो।

**इनपुट** (Input) परिणाम प्राप्त करने के लिए कम्प्यूटर को दिए गए डाटा तथा निर्देशों को इनपुट कहा जाता है।

**इन्स्टेण्ट मैसेजिंग** (Instant Messaging) यह इण्टरनेट पर उपलब्ध एक चैट प्रोग्राम है, जो रियल टाइम में लोगों को कम्युनिकेशन की सुविधा उपलब्ध कराता है।

**इन्स्ट्रक्शन** (Instruction) किसी भी कार्य को सम्पन्न करने के लिए कम्प्यूटर द्वारा यूजर को दिए गए निर्देश इन्स्ट्रक्शन कहलाते हैं।

**इन्स्ट्रक्शन साइकिल** (Instruction Cycle) यह कम्प्यूटर सिस्टम की बेसिक ऑपरेशन प्रक्रिया है, जिसके द्वारा कम्प्यूटर अपनी मैमोरी से प्रोग्राम निर्देश प्राप्त करता है।

**इण्टरफेस** (Interface) इस सर्किट द्वारा इनपुट तथा आउटपुट उपकरणों को सीपीयू के साथ जोड़ा जाता है।

**इण्टरप्रेटर** (Interpreter) इसके द्वारा उच्च स्तरीय भाषा को मशीनी भाषा में परिवर्तित किया जाता है। यह एक-एक लाइन को मशीनी भाषा में परिवर्तित करता है।

**इण्टरनेट** (Internet) यह दो या दो से अधिक नेटवर्कों को आपस में जोड़कर बनाया गया एक विशाल कम्प्यूटर नेटवर्क, जिस पर अधिकतर सभी सूचनाएँ उपलब्ध होती हैं।

**इण्टरनेट सर्फिंग** (Internet Surfing) इण्टरनेट पर उपयोगी सूचनाओं को सर्च करने का प्रोसेस इण्टरनेट सर्फिंग कहलाता है।

**इण्टरनेट सर्विस प्रोवाइडर** (Internet Service Provider-ISP) यह एक बिजनेस ऑर्गेनाइजेशन है, जो इण्टरनेट तथा इसकी सर्विसेज को एक्सेस करने की अनुमति देता है।

**इण्टीग्रेटेड सर्किट** (Integrated Circuit- IC) यह सिलिकॉन से निर्मित पतली चिप होती है, जिस पर अनेक इलेक्ट्रॉनिक उपकरण होते हैं; *जैसे*— ट्रांजिस्टर, प्रतिरोधक इत्यादि।

**जावा** (JAVA) यह एक प्रोग्रामिंग भाषा है, जिसका प्रयोग सॉफ्टवेयर, मोबाइल एप्लीकेशन आदि बनाने में किया जाता है।

**JPEG** (Joint Photographic Experts Group) यह डिजिटल फोटोग्राफी के लिए प्रयोग होने वाला प्रारूप है।

**जॉयस्टिक** (Joystick) यह एक इनपुट डिवाइस है, जिसका प्रयोग मुख्यत: वीडियो गेम्स खेलने के लिए किया जाता है।

**कर्नेल** (Kernel) ऑपरेटिंग सिस्टम का वह भाग, जिस पर अन्य कार्य आधारित होते हैं तथा जिसमें यूजर स्वयं कोई परिवर्तन नहीं कर सकता है।

**कीबोर्ड** (Keyboard) यह एक इनपुट डिवाइस है, जो सभी कम्प्यूटर्स में जुड़ी होती है। इसके (QWERTY) कीबोर्ड का लेआउट बिल्कुल टाइपराइटर के समान होता है।

**की फील्ड** (Key Field) यह एक यूनिक रिकॉर्ड होता है, जिसे भिन्न रिकॉर्ड को पहचानने में प्रयोग किया जाता है।

**की-स्ट्रोक** (Key-Stroke) कीबोर्ड में बटन को दबाने की क्रिया को की-स्ट्रोक कहते हैं।

**किलोबाइट** (Kilobyte-KB) यह मैमोरी की इकाई है, जो 1024 बाइट के बराबर होती है।

**लैन** (LAN) लैन का पूर्ण रूप लोकल एरिया नेटवर्क है। लैन में कम्प्यूटर सीमित क्षेत्र में ही एक या अधिक कम्प्यूटरों को जोड़कर बनाया गया नेटवर्क है।

**लैपटॉप** (Laptop) यह किताब के आकार का एक छोटा कम्प्यूटर है, जिसे अपने साथ कहीं भी ले जाया जा सकता है, क्योंकि इसे गोद (Lap) में रखकर भी प्रयुक्त कर सकते हैं, इसलिए इसे लैपटॉप कहते हैं।

**लाइट पेन** (Light Pen) किसी डिस्प्ले स्क्रीन पर इस पेन की सहायता से ग्राफिक्स को बनाया जाता है।

**लिंक** (Link) यह किन्हीं दो नोड या चैनल के मध्य कम्युनिकेशन स्थापित करने के लिए पथ प्रदान करता है।

**लाइनक्स** (Linux) यह एक ऑपरेटिंग सिस्टम है, जिसका प्रयोग व्यक्तिगत कम्प्यूटर (PC) में किया जाता है। इसका विकास अनेक प्रोग्रामरों द्वारा किया गया है।

**लिस्ट प्रोसेसिंग** (List Processing-LISP) यह एक हाई लेवल प्रोग्रामिंग लैंग्वेज है, जो लॉजिकल ऑपरेशन्स तथा नॉन-न्यूमैरिक एप्लीकेशन को हैण्डल करती है।

**लॉग इन** (Log In) कार्य को शुरू करने के लिए प्रोग्राम में जाने की क्रिया लॉग इन कहलाती है।

**लॉग ऑफ** (Log Off) अपना कार्य पूरा करने के बाद प्रोग्राम से बाहर निकलने की क्रिया लॉग ऑफ कहलाती है।

**लो लेवल लैंग्वेज** (Low Level Language) यह लैंग्वेज कम्प्यूटर की आन्तरिक कार्यप्रणाली के अनुसार बनाई जाती है। ऐसी भाषाओं में लिखे गए प्रोग्रामों के पालन करने की गति अधिक होती है।

**मशीन लैंग्वेज** (Machine Language) यह एक निम्न स्तरीय भाषा है, जिसका प्रयोग सीधे ही कम्प्यूटर में किया जाता है अर्थात् इसे किसी अन्य भाषा में परिवर्तित करने की आवश्यकता नहीं होती।

**मेनफ्रेम कम्प्यूटर** (Mainframe Computer) इस पर कई यूजर्स एक साथ अनेक कार्य कर सकते हैं। इस कम्प्यूटर की डाटा प्रोसेसिंग क्षमता अत्यधिक होती है।

**मास स्टोरेज** (Mass Storage) यह स्टोरेज को दर्शाता है, जहाँ बड़ी संख्या में बैकअप/डाटा को स्टोर किया जाता है।

**मेगाबाइट** (Megabyte-MB) यह एक मैमोरी स्टोरेज यूनिट है, जो 1024 किलोबाइट के बराबर होती है।

**मैमोरी** (Memory) कम्प्यूटर मैमोरी अस्थायी या स्थायी रूप से जानकारी को स्टोर करने का माध्यम है।

**मेन्यू बार** (Menu Bar) एक एप्लीकेशन विण्डो के टॉप पर होरिजॉण्टल स्ट्रीप मेन्यू बार कहलाती है। इस स्ट्रीप पर प्रत्येक शब्द के अन्तर्गत एक ड्राप-डाउन मेन्यू का फीचर होता है, जो किसी फंक्शन को करने के लिए प्रयोग होता है।

**मर्ज** (Merge) एक फाइल में दो या दो से अधिक फाइलों का संयोग मर्ज कहलाता है।

**माइक्रो कम्प्यूटर** (Micro Computer) यह सबसे छोटे आकार का कम्प्यूटर है। इन कम्प्यूटर्स में माइक्रोप्रोसेसर का प्रयोग किया जाता है। लैपटॉप एक माइक्रो कम्प्यूटर है।

**माइक्रोप्रोसेसर** (Microprocessor) यह एक कम्प्यूटर प्रोसेसर है, जो इण्टीग्रेटेड सर्किट पर CPU के कार्यों को शामिल करता है।

**MIDI** इसका पूर्ण रूप म्यूजिक इन्स्ट्रूमेण्ट डिजिटल इण्टरफेस है। यह एक प्रोटोकॉल है, जो इलेक्ट्रॉनिक उपकरणों और अन्य डिजिटल म्यूजिकल टूल को एक-दूसरे के साथ कम्युनिकेट करने की अनुमति देता है।

**मिनी कम्प्यूटर** (Mini Computer) इसका आकार माइक्रो कम्प्यूटर से छोटा लेकिन पर्सनल कम्प्यूटर से बड़ा होता है। इनका प्रयोग वित्तीय संस्थाओं; जैसे— बैंक इत्यादि द्वारा किया जाता है।

**MIPS** यह मिलियन ऑफ इन्स्ट्रक्शन प्रति सेकण्ड का संक्षिप्त रूप है। इसे प्रोसेसर की गति को कैलकुलेट करने के लिए प्रयोग किया जाता है।

**नमोनिक** (Mnemonic) यह एक सिम्बोलिक लेवल या कोड होता है, जो असेम्बली भाषा में किसी विशेष ऑपरेशन या कोड देने के लिए प्रयोग किया जाता है।

**मॉडम** (Modem) यह मॉड्यूलेटर/डिमॉड्यूलेटर का संक्षिप्त रूप है, जो दो कम्प्यूटर सिस्टम पर टेलीफोन लाइन्स के माध्यम से कम्युनिकेशन करता है।

**मॉनीटर** (Monitor) इसे विजुअल डिस्प्ले डिवाइस भी कहते हैं। एक मॉनीटर विभिन्न रूप में होता है; एक कैथोड रे ट्यूब (CRT), एक लिक्विड क्रिस्टल डिस्प्ले (LCD), या एक फ्लेट-पैनल, फुल-कलर डिस्प्ले।

**एम एस-डॉस** (MS-DOS) यह माइक्रोसॉफ्ट डिस्क ऑपरेटिंग सिस्टम है, जिसे माइक्रोसॉफ्ट कॉर्पोरेशन द्वारा बनाया गया है।

**मल्टीटास्किंग** (Multitasking) यह विभिन्न प्रोग्रामों को एक साथ सम्पन्न करने की क्रिया है। यह मैमोरी, कोड, बफर तथा फाइल को एक साथ ट्रांसफर करती है।

**मल्टीथ्रेडिंग** (Multithreading) यह ऑपरेटिंग सिस्टम की एक सुविधा है, जो मल्टीपल फंक्शन्स को समान एप्लीकेशन पैकेज प्रदान करती है।

**मल्टीप्लेक्सर** (Multiplexer) यह एक डिवाइस है, जो मल्टीपल इनपुट सिग्नल्स को जोड़ती है।

**मल्टीमीडिया** (Multimedia) सूचना प्रदर्शित करने वाले दो या दो से अधिक माध्यमों का एक साथ प्रयोग करना मल्टीमीडिया कहलाता है। *जैसे*— ग्राफ, एनिमेशन, टेक्स्ट इत्यादि।

**नेटवर्क** (Network) सूचनाओं या अन्य संसाधनों (Resources) के परस्पर आदान-प्रदान एवं साझेदारी के लिए दो या दो से अधिक कम्प्यूटरों का परस्पर जुड़ाव कम्प्यूटर नेटवर्क कहलाता है।

**नेटवर्क इण्टरफेस कार्ड** (Network Interface Card- NIC) वह हार्डवेयर, जिसका प्रयोग कम्प्यूटर को नेटवर्क से जोड़ने के लिए किया जाता है।

**निबल** (Nibble) चार सिक्वेन्स बिट या हॉफ-बाइट एक निबल कहलाता है। एक हेक्साडेसीमल या बीसीडी (BCD) कोडेड डिजिट एक निबल को दर्शाती है।

**नोड** (Node) एक नोड नेटवर्क के अन्तर्गत कनेक्शन का एक बिन्दु है।

**नॉन-वॉलेटाइल मैमोरी** (Non-Volatile Memory) यह एक प्रकार की कम्प्यूटर मैमोरी है, जिसमें पॉवर बन्द होने पर भी स्टोर किए गए डाटा को होल्ड रखने की क्षमता होती है।

**नोटबुक** (Notebook) यह एक ऐसा कम्प्यूटर होता है जिसे ब्रिफकेस में भी रखा जा सकता है। इसे लैपटॉप भी कहते हैं।

**ऑब्जेक्ट कोड** (Object Code) ऐसा मशीन कोड जो किसी ट्रांसलेटर प्रोग्राम द्वारा प्राप्त होता है; जैसे— असेम्बलर, इण्टरप्रेटर या कम्पाइलर।

**ऑफलाइन** (Offline) इण्टरनेट पर कार्य करते समय किसी अन्य नेटवर्क से न जुड़े होना, ऑफलाइन होना कहलाता है।

**ऑनलाइन** (Online) इण्टरनेट पर कार्य करते समय किसी अन्य नेटवर्क से जुड़ना ऑनलाइन होना कहलाता है।

**ऑपरेण्ड** (Operand) मशीन लेवल इन्स्ट्रक्शन का ऐसा भाग जो सेन्ट्रल प्रोसेसर में कुछ ऑपरेशन द्वारा डाटा की वैल्यु को बदलता है।

**ऑपरेशन कोड** (Op-Code) कम्प्यूटर इन्स्ट्रक्शन का वह भाग, जो किसी विशेष इन्स्ट्रक्शन द्वारा फंक्शन का निष्पादन (Execution) करता है।

**ऑपरेटिंग सिस्टम** (Operating System) दो या दो से अधिक प्रोग्रामों का समूह, जो कम्प्यूटर के विभिन्न संसाधनों को नियन्त्रित करता है एवं कम्प्यूटर तथा यूजर के मध्य सम्बन्ध स्थापित करता है।

**आउटपुट** (Output) यूजर द्वारा दिए गए डाटा तथा निर्देश का कम्प्यूटर द्वारा प्राप्त परिणाम आउटपुट कहलाता है।

**पैच** (Patch) ऐसा छोटा प्रोग्राम, जो सॉफ्टवेयर एरर को ठीक करने के लिए प्रयोग किया जाता है।

**पेरीफेरल** (Peripheral) ऐसी ऑक्जिलरी डिवाइस, जो कम्प्यूटर में सूचना देने तथा कम्प्यूटर से सूचना प्राप्त करने में प्रयोग की जाती है।

**पर्सनल कम्प्यूटर** (Personal Computer) यह एक सिंग्ल यूजर कम्प्यूटर होता है, जिसमें सेण्ट्रल प्रोसेसिंग यूनिट (CPU) तथा एक से अधिक सर्किट लगे होते हैं।

**पायरेसी** (Piracy) यह सॉफ्टवेयर या अन्य रचनात्मक (Creative) कार्यों की अवैध कॉपी होती है।

**पिक्सल्स** (Pixels) डिस्प्ले स्क्रीन पर यह डॉट के रूप में एक छोटा एलीमेण्ट होता है।

**प्लग-इन** (Plug-In) कम्प्यूटिंग में यह एक सॉफ्टवेयर कम्पोनेण्ट होता है, जो किसी मौजूद कम्प्यूटर प्रोग्राम में एक विशिष्ट सुविधा जोड़ता है।

**पोर्ट्रेट** (Portrait) ऐसा पद, जो प्रिण्टिंग के लिए पेज की चौड़ाई के अनुसार पोजीशन को निर्धारित करता है।

**पोस्ट ऑफिस प्रोटोकॉल** (Post Office Protocol-POP) यह एक ऐसा प्रोटोकॉल है, जो एक पर्सनल कम्प्यूटर को एक मेल सर्वर से इण्टरनेट द्वारा जोड़ता है।

**प्राइमरी की** (Primary Key) यह एक ऐसी की है, जिससे एक टेबल में टपल या रॉ को अद्वितीय (Uniquely) रूप से सर्च किया जा सकता है।

**प्रोसेस** (Process) एक ऐसा थ्रेड, जो किसी कोड के समूह को, डाटा या अन्य सिस्टम रिसोंस को एक्जीक्यूट करता है।

**प्रोग्राम** (Program) निर्देशों के समूह को प्रोग्राम कहते हैं।

**प्रोग्रामिंग लैंग्वेज** (Programming Language) कम्प्यूटर के प्रोग्राम जिस भाषा में लिखे जाते हैं, उसे प्रोग्रामिंग लैंग्वेज कहते हैं।

**प्रॉम्प्ट** (Prompt) एक ऑनस्क्रीन सिम्बल (*जैसे*– कर्सर), जो कमाण्ड की उपस्थिति को दर्शाता है, प्रॉम्प्ट कहलाता है।

**प्रिण्टर** (Printer) यह एक आउटपुट डिवाइस है, जो कम्प्यूटर के आउटपुट को पेपर पर प्रिण्ट करने के लिए प्रयोग की जाती है।

**प्रोटोकॉल** (Protocol) दो कम्प्यूटरों के बीच डाटा संचारण में सहायक नियमों का समूह प्रोटोकॉल कहलाता है।

**स्यूडोकोड** (Pseudocode) कम्प्यूटर प्रोग्राम को छोटे रूप में वर्णन करने का तरीका स्यूडोकोड कहलाता है।

**क्वैरी** (Qwery) डाटाबेस से इन्फॉर्मेशन के लिए रिक्वेस्ट करना क्वैरी कहलाता है।

**रैण्डम एक्सेस मैमोरी** (Random Access Memory-RAM) यह कम्प्यूटर की प्राइमरी व विशेष मैमोरी है, जिसमें संचित डाटा कम्प्यूटर बन्द करने पर स्वयं ही समाप्त हो जाता है। यह वॉलेटाइल, सेमीकण्डक्टर स्टोरेज स्ट्रक्चर है, जो डाटा को कुछ समय के लिए एक्सेस करता है।

**रीड ओनली मैमोरी** (Read Only Memory-ROM) यह एक स्थायी मैमोरी है, जिसे केवल पढ़ा जा सकता है। कम्प्यूटर बन्द होने पर इसमें संचित डाटा समाप्त नहीं होता।

**रिकॉर्ड** (Record) डाटाबेस में, रिकॉर्ड टेबल के अन्तर्गत फील्ड का एक समूह होता है, जो किसी विशिष्ट एण्टिटी के अनुरूप होता है।

**रजिस्टर** (Register) यह एक ऐसा उपकरण या साधन है, जिसमें डाटा स्टोर किया जाता है। रजिस्टर बहुत तेज गति वाली अस्थायी स्टोरेज डिवाइस है।

**रिमोट सर्वर** (Remote Server) एक नेटवर्क कम्प्यूटर, जो यूजर को विभिन्न लोकेशन से नेटवर्क एक्सेस करने की अनुमति देता है।

**रेस्पॉन्स टाइम** (Response Time) यूज़र द्वारा दिए गए अनुदेशों पर प्रक्रिया करने व उसका परिणाम घोषित होने में लगने वाला समय रेस्पॉन्स टाइम कहलाता है।

**राउटर** (Router) यह एक डिवाइस है, जो बहुत सारे नेटवर्क को आपस में जोड़ती है। इसका प्रयोग नेटवर्क में डाटा को कहीं भी भेजने के लिए करते हैं।

**राउटिंग** (Routing) लैन द्वारा उचित पथ चुनने की क्रिया राउटिंग कहलाती है।

**स्कैनर** (Scanner) किसी टेक्स्ट या ग्राफिक प्रारूप को आवश्यकतानुसार स्क्रीन पर स्कैन करने वाली डिवाइस स्कैनर कहलाती है; जैसे– टेक्स्ट, फोटो तथा इमेज को सिग्नल में बदलना, स्टोर करना, मॉडिफाई करना या वितरित करना।

**सर्च इंजन** (Search Engine) ऐसा सॉफ्टवेयर, जो वेब पर इण्टरनेट के माध्यम से सूचना को सर्च करता हो। कुछ प्रसिद्ध सर्च इंजन एल्टा विस्टा, गूगल, हॉटबॉट, याहू, वेब क्रॉलर तथा लायकॉस हैं।

**सेक्टर** (Sector) मैग्नेटिक डिस्क पर ट्रैक को रिकॉर्ड करने का सेक्शन सेक्टर कहलाता है।

**सिक्वेन्शियल एक्सेस** (Sequential Access) किसी डाटा को एक ही क्रम में पढ़ने वाले मैमोरी उपकरण को सिक्वेन्शियल एक्सेस कहा जाता है।

**सर्वर** (Server) सर्वर, एक डिवाइस या प्रोग्राम या एक कम्प्यूटर है, जो नेटवर्क के संसाधन के प्रबन्धन के लिए प्रयोग होता है।

**शेयरवेयर** (Shareware) यह प्रोपराइटरी सॉफ्टवेयर (Proprietary Software) का एक प्रकार है, जिसे प्रारम्भ में परीक्षण के लिए उपयोगकर्ताओं को नि:शुल्क प्रदान किया जाता है।

**शैल** (Shell) शैल, ऑपरेटिंग सिस्टम की सेवओं तक पहुँचने के लिए एक यूजर इण्टरफेस है।

**सिम्पलेक्स** (Simplex) केवल एक ही दिशा में डाटा का ट्रांसमिशन करना सिम्पलेक्स कहलाता है।

**सॉफ्टवेयर** (Software) ये कम्प्यूटर के संचालन के लिए आवश्यक प्रोग्राम होते हैं, जिन्हें मनुष्य स्पर्श नहीं कर सकता।

**सोर्स कोड** (Source Code) सोर्स कोड, स्टेटमेण्ट्स तथा निर्देशों का समूह होता है, जो प्रोग्रामिंग भाषा का प्रयोग करके प्रोग्रामर द्वारा लिखा जाता है।

**सब प्रोग्राम** (Sub Program) किसी प्रोग्राम का छोटा हिस्सा, जो किसी विशेष कार्य को सम्पन्न करे, सब प्रोग्राम कहलाता है।

**सुपर कम्प्यूटर** (Super Computer) वह कम्प्यूटर, जिसमें कई प्रोसेसर समान्तर क्रम में लगे होते हैं तथा ये उच्च क्षमता वाले कम्प्यूटर होते हैं। इन्हें किसी विशेष प्रयोजन के लिए ही तैयार किया जाता है।

**टीसीपी/आईपी** (TCP/IP) इसका पूर्ण रूप ट्रांसमिशन कण्ट्रोल प्रोटोकॉल/इण्टरनेट प्रोटोकॉल है। यह बड़े समूहों का प्रोग्राम तथा ऐसा स्टैण्डर्ड है, जो यह निर्धारित करता है कि इण्टरनेट पर सूचनाओं को कैसे भेजा जाए।

**टाइम शेयरिंग** (Time Sharing) कई उपभोक्ताओं के एक साथ काम करने पर, सीपीयू द्वारा प्रोग्रामिंग के लिए दिया जाने वाला निश्चित समय टाइम शेयरिंग कहलाता है।

**टोपोलॉजी** (Topology) यह नेटवर्क की व्यवस्था है, जिसमें इसके नोड्स और कनैक्टिंग लाइन शामिल हैं।

**ट्रैक** (Track) मैग्नेटिक डिस्क पर रिंग के रूप में सतह ट्रैक कहलाती है।

**ट्रैकबॉल** (Trackball) यह एक इनपुट डिवाइस है, जो स्क्रीन पर कर्सर की स्थिति को कण्ट्रोल करती है।

**यूनिफॉर्म रिसोर्स लोकेटर** (Uniform Resource Locator-URL) यह व्यक्तिगत या ऑर्गेनाइजेशन के लिए इण्टरनेट के एड्रेस को स्पेसिफाई करता है।

**यूनिक्स** (Unix) इस ऑपरेटिंग सिस्टम को सर्वर तथा वर्कस्टेशन दोनों में प्रयोग किया जा सकता है। इसमें डाटा प्रबन्धन का कार्य कर्नेल (kernal) द्वारा किया जाता है।

**अपग्रेड** (Upgrade) कम्प्यूटिंग में अपग्रेड आमतौर पर सिस्टम को अपडेट करने या इसकी विशेषताओं को बेहतर बनाने के लिए हार्डवेयर या सॉफ्टवेयर या फर्मवेयर का एक नया या बेहतर संस्करण (version) होता है।

**अपलोड** (Upload) कम्प्यूटर से वेबसाइट में सूचना को ट्रांसफर करने की प्रक्रिया अपलोड कहलाती है।

UPS (Uninterruptible Power Supply) कम्प्यूटर को बिना बाधित हुए विद्युत उपलब्ध कराने वाला उपकरण UPS कहलाता है।

**यूजर** (User) ऐसा व्यक्ति, जो किसी कार्य को ऑपरेट तथा प्रयोग करता है।

**यूजर फ्रैण्डली** (User Friendly) कम जानकारी रखने वाले यूजर की सहायता करने वाले सॉफ्टवेयर को यूजर फ्रैण्डली कहा जाता है।

**वीडियो टेलीकॉन्फ्रेन्सिंग** (Video Teleconferencing) यह एक फेस-टू-फेस चैट रिमोट है, जिसमें दो या अधिक लोग वेबकैम तथा इण्टरनेट से ऑनलाइन चैट करते हैं।

**वायरस** (Virus) यह एक छोटा प्रोग्राम होता है, जिसके क्रियान्वयन (Execution) से कम्प्यूटर सॉफ्टवेयर्स तथा प्रोग्रामों में त्रुटि उत्पन्न हो जाती है।

**वॉलेटाइल मैमोरी** (Volatile Memory) बिजली के चले जाने के बाद इस मैमोरी का कण्टेण्ट नष्ट हो जाता है। पॉवर शटडाउन होने पर यदि डाटा रैम में सेव होता है, तो उसका बैकअप नॉन-वॉलेटाइल मैमोरी (मैग्नेटिक डिस्क, टेप या सीडी-आर) में होता है।

**विण्डो** (Window) कम्प्यूटर स्क्रीन का वह भाग, जिसके द्वारा यूजर अपना विभिन्न कार्य सम्पन्न करता है।

**वाइड एरिया नेटवर्क** (Wide Area Network-WAN) यह बहुत से कम्प्यूटरों द्वारा बना होता है, जिसका विस्तृत क्षेत्र शहर, महाद्वीप अथवा पूरे देश में फैला होता है।

**वर्ड प्रोसेसर** (Word Processor) वर्ड प्रोसेसर एक प्रकार का सॉफ्टवेयर एप्लीकेशन है, जो डॉक्यूमेण्ट को लिखने, एडिट करने, फॉर्मेट तथा प्रिण्टिंग के लिए उपयोग किया जाता है।

**वर्ल्ड वाइड वेब** (World Wide Web) इसे संक्षेप में 'www' या वेब भी कहा जाता है। यह इण्टरनेट पर नेटवर्क का सर्वर होता है, जो हाइपरटेक्स्ट लिंक डाटाबेस तथा फाइलों का प्रयोग करता है। इसे वर्ष 1989 में टिम बर्नस ली द्वारा डेवलप किया गया था।

**वर्कग्रुप** (Workgroup) इसमें व्यक्ति आपस में डाटा तथा फाइलों को शेयर करते हैं।

**वर्कस्टेशन** (Workstation) कम्प्यूटर ऑपरेशन्स में वर्क एरिया या इक्विपमेण्ट को कम्प्यूटर एडेड डिजाइन (CAD) में प्रयोग करना वर्कस्टेशन कहलाता है। ये उपकरण साधारणतः मॉनीटर, कीबोर्ड, प्रिण्टर या प्लॉटर तथा अन्य आउटपुट डिवाइस होती हैं।

X-Y **प्लॉटर** (X-Y Plotter) XY प्लॉटर एक प्लॉटर है, जो निरन्तर वेक्टर ग्राफिक्स को ड्रॉ करने के लिए गति के दो अक्षों (X तथा Y) में कार्य करता है। यह को-ऑर्डिनेट प्वॉइण्ट को ग्राफ रूप में दर्शाता है।

**जूम** (Zoom) मॉनीटर पर किसी इमेज को बड़ा करने की कम्प्यूटर प्रक्रिया जूम कहलाती है।

**जिप** (Zip) इसे जॉन इन्फॉर्मेशन प्रोटोकॉल कहते हैं। यह एक एप्लीकेशन है, जो एप्लीकेशन फाइल को कम्प्रैस करने की अनुमति देती है।

**जॉम्बी** (Zombie) जब कम्प्यूटर के मालिक की जानकारी के बिना क्रैकर (Cracker) कम्प्यूटर को हाईजैक करता है तथा इण्टरनेट पर गलत तरीके से टास्क परफॉर्म करता हैं, जॉम्बी कहलाता है।